기타 美 愛 치다

기타 愛 美 치다!
음악 愛 美 치다!
소리 愛 美 치다!

기타,

중학생 시절 오랜 시간 동안 장롱 위에 방치되어 먼지가 뽀얗게 쌓인 아버지의 기타를
케이스에서 꺼낸 순간의 그 오래된 기타 냄새와 묘한 설레임이 아직도 기억납니다.

방치했던 시간만큼 세월이 흘러 곰팡이 냄새나는 교본을 기타 가방에서 꺼내 펴들고
가장 만만해 보였던 Em(E마이너) 코드를 처음 연주하고 나서의 감동은 아직도 잊지 못합니다.

몇 시간동안 똑같은 코드를 연주하고 있는데도
내가 기타를 가지고 소리를 낼 수 있다는 사실 만으로도 행복했던 시절이었어요.

어느덧 중학생이던 제가 기타 연주자가 되었고 좋은 기회를 만나 기타 교재를 출간하게 되었습니다.
쑥스럽고 부끄럽지만 지금까지 학생들을 가르치며 겪었던 여러 시행착오와 경험들을 토대로 좋은 교재를
만들고자 노력했습니다.

처음 기타를 연주하기 시작했던 제 모습과
지금까지 레슨을 하며 만났던 음악을 사랑하는 많은 학생들의 얼굴들을 떠올리며,
그리고 앞으로 만나게 될 기타를 연주하길 바라는 미지의 학생들에게 이 책을 선물합니다.

– 강우석

# Contents

Chapter 1

기타의 이해

기타 각 부분의 명칭

기타는 크게 헤드, 넥, 바디로 나뉘며 일반적으로 우리가 '통기타'라고 부르는 기타의 각 부분은 다음과 같습니다.

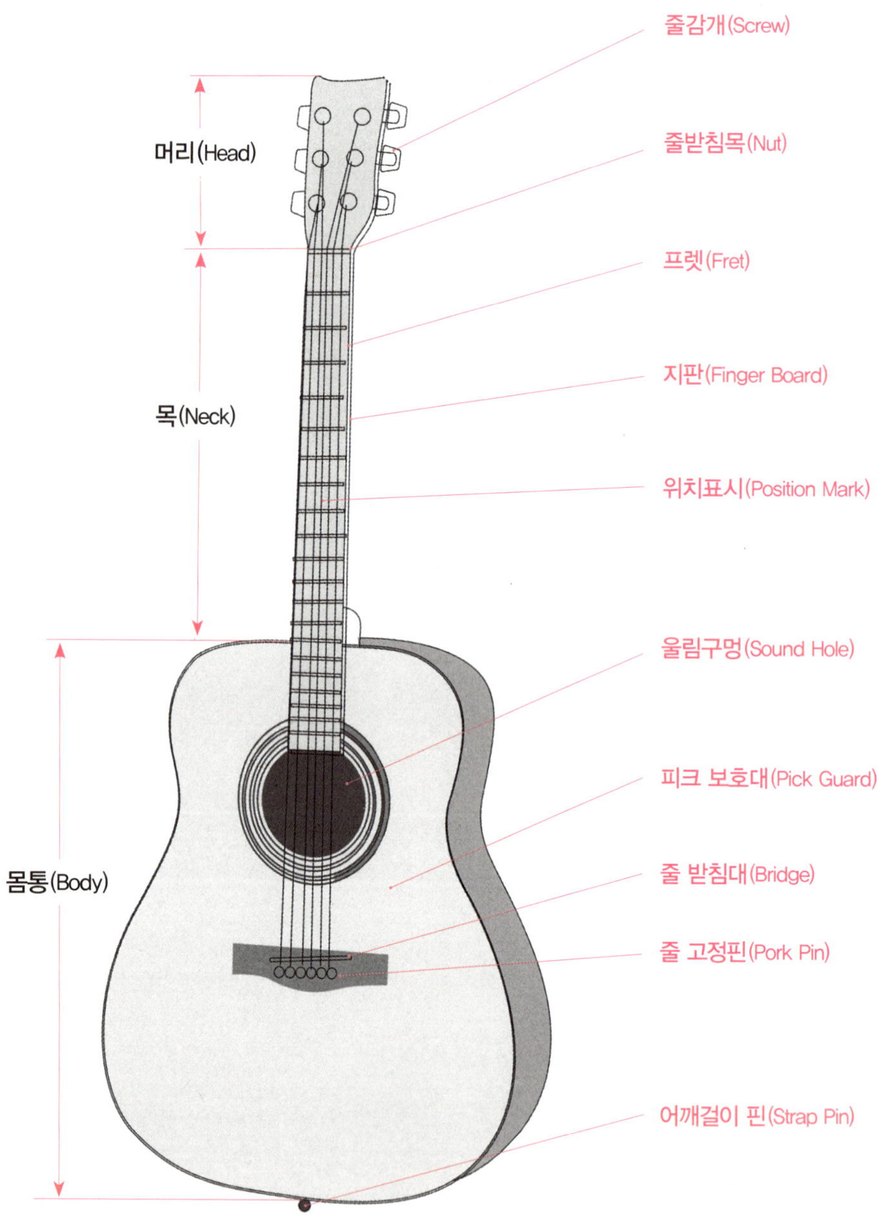

02 기타의 종류와 특징

음악의 장르, 연주의 특징에 따라 기타는 여러 종류로 나뉘게 됩니다.

주로 클래식 연주에 사용됩니다.
포크 기타와 달리 나일론으로 된 줄을 사용하여 '나일론 기타'
라고도 불립니다.

일반적으로 '어쿠스틱 기타'라고 하면 포크 기타를 말하는 경우가
많습니다. 클래식 기타와 달리 쇠줄로 되어있어 '스틸 기타'라고도
합니다. 포크송이 붐을 이룰 당시 많은 분들에게 포크 기타, 혹은
통기타라고 많이 불리워져 이러한 이름으로 부르고 있습니다.

일렉트릭 기타는 마이크 역할을 하는 픽업(Pick up)을 통해 줄의
진동을 받아들여 앰프로 전기적 신호를 증폭시켜 소리를 내는 기타
를 말합니다.

03 준비할 도구들

기타를 연습하기 위해 필요한 준비물들을 점검해 봅시다.

튜너(조율기)

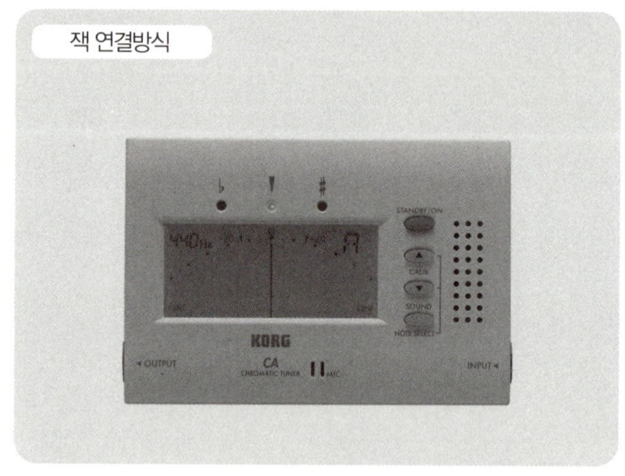

기타를 연주하기위해 꼭 필요한 준비물입니다.
사진과 같이 기타 케이블을 연결하는 방식과 기타 헤드에 꼽는 클립 튜너 등이 있습니다. 연주하기 전 반드시 튜너를 이용하여 정확히 조율하는 습관을 들이세요.

피크

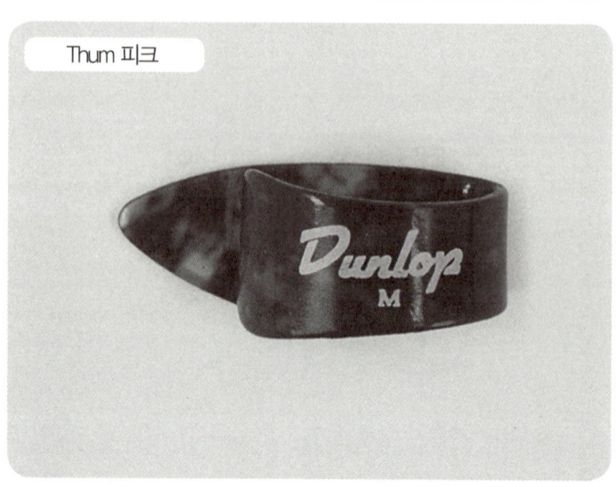

연주자의 취향과 연주하는 방식, 장르에 따라 여러 가지 모양의 피크를 선택할 수 있습니다.
손에 쥐기 편한 모양으로 고르시되 다른 모양의 피크들도 사용해 보시고 가장 연주하기 편한 것으로 선택해 보세요.
초보자라면 일반적으로 삼각형모양의 피크나 물방울 모양이 좋습니다. 두께는 0.5mm정도의 얇은 것부터 2mm이상의
두꺼운 것도 있습니다. 너무 얇거나 두꺼운 피크보다는 1mm정도의 피크를 권합니다.

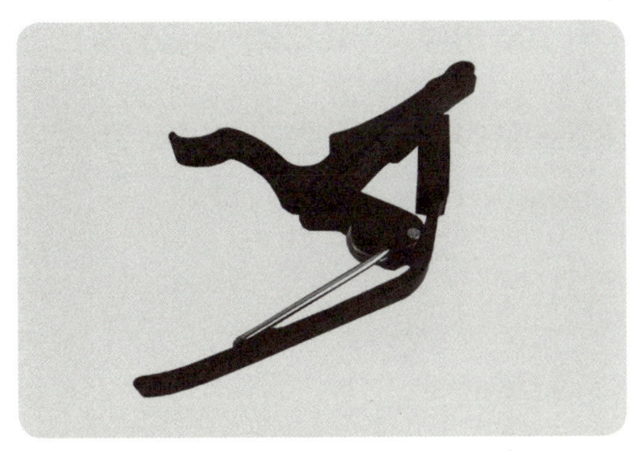

카포

지금 당장은 필요 없을 지라도 기타를 연주하다보면 언젠가는 필요하게 되니 준비해 놓읍시다.
조옮김과 잡기 어려운 코드를 조금 더 쉽게 잡기위해 사용하게 됩니다.

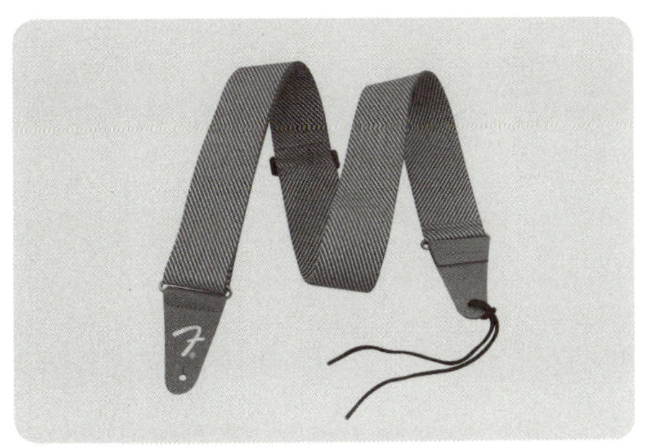

스트랩

기타를 서서 연주하게 된다면 반드시 필요한 준비물입니다.

렌치

기타 네크의 안쪽에는 트러스 로드(Truss Rod)라는 철심이 들어있습니다.
기타는 온도와 습도에 예민한 악기이기에 관리를 잘 해두어도 어쩔 수 없이 기타 넥이 앞, 뒤로 휘게 되는 경우가 생깁니다. 이때 렌치로 트러스로드를 조정해 넥 휨을 바로잡을 수 있습니다.

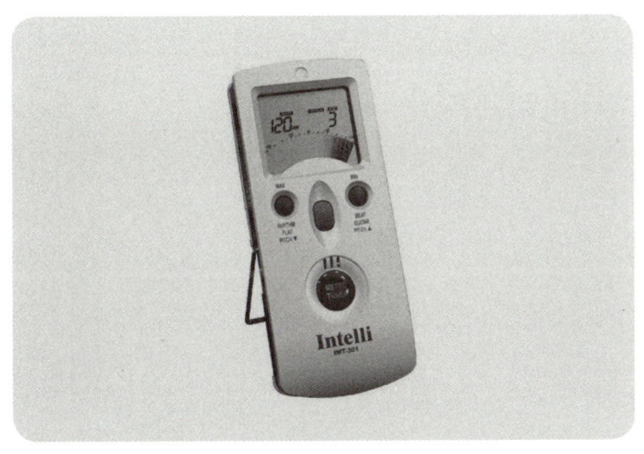

메트로놈

정확한 박자에 맞추어 악기를 연습하는 것은 매우 중요합니다.
메트로놈을 이용해 정확한 박자감각을 익히도록 합시다.
스마트폰을 이용해 메트로놈 어플리케이션을 사용할 수도 있습니다.

04 튜닝

연주하기 앞서 튜너를 이용하여 정확히 조율을 하도록 합시다. 초보자인 경우 빠른 시간에 정확한 조율을 하기 어려울 것입니다.
정확히 조율하기 위해서는 많은 연습이 필요합니다. 연주하기 전 항상 조율을 먼저 하는 습관을 들이도록 합시다.
다음 세 가지 방법을 통하여 기타를 조율하는 방법을 설명하겠습니다.

1) 튜너를 이용하는 방법

아무것도 누르지 않은 상태에서 기타줄을 소리낼 때 이것을 개방현(Open string)이라 합니다.
기타의 개방현의 음은 6번 줄부터 다음과 같습니다.

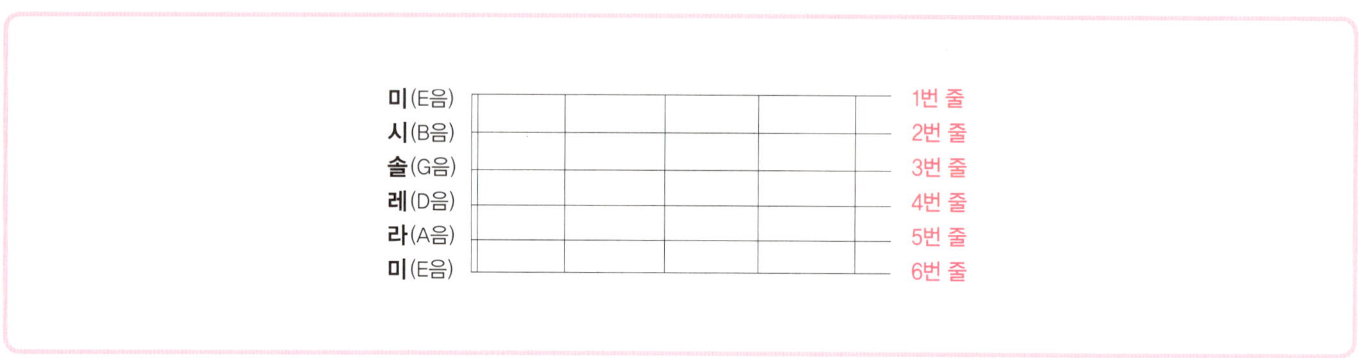

사진과 같이 각 줄을 소리 냈을 때 튜너에서 조율하려는 줄의 음 이름과 함께 바늘이 가운데로 오도록 헤드의 줄감개를 조였다 풀었다 해보세요.

2) 5프렛 튜닝

5프렛 튜닝은 다음과 같은 순서로 조율합니다.

1. 5번 줄을 기준음인 '라'에 맞추고 그에 맞춰 튜닝을 합니다.
   기준음을 맞추기 위해 피치파이프나 소리굽쇠를 이용하기도 합니다.
2. 5번 줄을 기준음에 맞춘 다음 5번 줄 5프렛(레)과 4번 줄 개방현(레)가 같은 음이 되도록 맞춥니다.
3. 4번 줄 5프렛(솔)과 3번 줄 개방현(솔)이 같은 음이 되도록 맞춥니다.
4. 3번 줄 4프렛(시)와 2번 줄 개방현(시)가 같은 음이 되도록 맞춥니다.
5. 2번 줄 5프렛(미)와 1번 줄 개방현(미)가 같은 음이 되도록 맞춥니다.
6. 6번 줄 5프렛(라)와 5번 줄 개방현(라)가 같은 음이 되도록 맞춥니다.

다음 그림을 참고해 주세요

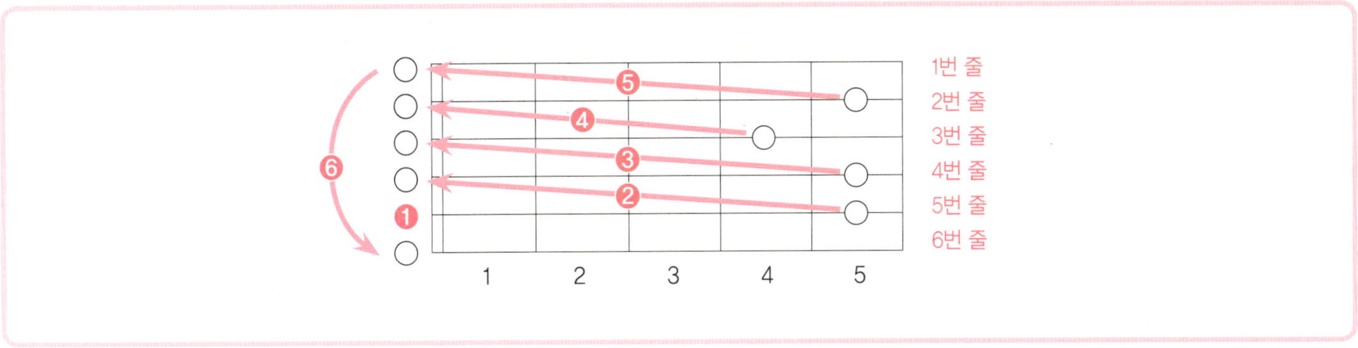

3) 하모닉스 튜닝

하모닉스란 바이올린, 하트, 기타 등의 현악기에서 얻어지는 배음을 뜻합니다.
기타에서는 특정 프렛의 바로 윗부분의 포지션에 줄을 누르지 않고 가볍게 손가락 끝을 가져다 대고 줄을 퉁기는 순간
손끝을 떼어 줍니다.
맑은 하모닉스 음을 내기 위해서는 연습이 필요합니다.
하모닉스 튜닝 방법은 다음과 같습니다.

1. 파이프 등 기준음 라(A)를 얻을 수 있는 도구를 사용해 5번 줄을 맞춥니다.
2. 5번 줄 5프렛의 하모닉스와 4번 줄 7프렛의 하모닉스를 같은 음으로 맞춥니다.
3. 4번 줄 5프렛의 하모닉스와 3번 줄 7프렛의 하모닉스를 같은 음으로 맞춥니다.
4. 2번 줄은 3번 줄 5프렛의 음과 2번 줄 7프렛의 음정이 다르므로 대신 5번 줄 7프렛의 하모닉스와
   1번 줄 개방현을 맞춘 다음, 1번 줄 7프렛을 기준으로 하여 2번 줄 5프렛을 맞춥니다.
5. 6번 줄은 6번 줄 5프렛의 하모닉스와 5번 줄 7프렛의 하모닉스를 같은 음으로 맞춥니다.

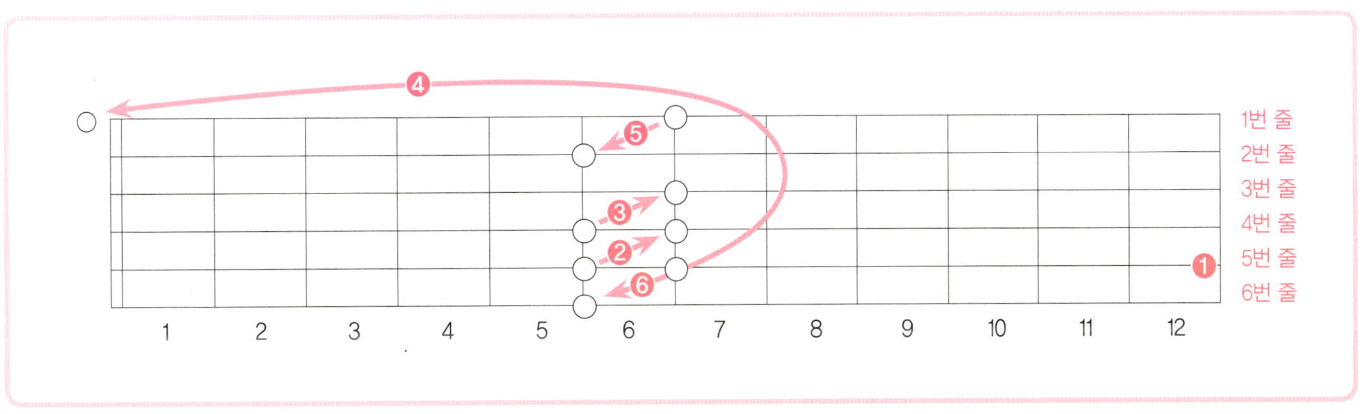

05 기본자세 익히기

기타를 연주하는 방법은 여러 가지가 있습니다.
이 책에서는 먼저 피크를 이용한 스트로크를 통해 연주를 익히고 리듬트레이닝을 하겠습니다.

1) 피크 쥐는 법

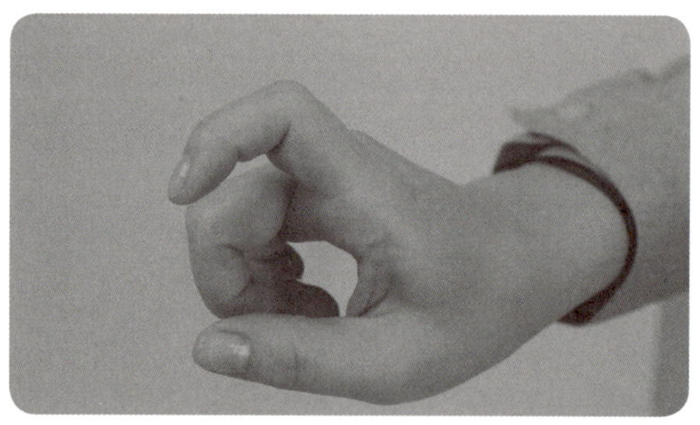

위의 사진처럼 검지 손가락을 살짝 구부리고 엄지를 교차시키는 기분으로 준비합니다.

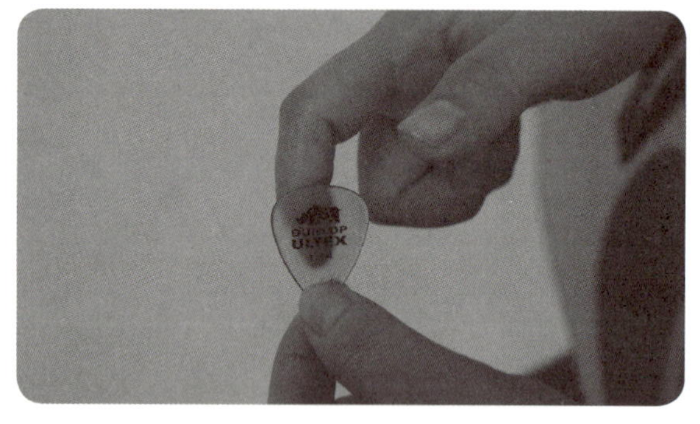
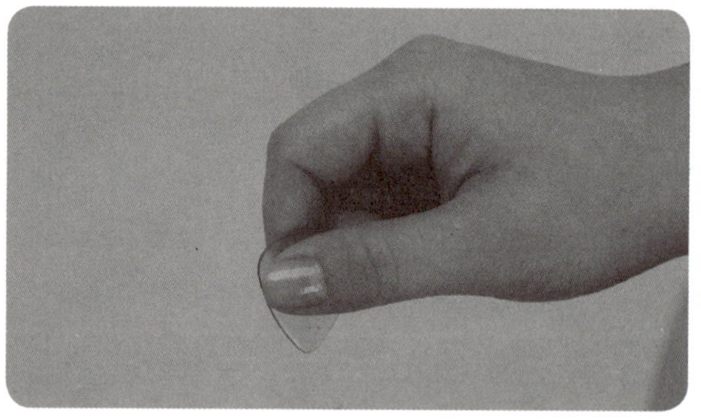

엄지와 검지가 교차하는 사이에 피크를 넣는다고 생각해봅시다.
이 때 엄지손가락은 구부리지 말고 손가락 바닥으로 피크를 덮는 느낌으로 살짝 잡습니다.
피크를 받치고 있는 검지손가락은 피크 밖으로 나오지 않고 피크 뒤에 숨어있어야 합니다.
엄지손가락도 피크 바깥으로 너무 삐져나가지 않도록 하고, 엄지와 피크의 끝을 90도로 만들어줍니다.
초보자들은 피크를 잡을 때 손에 힘이 많이 들어가기 쉬운데, 피크는 너무 세게 잡지 말고 연주 중에 피크를 떨어뜨리지 않을 정도로만 잡습니다.

2) 브러싱

왼쪽 사진과 같이 왼손 손가락 바닥으로 기타줄을 살짝 덮어주는 자세를 '브러싱'이라고 합니다. 이 자세로 피크를 이용해 가볍게 던지듯이 기타줄을 내리쳐 보세요. 줄이 울리지 않고 '탁' 하는 소리가 나야 합니다. 기타를 타악기처럼 사용하게 될 때 사용하기도 하며 실제로 코드 반주에 적절히 섞어 사용하게 되는 연주법입니다. 이 자세를 이용하여 스트로크 패턴에 대한 리듬 연습을 하게 될 것입니다. 다른 줄을 울리지 않고 타악기처럼 소리를 낼 수 있게 자세와 동작을 연습해 보세요.

3) 기본 자세

기타를 연주하는 방법은 여러 가지가 있습니다. 혼자 연습하게 될 때 아무래도 의자에 앉거나 방바닥에 앉아서 연습하게
되겠죠? 이 책에서는 앉아서 연주할 때의 기본자세에 대해 설명하겠습니다. 점차 연주가 숙달되면 스트랩을 이용해서
서서도 연습해 보세요.

❶ 무릎을 어깨넓이만큼 살짝 벌려주고 발끝이 너무 벌어지지 않도록 합니다.
오른손잡이라면 기타는 오른쪽 넓적다리에 얹어주세요.
기타 바디의 오목한 부분이 넓적다리에 올라오는 것입니다.

❷ 기타를 자신의 몸에서 주먹하나 들어갈 만큼 공간을 남겨주고 윗부분이 갈비
뼈에 오도록 살짝 기울여줍니다. 그리고 기타헤드가 몸과 평행하지 않게 살
짝 비스듬히 하여 기타 헤드를 살짝 올려줍니다.

❸ 이 상태에서 왼손을 가볍게 쥐는 느낌으로 브러싱 자세를 만들어주세요.
오른팔은 기타의 엉덩이부분에 편안히 올리고 발꿈치를 중심으로 반원을 그
리는 기분으로 스트로크 합니다.

아래로 내려치는 동작을 다운 스트로크(Down Stroke) 위로 올려치는 동작을 업 스트로크(Up Stroke)라고 합니다.
사운드홀 가운데에서 동작이 이루어지도록 합니다.
이때 피크로 줄을 누르거나 세게 긁는 느낌이 아니라 가볍게 스쳐지나가는 느낌으로 동작을 연습합니다.

음표, 박자의 이해

기타를 연주하려면 먼저, 악기를 어떻게 연주해야 하는지 설명을 하는 언어인 음표와 악보에 대한 이해가 필요합니다.

음표와 쉼표의 길이

음표는 어느 정도의 길이로 소리를 내야하는지를 나타내며, 쉼표는 쉬어야 하는 박의 길이를 나타냅니다.
음표와 쉼표는 다음과 같이 온음표, 온쉼표를 기준으로 길이를 등분하게 됩니다.

음표	음표 이름	길 이	쉼표	쉼표 이름	길 이
o	온음표	4박	▬	온쉼표	4박
♩.	점2분음표	3박	▬·	점2분쉼표	3박
♩	2분음표	2박	▬	2분쉼표	2박
♩.	점4분음표	1박 반	𝄽.	점4분쉼표	1박 반
♩	4분음표	1박	𝄽	4분쉼표	1박
♪.	점8분음표	반 박 반	𝄾·	점8분쉼표	반 박 반
♪	8분음표	반 박	𝄾	8분쉼표	반 박
♬	16분음표	반의반 박	𝄿	16분쉼표	반의반 박

 브러싱을 활용한 음표 분할 & 리듬 트레이닝

각각의 음표의 길이를 다음과 같이 입으로 소리 내어 세어보며 브러싱 자세로 스트로크를 하며 연주해 봅시다.
메트로놈을 가지고 있다면 템포를 ♩=50 또는 60 정도에 맞추어 천천히 연습합니다.

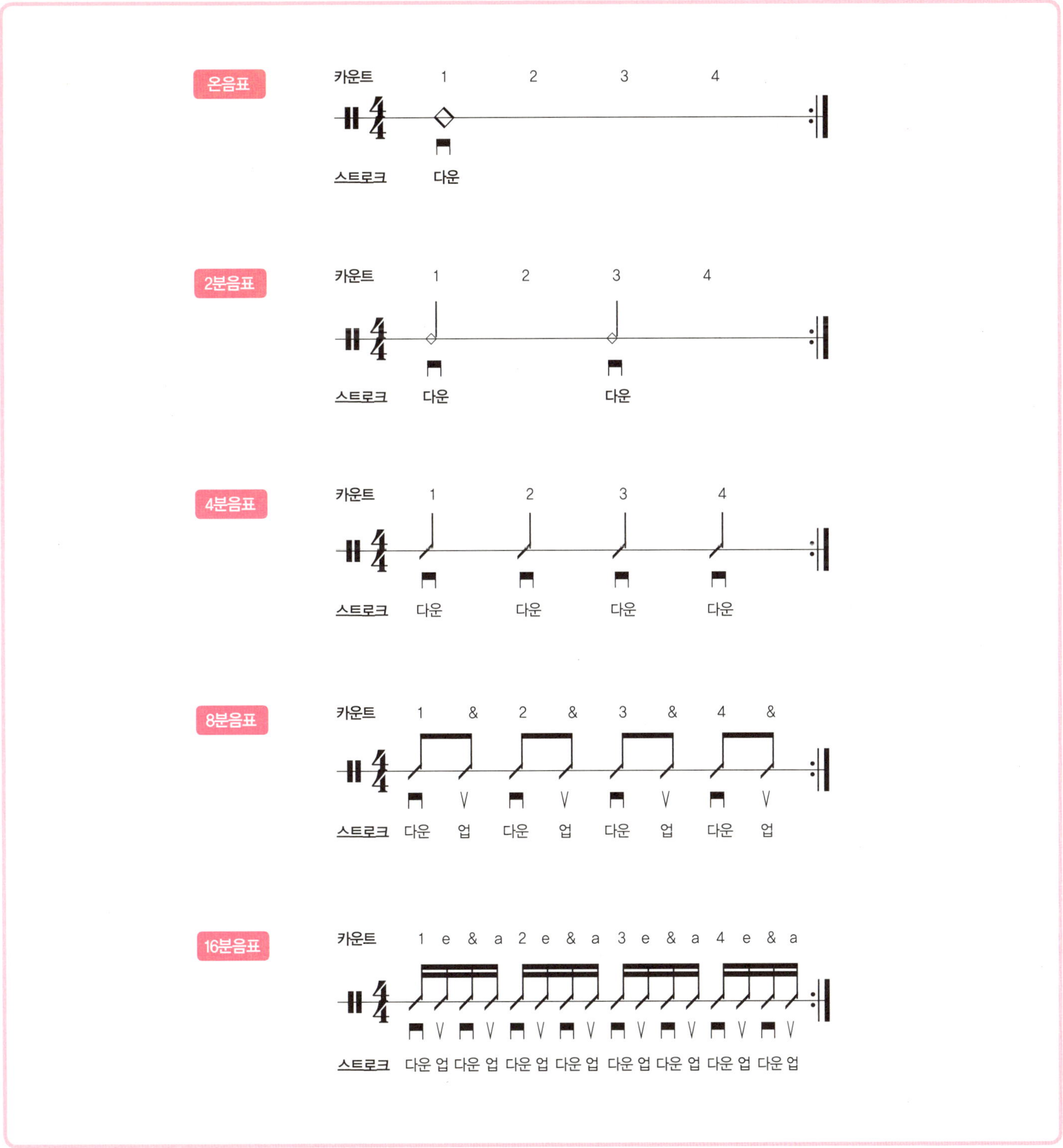

이처럼 박자를 입으로 세어 보는 것은 연주를 하면서 박자를 유지하는 연습으로서 매우 중요합니다.
계속해서 박자를 정확히 맞출 수 있도록, 음표의 길이가 들쭉날쭉 흔들리지는 않는지 유심히 들으면서 반복해서 연습합시다.

08 기초 악전

1) 오선 악보

피아노, 기타 등 우리가 흔히 접할 수 있는 오선악보입니다.

5개의 줄과 4개의 칸으로 이루어지며 오선 안에서 표현할 수 없는 높이의 음은 덧줄과 덧칸으로 표현합니다. 이를 보표(saff)라고 합니다. 이곳에 음악적인 기호나 용어들이 쓰여져 우리가 부르는 '악보'가 되는 것입니다.

음자리표(Clef)는 보표의 첫 자리에 놓여져 음들의 절대적인 높이와 음 이름을 결정하는 기호를 말합니다. 기타에 쓰이는 음자리표는 높은음자리표로 G음자리표(G Clef)라고도 합니다.

음자리표 옆에는 박자를 결정하는 박자표가 쓰이게 됩니다. 아래 악보의 4분의 4박자를 설명하자면 한 마디 안에 4분음표가 4번 연주된다는 뜻입니다. 그 옆에는 그 곡의 조를 결정하는 조표(Key signature)가 놓입니다.

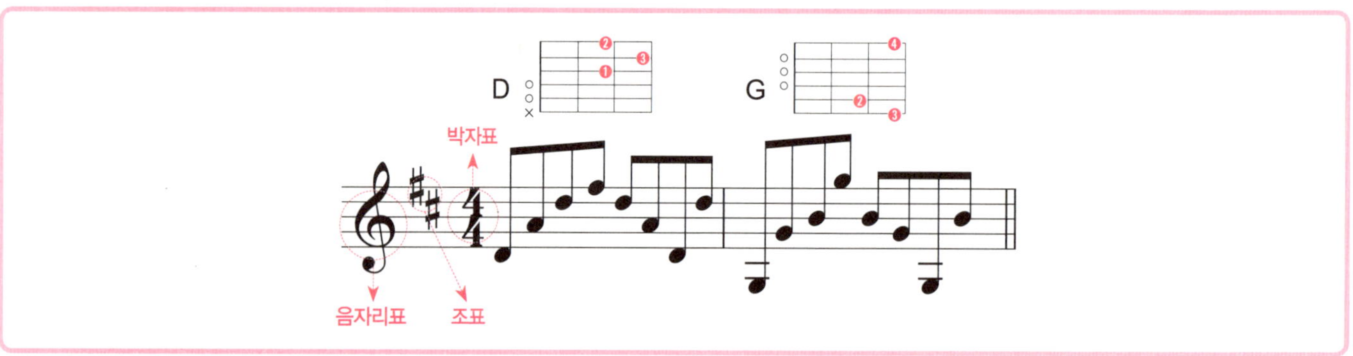

2) 리듬 악보

리듬 악보는 음표의 높낮이를 표시하지 않고 연주하게 되는 길이와 박자만을 나타냅니다

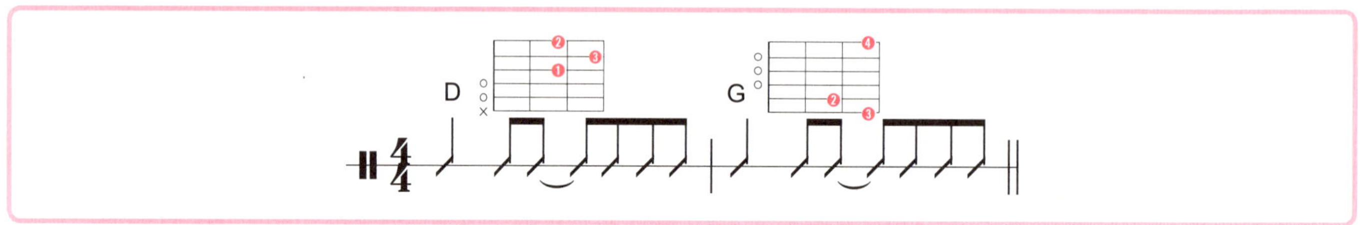

3) 타브 악보(Tablature)

기타줄이 여섯 줄인 것과 같이 타브 악보 또한 여섯 줄로 이루어져 있습니다. 맨 윗줄이 1번 줄을 의미하며 순서대로 2번, 3번, 4번, 5번, 6번 줄입니다. 각 줄에 표시된 숫자는 연주할 때 눌러야할 프렛 번호를 의미합니다.

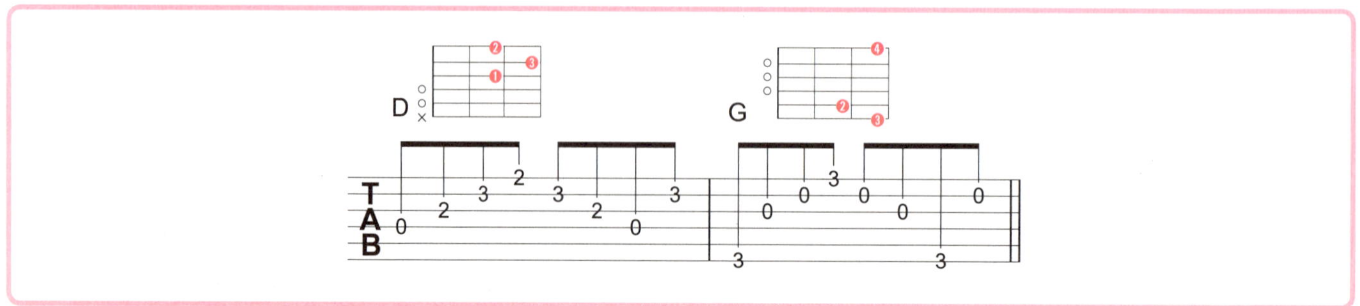

4) 반복기호

- **도돌이표 :** ‖:부터 :‖까지 한 번 반복합니다. ⌐1.———⌐ 표시는 처음에는 ⌐1.——— 부터 :‖까지 연주하고 다시 ‖:로 돌아가서 다음 반복 시는 ⌐1.——— 을 건너뛰어 ⌐2.——— 를 연주합니다.

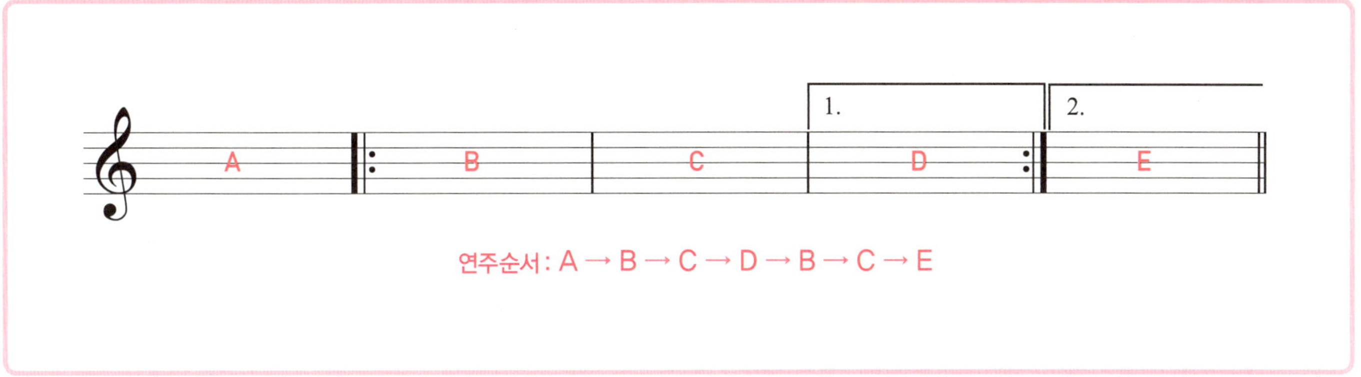

- ***D.C.* (다카포) :** 처음으로 돌아가 ***Fine***(피네)에서 끝마칩니다.

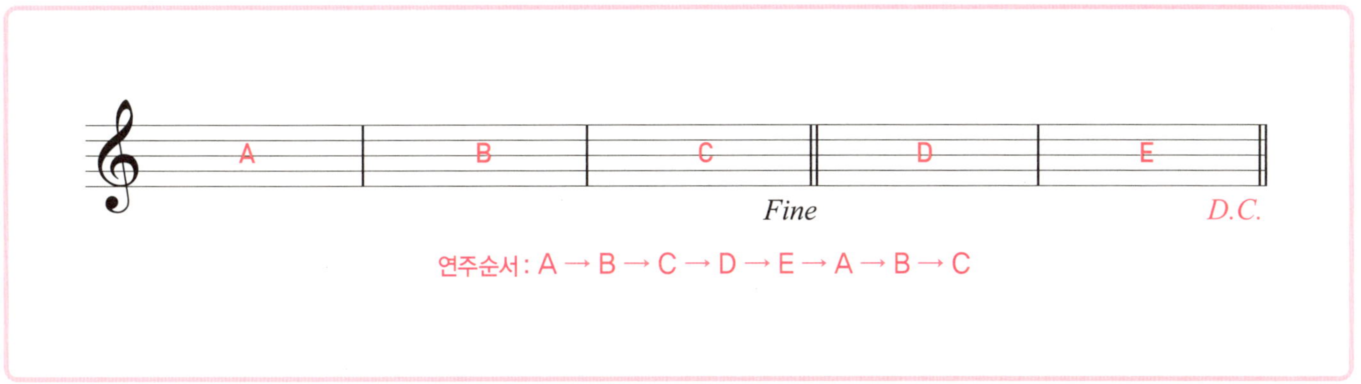

- ***D.S.* (달세뇨) :** 𝄋(세뇨)로 돌아가서 ***Fine***(피네)에서 끝마칩니다.

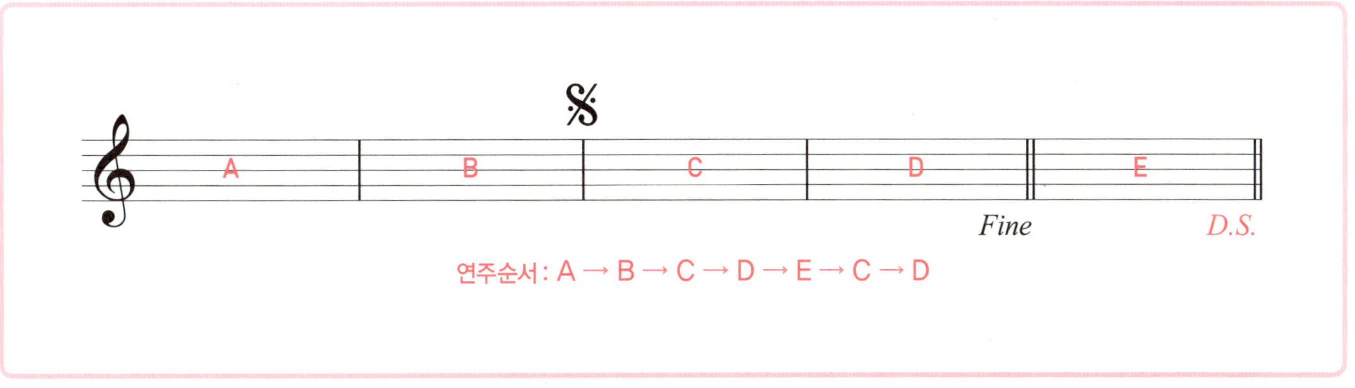

지판과 음정

기타는 지판의 프렛(Fret)으로 음정을 나누어 줍니다. 오른쪽으로 가며 순서대로 '1프렛, 2프렛, 3프렛…'이라고 하며 프렛을 아무것도 누르지 않은 상태를 개방현(0프렛)'이라고 합니다. 기타의 줄은 굵은 줄부터 '6번, 5번, 4번, 3번, 2번, 1번' 줄이라고 하며 굵은 줄은 낮은 소리가 나고 얇은 줄은 높은 소리가 납니다.

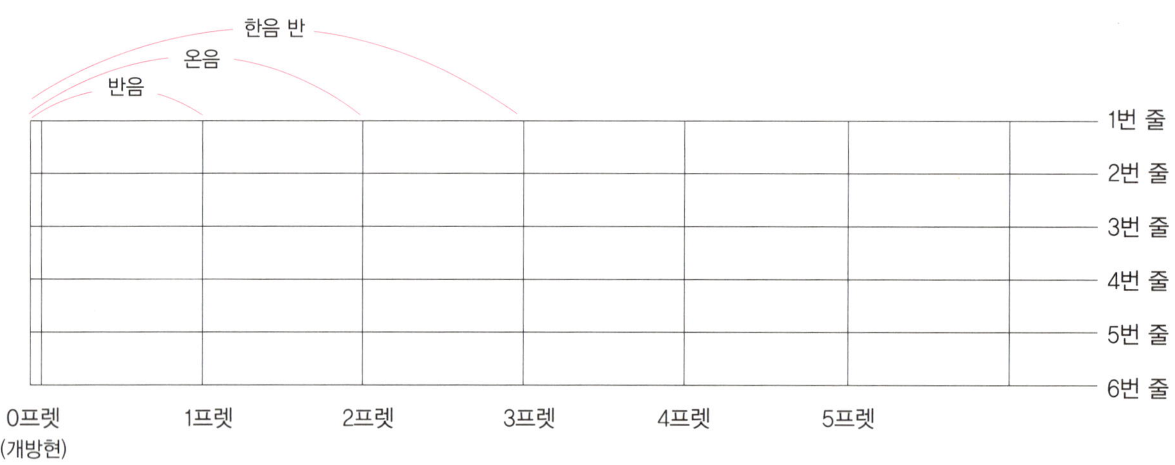

10　화음(Chords)의 이해

코드, 즉 화음이란 두 개 이상의 음이 동시에 또는 순차적으로 울리게 되어 그 울림을 유지하게 되는 것을 말합니다. 예를 들면 다음의 C코드의 구성과 같습니다.

예) C코드의 구성

이러한 화음들이 조직적이며 유기적으로 구성이 되는 형태를 화성(Harmony)라고 말하며 그것들이 리듬감을 가지게 되고 그 위에 선율(멜로디)을 얹게 되면 음악의 3요소(멜로디, 하모니, 리듬)를 충족하게 되는 것입니다. 기타는 이 세 가지 음악의 요소를 충족하며 혼자서 연주할 수 있는 얼마 되지 않는 악기입니다.

11 코드 다이어그램의 이해

코드를 연주하기 전에 이해해야할 도표가 있습니다.
바로 코드 다이어그램(Chord Diagram)입니다.
이 도표는 화음을 짚어야 할 때 어떤 손가락으로 기타의 어느 포지션을 눌러야 하는지 나타내 줍니다.

1) 손가락 번호

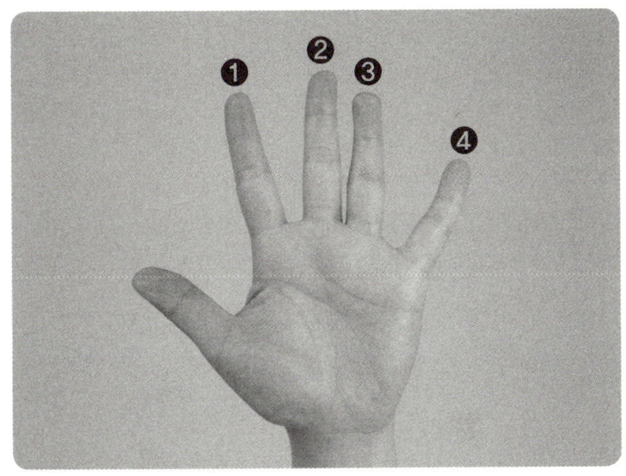

이 손가락 번호들은 코드 다이어그램에서 눌러야 될 손가락 번호들로 표시됩니다.

2) 코드 다이어그램 보는 방법

코드 다이어그램은 다음과 같이 구성됩니다.
코드 다이어그램과 사진을 비교해 보며 처음 배울 코드 E코드를 연습해 보겠습니다

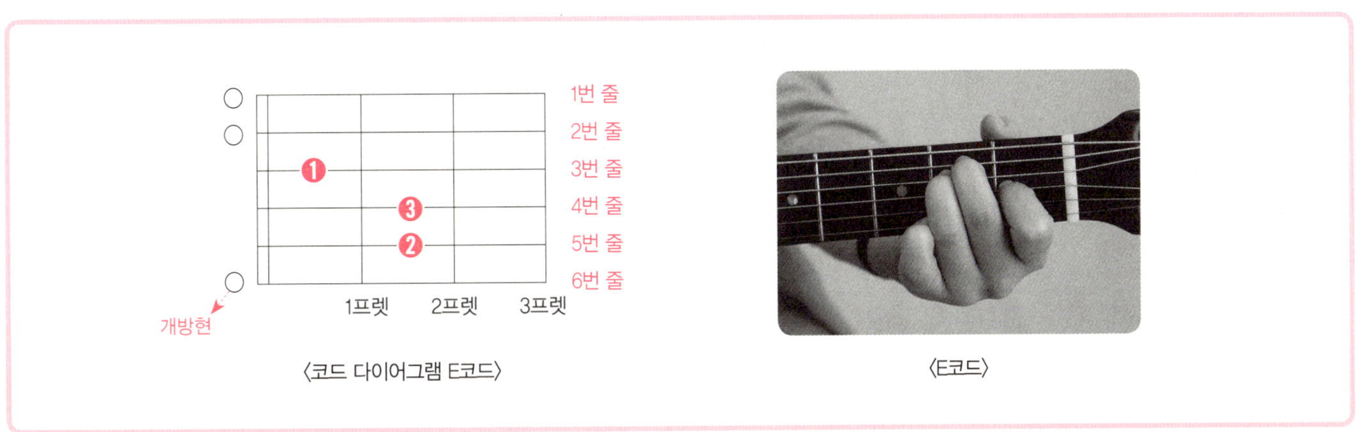

〈코드 다이어그램 E코드〉　　　　　　〈E코드〉

코드 다이어그램의 맨 윗줄이 1번 줄이며 그 다음은 2번줄, 순서대로 2, 3, 4, 5, 6번 줄이 되겠습니다.
세로줄은 각각 1프렛, 2프렛, 3프렛...으로 생각합니다.
다이어그램 위에 있는 점이 여러분들이 손가락으로 눌러야 될 번호와 위치입니다.
여기에 손가락 번호를 적어 놓기도 하고 생략하기도 합니다.

Chapter 2

코드체인지 & 스트로크

E코드와 A코드 익히기

앞서 연습해 보았던 E코드를 다시 살펴보겠습니다.

E코드

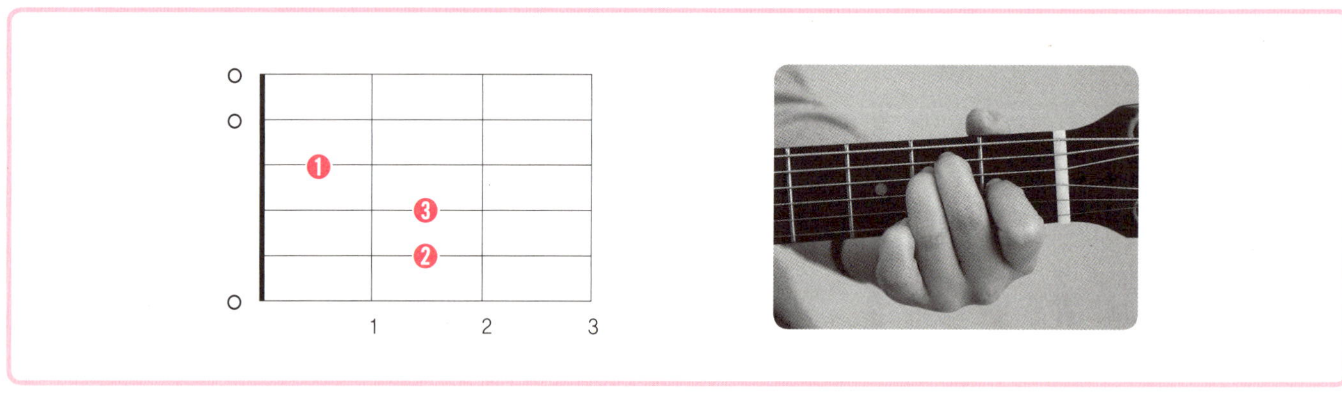

코드를 잡을 때는 손바닥이 네크의 뒷면에 닿지 않도록 주의하여 1, 2번 줄의 개방현이 소리가 잘 날 수 있도록 공간을
남겨두어야 합니다. 3번 줄 1프렛을 누르고 있는 1번 손가락을 정확히 세워서 누를 수 있도록 노력해 보세요.
피크를 잡고 E코드를 연주해 봅시다. 위에서 아래로 내려치는 동작을 다운 스트로크(Down Stroke)라고 합니다.
과도하게 세게 내려치지 말고 여섯 줄의 울림을 느끼면서 부드럽게 스르릉~ 하고 아래로 긋는다고 생각해 보세요.
이때 오른손의 동작은 팔꿈치가 축이 되어 반원을 그리는 기분으로 움직입니다.
여섯줄이 고르게 소리가 나고 있는지, 손가락 끝을 바르게 세워 1, 2번 줄이 울릴 수 있는 공간을 남겨 두었는지 체크하며
연습해 보세요.

A코드를 연습해 봅시다.

A코드

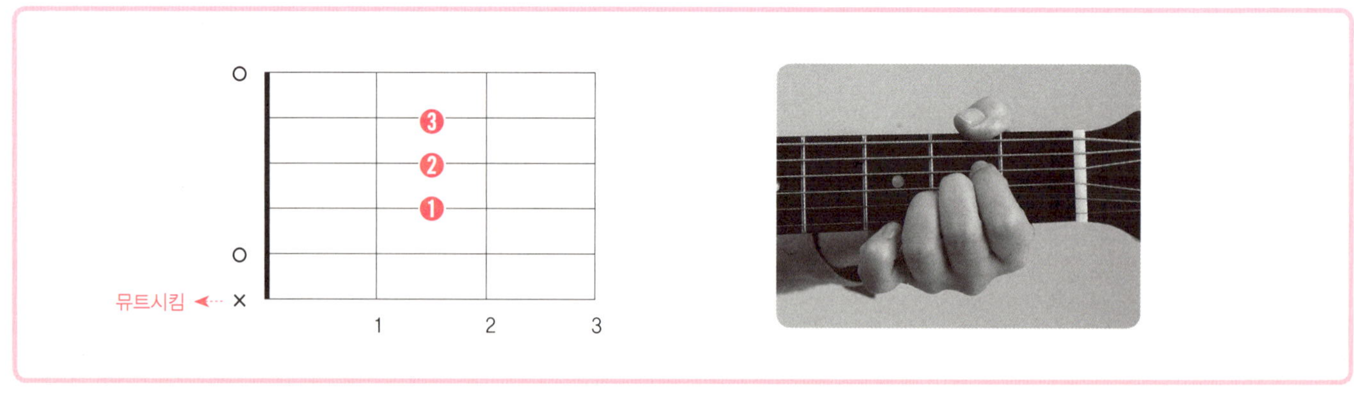

6번 줄은 엄지손가락을 가볍게 올려 소리를 뮤트시킵니다.
E코드를 연습할 때처럼 동작에 유의하며 다운스트로크로 연습해 봅시다.

⓪2 코드체인지 연습

다음 리듬악보를 토대로 코드체인지와 리듬 트레이닝을 해보겠습니다.
1, 2, 3, 4 박자를 입으로 세가면서 연습합니다. 코드체인지 직전의 4&에서 코드를 누르고 있는 손을 뗍니다. 그리고 즉시 공중에서 A코드를 준비하여, 다음 마디 1을 카운트할 때 코드를 잡는 동작과 다운 스트로크 동작이 같은 순간에 이루어 질 수 있도록 연습합니다.

Track 01 튜닝

온음표 연습 Track 02

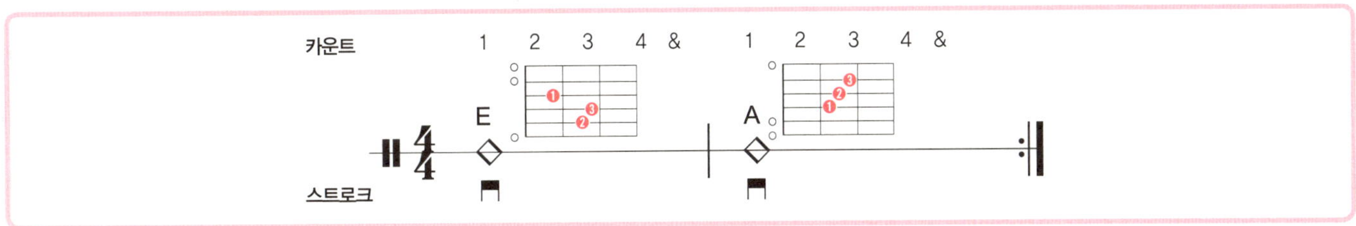

A코드와 E코드를 바꿀 때 다음 그림과 같이 손가락 2번, 3번 손가락이 같은 모양을 유지하게 됩니다.
이것을 '핑거블럭'이라고 부릅니다. 손가락 모양이 흐트러지지 않게 주의하면서 위치를 이동해 주세요.

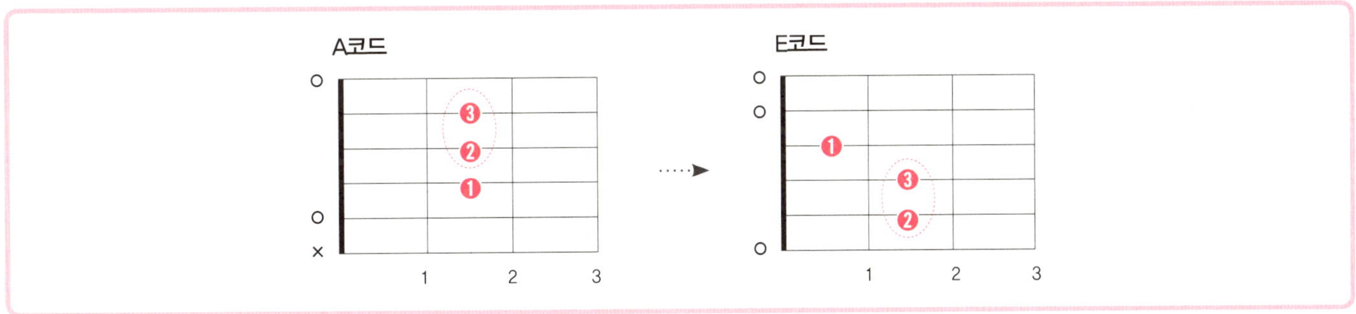

다음 2분음표와 4분음표, 8분음표 연습도 같은 요령으로 연습합니다.

2분음표 연습 Track 03

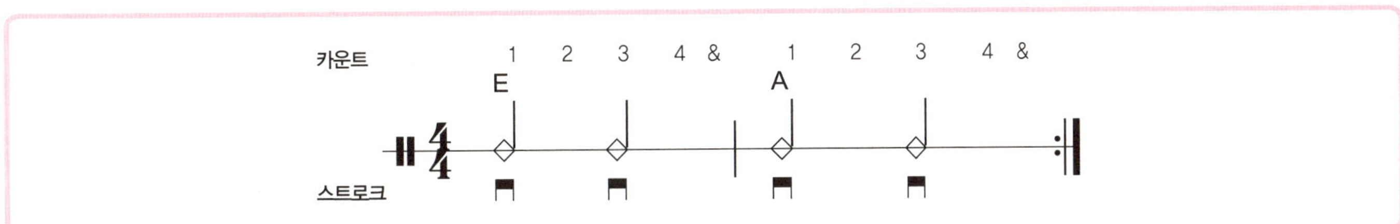

4분음표 연습 Track 04

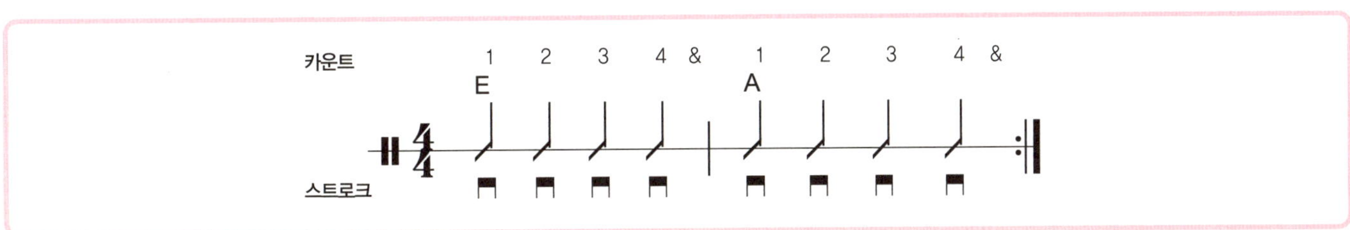

D코드 익히기

D코드

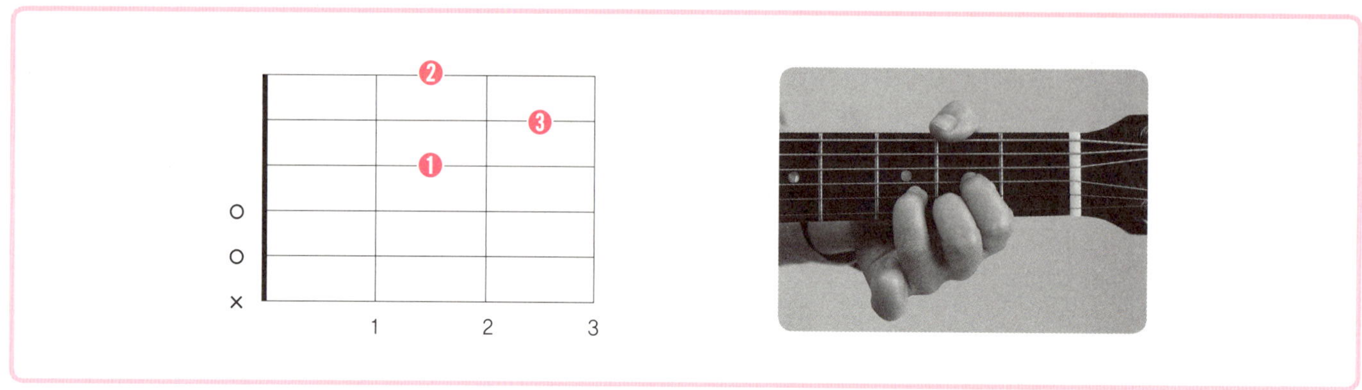

코드 다이어그램과 사진을 참고해서 D코드를 소리내 봅시다.
6번 줄은 엄지손가락을 가볍게 올려 소리를 뮤트 시킵니다.

위에서 연습했던 것처럼 온음표, 2분음표, 4분음표, 8분음표로 A코드와 D코드의 코드체인지를 연습해 봅시다. **Track 05**

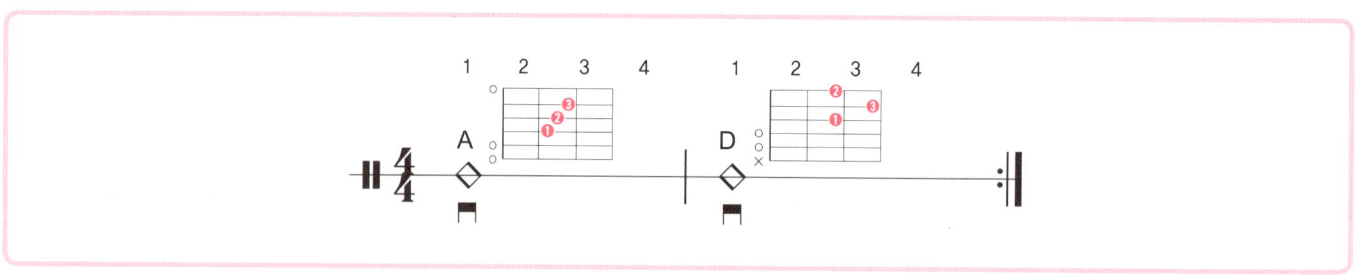

이 때 A코드를 누르고 있는 2번 줄 위의 3번 손가락은 D코드에서도 같은 줄 위에 있습니다.
D코드로 코드를 바꿀 때 손가락을 떼지 말고 3프렛 방향으로 미끄러지듯 이동하는 것이 포인트입니다.

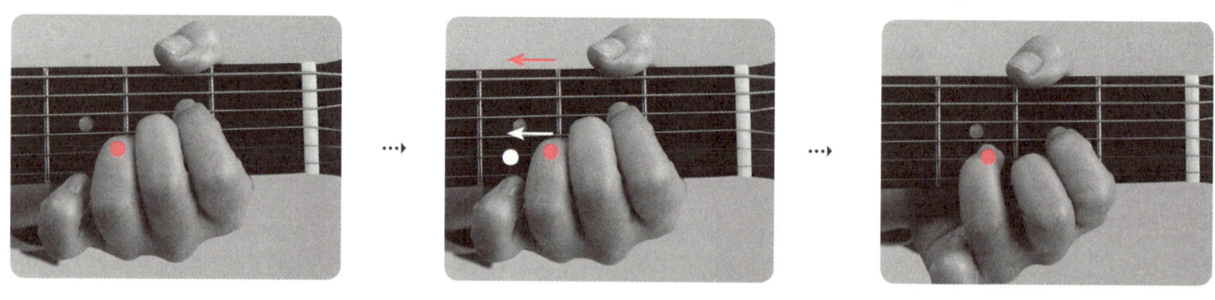

같은 줄 위에 손가락이 머무르거나 포지션을 유지하여 코드 체인지에 있어 축이 되는 손가락들이 있습니다. 이것을
'피벗핑거(Pivot Finger)'라고 합니다. 다른 코드진행들의 조합에서도 피벗핑거가 되는 손가락들을 찾아내서 연습을 하면
조금 더 수월하게 코드체인지를 할 수 있습니다.

다음 D코드와 E코드의 코드체인지를 연습해 봅시다. `Track 06`

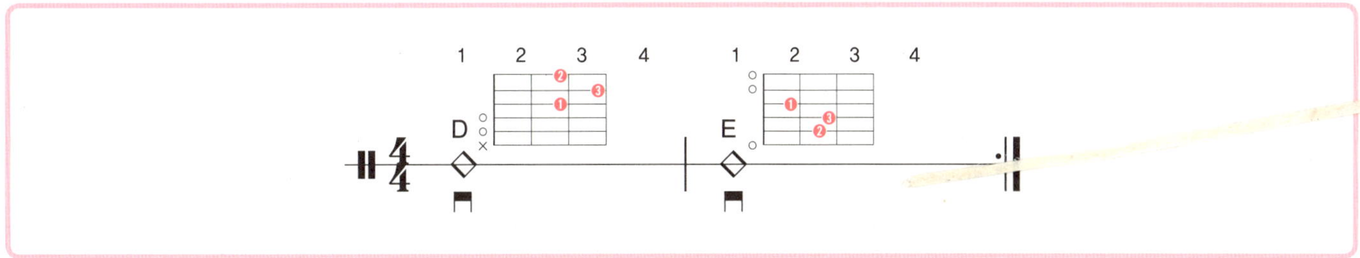

D코드를 누르고 있는 3번 줄 위의 1번 손가락은 E코드에서도 같은 줄 위에 있습니다.
E코드로 코드를 바꿀 때 손가락을 떼지 말고 1프렛 방향으로 미끄러지듯 이동해 주세요.

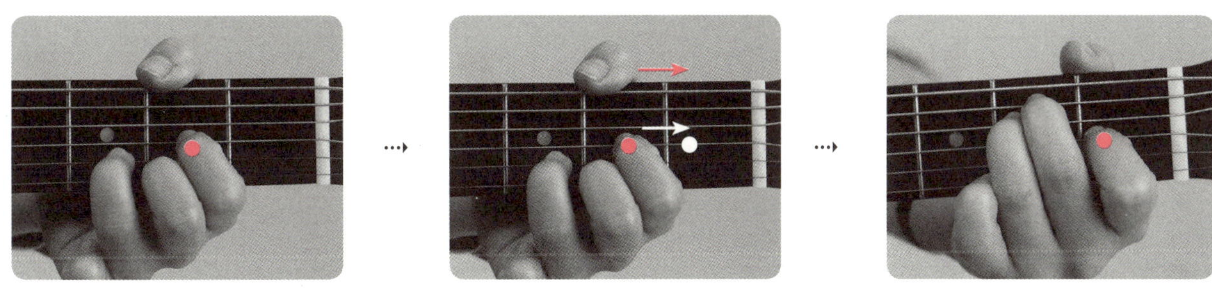

04 ¾박자 스트로크

¾박자는 한 마디안에 4분음표가 세 번 연주된다는 의미입니다.

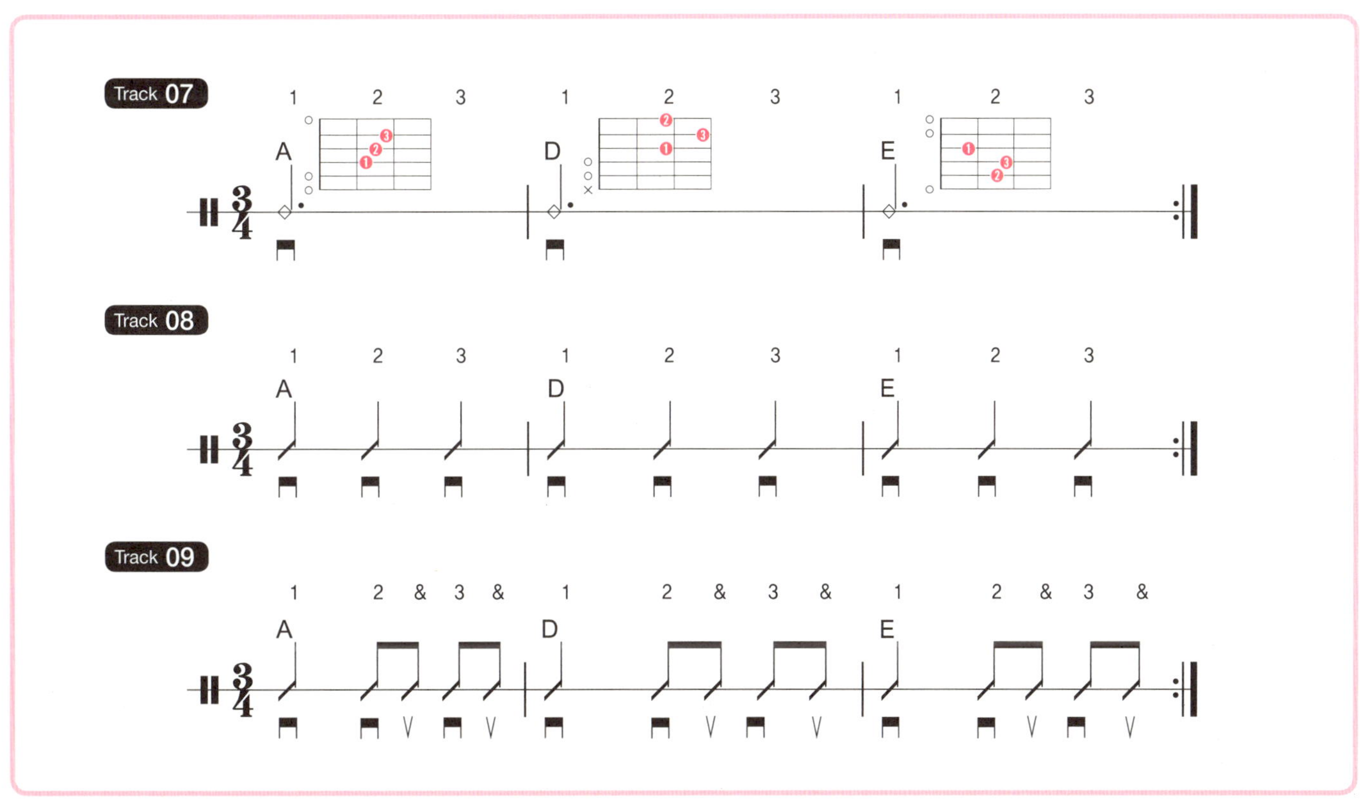

Track 10 all part
Track 11 메트로놈, 멜로디

에델바이스

Oscar Hammerstein 작사
Richard Rodger 작곡

다음 세 가지 리듬패턴으로 연습해 봅니다.

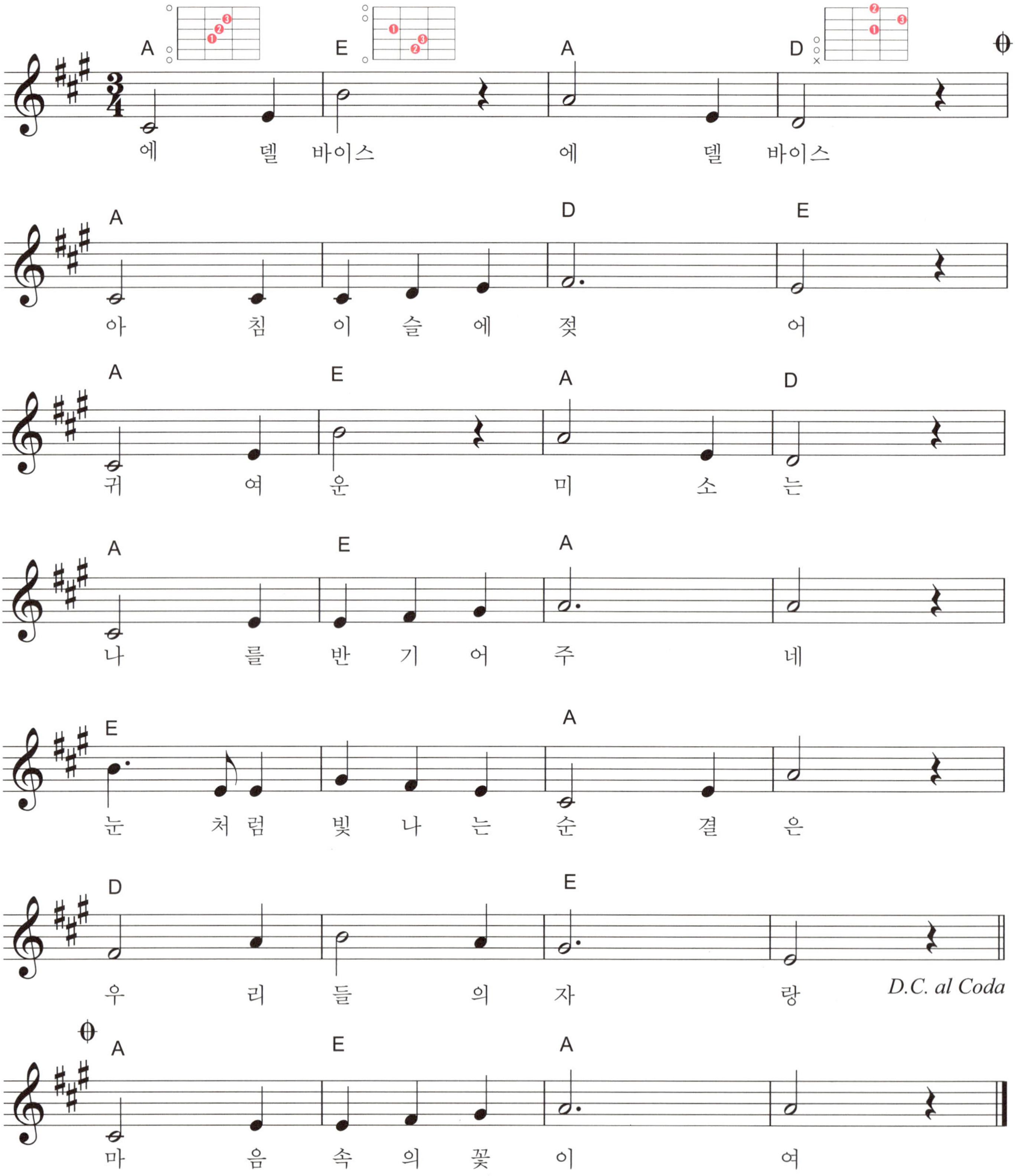

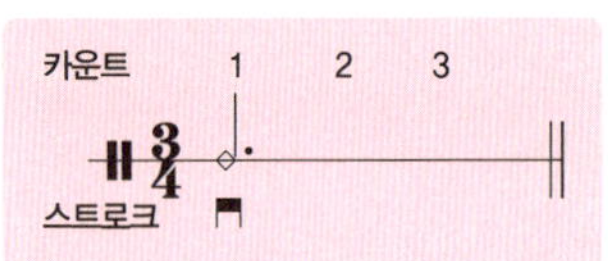

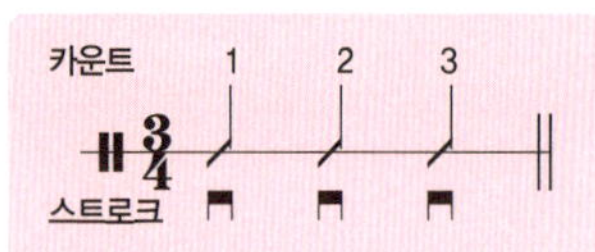

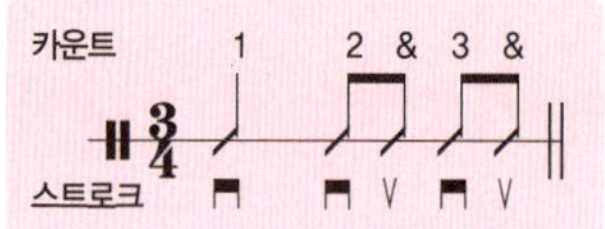

05 8Beat 스트로크

8비트는 8분음표를 기본으로 하며 2박자째와 4번째 박자에 악센트를 붙여 연주합니다.

8분음표 연습-다운 스트로크 `Track 12`

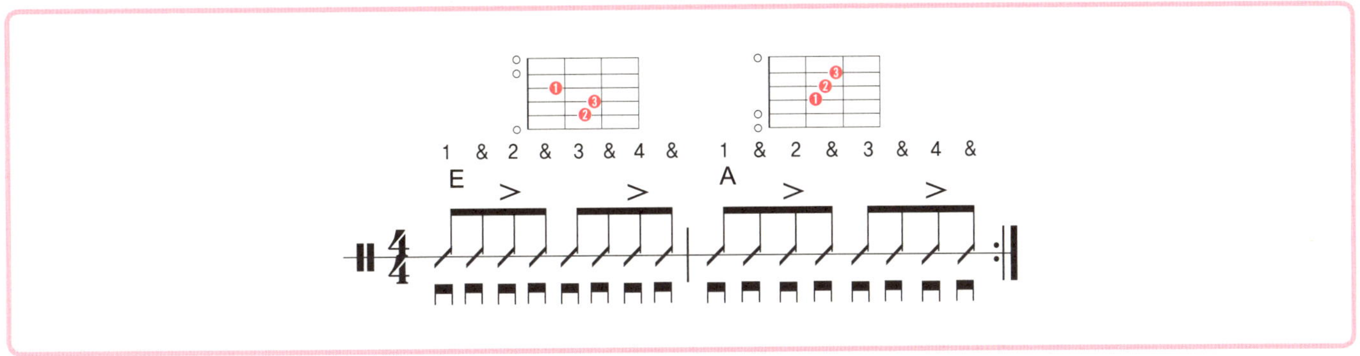

8분음표 연습-다운, 업 스트로크 `Track 13`

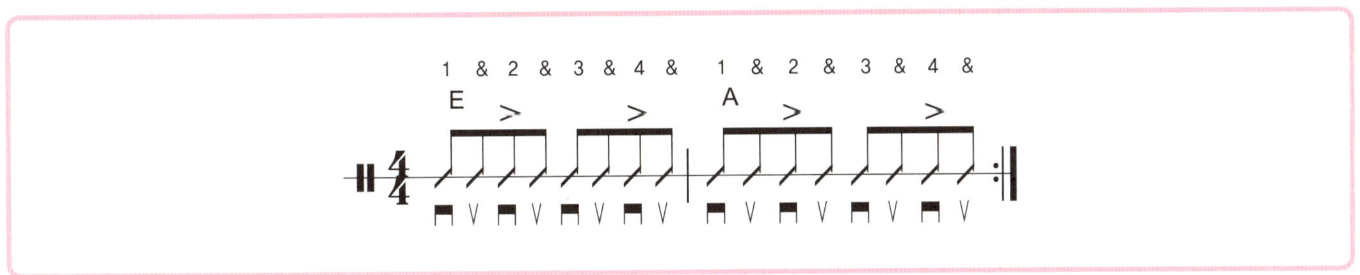

오픈 스트럼(Open strum) `Track 14`

오픈 스트럼(Open Strum)은 코드 체인지를 쉽게 하기 위한 방법으로, 새로운 코드로 바꿔야 할 때 마지막 8분음표를 쳐야 할 타이밍에 손을 놓아버리는 것입니다. 그렇게 되면 오른손은 여섯 줄의 개방현을 모두 스트로크하게 되겠지요? 이 순간을 이용하여 코드를 바꿀 수 있는 시간을 버는 것입니다. 이 타이밍에 오른손은 다음 코드를 준비해 줍니다. 사실 실제로 시도해 보면 그렇게 어렵지 않을 것입니다. 너무 긴장하지 말고 느긋하게 리듬을 타면서 타이밍을 맞춘다고 생각하고, 앞으로 연습곡들에 나올 오픈 스트럼을 적극 활용해 보세요

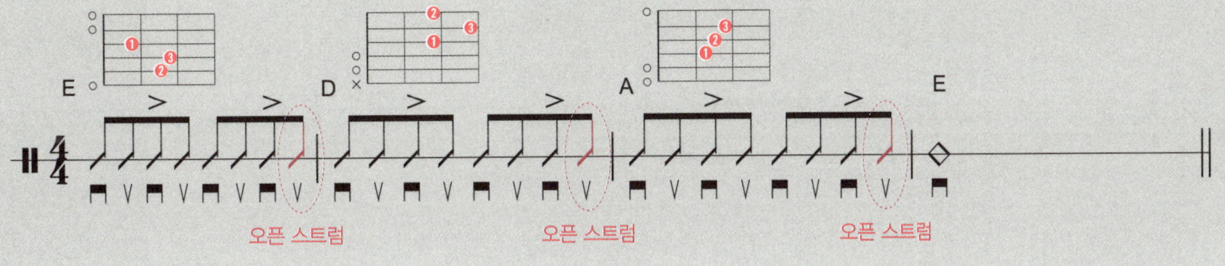

Track **15** all part
Track **16** 드럼, 베이스, 멜로디

매직 카펫 라이드

김윤아 작사
김윤아 작곡
자우림 노래

A   D   A   D
아 픈 일은 내 -일로미 -뤄버 려요   인생은
지 난 일은 모 -두다잊 -어버 려요   기회는

A   D   A   1. D
-한 번뿐 후회하 -지 마 요-진짜로 - 가 지고-싶은걸 -가 져요 이렇게
-한 번뿐 후회하 -지 마 요-진짜로 - 해 내고-싶은걸

A   D   A   D
멋 진 파란하 -늘위에 지어진 마 법 정원으 -로와요 색색의

A   D   A   D   2, 3. D
보 석 꽃과노 -루비단 달콤한 우 리 두사람 -   -찾 아요
                                                        -가 져요

A   D   A   D
용 감 하게 씩 -씩하게 - 오 늘의당 신을 버 -려봐요 이렇게

A   D   A   D
멋 진 파란하 -늘위로 날으는 마 법 융 단 -을타고 이렇게

A   D   A   D
멋 진   장 미 빛 -인 생 을 당 신 과 나 와   우 리 둘 -이 함 께 - -
멋 진   초 록 바 -닷 속 을 달 리 는 빨 간   자 동 차

D   D
D.S. al Coda
인 생 은   -를 타 고 이 렇 게

A   D   A   D
멋 진   푸 른 세 -상 속 을 날 으 는 마 법   융 단 -을 타 고 이 렇 게

A   D   A   D
멋 진   장 미 빛 -인 생 을 당 신 과 나 와   우 리 둘 -이 함 께 - -

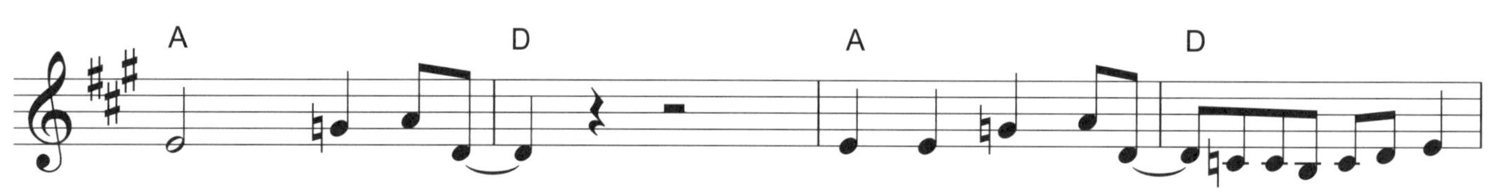
A   D   A   D

A   D   A   D

G코드 익히기

G코드를 잡는 방법은 아래와 같이 두 가지 방법이 있습니다.
두 가지 방법 모두 익혀 두는 것이 좋습니다.
지금은 두 가지 방법 중 가장 편안하게 잡을 수 있는 것으로 연습해보세요.

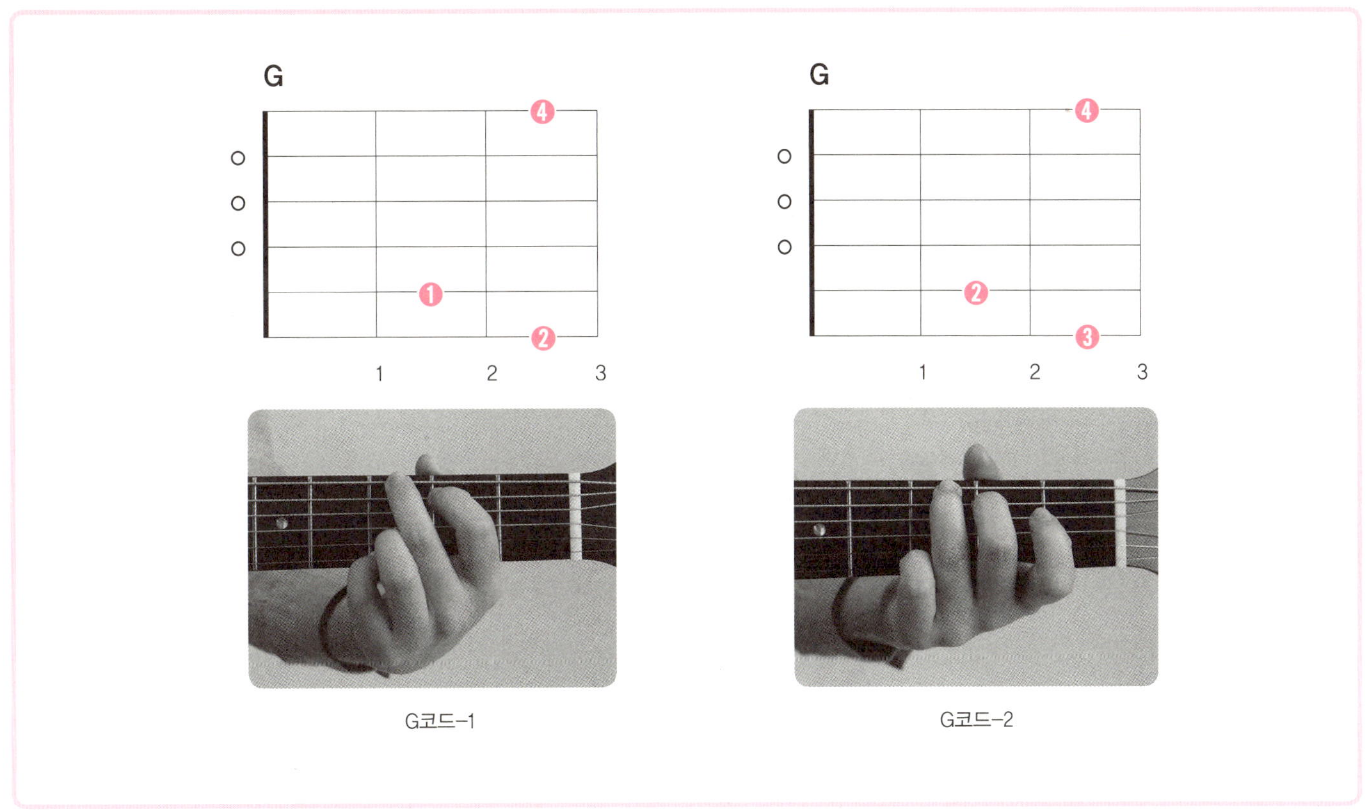

G코드-1   G코드-2

G코드-1번 방법으로 잡게 될 때 새끼 손가락이 너무 힘에 부친다면 다음 방법으로 잡아도 좋습니다.

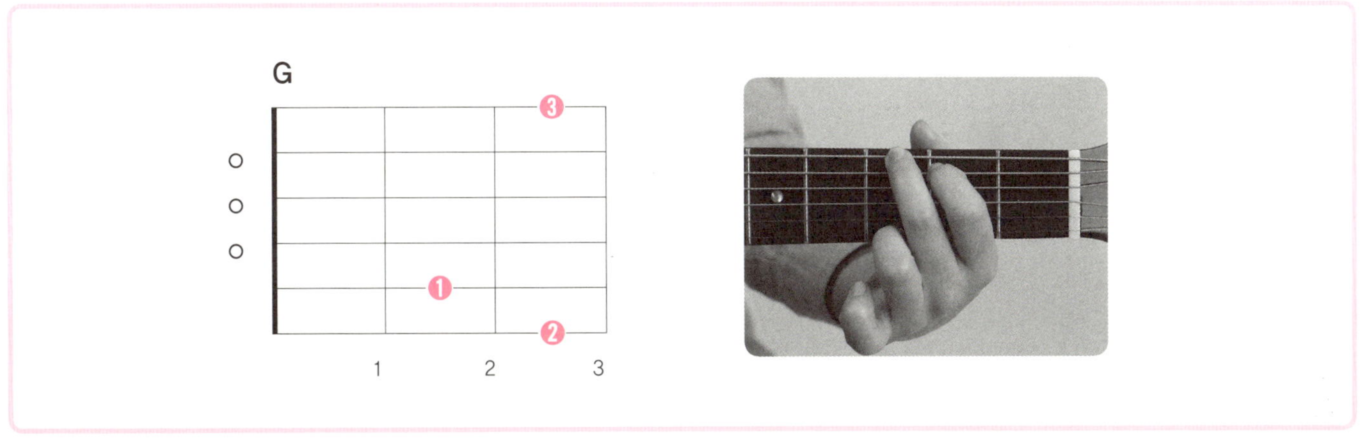

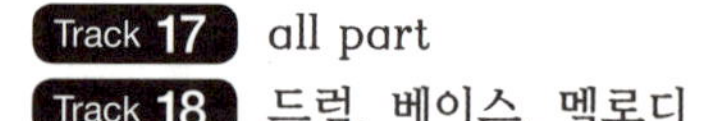

밥만 잘 먹더라

방시혁 작사
방시혁 작곡
Homme 노래

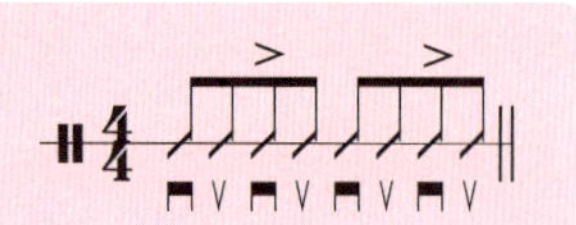

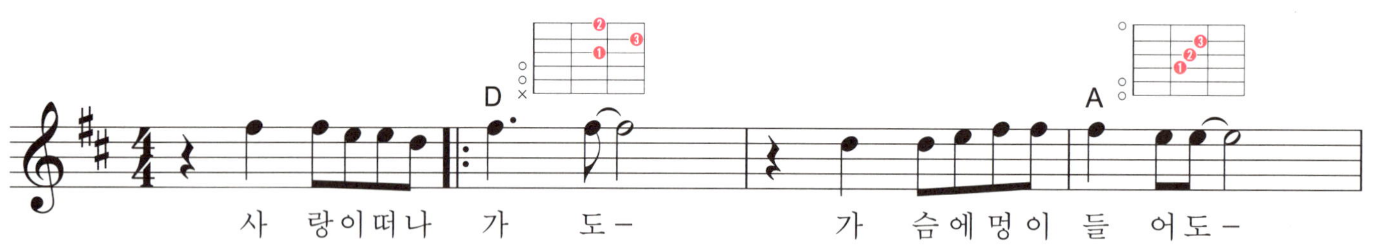

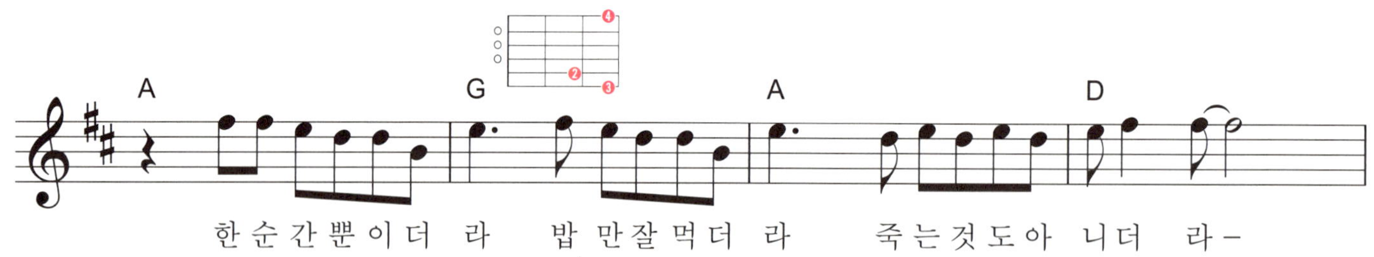

D   A
이 미 지 - 난 일 말 하 면 뭐 해 돌 릴 수 없 는 - 데 -   괜 히

G   A   D   A
아 픈 가 슴 만   다 - 시 들 춰 내 서 뭐 - 해 -   쓸 데 없 - 게 -

D   A
태 어 나 서 딱 세 번 만 울 게 허 락 된 다 는 - 데 -   괜 히

G   A   D   A
허 튼 일 들 에 아 까 - 운 눈 물 낭 비 말 - 자 -   사 랑 이 떠 나

Chapter 3

헛 스트로크 & 싱코페이션

 헛 스트로크

4분음표는 다음과 같이 8분음표 2개로 나눌 수 있습니다.

다운 스트로크 뒤의 8분음표는 업 스트로크 동작을 하지만 소리는 내지 않고 헛치는 동작을 '헛 스트로크'라고 합니다. 다운 스트로크와 업 스트로크를 입으로 소리 내면서 브러싱 주법을 이용해 리듬 연습을 해봅시다. 괄호 안의 업 스트로크는 입으로 소리 내지 않고, 스트로크를 해야 하는 음표만 입으로 소리를 내며 연습합니다.

이때, 다운 스트로크의 경우는 음절이 두 음절이기 때문에 박자가 빨라지거나 하면 발음이 꼬일 수 있으니 음절을 하나로 바꿔서 소리내 봅니다. '다운–' 이 아니라 '단–' 이라고 짧게 소리를 내는 것입니다.

예를 들면 이렇게요.

Em 코드 익히기

위의 리듬 트레이닝을 활용한 예제를 연습하기 전에 새로운 코드 Em와 C코드를 먼저 익혀 봅시다.

• Em코드를 익혀 봅시다.

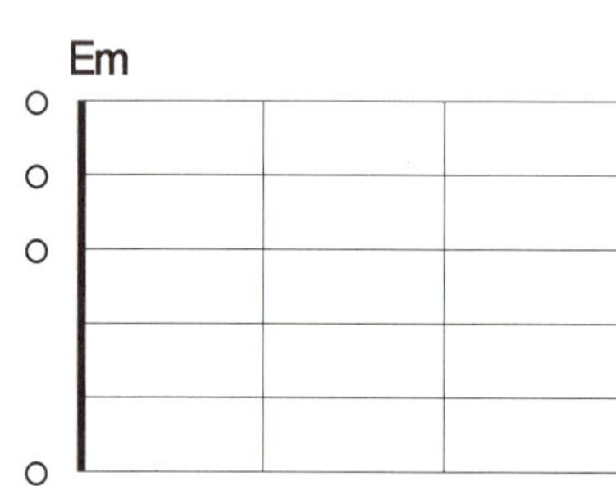

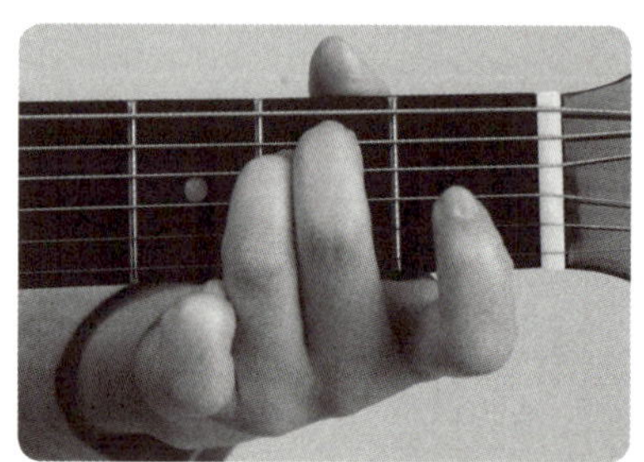

• 먼저 배웠던 E코드에서 3번줄을 누르고 있는 1번 손가락을 떼면 아주 쉽게 Em코드를 익힐 수 있습니다.

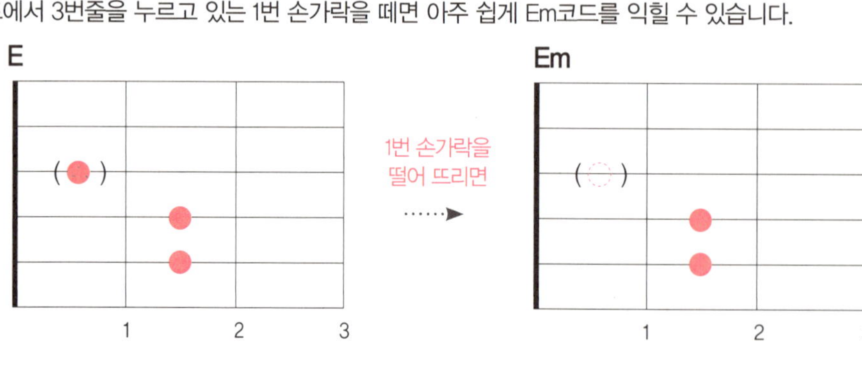

C코드 익히기

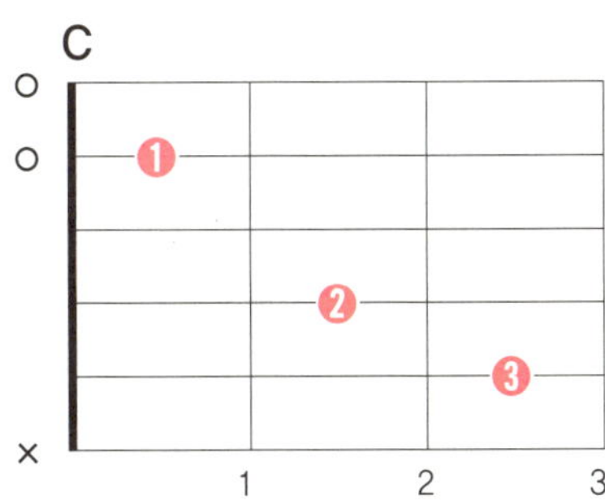

- 앞서 배웠던 G코드의 2번 폼을 보면 C코드와 같은 모양을 공유하는 부분이 있습니다.

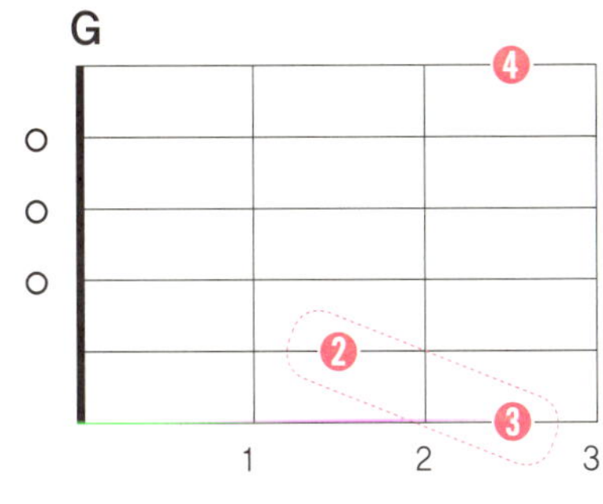
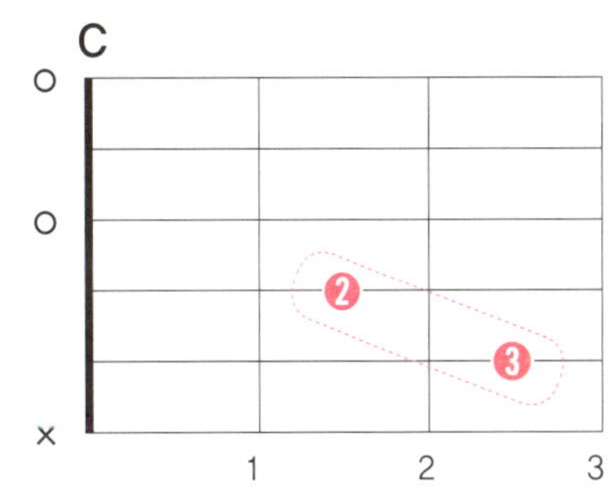

- 이 모양을 유지하고 다음 줄로 그대로 옮겨주는 것이 포인트입니다. (2번, 3번 손가락이 앞서 설명한 핑거블럭이 됩니다.)
  그 다음, 1번 손가락으로 2번줄 1프렛을 눌러주면 어렵지 않게 C코드로 이동할 수 있습니다.

Am코드 익히기

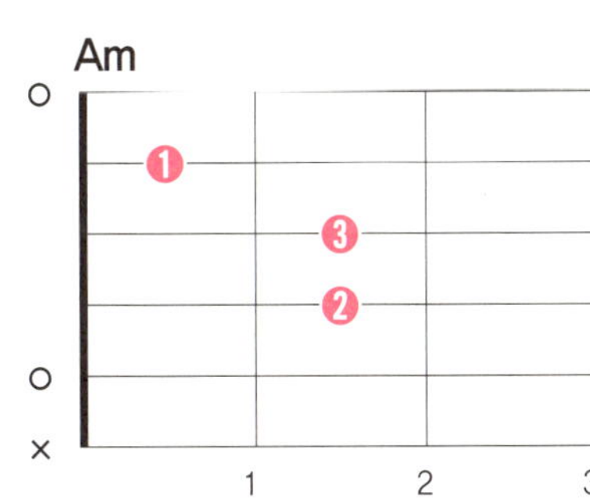

- E코드에서 폼을 유지한 상태로 코드 폼 전체를 다음 줄로 넘겨주면 쉽게 Am코드가 됩니다.
  이처럼 코드 모양들의 공통점을 연상하면 쉽게 코드를 바꿀 수 있는 힌트가 됩니다.

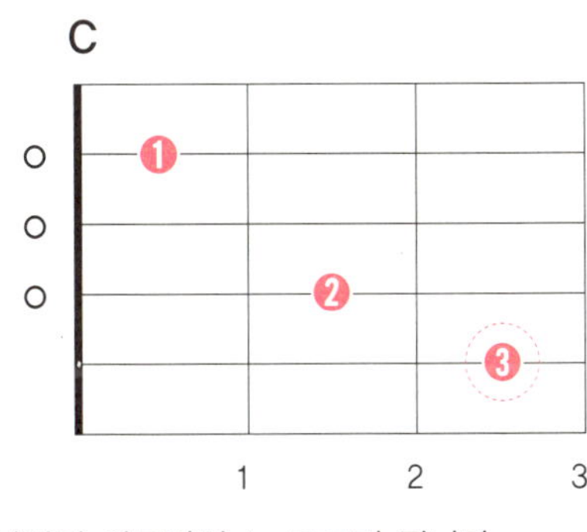
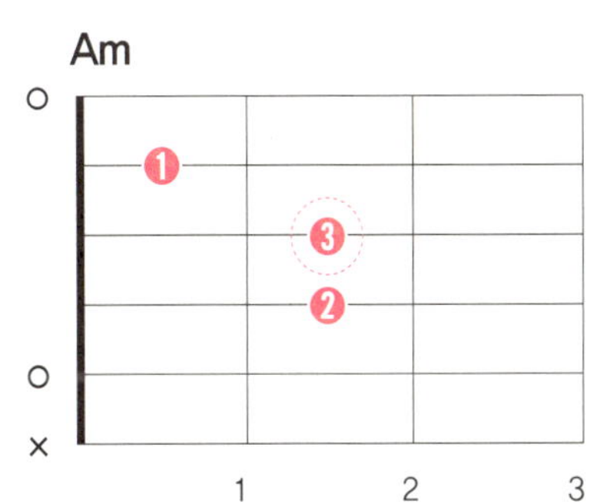

- C코드에서 3번 손가락만 이동하면 Am코드가 됩니다.

C코드 익히기

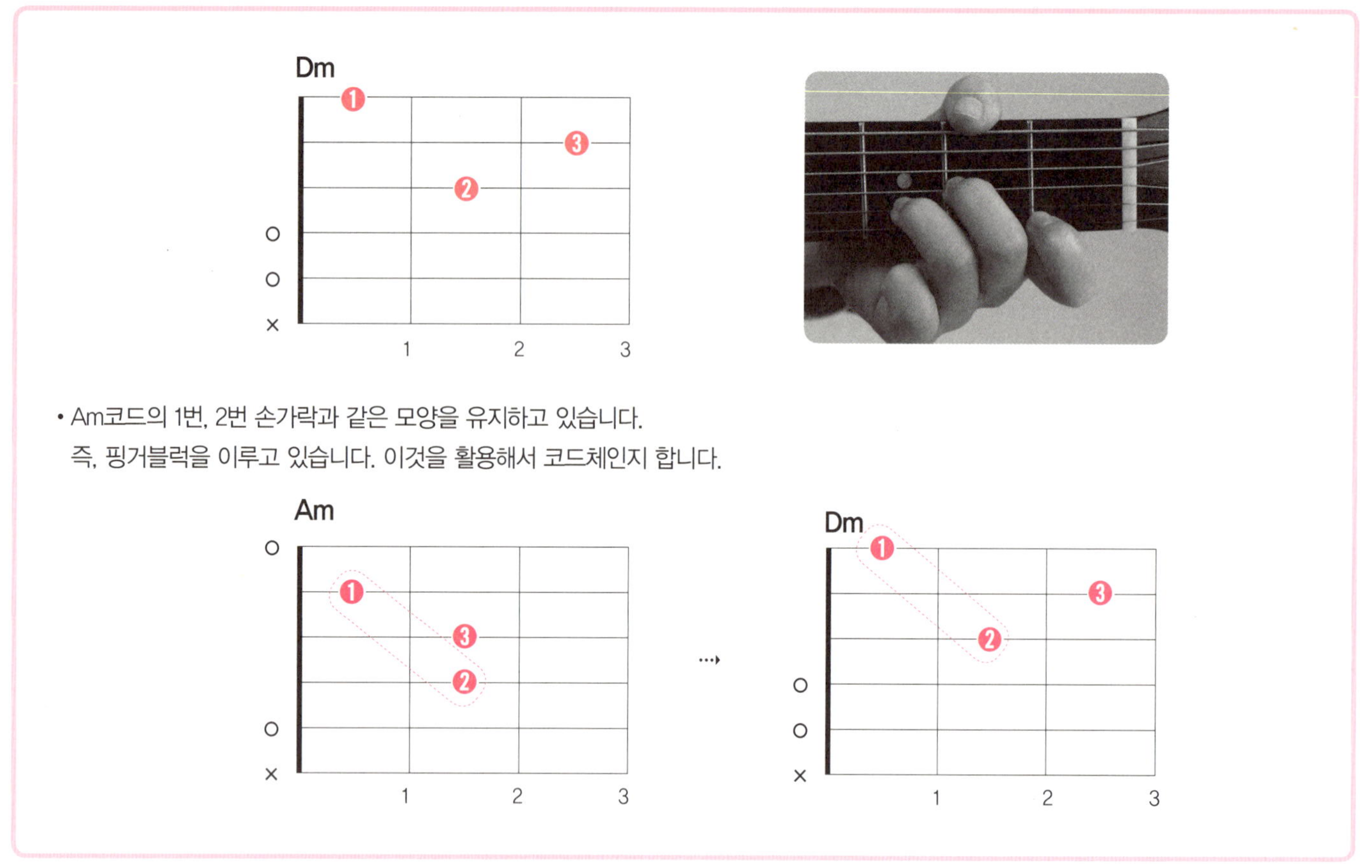

- Am코드의 1번, 2번 손가락과 같은 모양을 유지하고 있습니다.
  즉, 핑거블럭을 이루고 있습니다. 이것을 활용해서 코드체인지 합니다.

다음의 코드 진행을 제시한 리듬으로 스트로크 해 봅시다.

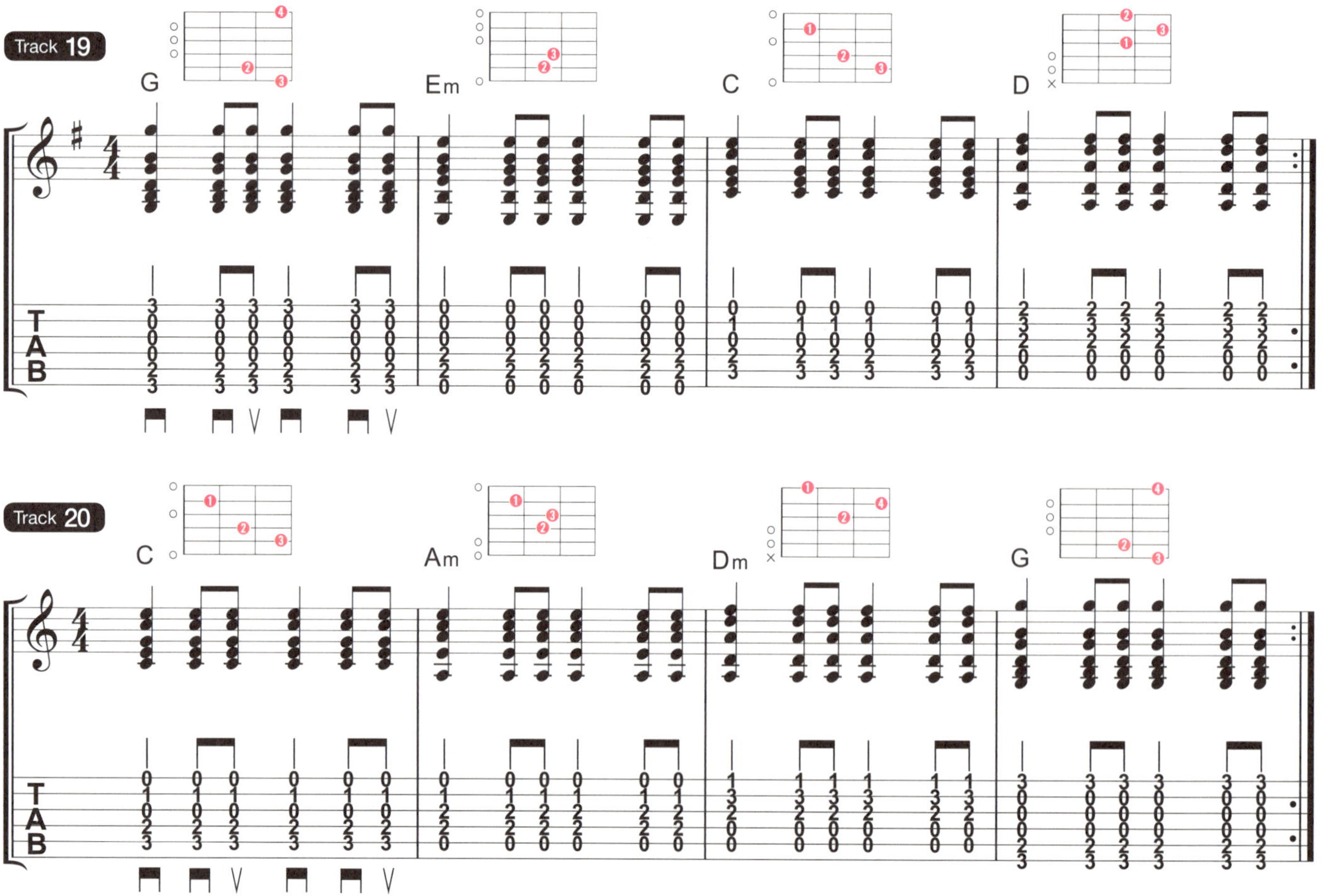

02 싱코페이션(syncopation) 패턴

싱코페이션은 '당김음'을 뜻합니다.
당김음이란 센박이 여린박으로, 여린박이 센박으로 되어 센박과 여린박의 위치가 바뀐 것을 뜻합니다.
예를 들면 다음 리듬과 같습니다.

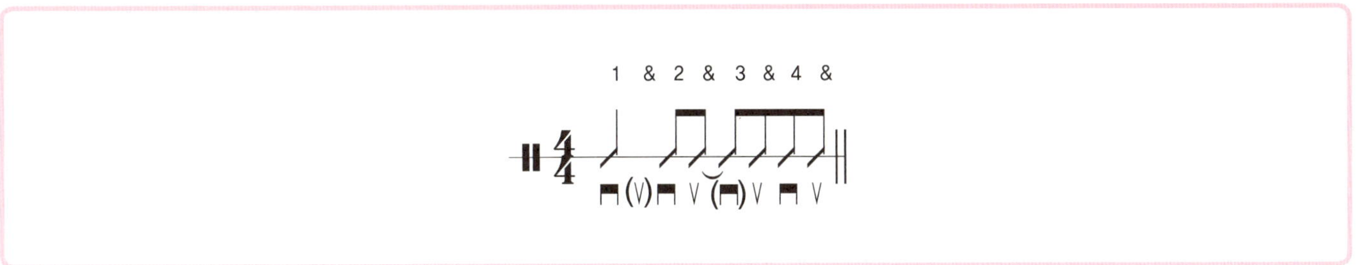

세 번째 박에서 다운 스트로크가 헛 스트로크인 것을 주의해서 천천히 연습해 보세요.

흔히들 이런 종류의 리듬을 '칼립소(calypso)' 리듬이라고 부릅니다.
사실 칼립소라는 것은 앤틸리스 제도*의 트리니다드 섬에서 발생한 민요를 일컫는 말입니다만, 특유의 당김음이 강조된
리듬 때문에 이러한 형식의 리듬을 부르는 대명사가 되었습니다.

---

* 앤틸리스 제도: 중앙 아메리카에서 서인도 제도 앤틸리스 제도(Antilles)는 카리브 해의 서인도 제도의 섬 중 루케이언 제도를 제외한 섬을 말한다.

대표적인 싱코페이션 리듬의 예입니다. 다음 코드 진행을 익히며 연습해 봅시다.

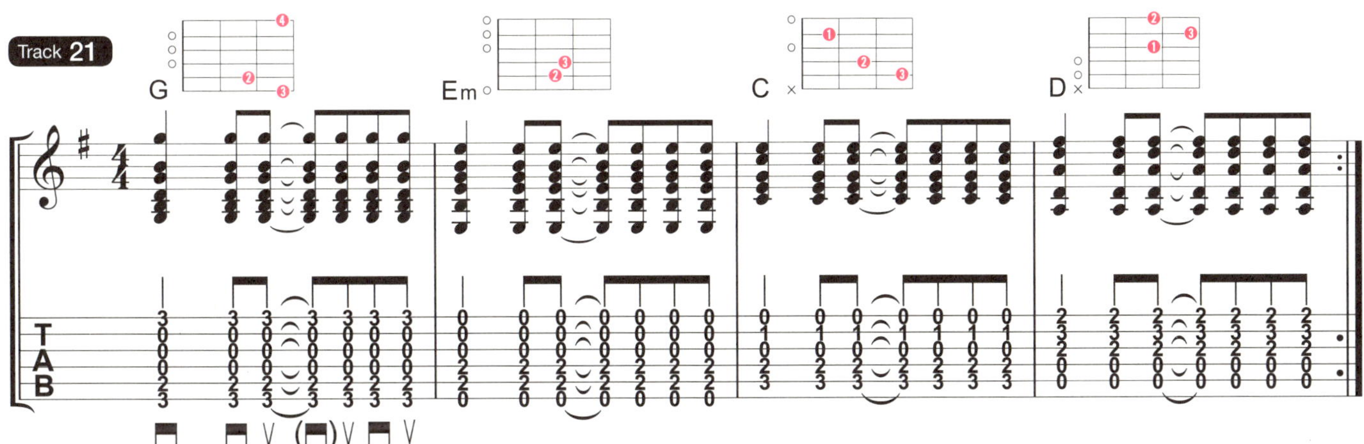

스팅(Sting)이 솔로 데뷔 전 몸담았던 뉴 웨이브 밴드 폴리스의 명곡입니다.
퍼프 대디의 I'll be missing you라는 곡으로 더욱 유명한 곡입니다.
곡의 일부를 연습곡으로 골라 보았습니다.

Track 22 all part
Track 23 드럼, 베이스, 멜로디

Every Breath You Take

Gordon Matthew Summer 작사
Gordon Matthew Summer 작곡
Police 노래

실제 레코드는 기타와 베이스를 반음 낮게 튜닝하여 연주되었습니다.

챠우챠우

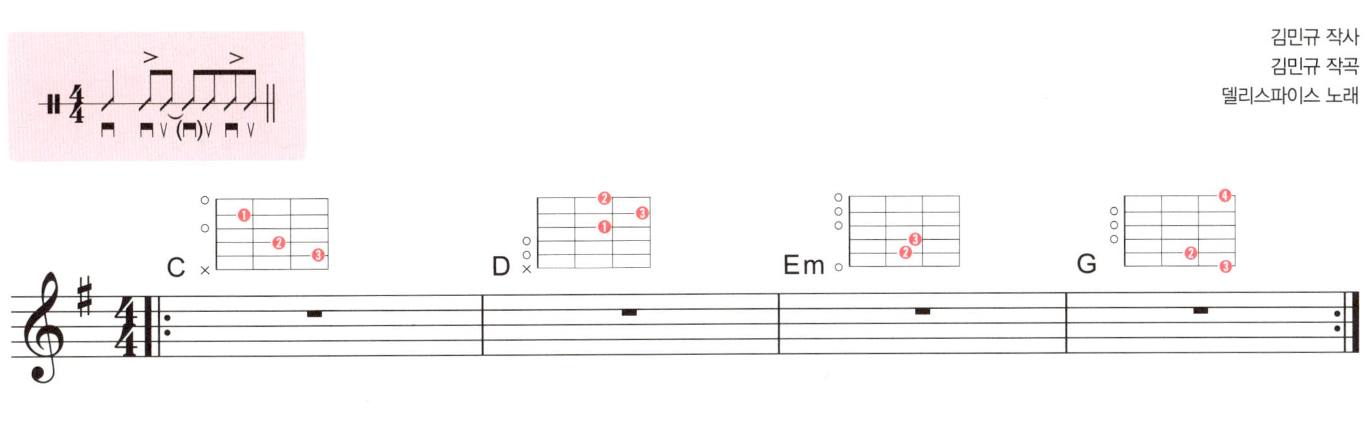

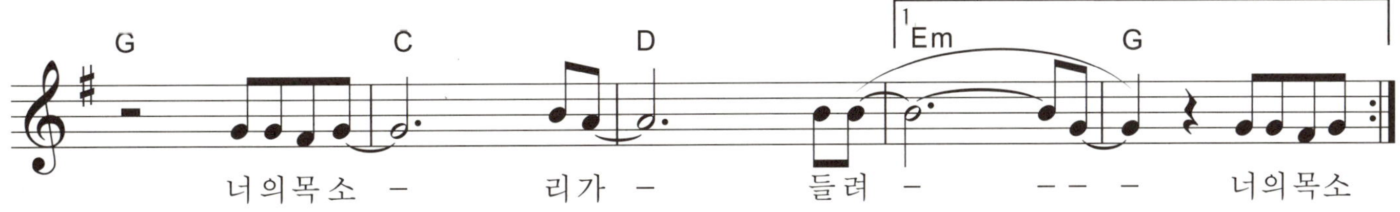

G C D Em
너의 목소 － 리 가 － 들 려 －

G C D Em
－ 아무리 애를 － 쓰고 － 막 아 보 려 하 는 － 데 도 － － －

G C D
－ 아무리 애를 － 쓰고 － 막 아 보 려 해 도 너 의 목

Em G C D
소 － 리 가 － 들 려 － － － － － 너의 목소 － 리 가 － 들 려

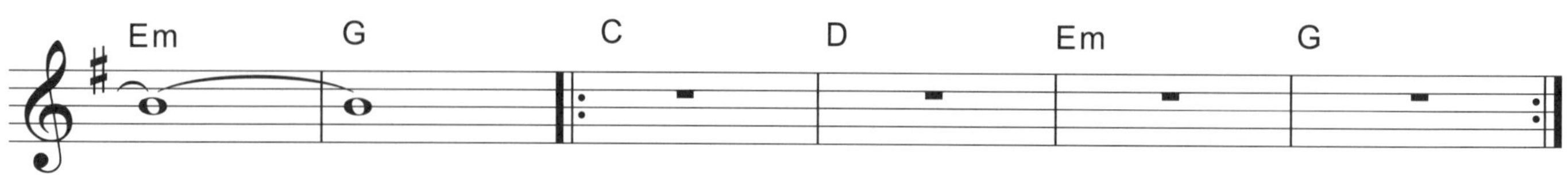

Em G C D Em G
－ － －

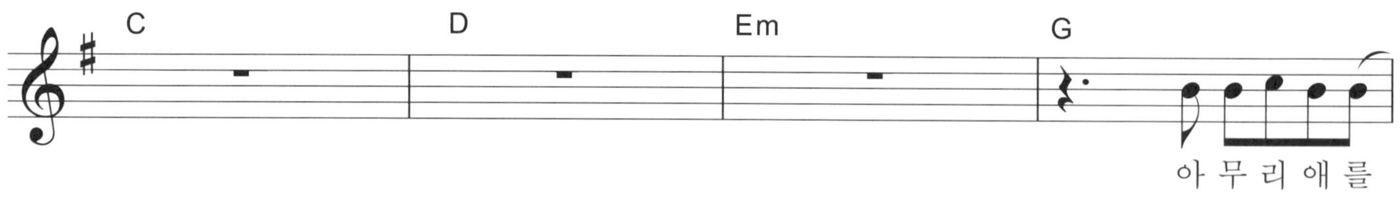

C D Em G
아 무 리 애 를

C D Em G
－ 쓰고 － 막 아 보 려 하 는 － 데 도 － － － － 아 무 리 애 를

- 쓰고 - 막아보 려 해도 너의목 소 - 리가 - 들 려 - - - - 너의목소

- 리가 - 들려 - - 너 의목 소

- 리 너 의목소 - 리 너의목소 - 리 가 - 들 려 - - - - 너의목소

- 리 너의목소 - 리 너의목소 - 리 가 - 들 려 - - - - 우 오오

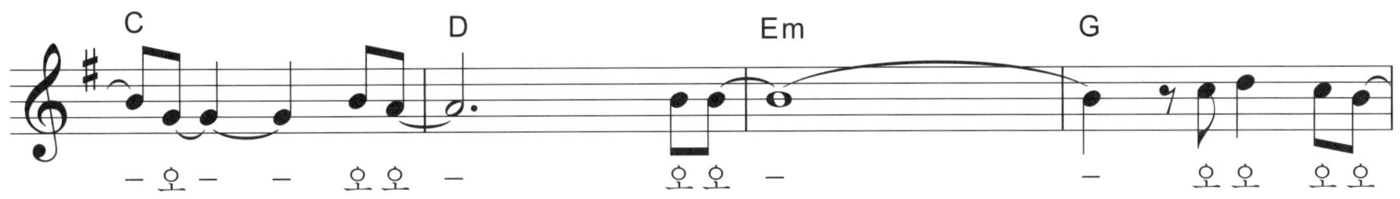
- 오 - 오오 - 오오 - - 오오 오오

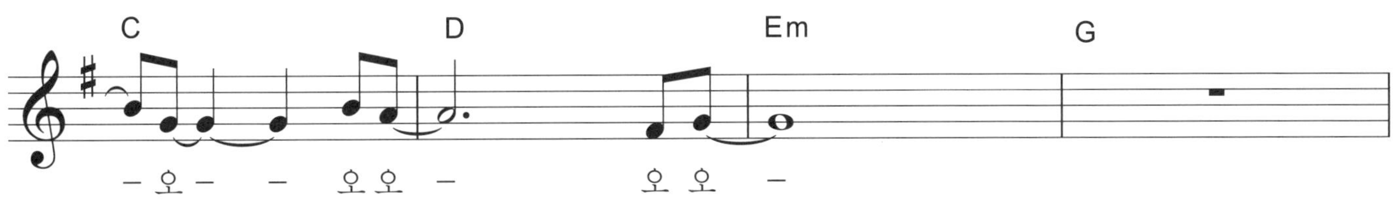
- 오 - - 오오 - 오오 -

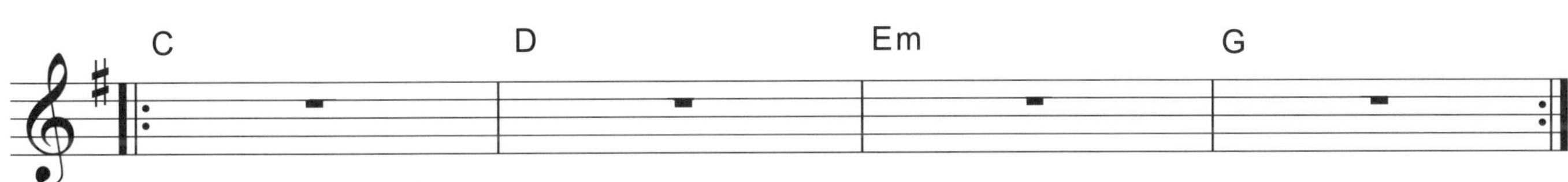

03 엇박자 코드체인지

지금까지는 정박에 딱 떨어지는 코드체인지를 연습했지만 엇박자에서 코드를 체인지하는 경우도 많이 있습니다.
이전의 연습보다 손을 더욱 빨리 움직여야하고 정확한 타이밍이 필요하기에 조금 까다로울 수 있습니다.
앞으로 다양한 패턴의 연주들과 예제곡을 위해 꼭 필요한 연습이니 포기하지 말고 꼭 마스터 하세요.

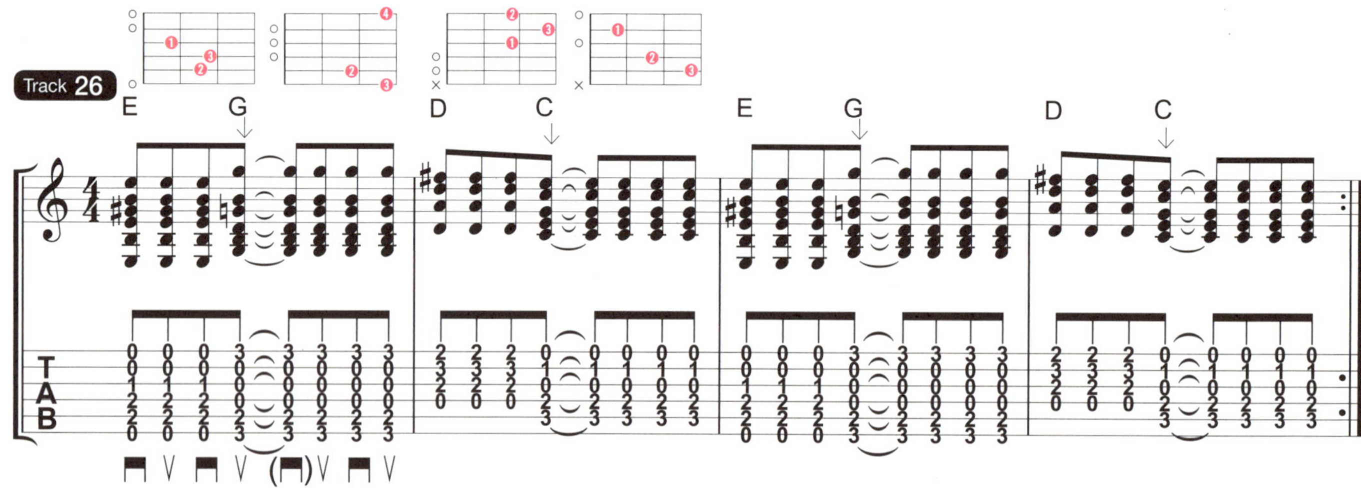

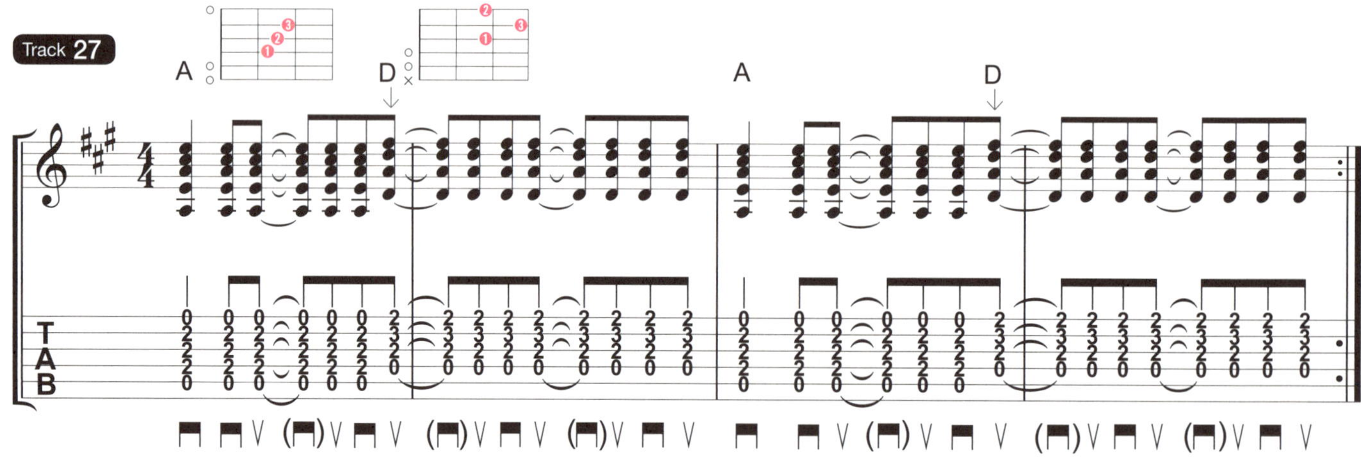

코드체인지가 아직도 어렵게 느껴진다면 앞서 배웠던 오픈 스트럼(Open Strum)을 적극 활용해 보세요.

싱코페이션 바리에이션

앞에서 배운 싱코페이션 패턴을 바탕으로 종합적인 연습을 해보겠습니다.
도돌이표에 유의하면서 천천히 연습하고, 코드 연주에 앞서 브러싱 주법을 이용하여 리듬 연습을 먼저 해보시길 바랍니다.
입으로 스트로크 기호를 읽으면서 연습해 주세요. 처음엔 리듬 패턴이 익숙해 질 수 있도록 천천히 연습하고, 익숙해지면 템포를 조금씩 빠르게 해 봅시다.

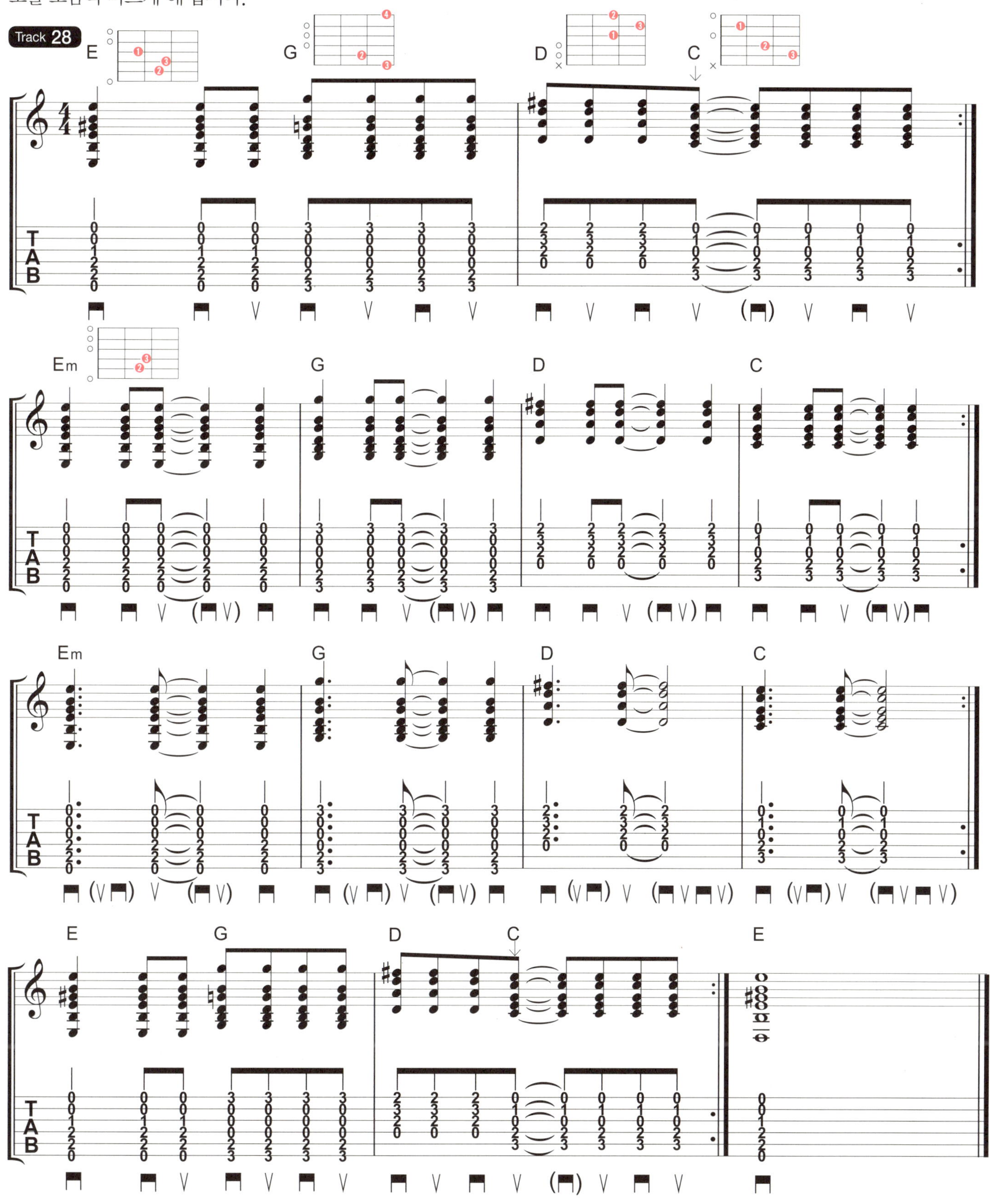

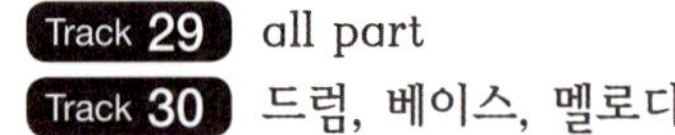

Hey Hey Hey

김윤아 작사
김윤아 작곡
자우림 노래

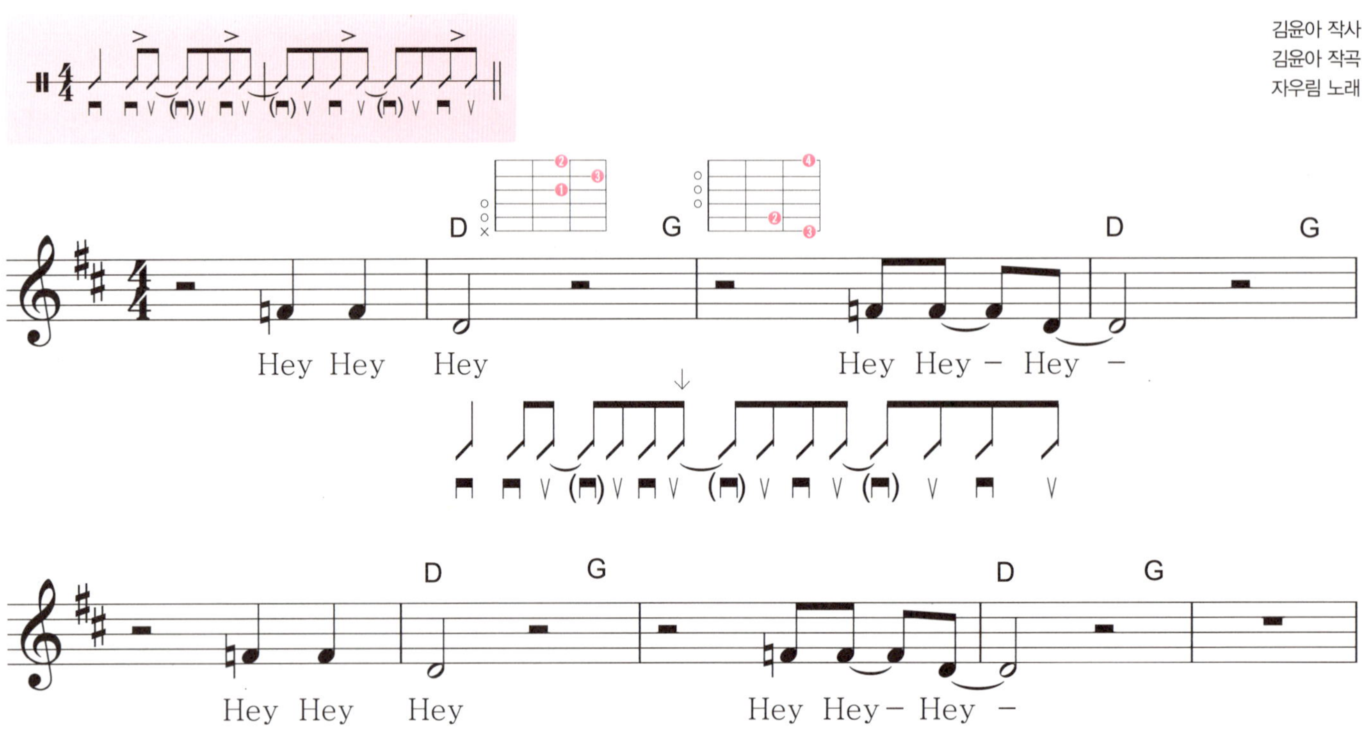

E7
G
1. D   G   D   G
－는 날 아 오 를 시 간 － 이 라 고 생 각 해 －
－는 행 복 해 질 시 간 － 이 라 고 생 각 해 －

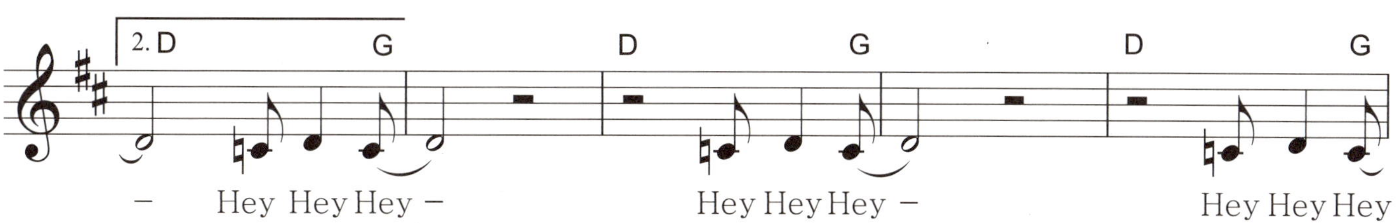

2. D   G   D   G   D   G
－ Hey Hey Hey －   Hey Hey Hey －   Hey Hey Hey

G   D   G   E   G
－ Hey Hey Hey － 영 원 히 － 내 곁 에 － 눈 뜨 면

E7   G   E   G   1.
－ 언 제 나 － 그 대 의 － 미 소 가 － 나 를 웃 게 하 지

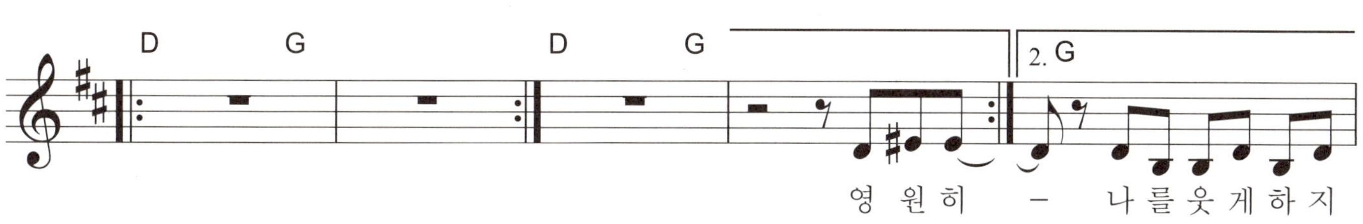

D   G   D   G   2. G
영 원 히 － 나 를 웃 게 하 지

D   G   D   G
햇 살 이 한 － 가 득   파 란 하 늘 을 채 우 고 －
꽃 을 든 그 － 대 가   나   의 마 음 을 채 우 고 －
향 기 가 한 － 가 득   하   얀 도 시 를 채 우 고 －
꽃 다 운 내 － 가   그 대 의 마 음 을 채 우 고 －

펠리스 나비다

Jose Feliciano 작사
Jose Feliciano 작곡
Jose Feliciano 노래

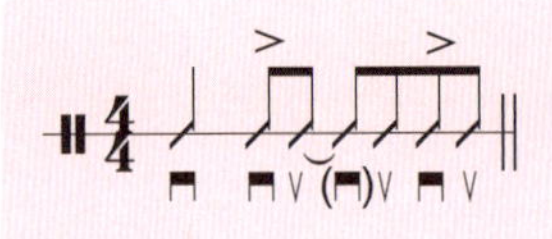

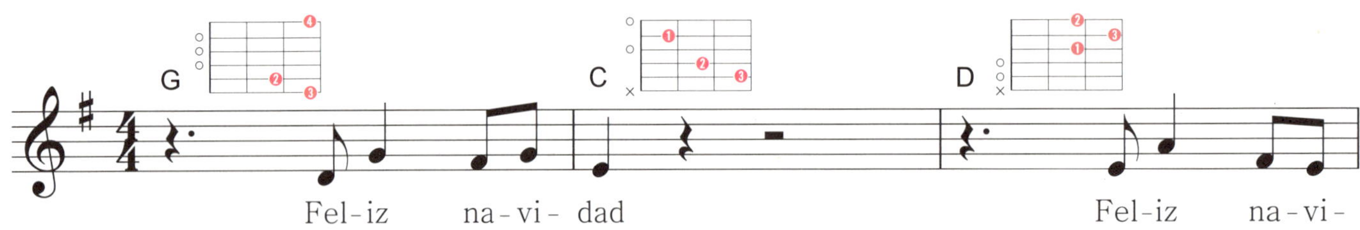

G에서 G7의 이동

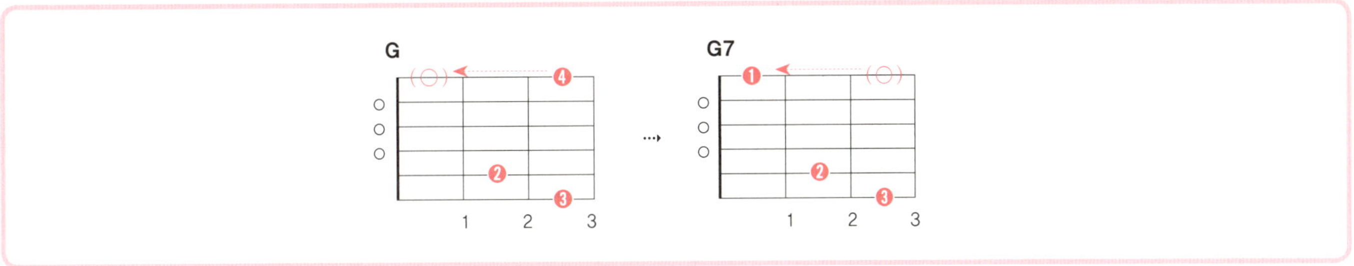
G
G7

G
C
D
Fel - iz   na-vi- dad   pros-pe ro   a — no y fel - i - ci-dad

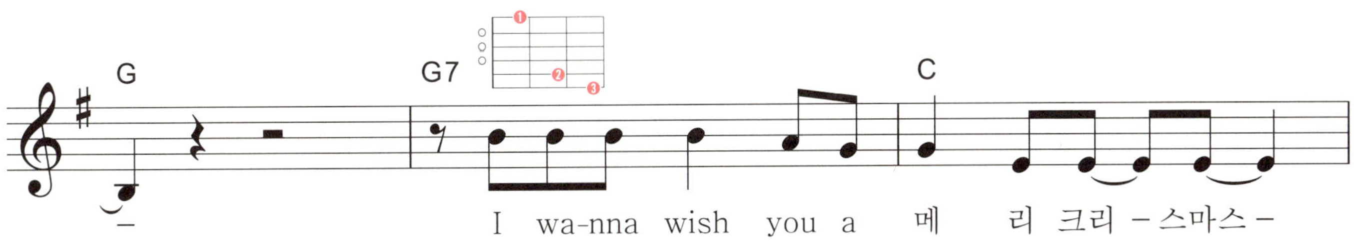
G
G7
C
I wa-nna wish you a 메 리 크리 –스마스–

D
G
G7
I wa-nna wish you a 메 리크리 –스마스–   I wa-nna wish you a

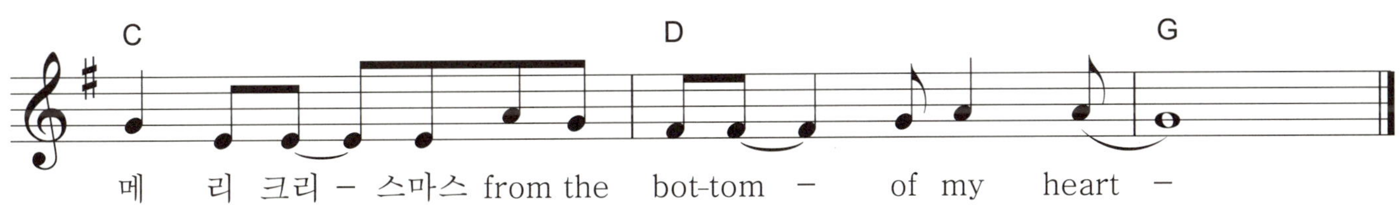
C
D
G
메 리 크리 –스마스 from the bot-tom — of my heart –

05 16비트 스트로크

16분음표를 위주로 한 스트로크의 연습을 하겠습니다.
이 책의 첫머리에서 16분음표의 연습을 미리해 두었습니다.

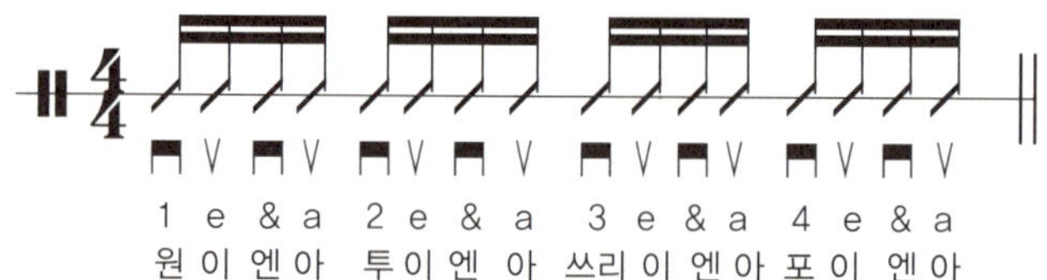

1) 16분음표 기본패턴 연습

4분음표는 16분음표 4개로 나눌 수 있습니다.

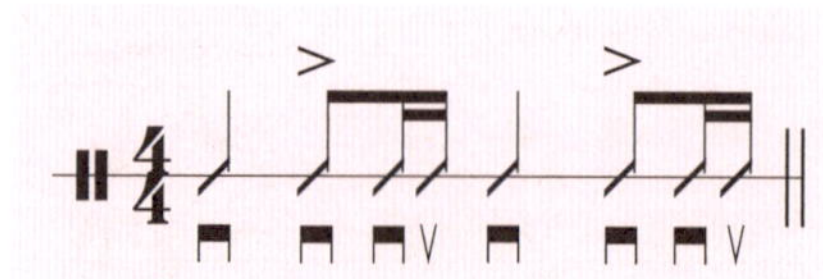

16분음표를 타면서 4분음표를 연주하면 다음과 같습니다.

기본 패턴 1

Track 33

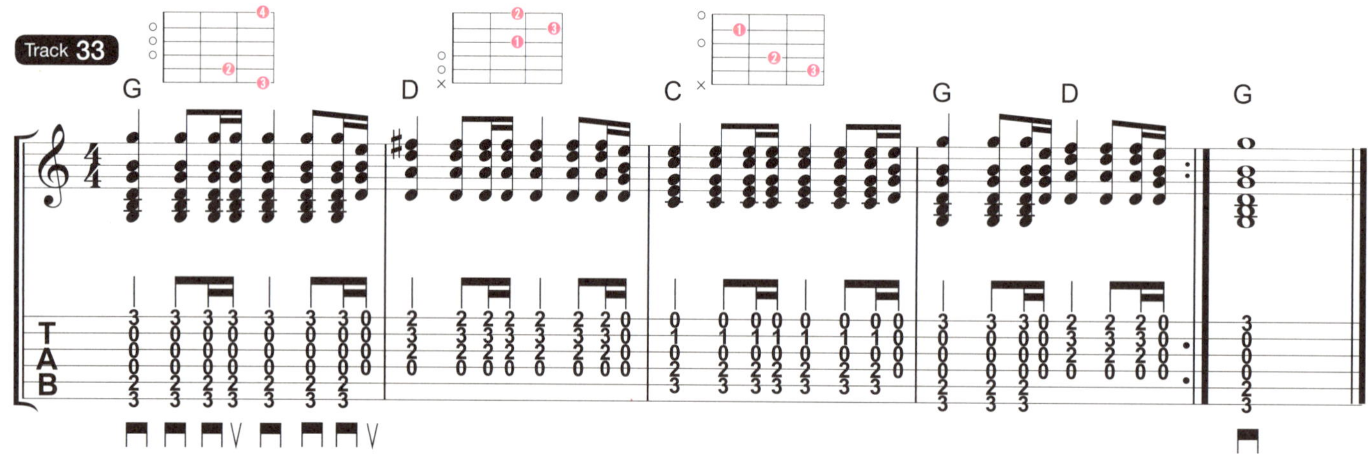

기본 패턴 2

Track 34

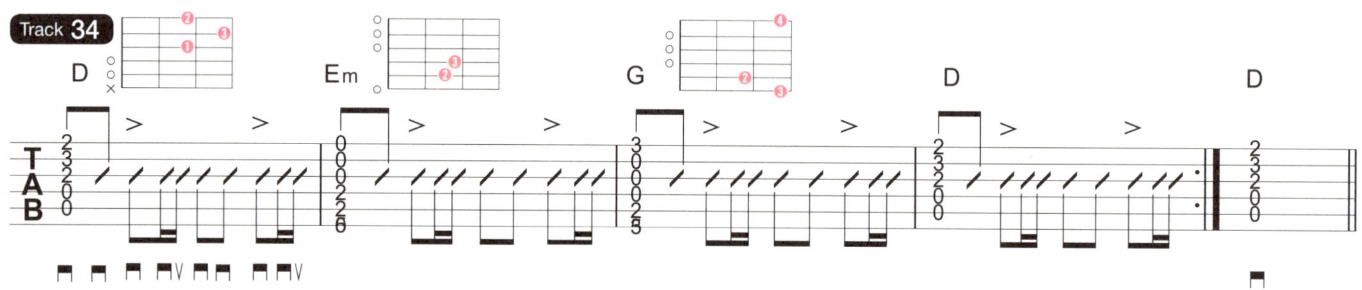

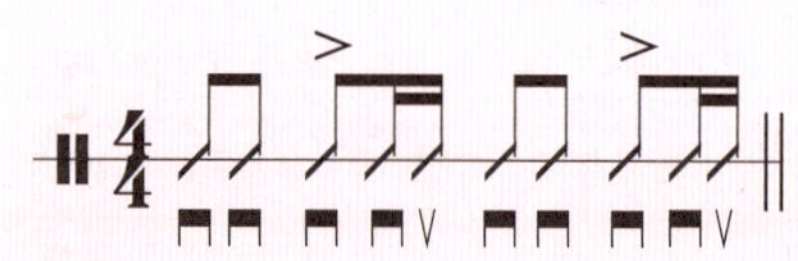

2) 16비트 스트로크 패턴의 바리에이션

기본 패턴

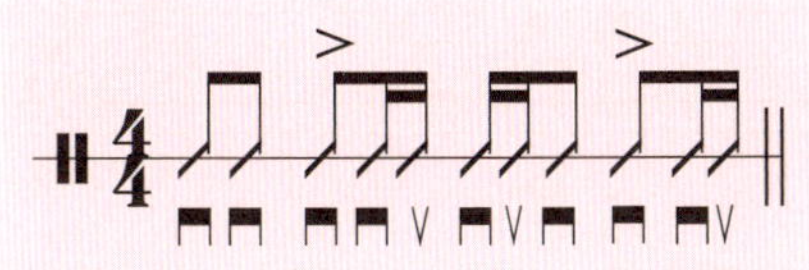

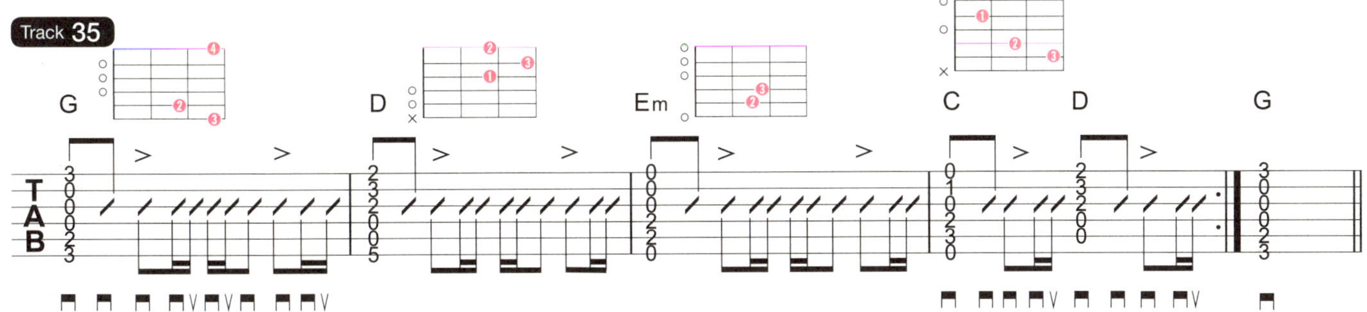

3) 16비트 싱코페이션 패턴

기본 패턴

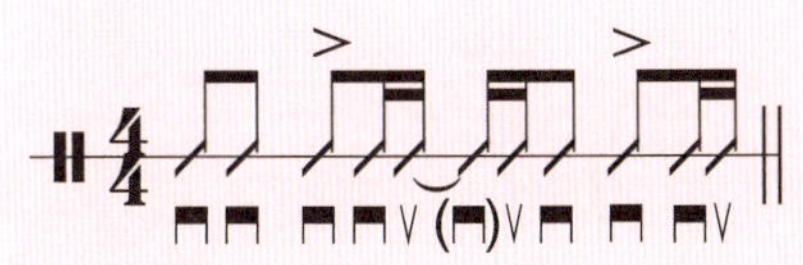

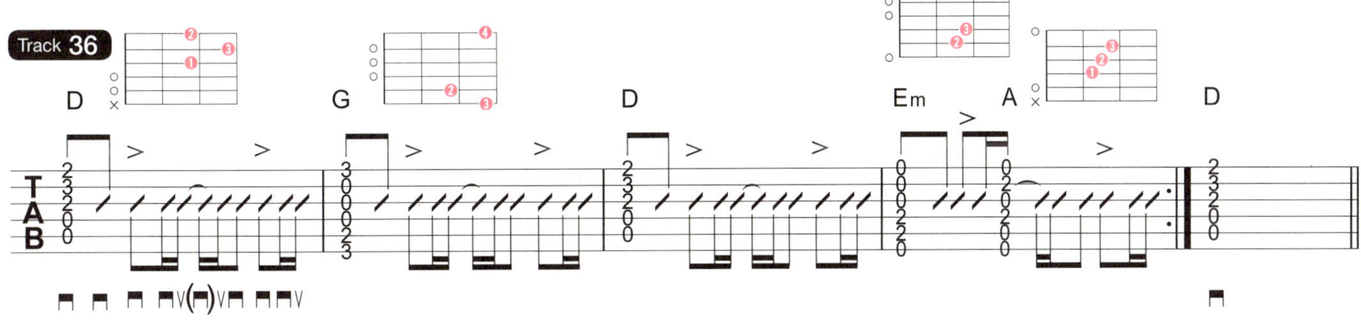

06 저음, 고음줄 분할 스트로크

다음 연습은 저음줄과 고음줄을 나누어서 분할 스트로크 하는 연습입니다.
여섯 줄 전체를 스트로크 할 때 보다는 리듬 표현에 있어 더욱 표정이 생기게 할 수 있습니다.

정확하게 저음줄(4, 5, 6번 줄) 만을, 또는 고음줄(1, 2, 3번 줄)을 스트로크 한다기 보다는 대충 그만큼 이라는 기분으로
연주합니다.

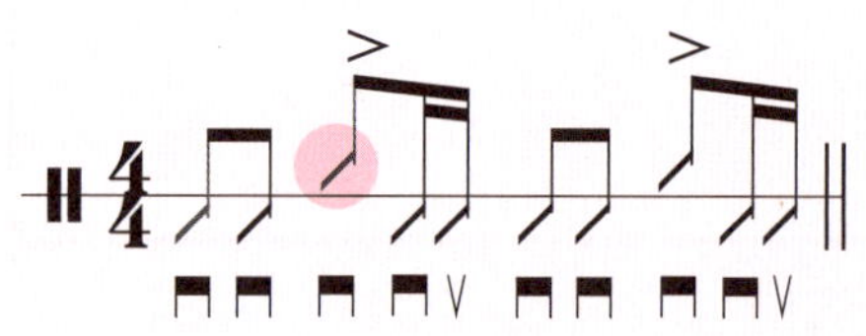

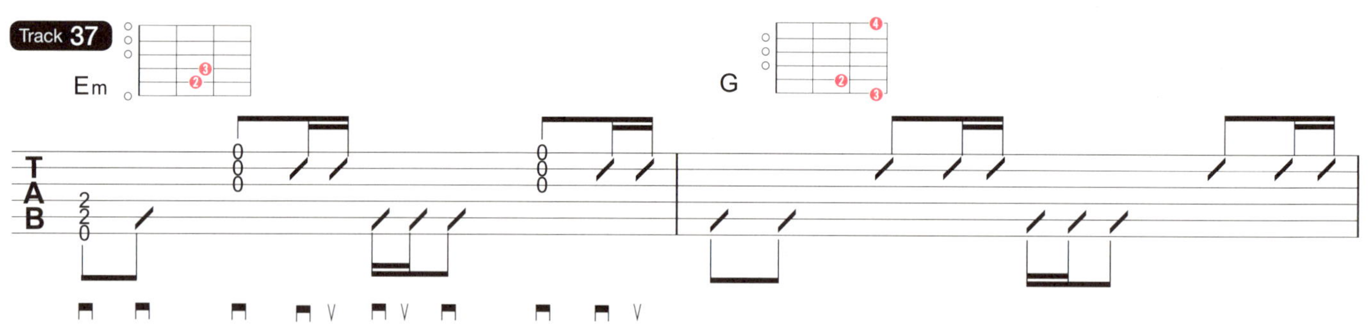

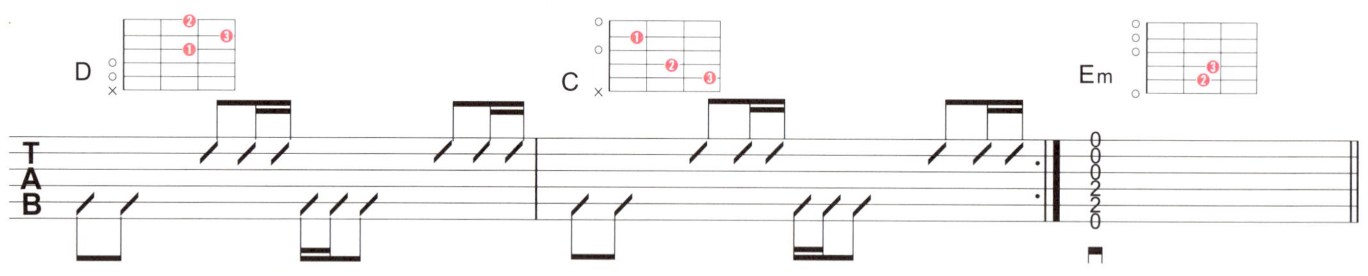

리듬 악보에서 보여 지듯이, 고음줄을 스트로크하는 타이밍에서 두 번째 네 번째 박자를 자연스럽게 강조하게 됩니다.
이러한 방법으로도 함께 연습해 보세요.

Knockin' On Heaven's Door

Bob Dylan 작사
Bob Dylan 작곡
Bob Dylan 노래

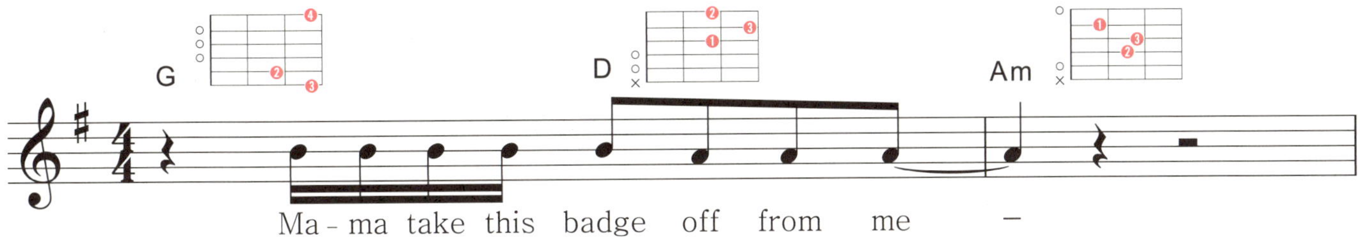

G   D   C
Knock, Knock, Knock-in' on heav-en's door —

G   D   Am
Knock, Knock, Knock-in' on heav-en's door —

G   D   C
Knock, Knock, Knock-in' on heav-en's door —

G   D   Am
Ma-ma, put my guns — in the ground —

G   D   C
I can't shoot — them — an-y-more—

G   D   Am
That long — black cloud is com-in' down —

G   D   C
I feel like I'm knock-in' on heav-en's door —

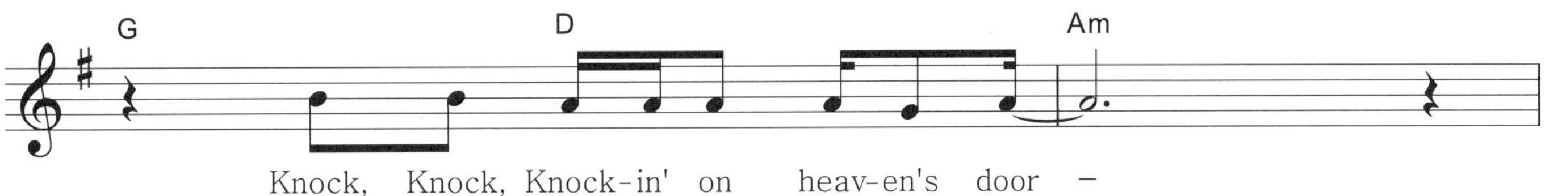

G   D   Am
Knock, Knock, Knock-in' on heav-en's door —

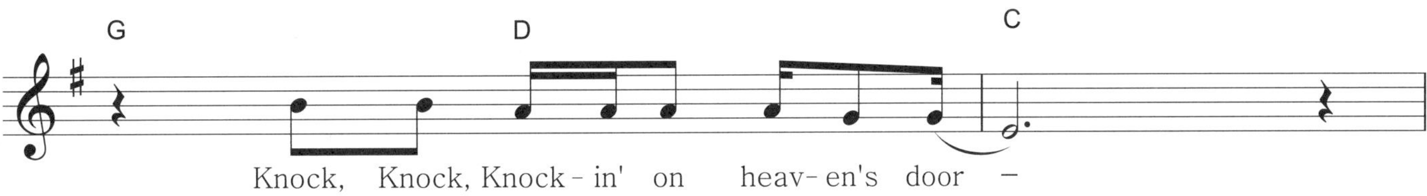

G   D   C
Knock, Knock, Knock-in' on heav-en's door —

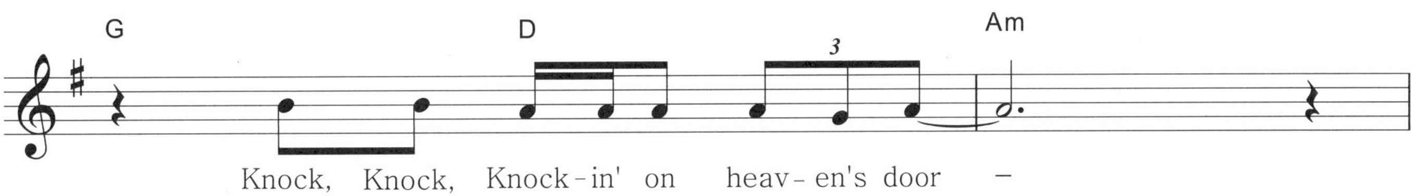

G   D   Am
3
Knock, Knock, Knock-in' on heav-en's door —

G   D   C
Knock, Knock, Knock-in' on heav-en's door —

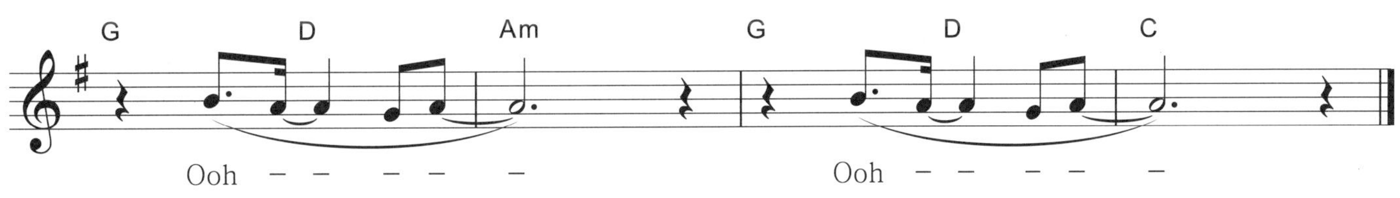

G   D   Am   G   D   C
Ooh — — — —   Ooh — — — —

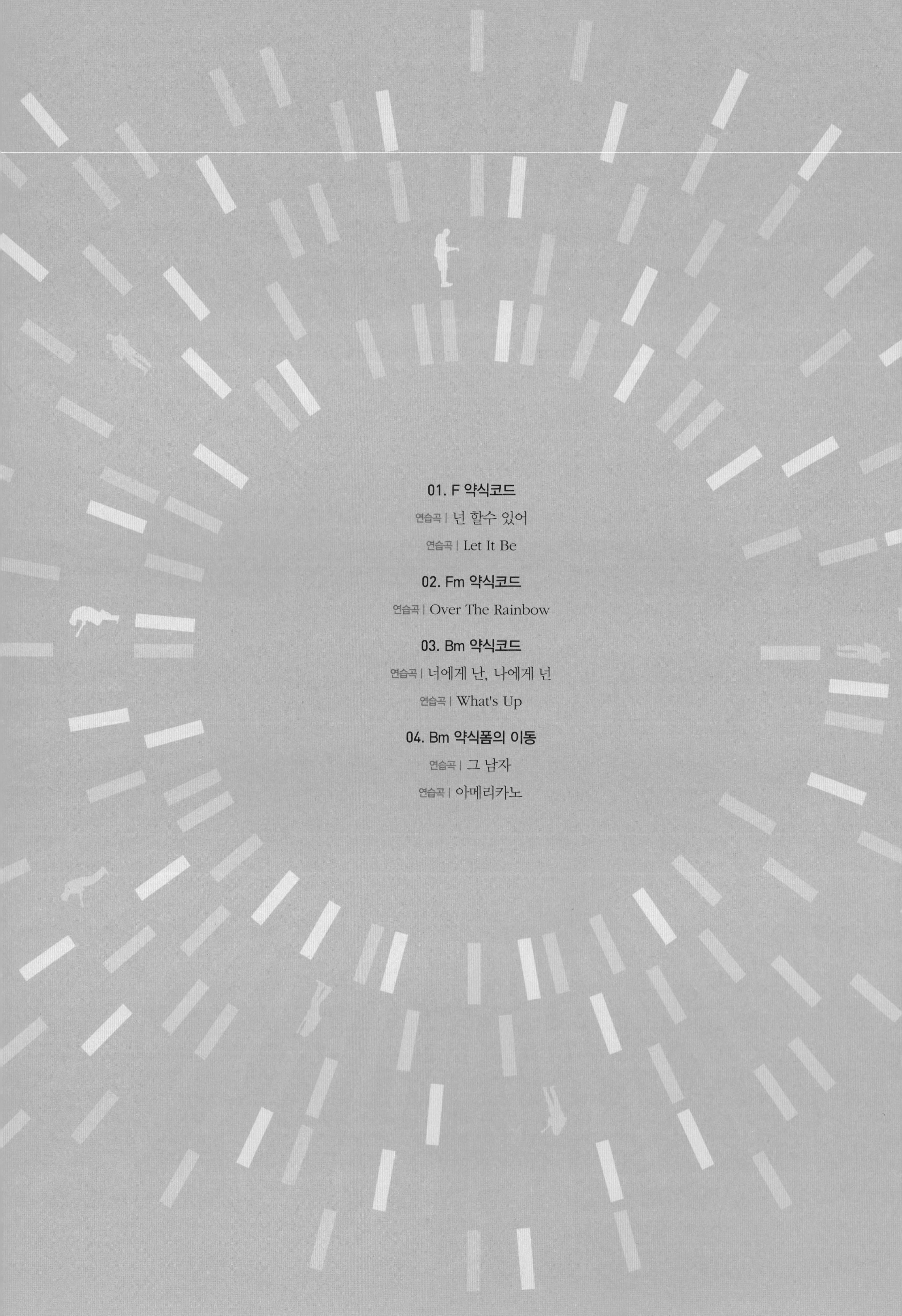

01. F 약식코드

02. Fm 약식코드

03. Bm 약식코드

04. Bm 약식폼의 이동

Chapter 4

약식코드 익히기

01 F 약식코드

F 약식코드를 연습해 보겠습니다.

기타를 배우는 많은 사람들이 바로 이 코드 앞에서 좌절을 겪습니다.

지금 배울 F 약식코드를 먼저 익혀서 여섯 줄 모두 누르게 되는 풀바레(Full Barre)폼을 정복하기 위한 밑거름으로 생각합시다.

기타 코드를 누를 때 한 손가락으로 두 줄 이상을 누르게 되는 동작을 '바레(Barre)'라고 합니다.

두 줄 또는 세 줄 정도를 한손가락으로 잡게 될 때는 '작은 바레'라고 하며 그 이상은 '큰 바레'라고 합니다.

지금 배울 F코드는 작은 바레를 사용하는 약식 폼입니다. 작은 바레도 처음에는 그리 수월하지 않습니다.

자주 사용되는 코드이니 포기하지 말고 익혀 두시기 바랍니다.

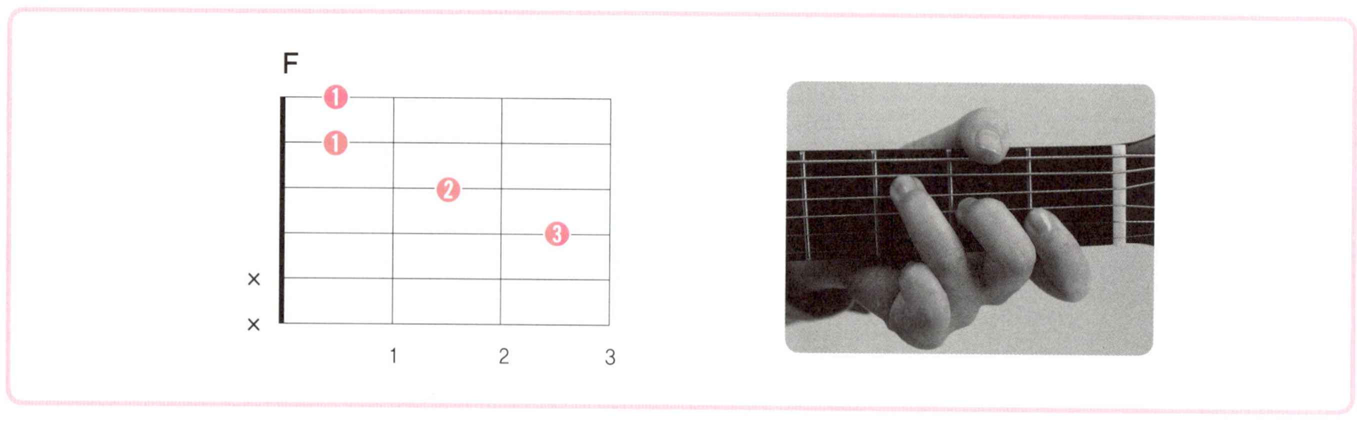

Track 40

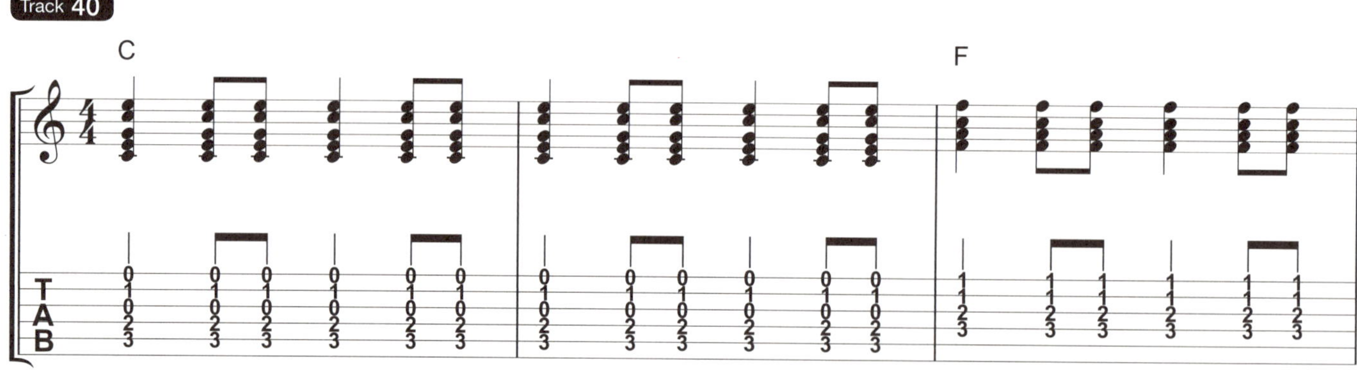

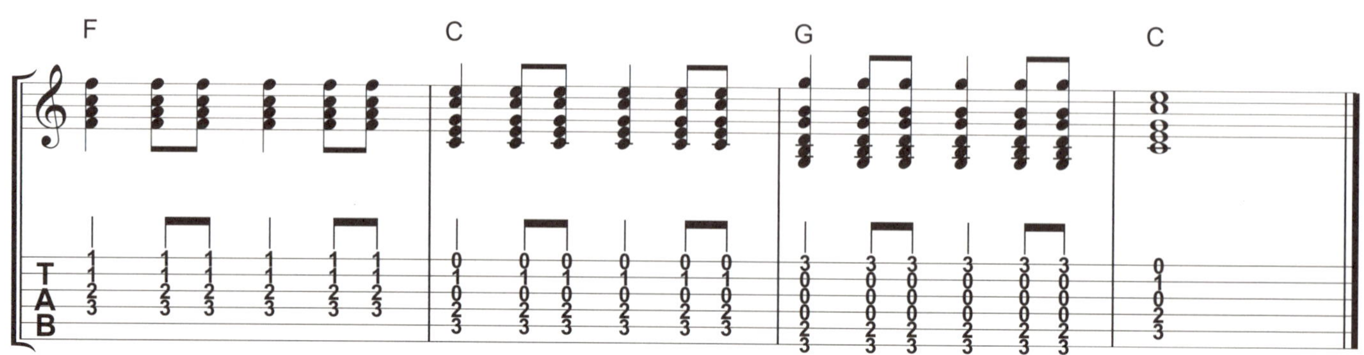

넌 할 수 있어

강산에 작사
홍성수 작곡
강산에 노래

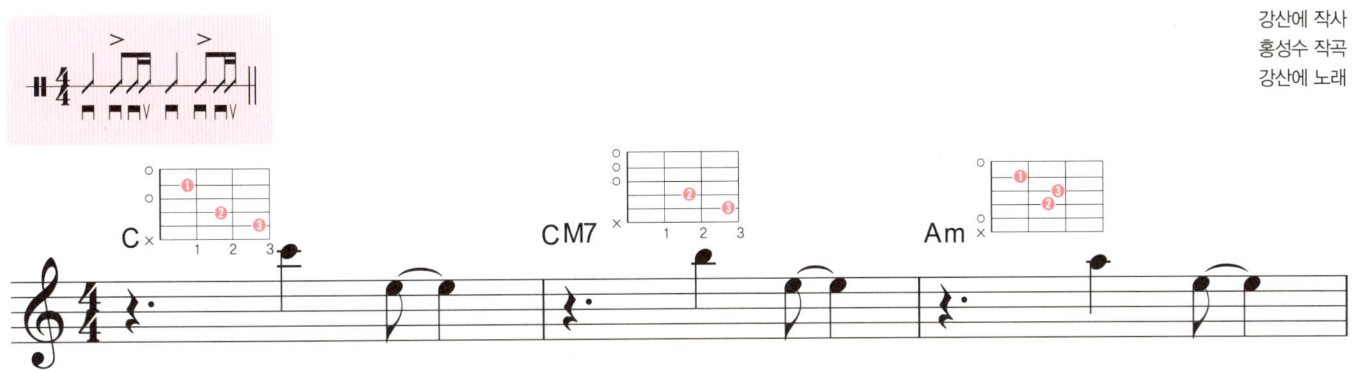

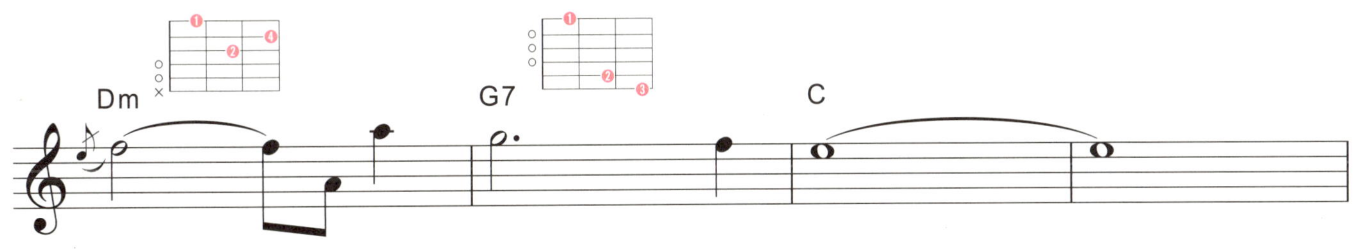

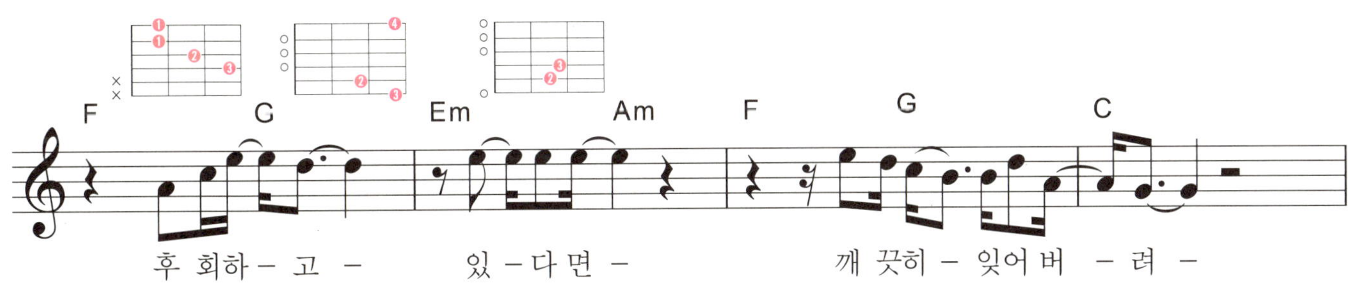

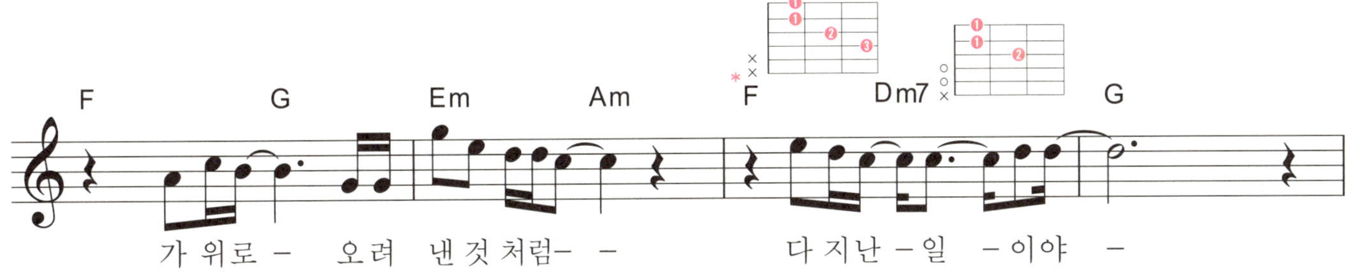

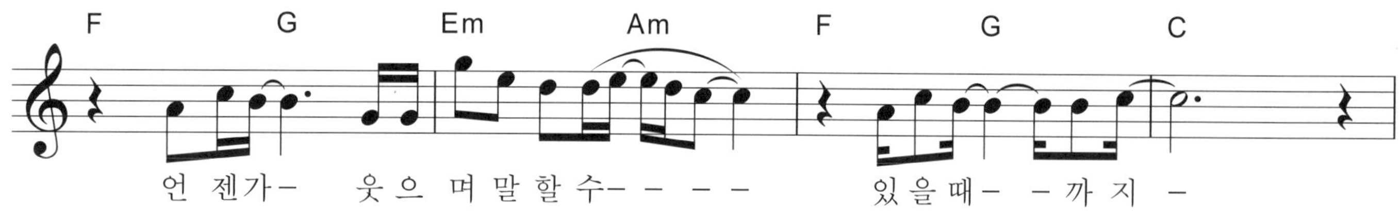
F   G   Em   Am   F   G   C
언 젠가- 웃으 며 말할수----- 있을때-- 까지 -

Dm7   G7   Dm7   G7
너를 둘러싼 그 모든 - 여유 가   견딜 수 없이 너무   힘 들 - 다해 도 너라면
세 상이 너를 무릎 꿇게 - 하여 도   당 당히 니 꿈-을   펼 쳐 - 보여 줘 너라면

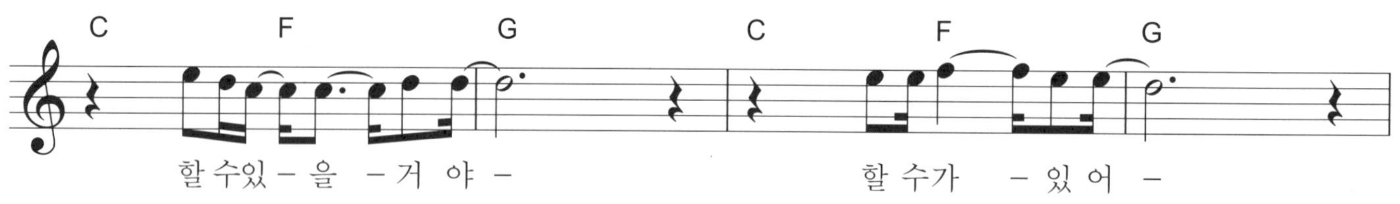
C   F   G   C   F   G
할 수있 - 을 - 거 야 -   할 수가 - 있 어 -

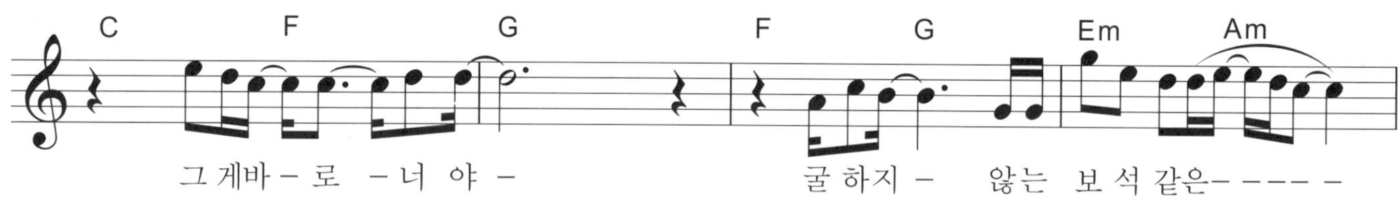
C   F   G   F   G   Em   Am
그 게바 - 로 - 너 야 -   굴 하지 - 않는 보 석 같은-----

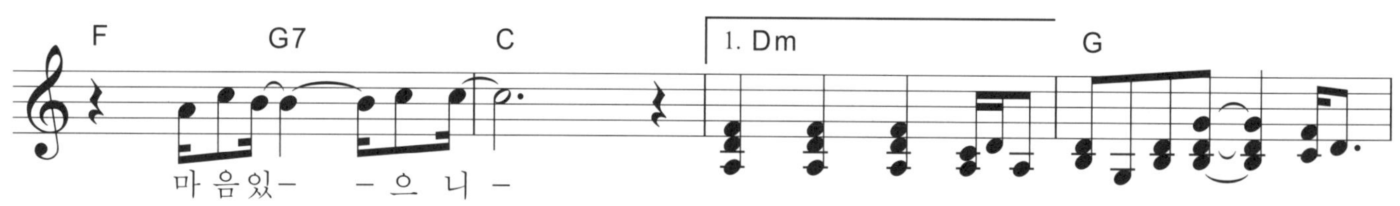
F   G7   C   1. Dm   G
마 음있- - 으 니 -

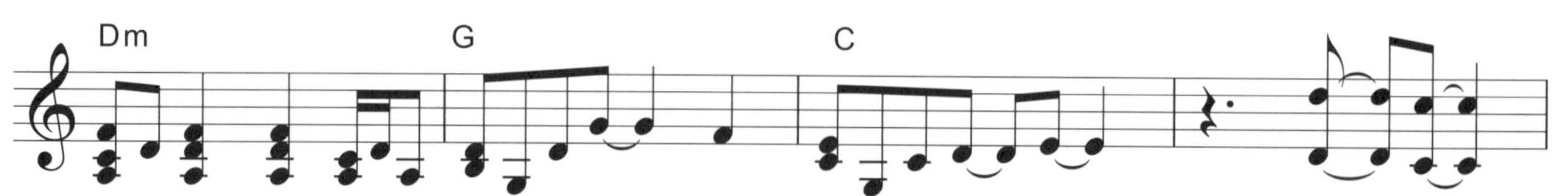
Dm   G   C

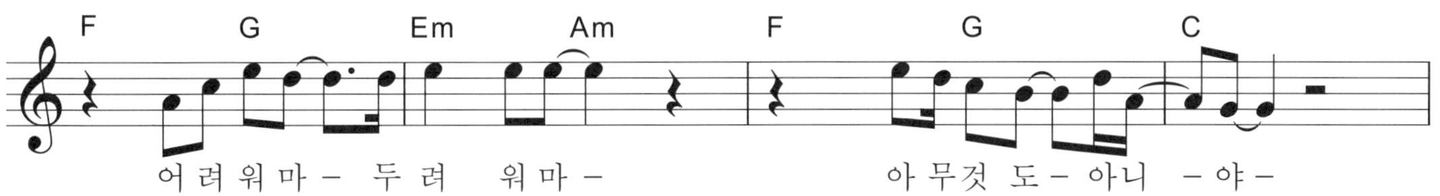

F G Em Am F G C
어려워마 - 두려 워마 -   아무것도 - 아니 - 야 -

F G Em Am F G7 C
천 천히 - 눈을 감고다시 - -   생각해 - 보 는거야 - - -

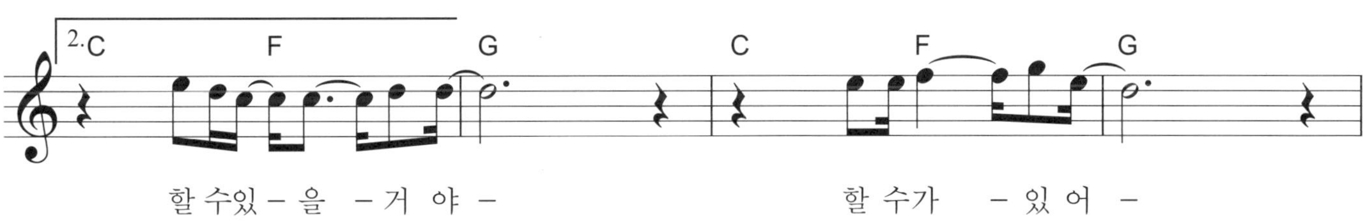

2. C F G C F G
할수있 - 을 - 거 야 -   할 수가 - 있 어 -

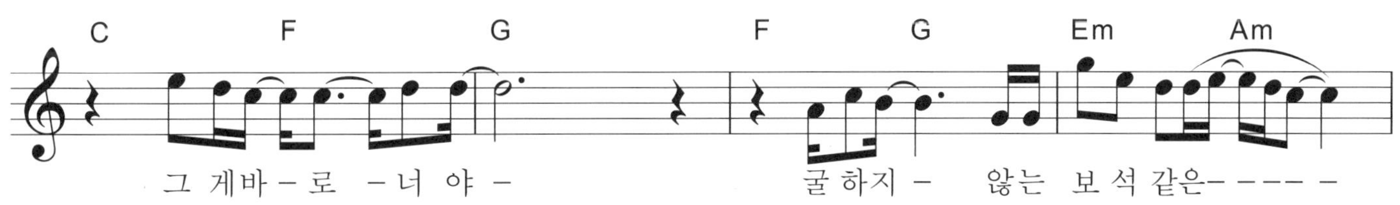

C F G F G Em Am
그 게바 - 로 - 너 야 -   굴 하지 - 않는 보 석 같은 - - - - -

F G7 C F G Em Am
마음있 - - 으 니 -   굴 하지 - 않는 보 석같은 - - - -

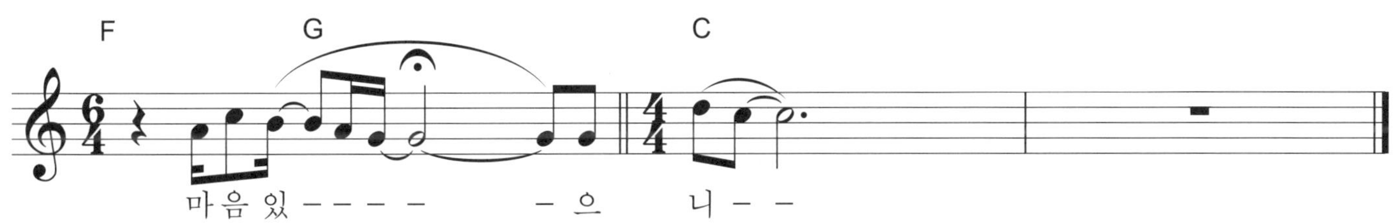

F G C
마음 있 - - - - - 으 니 - -

Let It Be

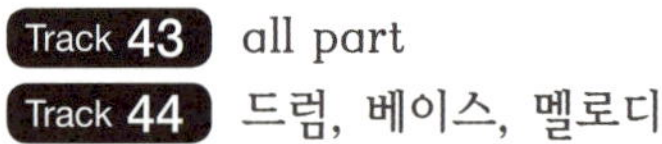

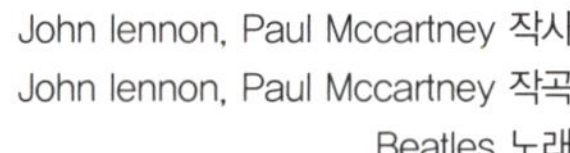

John lennon, Paul Mccartney 작사
John lennon, Paul Mccartney 작곡
Beatles 노래

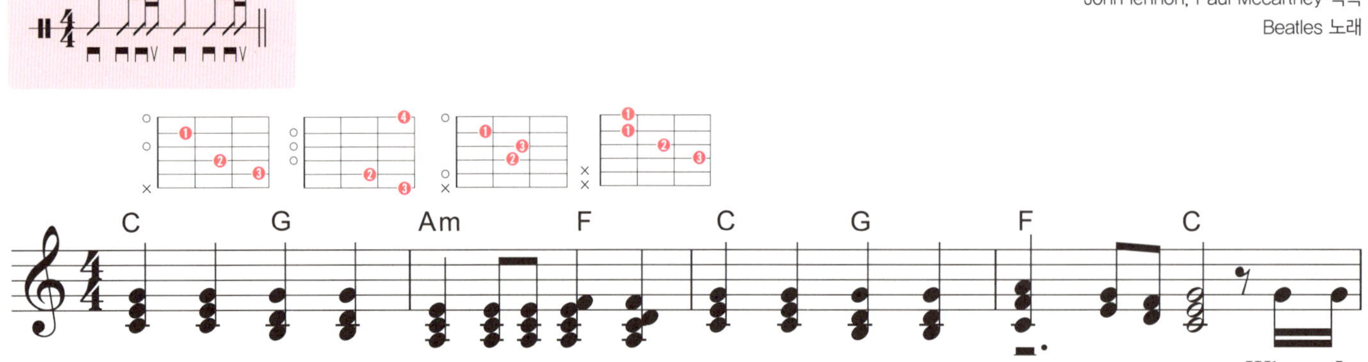

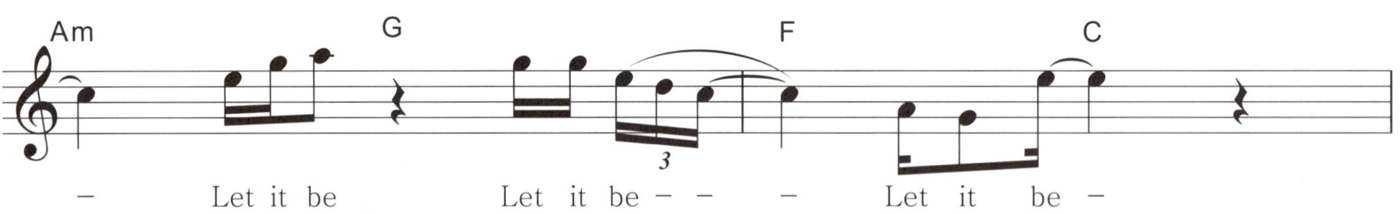

Am   F   C   G   F   C
Living in — the world — a gree —   There will be an an—swer Let it be — — —   But

C   G   Am   F
though they — may — be parted   There is   still a chance— that they— will see —

C   G   F   C
There   will be an an—swer   Let it be   —   Let it be

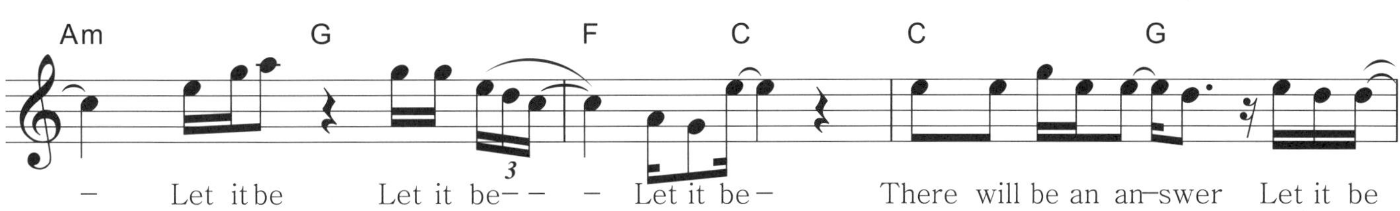
Am   G   F   C   C   G
— Let it be   Let it be— — — Let it be —   There will be an an—swer   Let it be

F   C   Am   G   F   C
— — —   Let it be — Let it be — Let it be— — — Let it be —

C   G   F   C
Wis — per words— of wis — dom   Let it be — —   —

02 Fm 약식코드

Fm 약식폼

먼저 배웠던 F폼에서 2번 손가락을 떨어뜨리고 1번, 2번 줄을 누르고 있는 손가락의 바레를 3번 줄까지 눌러 줍니다.

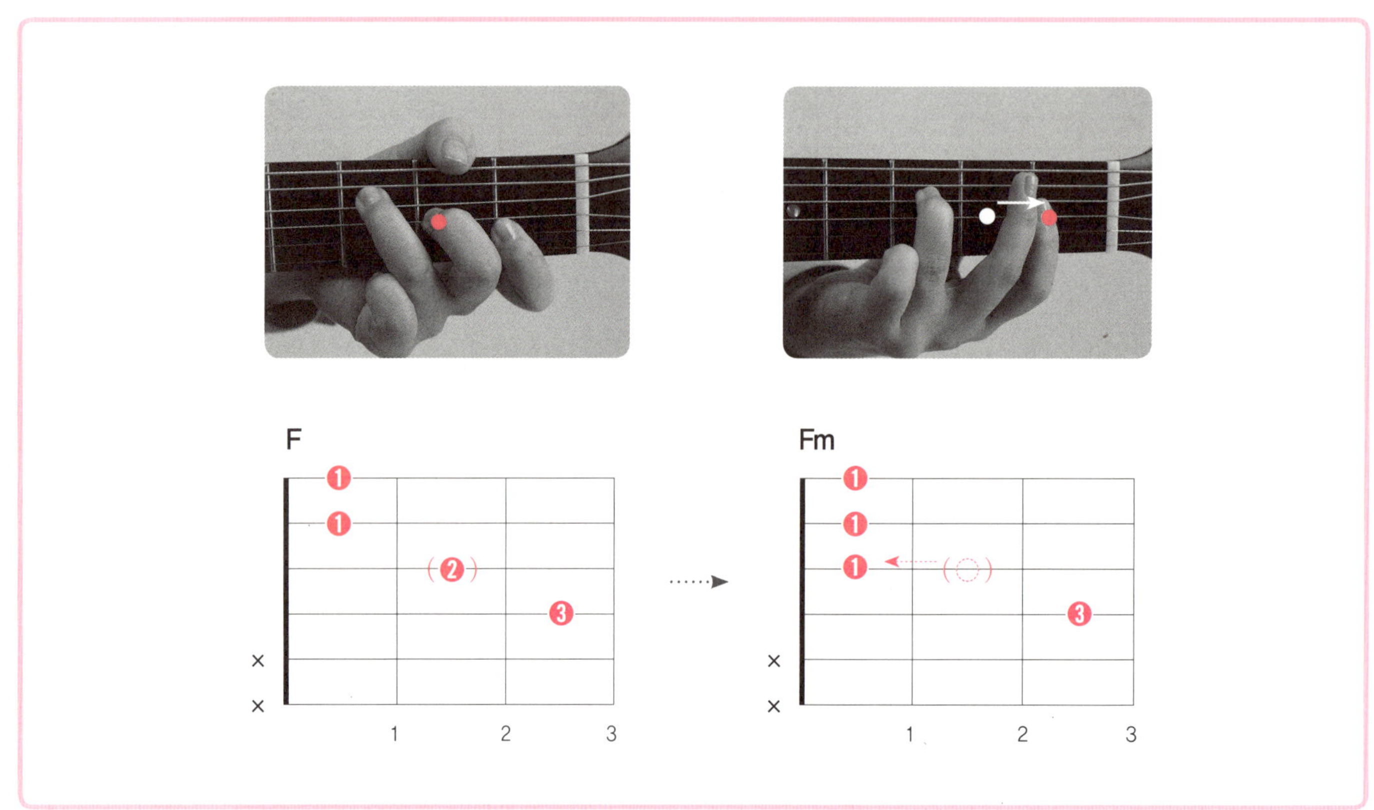

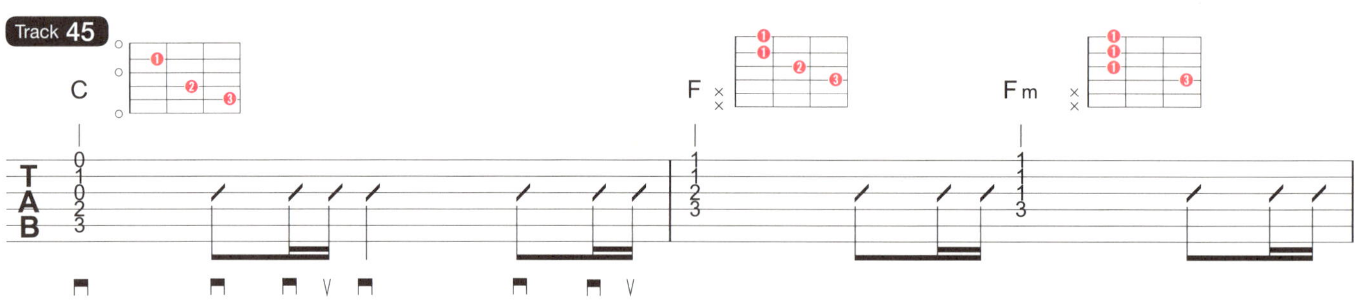

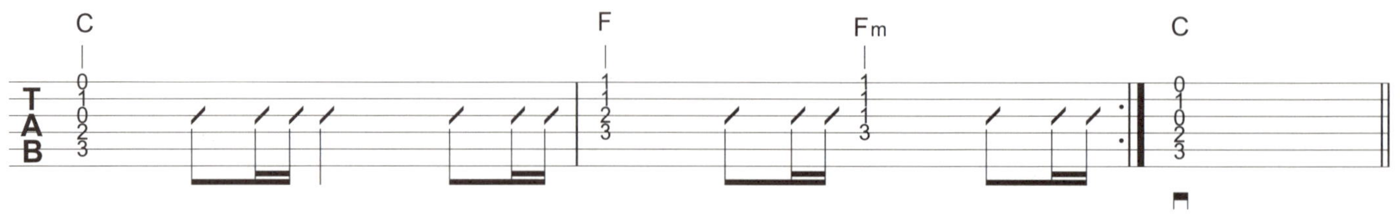

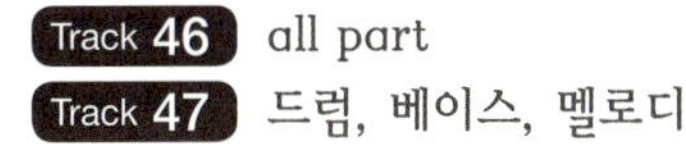

Over The Rainbow

E.Y.Harburg 작사
Harold Arlen 작곡
Judy Garland 노래

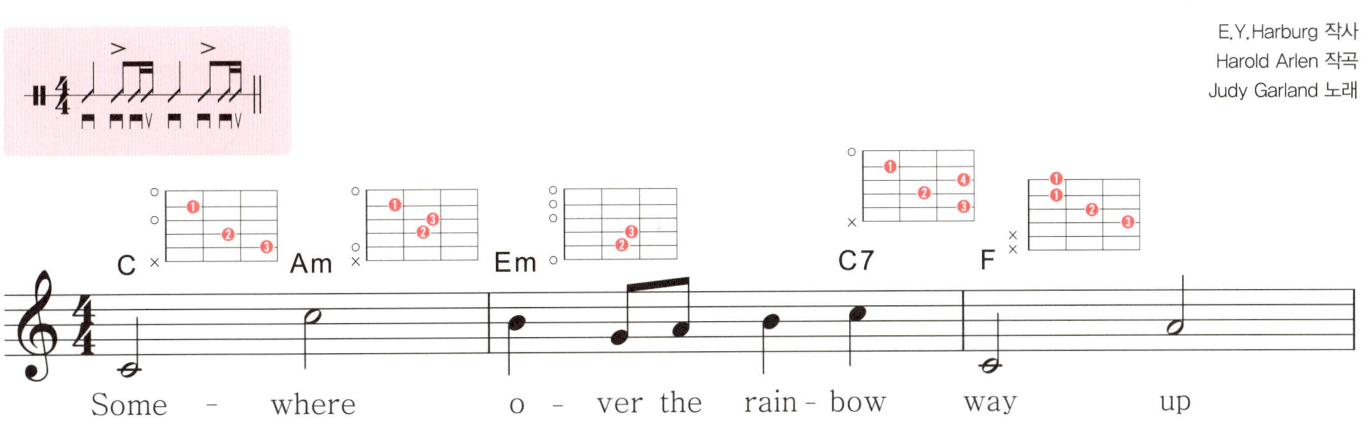

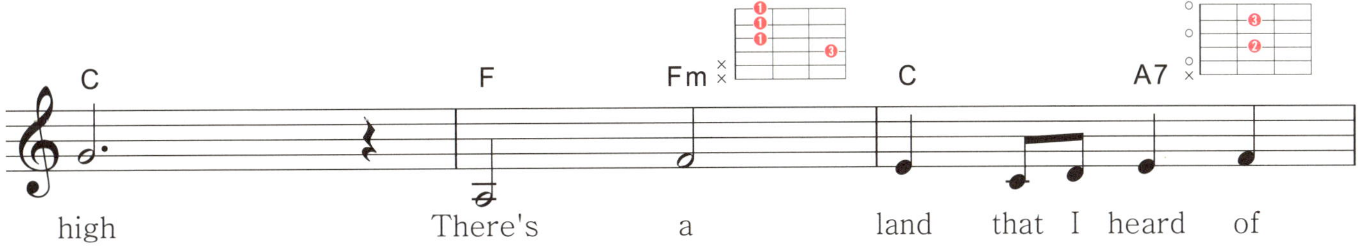

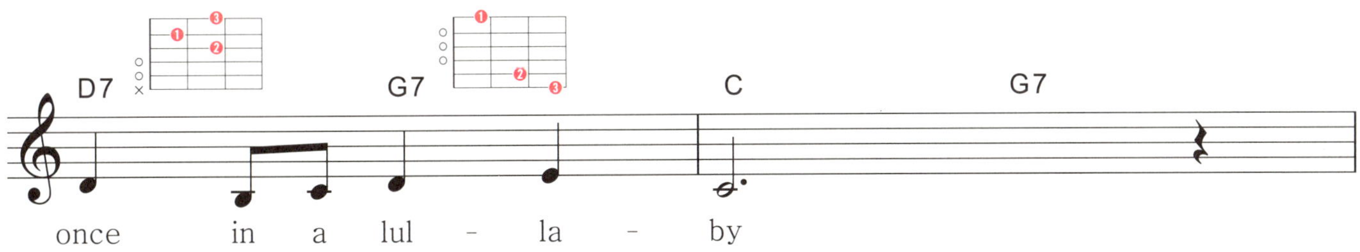

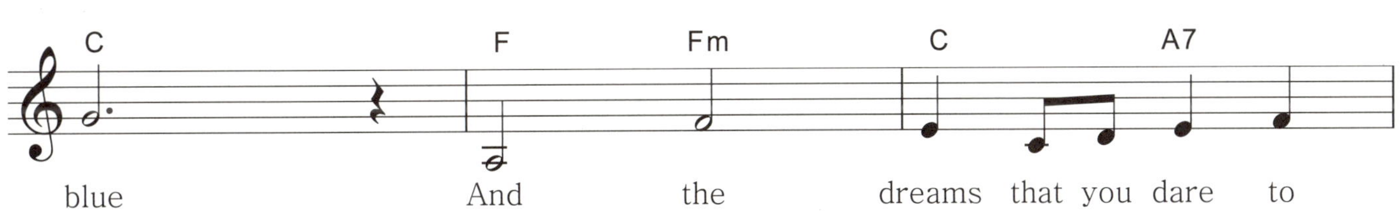

D7   G7   C   Some-
dream real - ly do come true

C   Dm   G7
day I'll wish up - on a star and wake up where the clouds are far be -

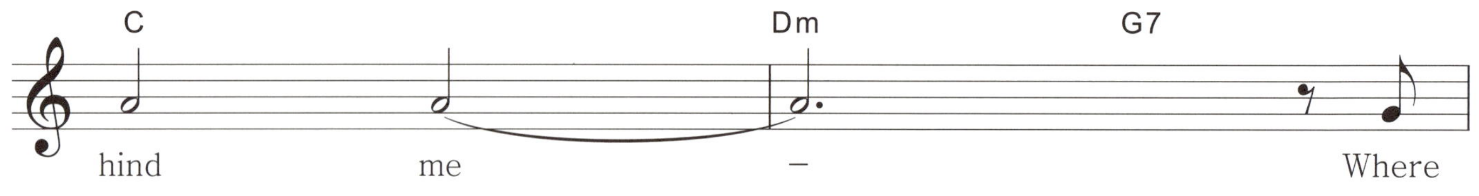

C   Dm   G7
hind   me   —   Where

C   D#dim
trou - bles melt like lem - on drops a - way a - bove the chim - ney tops that's

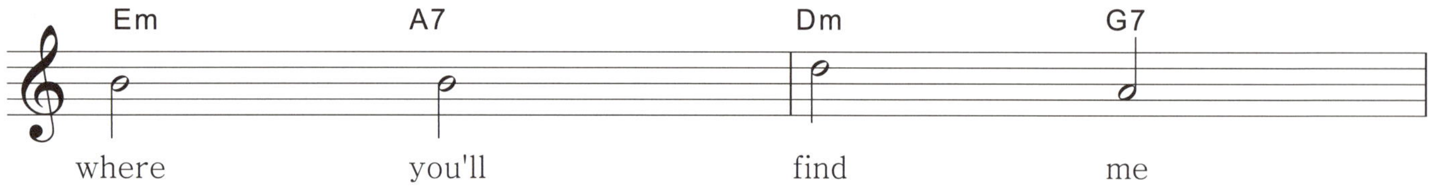

Em   A7   Dm   G7
where   you'll   find   me

C   Am   Em   C7   F
Some - where   o - ver the rain - bow   blue   birds

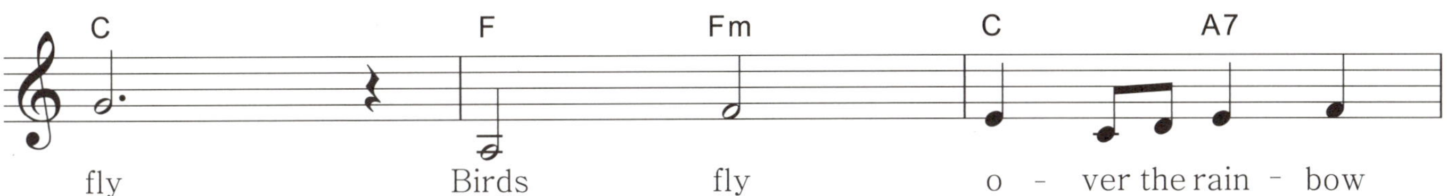

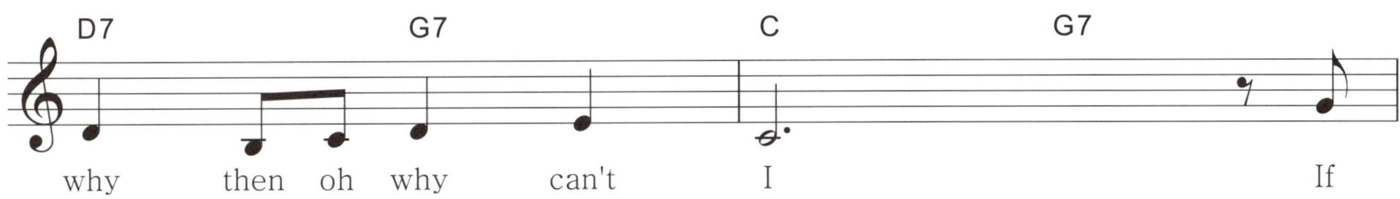

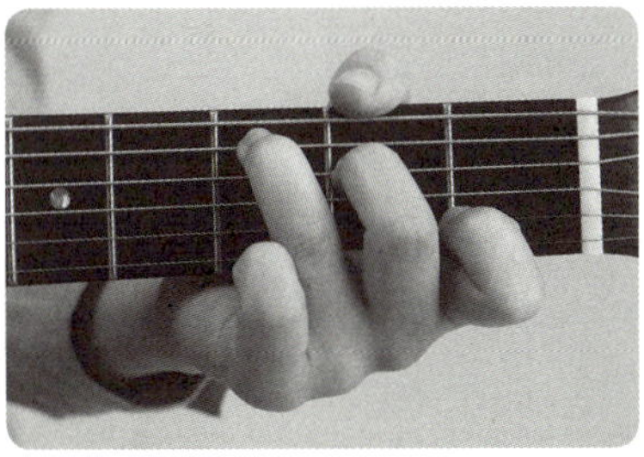

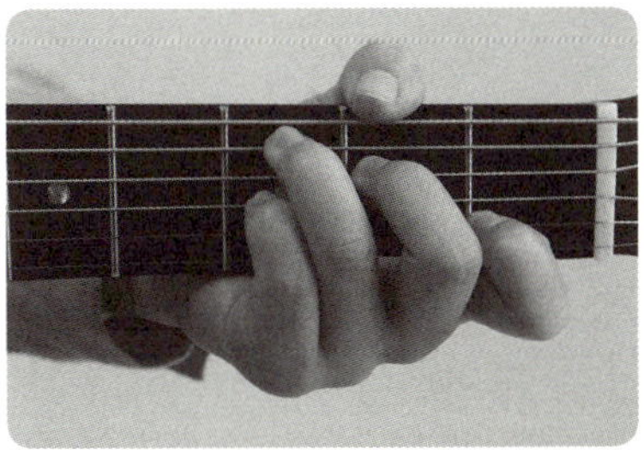

C7

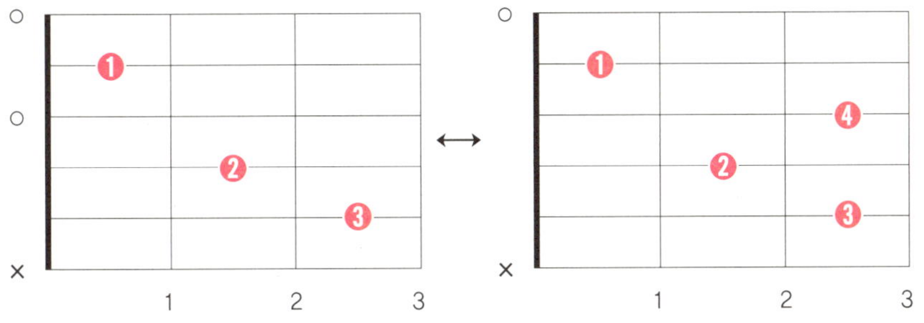

C코드를 잡은 폼에서 4번 손가락으로 3번 줄 3프렛을 눌러줍니다.

D#dim

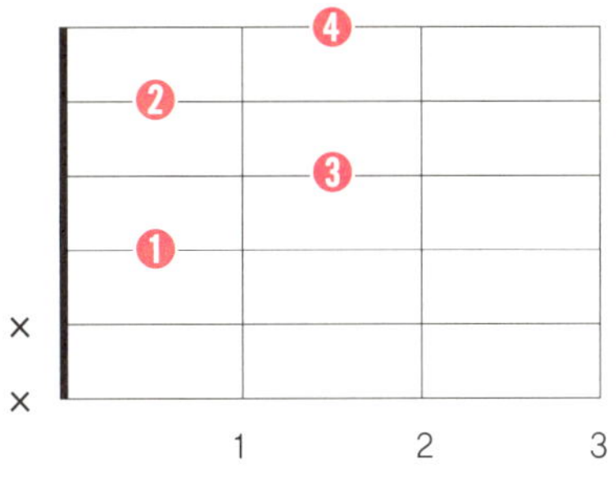

D 샵 디미니쉬 라고 읽습니다. 디미니쉬(Diminished)코드는 독립적으로 쓰이지 않고 다른 화음과의 연결을 도와주는 장식적인 화음으로 사용됩니다. 자주 쓰이지는 않지만 익혀두면 좋은 코드이므로 이번 연습곡에 활용하여 익혀 두도록 합시다.

03 Bm 약식코드

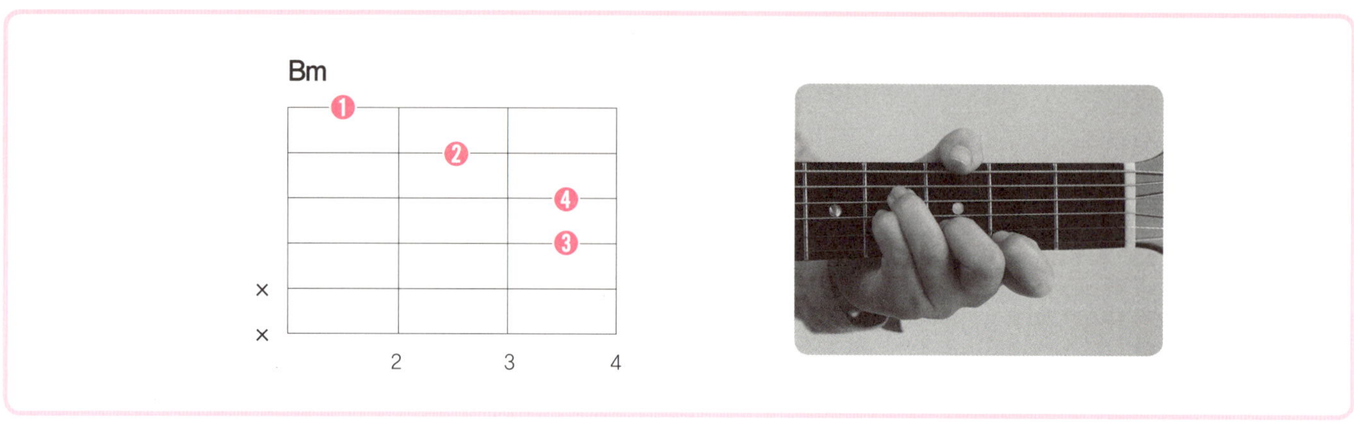

큰 바레로 잡는 폼과 약식으로 잡는 폼이 있습니다.
현재 과정에서는 약식 폼으로 연습해 보겠습니다.
큰 바레코드 폼 (Full Barre)을 연속해서 연주하게 되면 손의 피로감이 크기 때문에 전문 연주자들 또한 약식 폼을
많이 사용합니다.

Bm폼에서 다른 개방현 코드로 바꾸게 될 때에는 앞서 연습한 오픈 스트럼을 적극 활용해 보세요.
연주가 더욱 수월해 집니다.

Bm폼을 유지하며 포지션을 이동하게 될 때에는 엄지손가락의 위치와 코드폼을 흐트러트리지 않도록 합니다.
팔꿈치가 너무 몸 안쪽으로 들어오지 않게 주의 하세요.

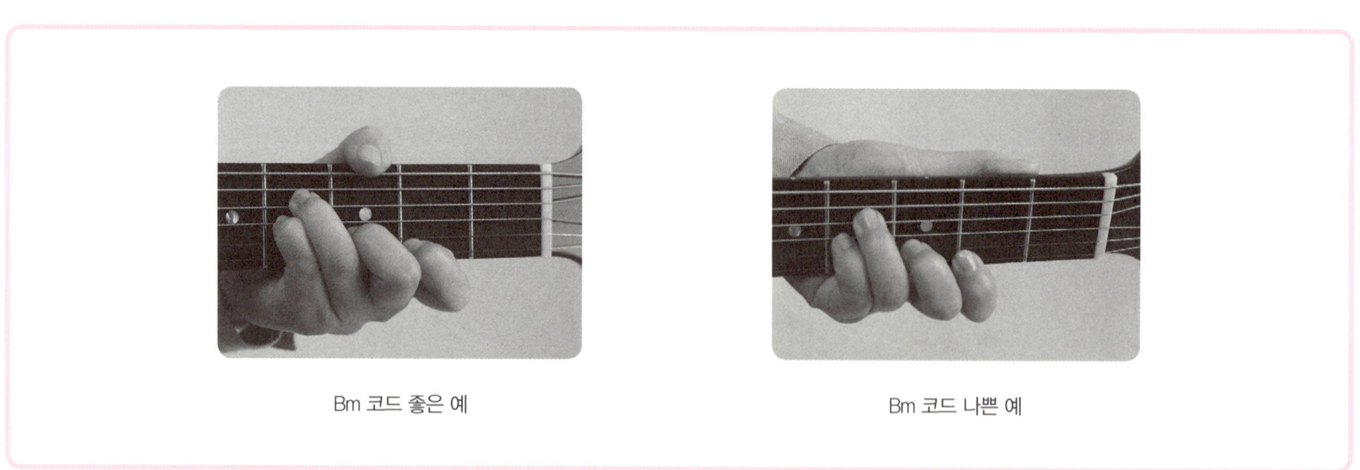

Bm 코드 좋은 예   Bm 코드 나쁜 예

Bm 코드가 사용된 연습곡을 통해 코드체인지를 마스터 하도록 합시다.

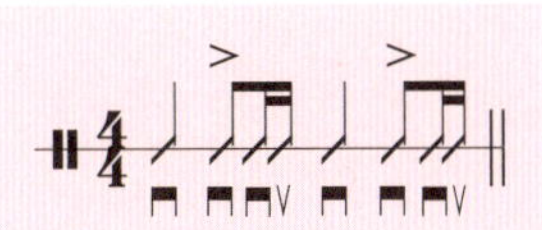

너에게 난, 나에게 넌

Track 48 · all part
Track 49 · 드럼, 베이스, 멜로디

송봉주 작사
송봉주 작곡
자전거 탄 풍경 노래

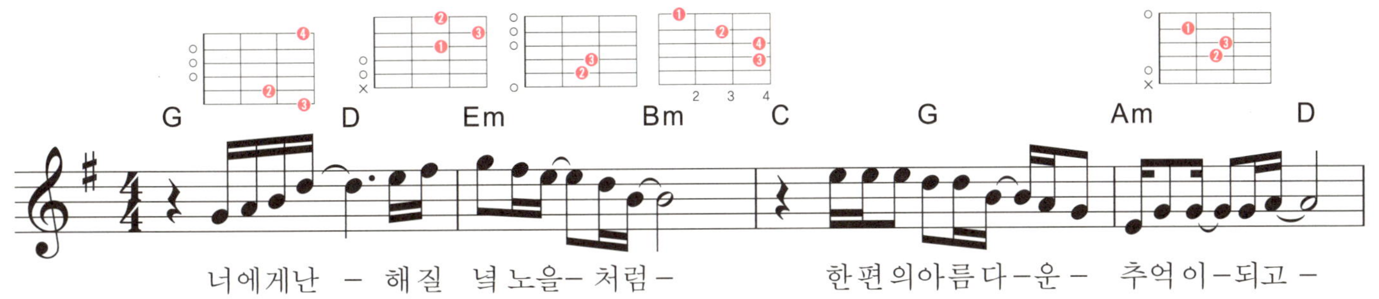

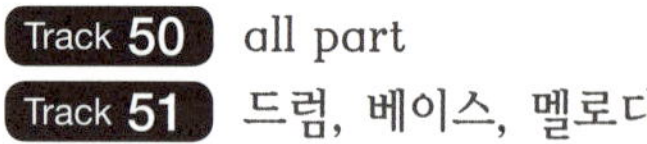

What's up

Linda Perry 작사
Linda Perry 작곡
4Non Blondes 노래

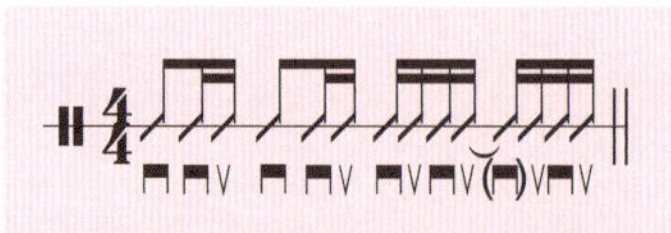

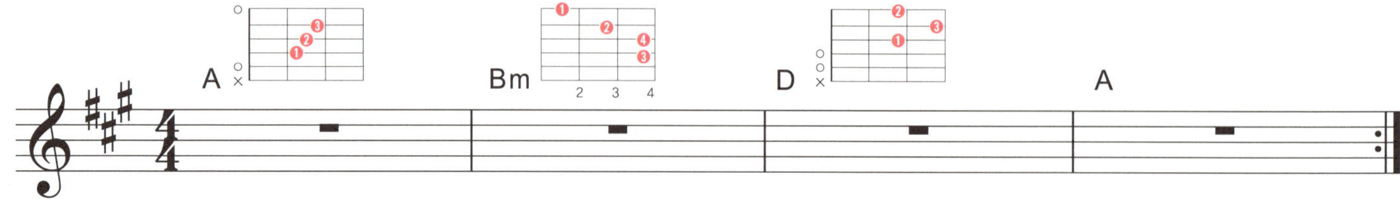

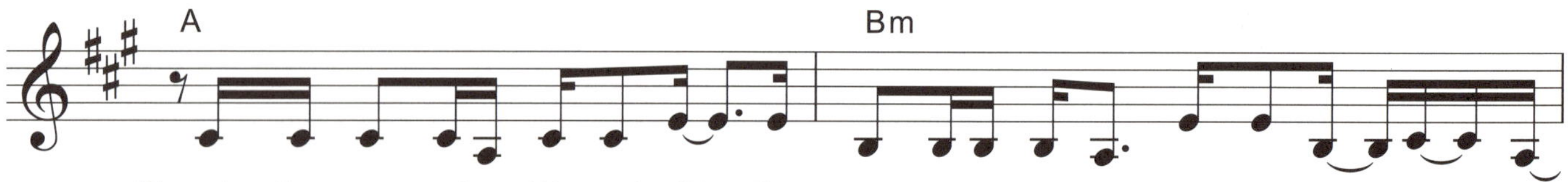

A
Bm
cry sometimes when I'm lying in bed — to still get it all out — what's in — my head — then I

D
A
I am feeling a little pecul - i - ar — and so I

A
Bm
wake in the morning and i step out side and i take a deep breath — and I get — real high — then I

D
A
scream from — top of my lung — what's go-ing on — and I — say

A
Bm
hey — — — — — hey — — I say hey

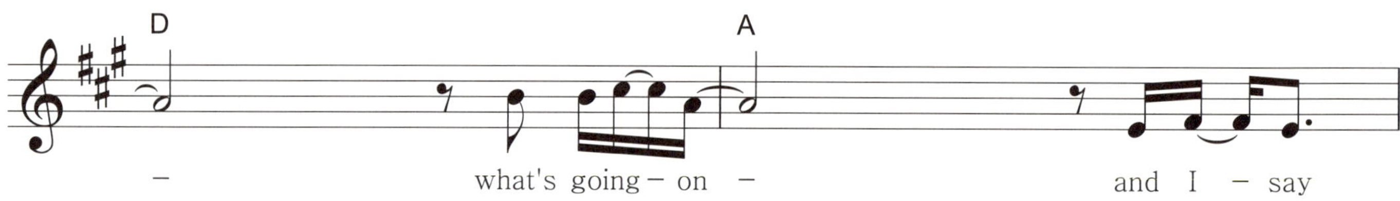

D
A
what's going — on —
and I — say

A
Bm
hey — — — — — hey — —
I say hey

D
A
— what's going — on —

A
Bm
Twenty five years of my life and still— I'm trying to get up that great big hill — of — hope

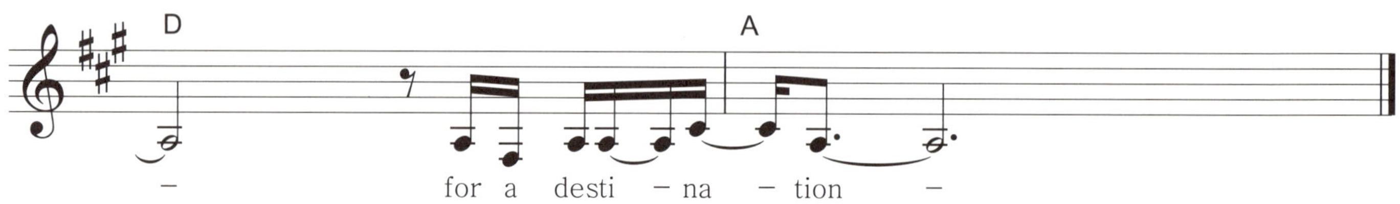

D
A
— for a desti — na — tion —

바리에이션 연습하기

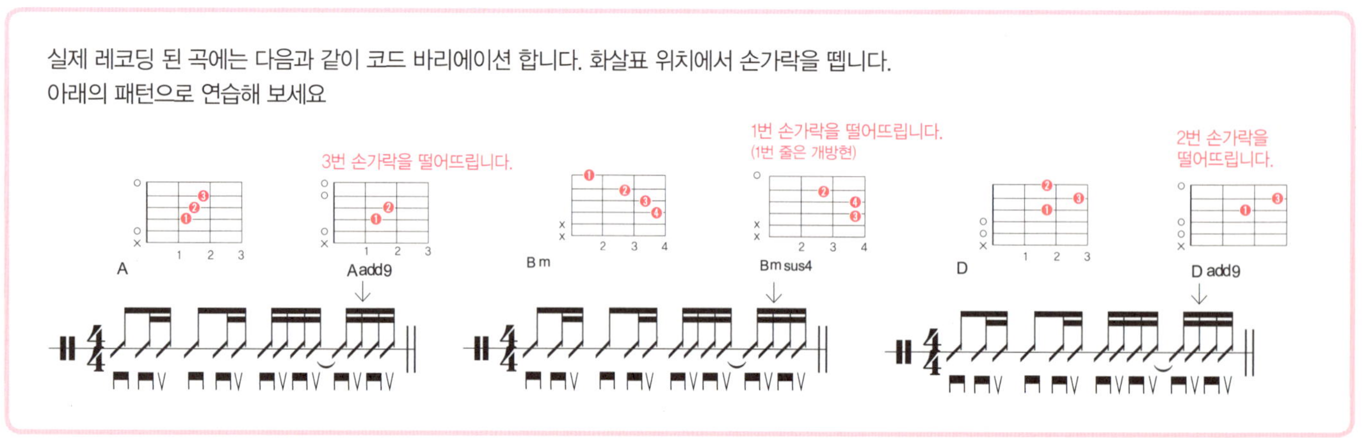

실제 레코딩 된 곡에는 다음과 같이 코드 바리에이션 합니다. 화살표 위치에서 손가락을 뗍니다.
아래의 패턴으로 연습해 보세요
3번 손가락을 떨어뜨립니다.
1번 손가락을 떨어뜨립니다.
(1번 줄은 개방현)
2번 손가락을 떨어뜨립니다.
A
A add9
Bm
Bm sus4
D
D add9

Bm 약식폼의 이동

먼저, 우리가 알고 있는 '도,레,미,파,솔,라,시,도'는 '이탈리아어'라는 것을 알고 계셨나요?
이것을 영어로 부르게 되면 'C,D,E,F,G,A,B,C' 라고 읽습니다.

비교해 보면

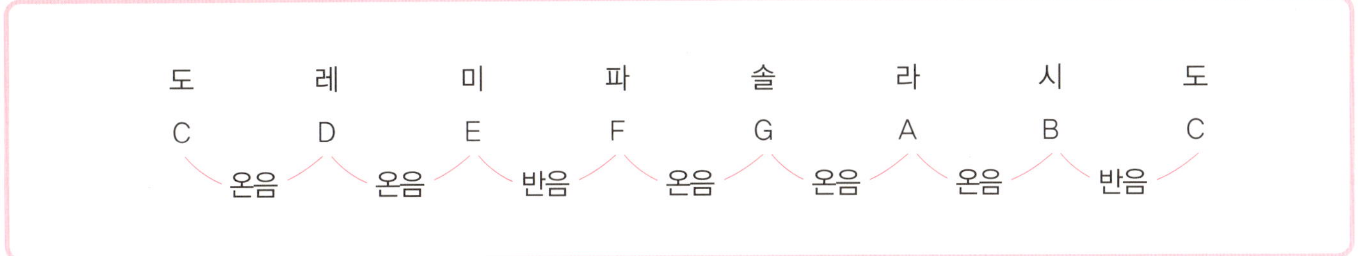

기타 프렛은 1칸이 반음씩입니다. 온음은 기타 프렛 두 칸을 이동하게 되겠죠?
B와 C는 반음 차이니까 기타 프렛으로 한 칸 이지요? 그렇다면 위의 내용에 따라 Bm폼을 한 칸 이동해 보면,

Bm

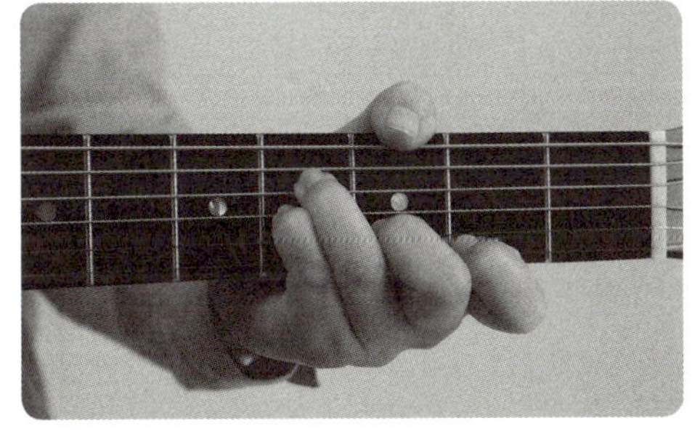

이동 ▶

Cm

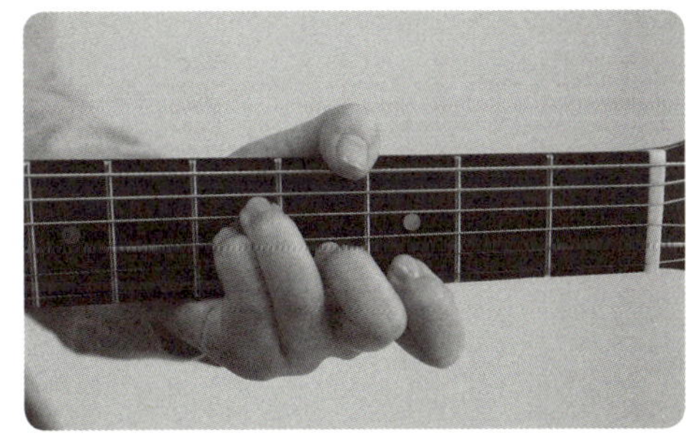

위처럼 Cm 코드가 됩니다.

반음 더 이동해 볼까요?

Cm

이동 ▶

C#m

위처럼 C#m 코드로 이름을 바꾸어 부르게 됩니다.

이처럼 코드 폼을 유지하면서 포지션을 이동하는 것만으로 여러 가지 코드를 누를 수 있습니다.
(F 약식코드도 위와 같은 방법으로 포지션을 이동하여 여러가지 코드를 누를 수 있습니다.)
이 방법으로 다음의 연습곡을 연습해 봅시다.

그 남자

Track 52 all part
Track 53 드럼, 베이스, 멜로디
원태연 작사
전해성 작곡
백지영 노래

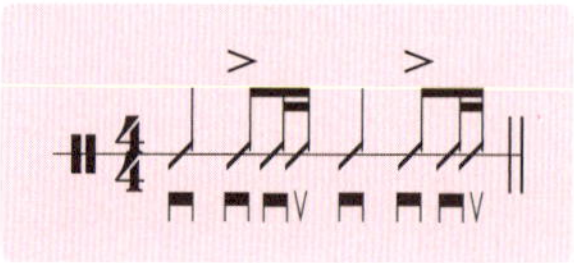

G C G C
한 남자가그대 를 사랑－합니다 그 남자는열심 히
G Bm Am G C
사랑－합니 다 매일 그림자 처럼 그대를 따라다 니며 그 남자는웃으 며
G C Cm
울 고 있 어 요 얼 마 나 얼 마 나 더 너를 － 이 렇게바라
Bm E Am D
만 보며 혼 자－－이바람같은 사랑 이거지같은 사 랑 계속 해야니가나를사랑

G C Cm
하겠－니 － 조 금만가까 이 와 조금만 － 한발다 가 가 면
Bm E Am D G
－ 두발도망가는 － 널사랑하는 난 지 금도곁에 있 어 － 그남잔－웁 니 다

아메리카노

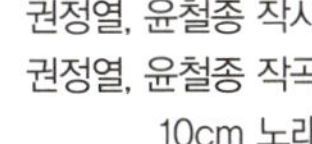

권정열, 윤철종 작사
권정열, 윤철종 작곡
10cm 노래

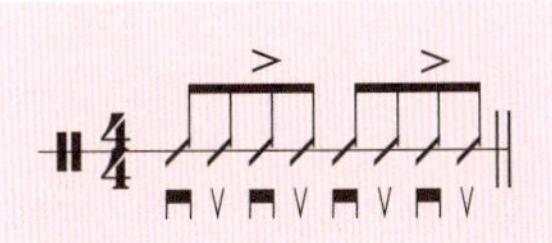

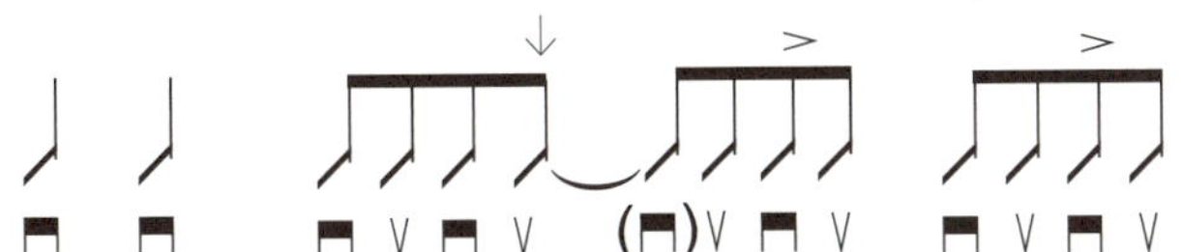

C#m Cm Bm A G
담 배 피 고 - 차 마실 때 - -
싸 우 고 서 - 바람필 때 - -
메 뉴 판 이
다 른 여 자 와

C#m Cm Bm A G
복 잡 해 서 - 못 고를 때 -
입 맞 추 고 - 담 배필 때 -
사 글 세 내 고
마 라 톤 하 고

C#m Cm Bm A G
돈 없 을 때 - 밥 대신 에 -
감 질 나 게 - 물 마실 때 -
짜 장 면 먹 고
순 대 국 먹 고

C#m Cm Bm 1. E
후 식 으 로 -
아 메 아 메 아 메 - 아 메 아 메

E 2. E
아 메 아 메 아 메 - 아 메 아 메 리 카 아 메 아 메 아 메 - 아 메 아 메

E
아 메 아 메 아 메 - 아 메 아 메 아 메 아 메 아 메 - 아 메 아 메 리 카

A
E
노   좋아 – 좋아 – 좋아 –   아 메 리 카

A
E
노   진해 – 진해 – 진해 –   어 떻 게 하

A
E
A   D   E
노   시럽 – 시럽 – 시럽 –   빼고주세 요우

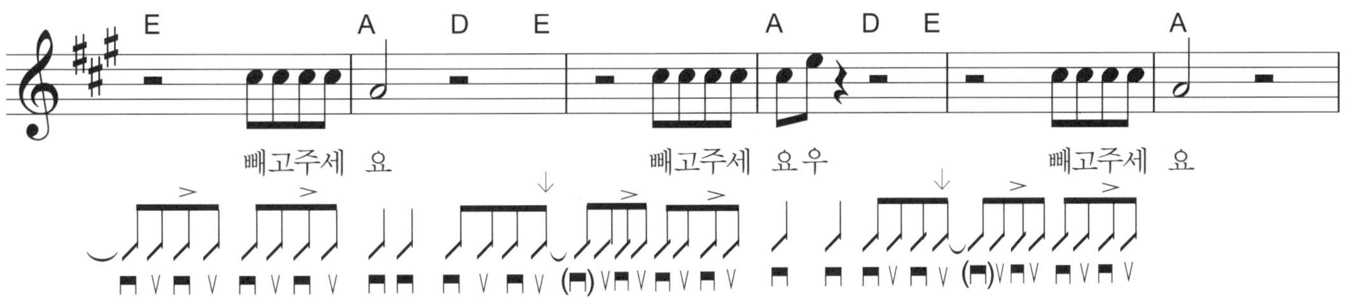

E   A   D   E   A   D   E   A
빼고주세 요   빼고주세 요우   빼고주세 요

A   E
아메 아메 아메 –아메 아메   아메 아메 아메 –아메 아메

E
아메 아메 아메 –아메 아메   아메 아메 아메 –아메

Chapter 5

관용적인 코드진행과의 연결

DM7(D메이저 세븐)코드를 먼저 익혀 주세요.
다음 두 가지 방법으로 잡습니다.

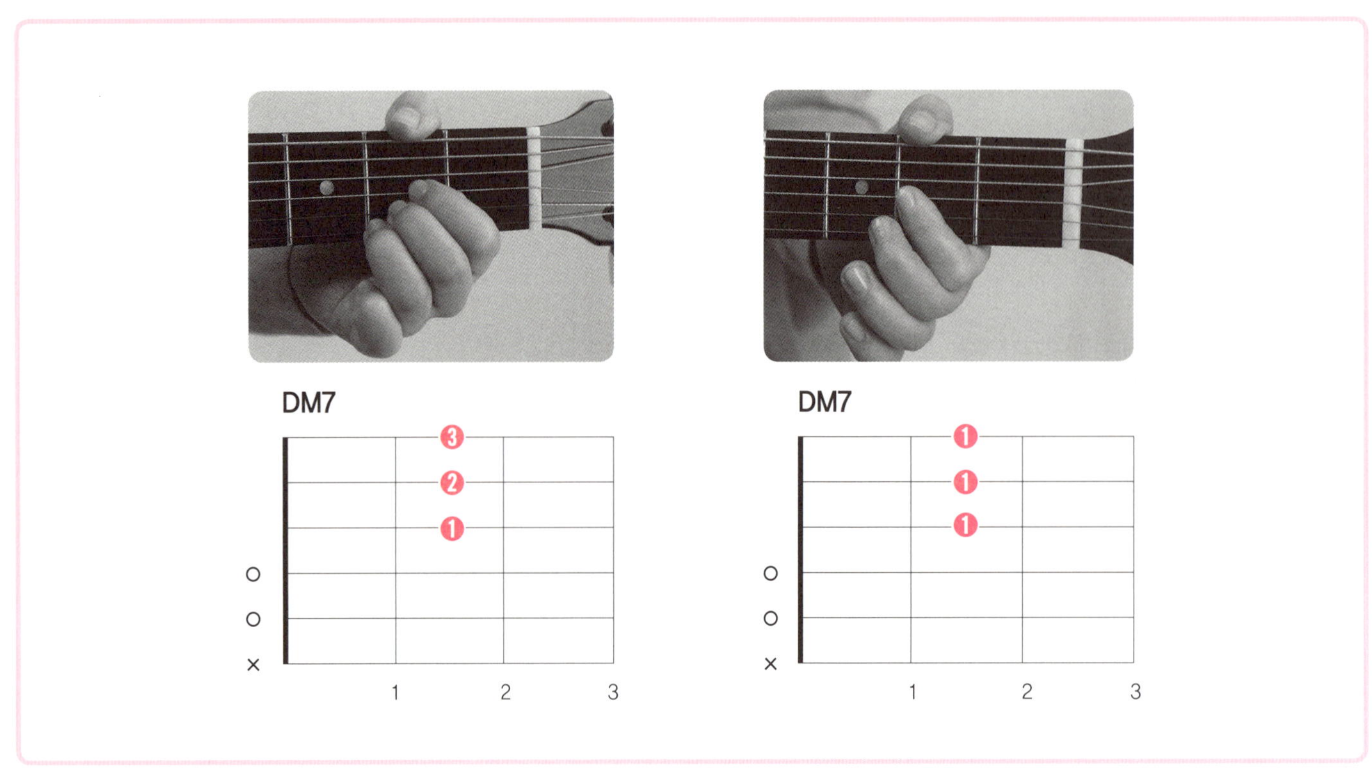

흔히 팝 음악에서 자주 사용되는 관용적인 진행 중 하나입니다.
2번줄 위의 음들이 반음씩 이동하고 있는 것에 주목하면서 천천히 연습해 보세요.

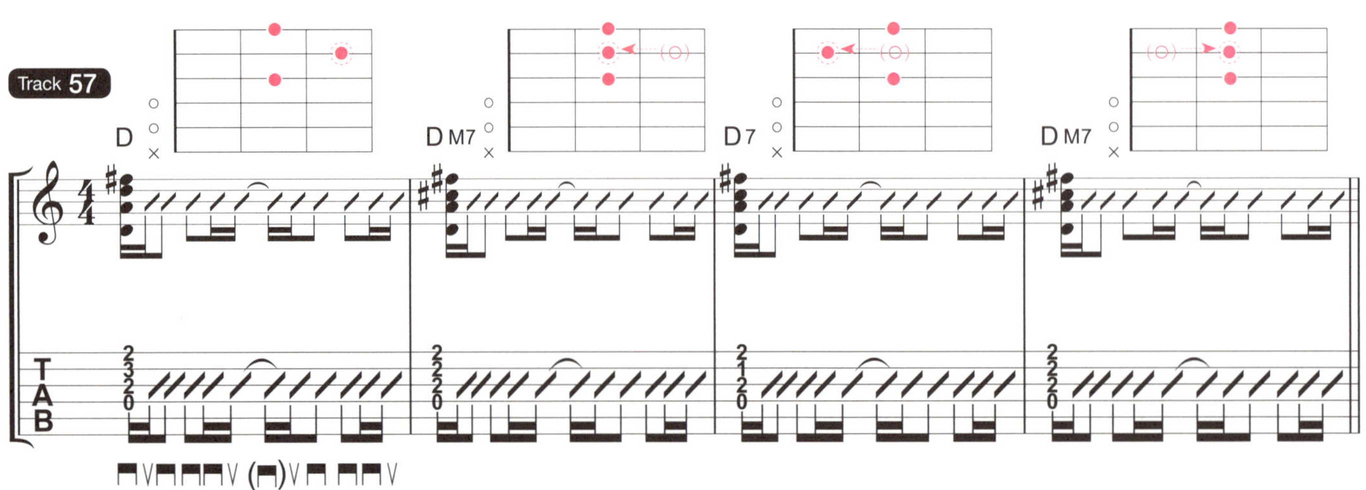

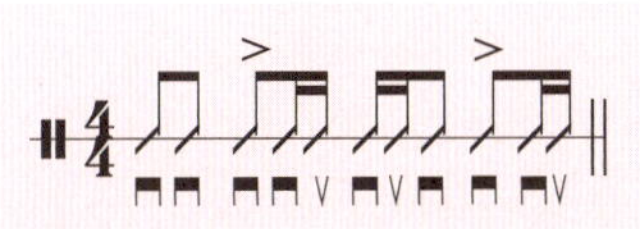

Kiss Me

Matt Slocum 작사
Matt Slocum 작곡
Sixpence None The Richer 노래

Track 57 all part
Track 58 반주트랙

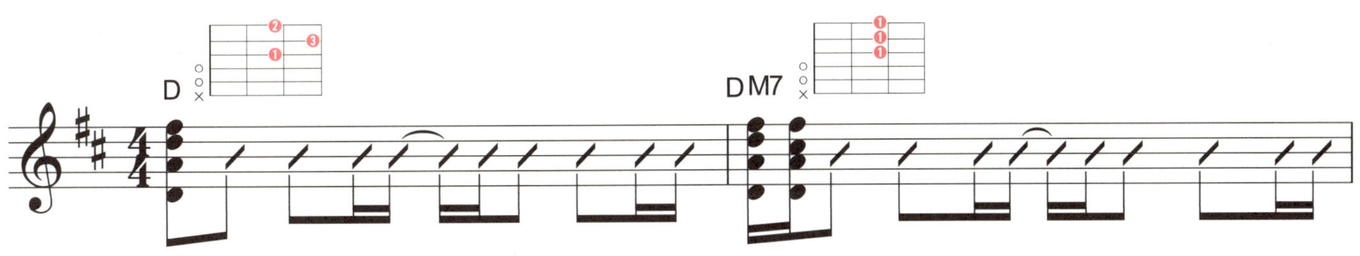

D   Bm   Em   A   D   Bm
be-neath the mil — ky twi-light   lead — me —   out on the moon— it — floor
(앞의 리듬과 동일하게 연주합니다)
Em   A   D   *A/C#
— lift your — open hand —   strike   up   the band — and make — the fire
Bm   A   G   *Asus4   A
— flies dance Sil-ver moon's spark   — ing —   so kiss
1. D   DM7   D7   DM7   2. D   DM7
me
D7   DM7   D   DM7   D7

*A/C#, Asus4(A서스포)

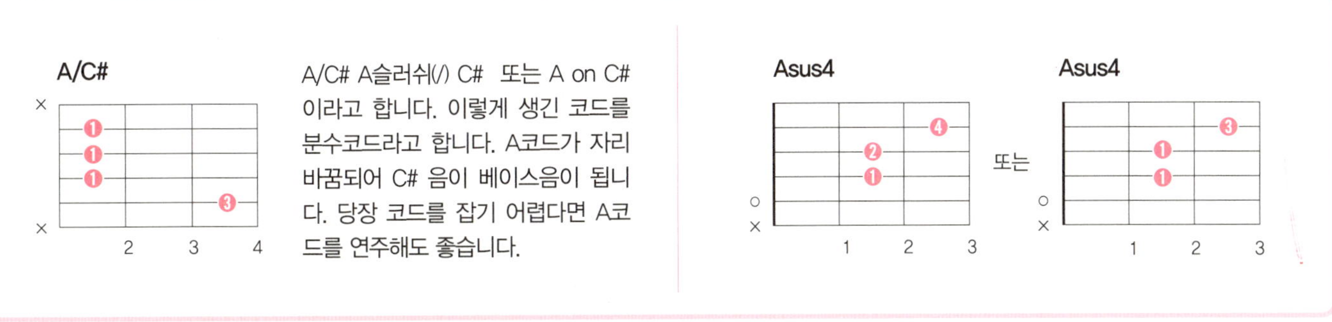
A/C#
A/C# A슬러쉬(/) C# 또는 A on C#
이라고 합니다. 이렇게 생긴 코드를
분수코드라고 합니다. A코드가 자리
바꿈되어 C# 음이 베이스음이 됩니
다. 당장 코드를 잡기 어렵다면 A코
드를 연주해도 좋습니다.
Asus4
Asus4
또는

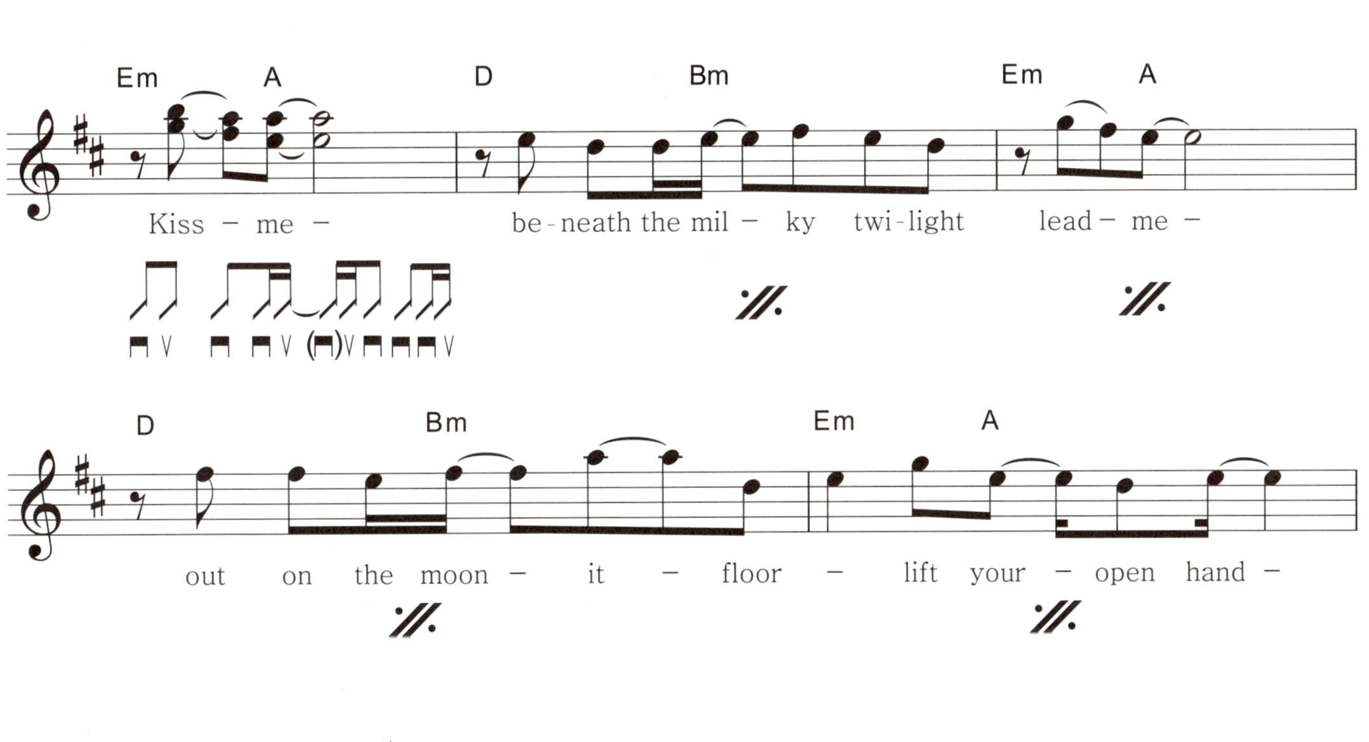
Kiss - me - be-neath the mil - ky twi-light lead - me -
out on the moon - it - floor - lift your - open hand -

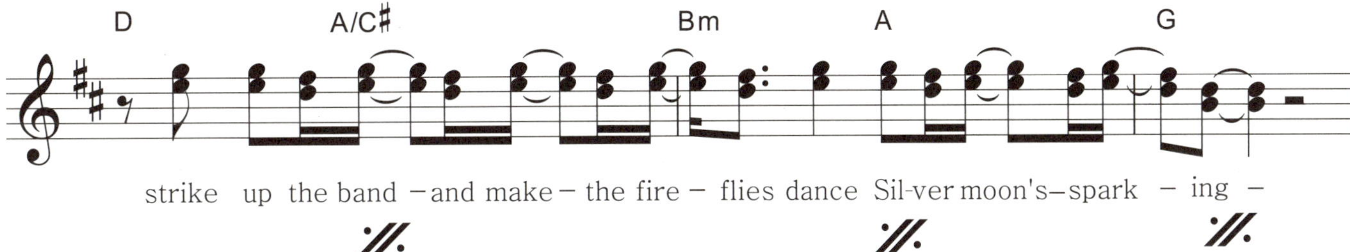
strike up the band -and make - the fire - flies dance Sil-ver moon's-spark - ing -

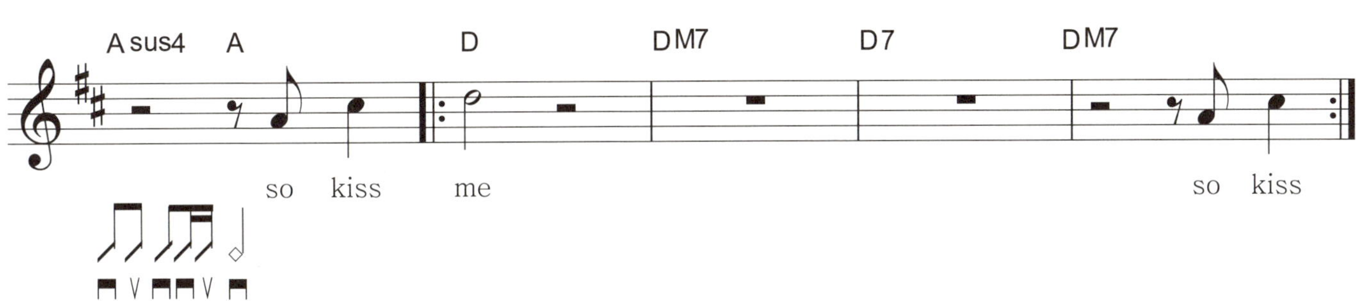
so kiss   me so kiss

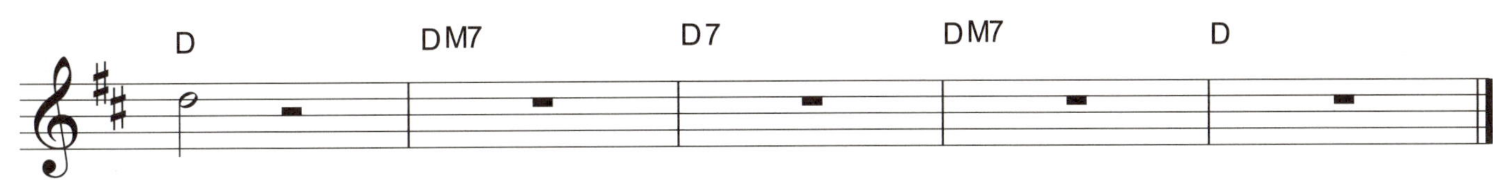
me

02 관용적인 코드진행 2 (G–GM7–G7–GM7–G)

새로운 코드 GM7(G메이저 세븐) 코드를 익혀 보겠습니다.

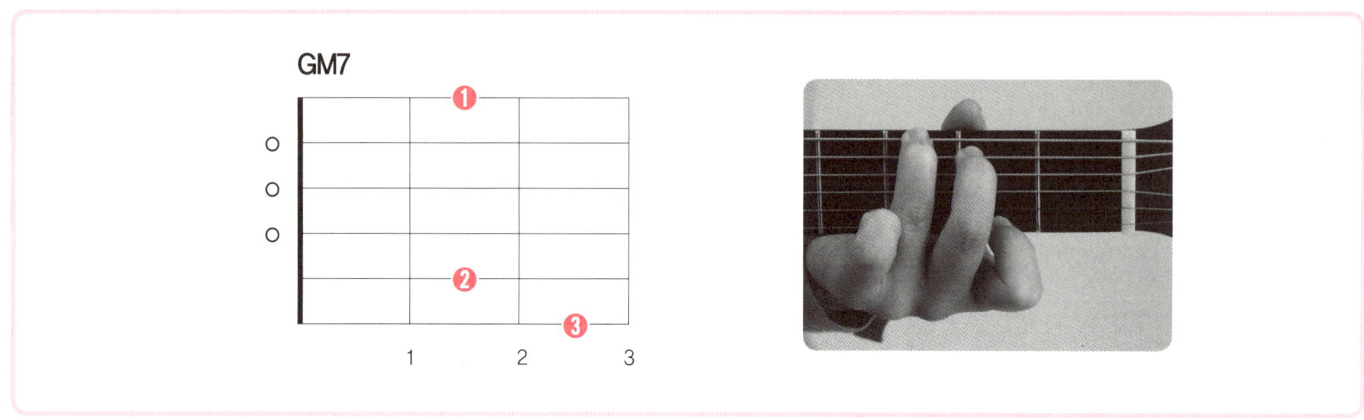

이 곡에서도 M7(메이저 세븐스)코드와의 관용적인 연결의 예를 익혀 보겠습니다.
1번줄 위의 음들이 이동하는 것을 주목하며 연습해 봅시다.

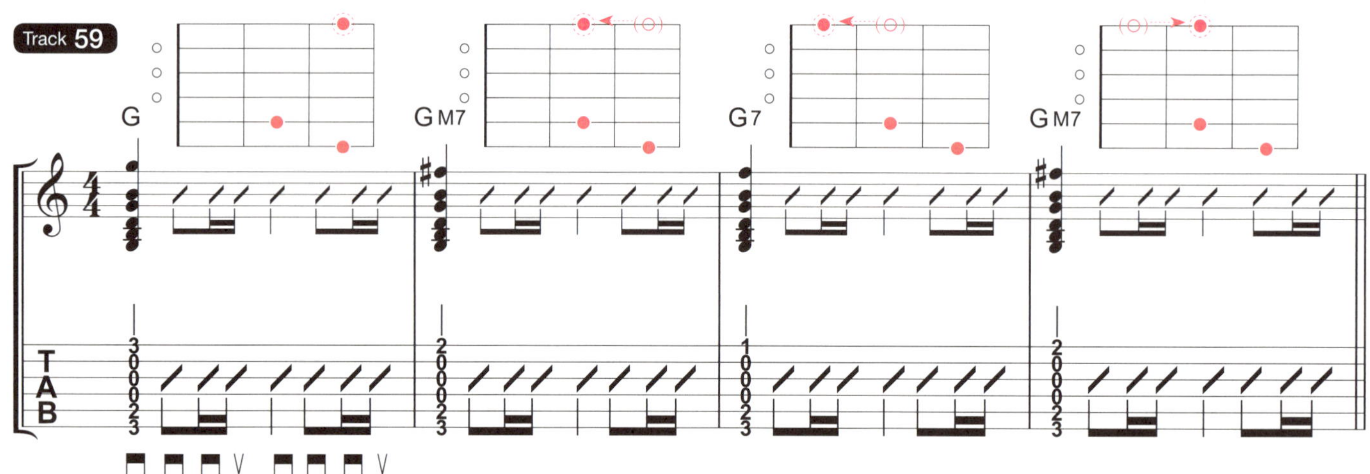

다 줄거야

Track 60 all part
Track 61 반주트랙

조규만 작사
조규만 작곡
조규만 노래

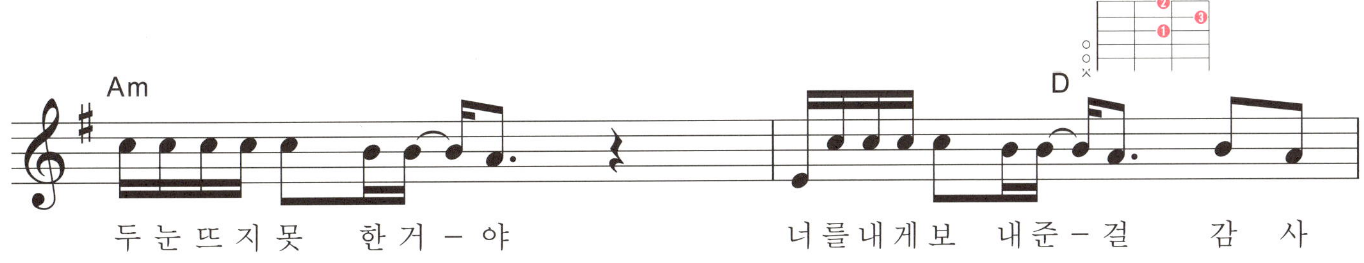

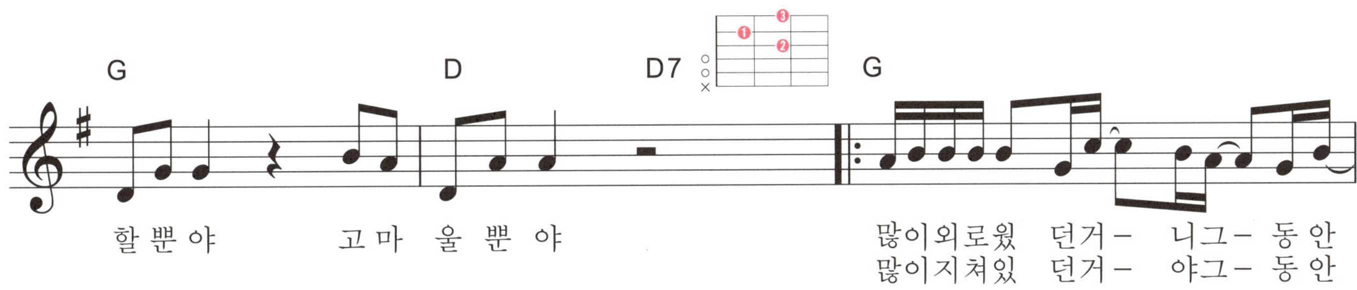

Am
D
힘이들때실 컷울 – 어 눈물속에아 픈기 – 억 떠 나

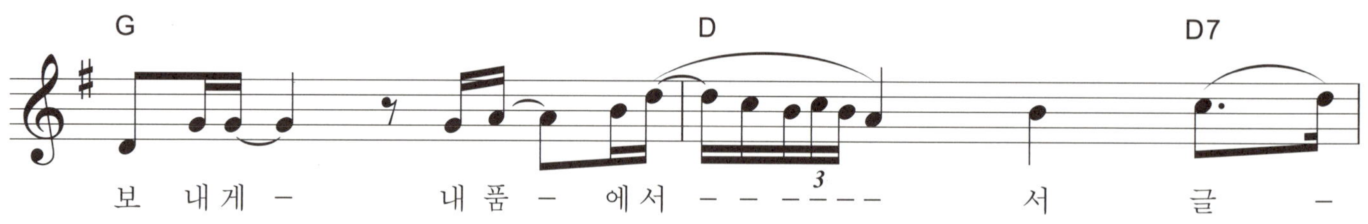

G
D
D7
보 내게 – 내품 – 에서 – – – – – 3 서 글 –

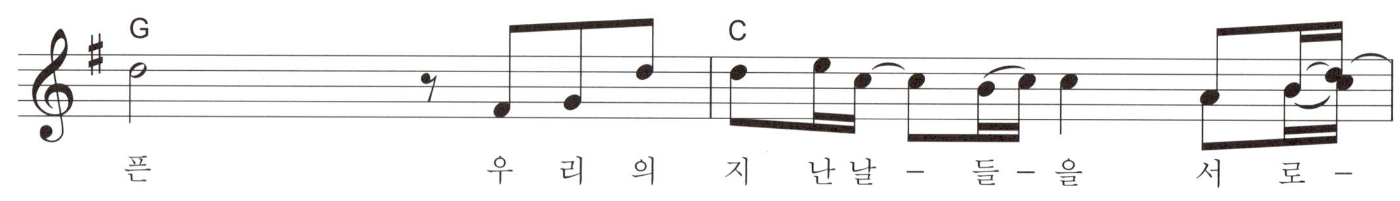

G
C
픈 우 리 의 지 난 날 – 들 – 을 서 로 –

Am
D
G
G7
가 조 금 씩 감 싸 줘 – 야 해 – 난 네 –

1. E
E7
Am
Cm
게 너 무 나 – 도 부 – 족 하 – 겠 지 – 만 –

G
E7
Am
D7
G
Em
D7
다 줄 거 야 내 남 은 모 – 든 사 – 랑 을 –

게 - - 너 무 나 - - 도 부 족 하 - 지 만 -

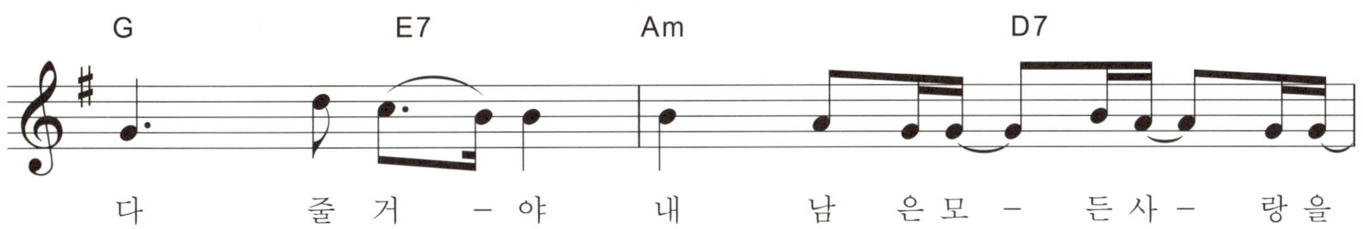

다 줄 거 - 야 내 남 은 모 - 든 사 - 랑 을

- 서 글 - 픈 우 리 의 지 난 날 - 들 - 을 서 로 -

가 조 금 씩 감 싸 줘 - 야 해 - 난 네 게

- - - 너 무 나 - - 도 부 족 하 - 지 만 -

다 줄 거 - 야 내 남 은 모 - 든 사 - 랑 을 - -

01. 뮤트 스트럼 익히기

연습곡 | 처음 사랑하는 연인들을 위해(반말송)

연습곡 | Proud Mary

Chapter 6

뮤트 스트럼

뮤트 스트럼 익히기

'뮤트 스트럼'은 기타 연주에 타악기적인 효과를 입히는 방법입니다. 기본 동작은 오른손으로 스트로크를 할 때 손바닥과 손목을 이용하여 줄의 울림을 막으면서 내려치는 것입니다. 다른 줄이 울리지 않고 '착'하는 소리가 나면 성공입니다. 금방 익히는 분들도 계실 것이고 "도대체 어떻게 하는 거지?" 하면서 애를 먹는 분도 계실 것입니다. 조급해 하지 말고 천천히 연습하면 누구나 익힐 수 있습니다.

기본 연습

왼손은 기타에서 내려 두셔도 되고 가볍게 넥을 잡아 주셔도 괜찮습니다.
오른손으로 스트로크를 할 때 개방현을 먼저 스트로크 해 보고 다음 박자에 뮤트 스트럼을 시도합니다.

❶ 개방현을 스트로크 합니다.

❷ 손날과 손바닥을 이용하여 스트로크와 동시에 뮤트 합니다.

❸ 뮤트와 동시에 브러싱을 사용하는 것도 좋은 아이디어 입니다.

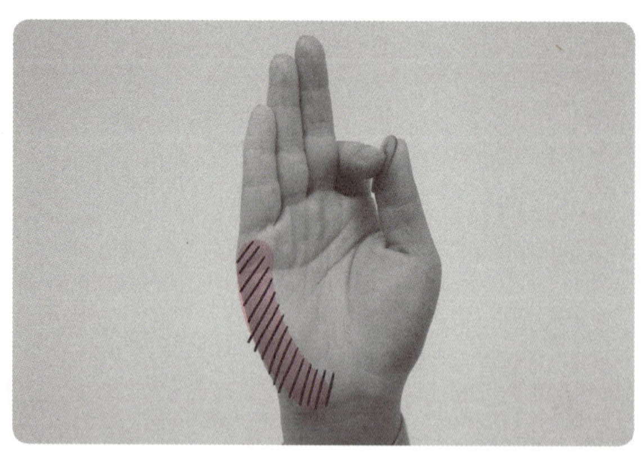

❹ 사진의 빗금친 부분이 줄에 닿는 부분입니다.

2분음표 Track 62

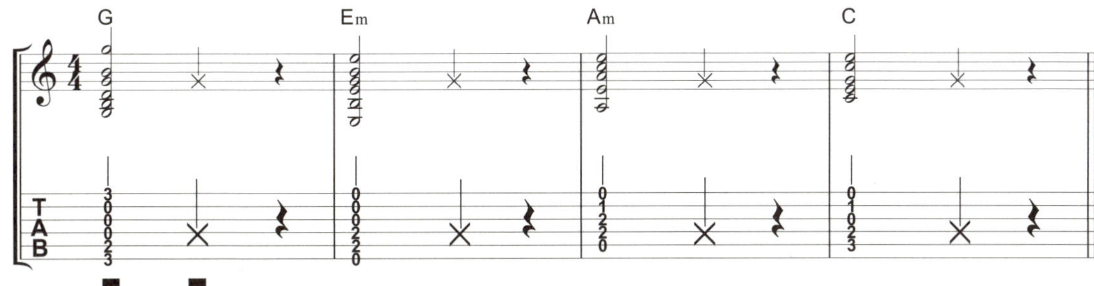

4분음표 Track 63

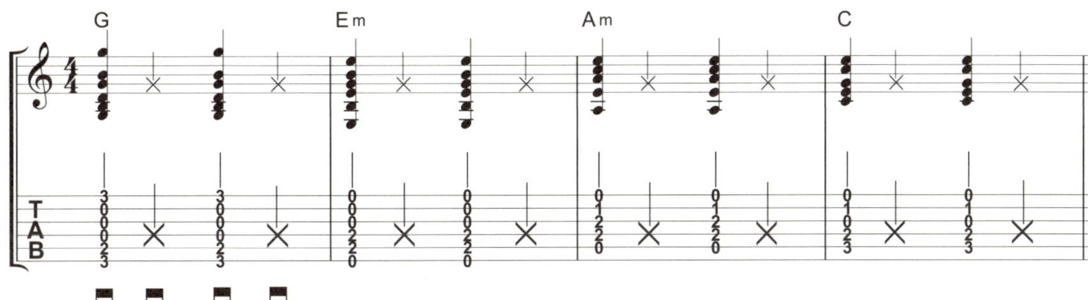

8분음표 Track 64

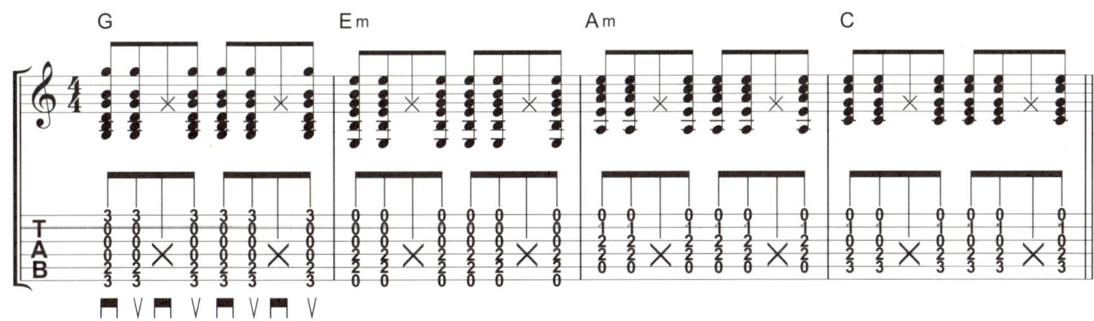

싱코페이션 패턴 응용 1 Track 65

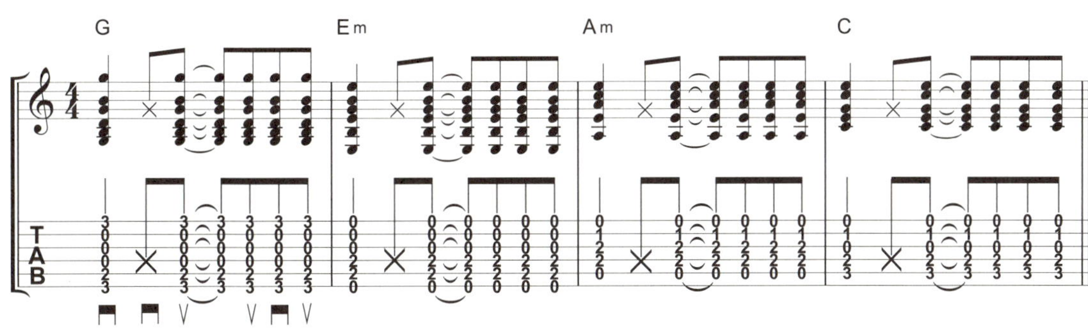

싱코페이션 패턴 응용 2 Track 66

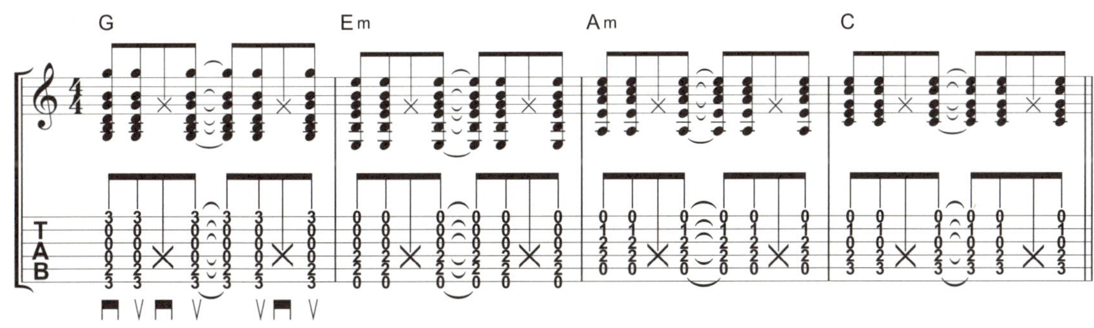

| 연습곡 |

처음 사랑하는 연인들을 위해(반말송)

Track 67 all part
Track 68 반주트랙

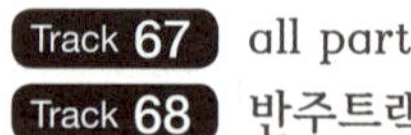

정용하, Hoony 작사
정용하 작곡
정용하 노래

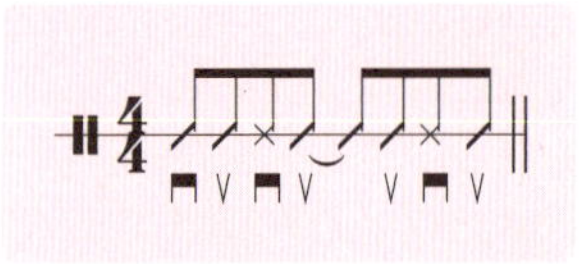

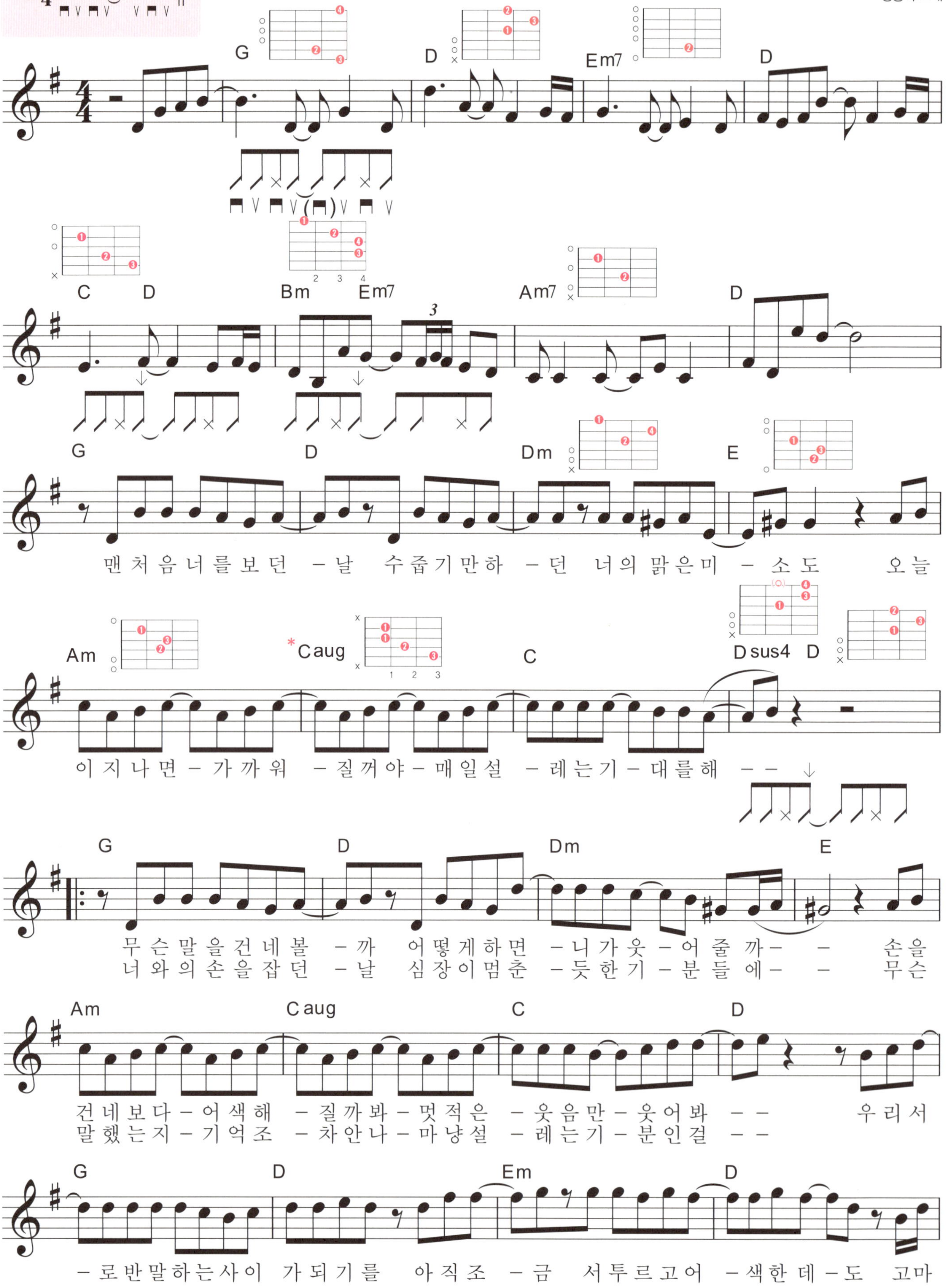

* Caug : C오그멘트라고 읽습니다

* C#m7(♭5) : C#마이너 세븐 플랫 파이브라고 읽습니다

Proud Mary

연습곡
Track 69 all part
Track 70 반주트랙
John C. Fogerty 작사
John C. Fogerty 작곡
C.C.R 노래

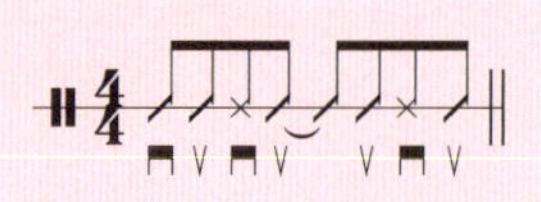

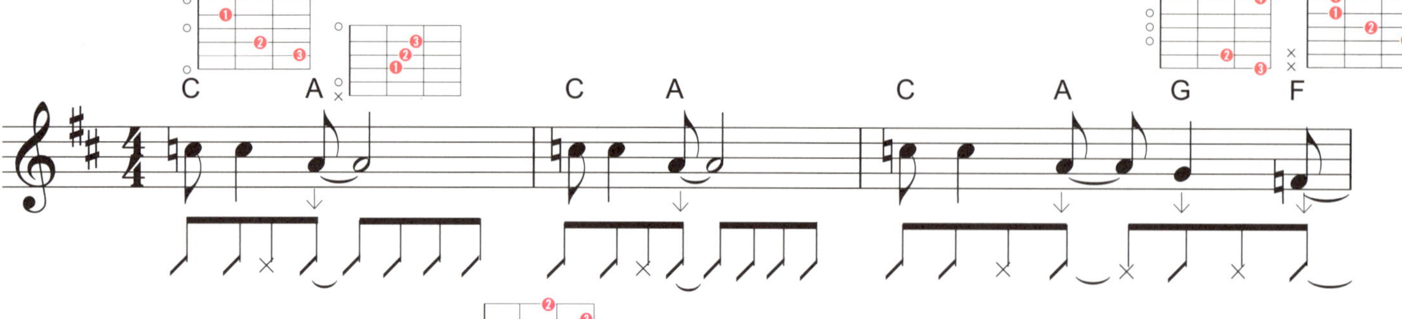

C A C A C A G F

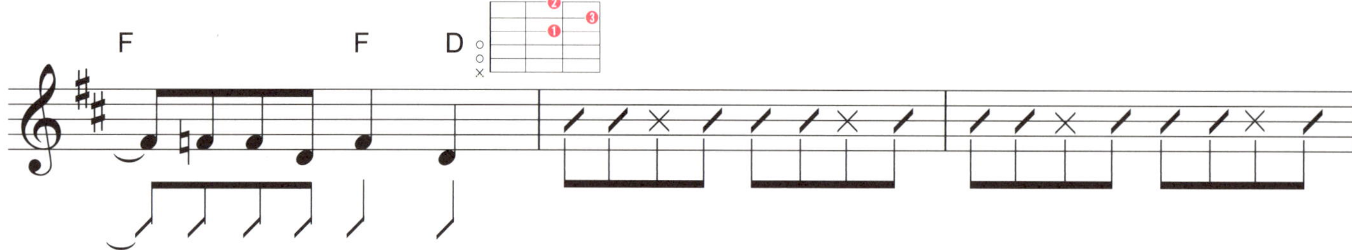

F F D

D
Left a good job — in the ci — ty   Work in' for the man   eve - ry
Cleaneda lot of — plates in Mem — plis   Pumpeda lot of pain   down in

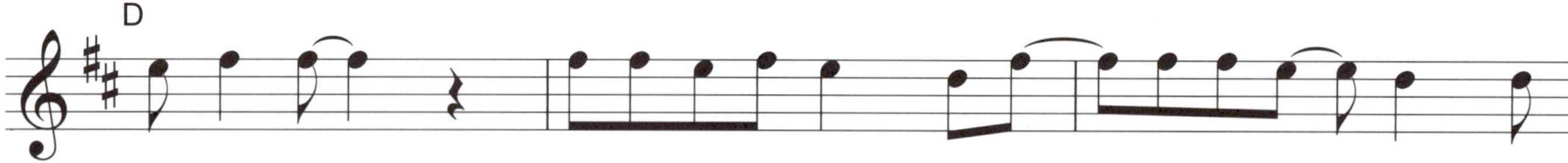

D
night and day —   And I nev - er lost   one min — ute of sleep — in'
New Or leans—   But I nev - er saw   the good — side of the — city Un-

D   % A
worry in bout the way   things   might have been —   Big wheel   keep on   turn
til   I hitcheda ride   on   riv - er bort queen

A   Bm
— in   Proud — mary keep on   burn — in   Roll

D
— in   roll — in   roll — in on the riv — er   —

17
D
Roll — in   roll — in   roll
D
— in on the riv - er   —
C   A
C   A   C   A   G   F   F   F   D
D
If you come down— to the riv — er
D
But you gon-na find   some peo — ple who live —   You don't have to worry   cause
D
— you have no   money   People on the riv-er are hap — py to give —   D.S. al Coda
D
— in   roll — in   roll — in on the riv-er   —   Roll

Chapter 7

바레코드 연습

01 6번 줄 루트의 바레코드

흔히들 하이코드라고 말하는 이 바레코드에서 기타를 배우는 많은 사람들이 좌절을 하지만, 힘이 들더라도 꾸준히 연습하는 것이 바레코드를 정복하는 길입니다. 기타는 반복 연습이 중요합니다. 어려운 부분일수록 반복해서 연습해서 마스터할 수 있도록 합시다. 바레코드를 익히고 나면 연주 할 수 있는 곡들이 더욱 많아집니다.

1) F 코드폼 연습

F코드를 연습하기에 앞서 E코드를 살펴보면

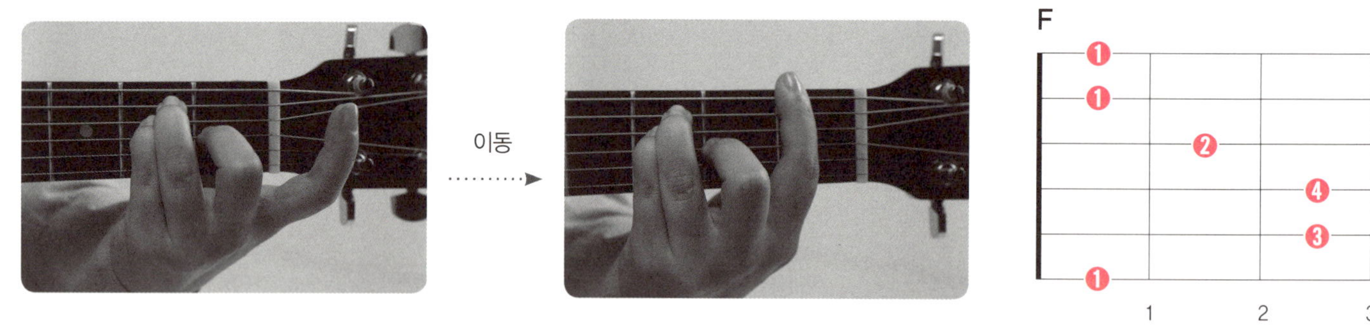

사진에서 보는 것처럼 F코드를 누를 때 1번 손가락이 너트의 역할을 하고 있습니다.
이렇게 1번 손가락이 너트처럼 사용되려면 힘을 조금 길러야겠죠?

사진에서 보는 것처럼 다음 연습을 통해 1번 손가락만 이용해서 여섯 줄을 누르는 연습을 하겠습니다.

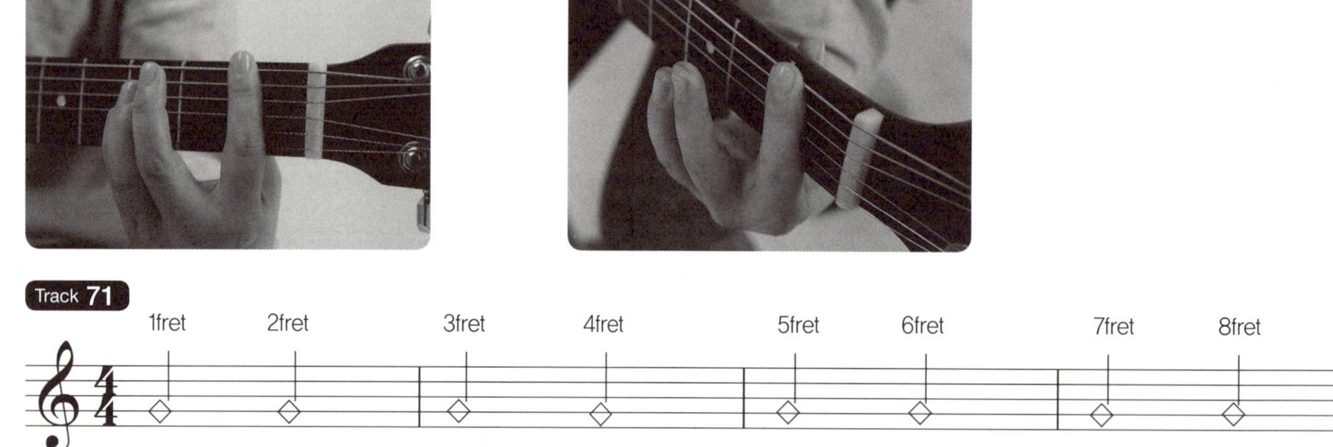

처음에는 그리 쉽지 않을 것입니다. 적잖이 당황한 분들도 계시겠지만 인내심을 가지고 연습해 봅시다.

연습의 팁을 드리자면 1번 손가락의 바닥이 아니라 안쪽 옆 부분으로 줄을 누르시고 손가락 끝과 세 번째 마디부분에 힘을 주면서 지판과 프렛 사이의 작은 틈으로 밀어 넣듯이 사선으로 힘을 주는 것이 포인트입니다.

▲ 손가락 바닥이 아니라 옆 날을 이용하세요.

▲ 지판과 프렛 사이로 밀어 넣듯이 힘을 줍니다.

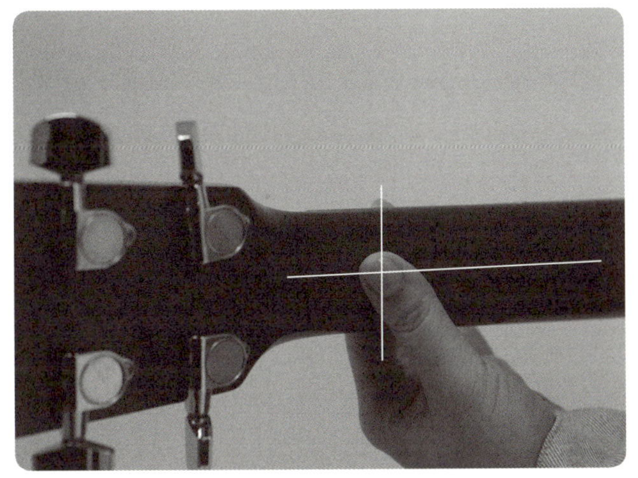

▲ 엄지 손가락의 위치는 기타 네크 뒷면의 가운데 부분에 위치합니다.

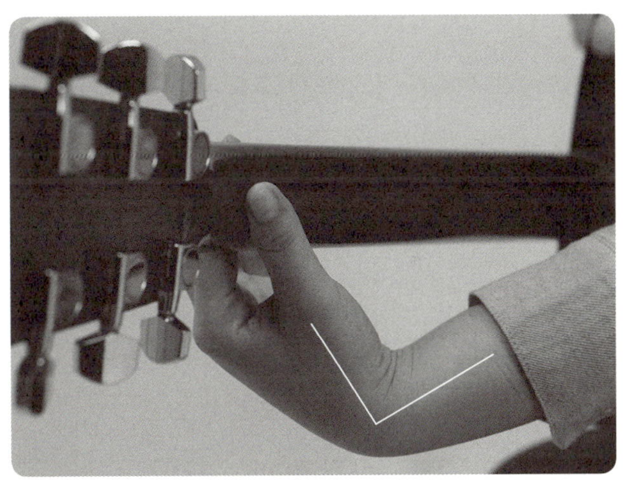

▲ 손목은 'ㄴ' 자가 되도록 구부립니다. 너무 과도하게 꺾지 않도록 합니다.

2) 6번 줄 위의 음계

F폼은 6번 줄 위에 코드를 구성할 때 가장 밑에 위치하는 근음이 있습니다. (밑음, 또는 루트 : Root라고도 합니다.)
이 근음에 의해서 코드의 이름이 정해집니다. 우리가 배운 C, D, E, G코드들 역시 근음에 의해서 이름이 정해진 것입니다.
바로, 1번 손가락으로 누르게 되는 음이 바로 루트, 그 코드의 이름을 결정하게 되는 것입니다.
F폼이 이동함에 따라 코드 폼은 같지만 누르는 포지션을 옮기는 것만으로 여러 가지 코드를 연주할 수 있습니다.
음계를 부를 때 도, 레, 미, 파, 솔, 라, 시, 도 라고 부르는 이것은 이탈리아어입니다. 알파벳으로는
C, D, E, F, G, A, B, C라고 부르며 이탈리아식 음계와 함께 사용합니다.
다시 정리하면,

도	레	미	파	솔	라	시	도
C	D	E	F	G	A	B	C

두 가지 음계 부르는 법을 각각 대입해서 생각하도록 잘 외워 주세요.
기타 지판에서의 6번 줄의 음계를 살펴봅시다.

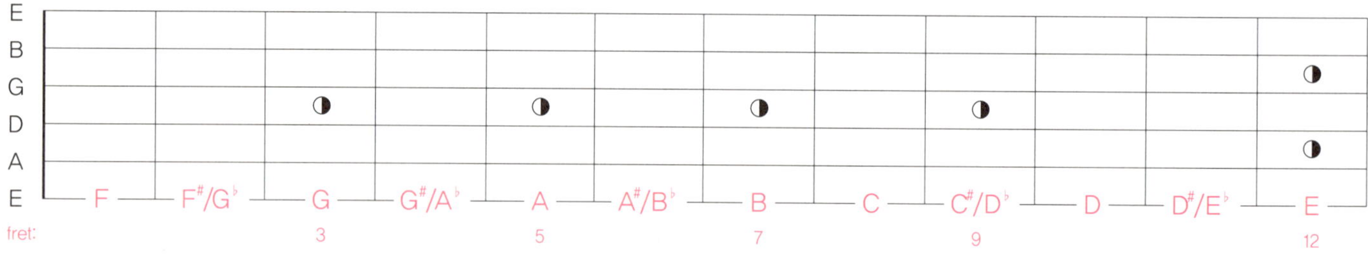

6번 줄 개방현의 음은 미(E)입니다. 기타 프렛 한 칸은 반음이므로 반음 올라가면 파 샾(F#), 반음 더 올라가면 솔(G), 솔 샾 (G#)이라고 읽습니다. 반대로 12프렛 미(E)에서 반음씩 내려갈 땐 미 플렛(E♭), 레(D), 레 플렛(D♭)... 처럼 플렛을 붙여 읽습니다.
각 프렛을 눌러보면서 계이름을 불러보세요.

F폼은 1프렛에서 연습하기에는 프렛 간격이 넓어 어려울 수 있습니다. 조금 더 편하게 줄을 누를 수 있는 5프렛에서 소리를 내 봅시다. 코드 이름은 A코드입니다.

소리가 잘 난다면 반음 위로도 소리를 내 보고, 아래쪽으로 내려오면서 F코드까지 소리를 내 봅니다.
각 프렛을 이동하면서 코드 이름을 소리 내서 불러봅니다.

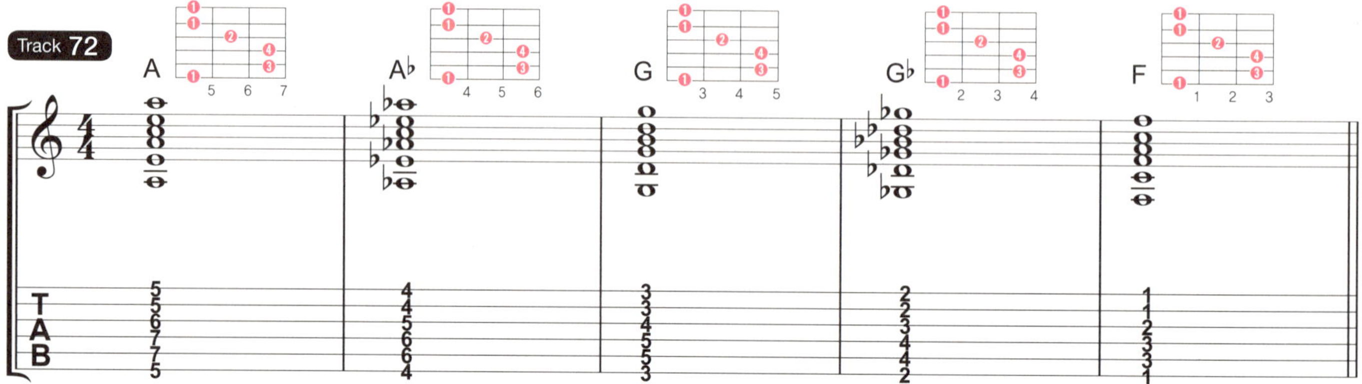

3) F 코드폼을 이동하는 연습 예제

이동할 때 소리가 끊기지 않도록 주의해 주세요.
코드폼이 다음 포지션으로 이동할 때 손을 떼지 말고 줄 위에서 슬라이드 하는 것이 포인트입니다.

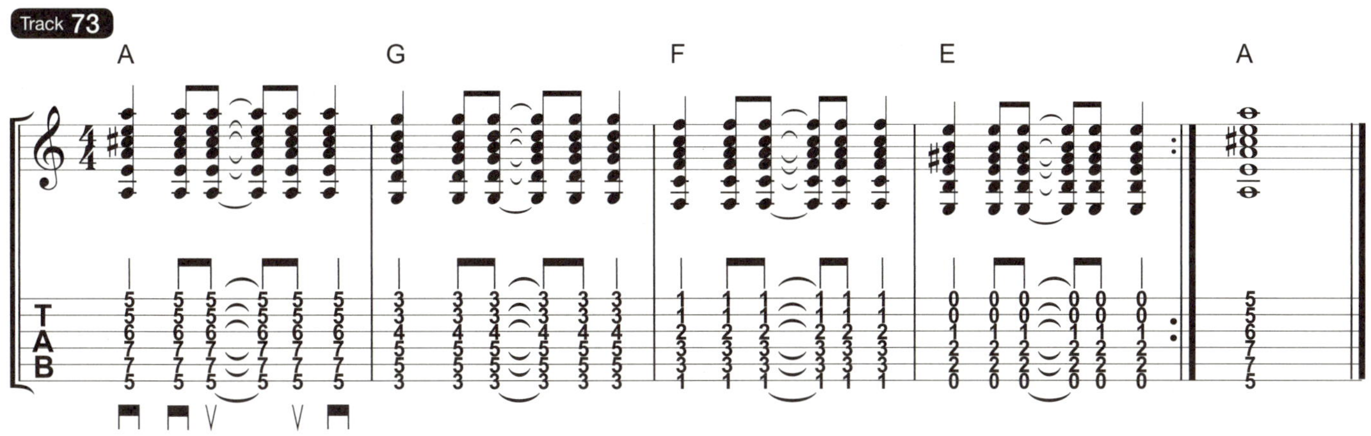

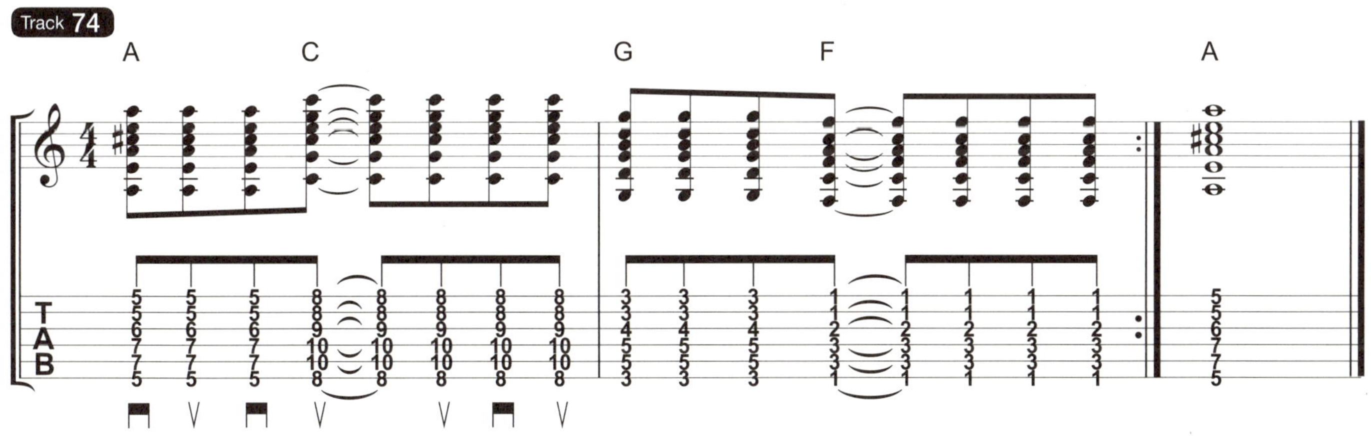

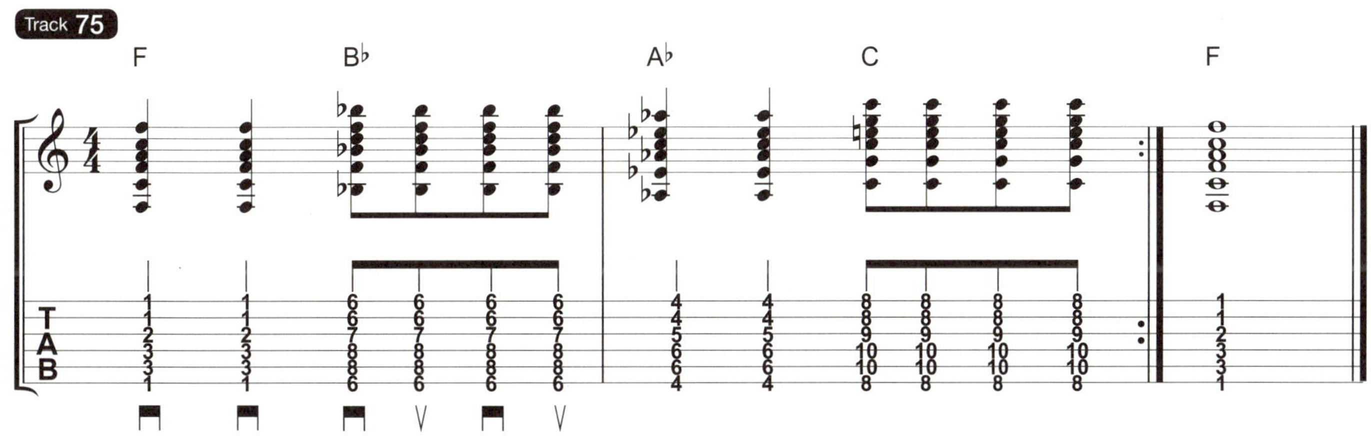

4) Fm 코드폼 연습

그 다음은 마이너 바레코드입니다.

6번 줄 루트의 마이너 폼은 F폼(메이저 폼)에서 사용했던 2번 손가락(가운데 손가락)을 떼어 줍니다.

이 때 2번 손가락을 1번 손가락 쪽으로 가볍게 포개주는 것이 좋습니다. 사용하지 않는 2번 손가락이 들뜨게 되면
바레코드를 누르는 데 있어 필요한 힘을 빼앗기게 됩니다.

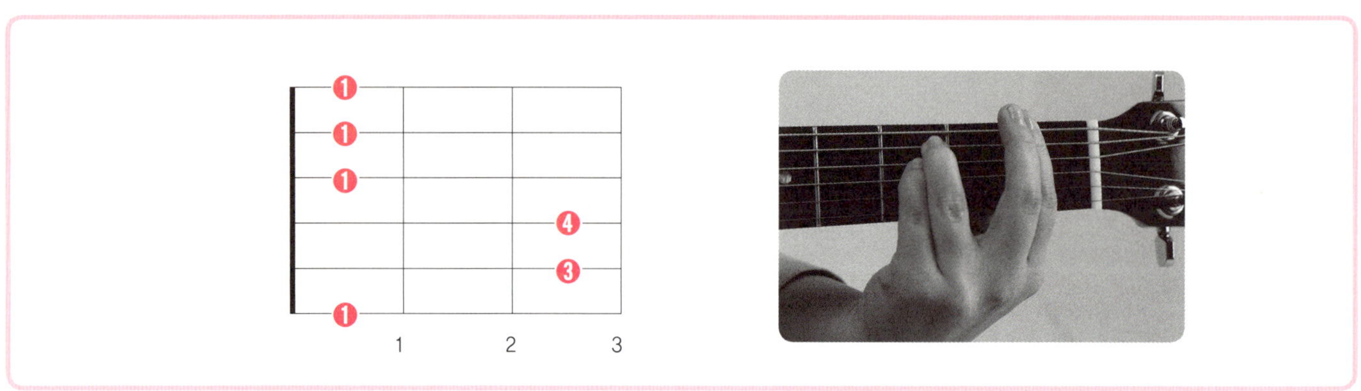

F폼을 연습할 때와 같은 요령으로 반음씩 옮겨보며 연습해 보세요.

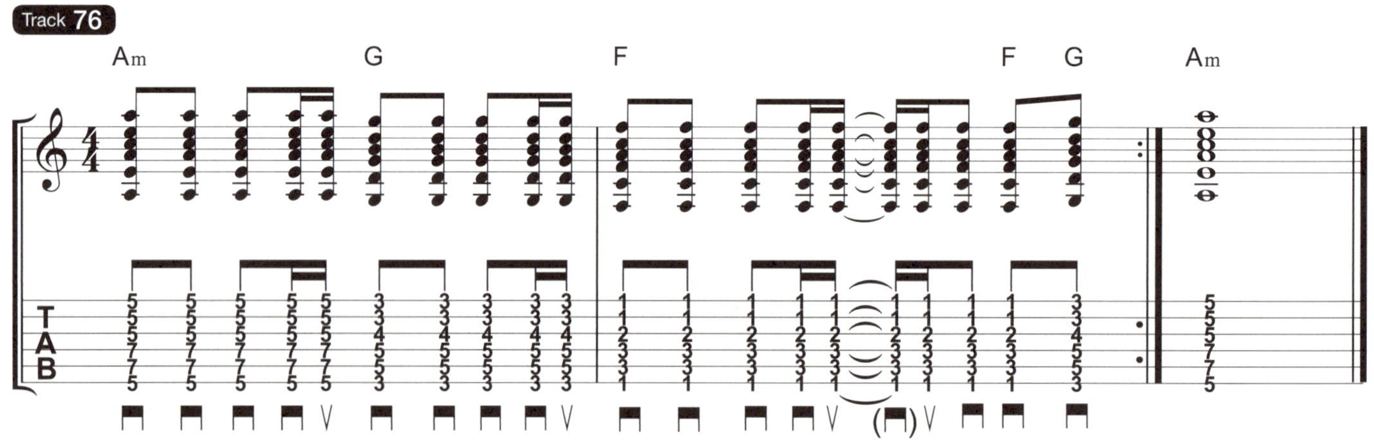

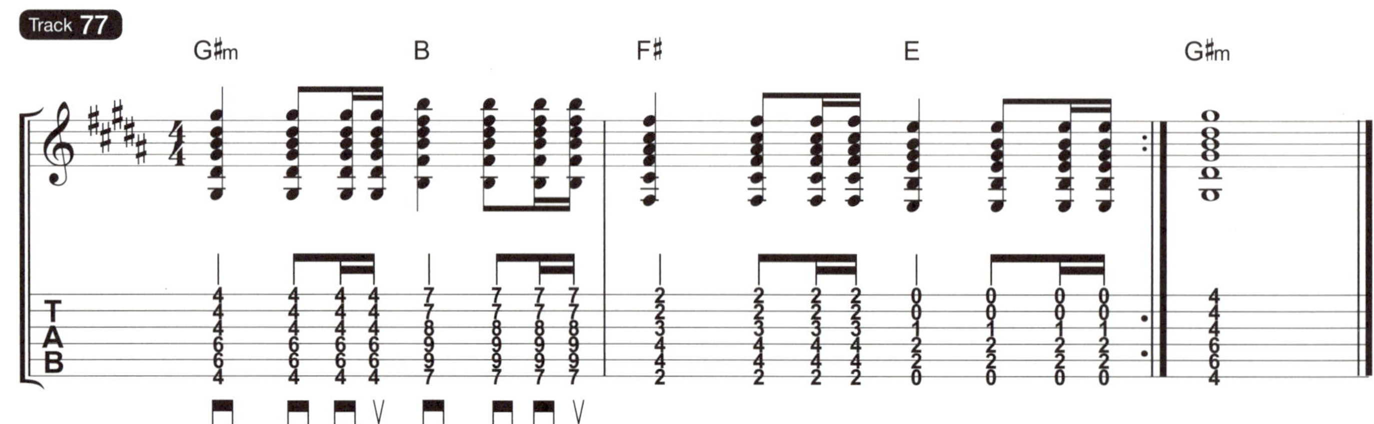

02

5번 줄 루트의 바레코드

1) B♭ 코드폼 연습

B♭ 코드폼은 A코드에서 이동한 것입니다.

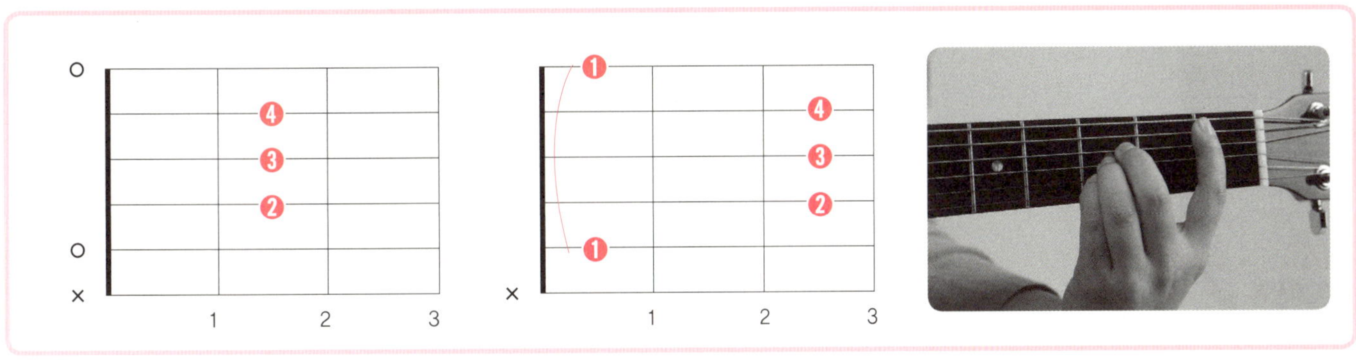

2) 5번 줄 위의 음계

B♭ 코드폼은 5번 줄에 근음이 있습니다. 먼저 5번 줄의 음계를 익혀보세요.

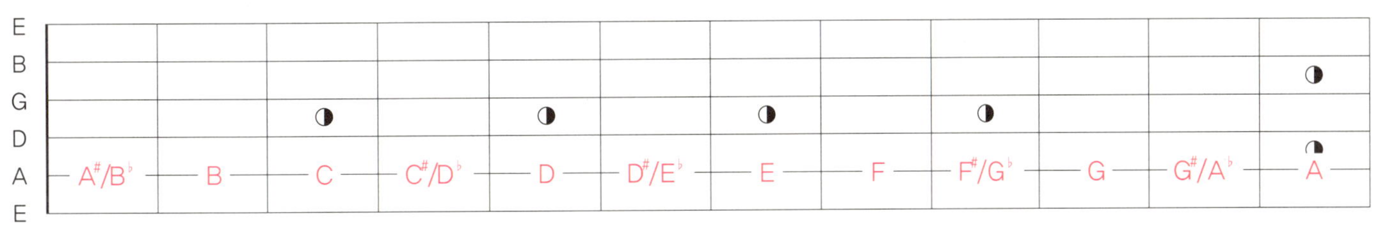

B♭ 코드폼을 누를 때 여섯 줄을 모두 눌러도 좋지만 1번 손가락 끝을 6번 줄에 닿게 해서 불필요한 6번 줄을 뮤트하는 경우도 많이 있습니다.

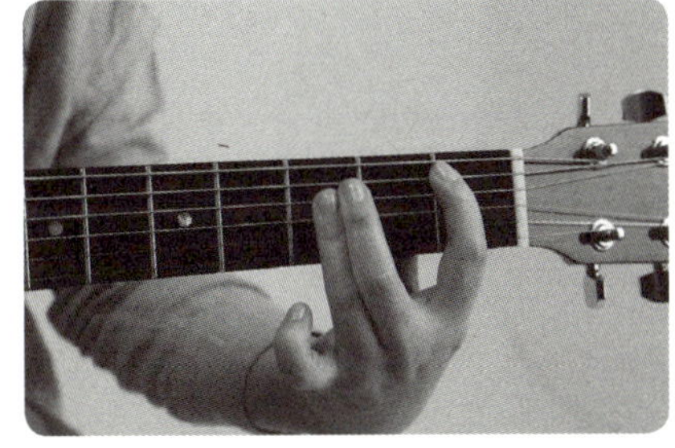

3번 손가락을 바레로 하여 잡는 방법도 있습니다.

3) B♭ 코드폼을 이용한 연습 예제

F폼을 연습할 때와 같이 코드폼이 다음 포지션으로 이동할 때 손을 떼지 말고 줄 위에서 슬라이드하는 것이 포인트입니다.

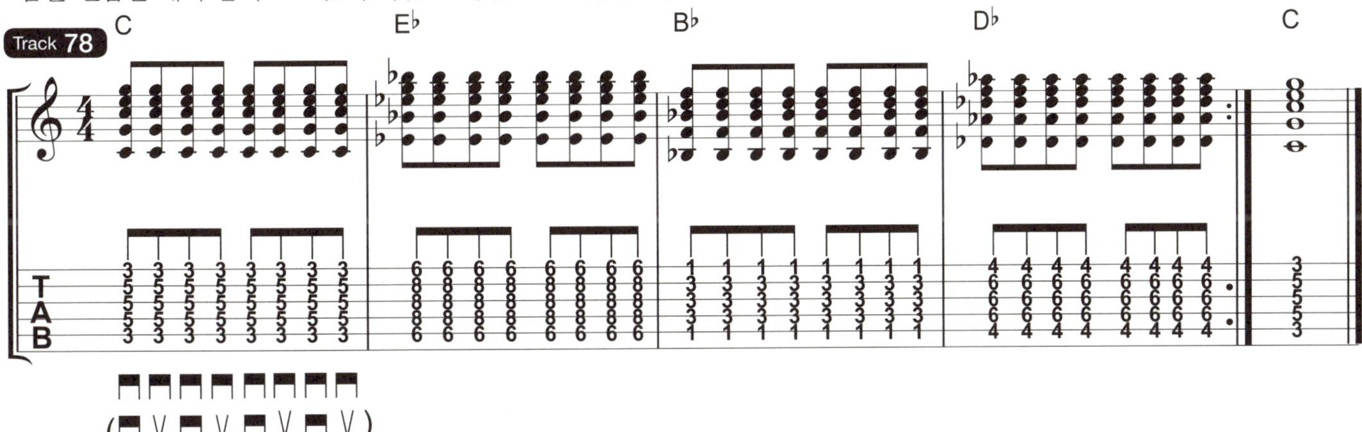

4) B♭m 코드폼 연습

B♭m 코드폼은 Am 코드폼에서 이동한 것입니다.

Bm 코드가 나왔던 이전 연습곡들에서 바레 폼을 익혀 두셨다면 어렵지 않게 익힐 수 있을 것입니다.

Fm폼을 연습할 때와 같이 반음씩 움직여 보면서 코드이름을 불러 보세요.

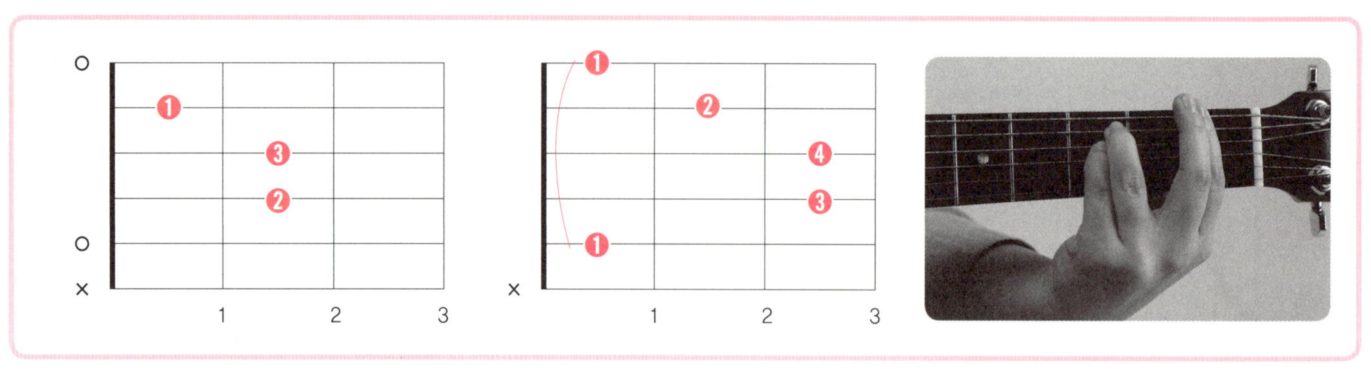

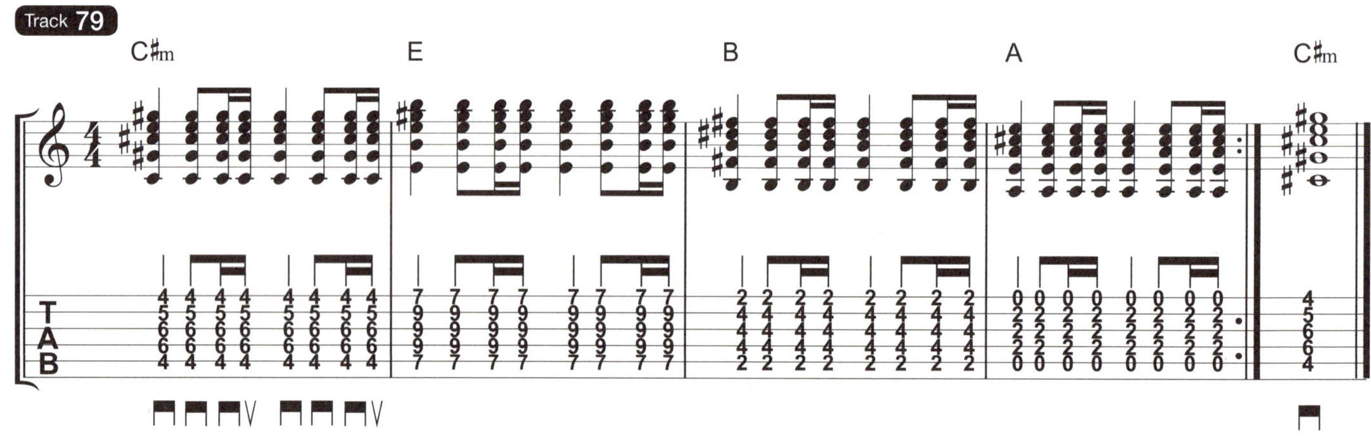

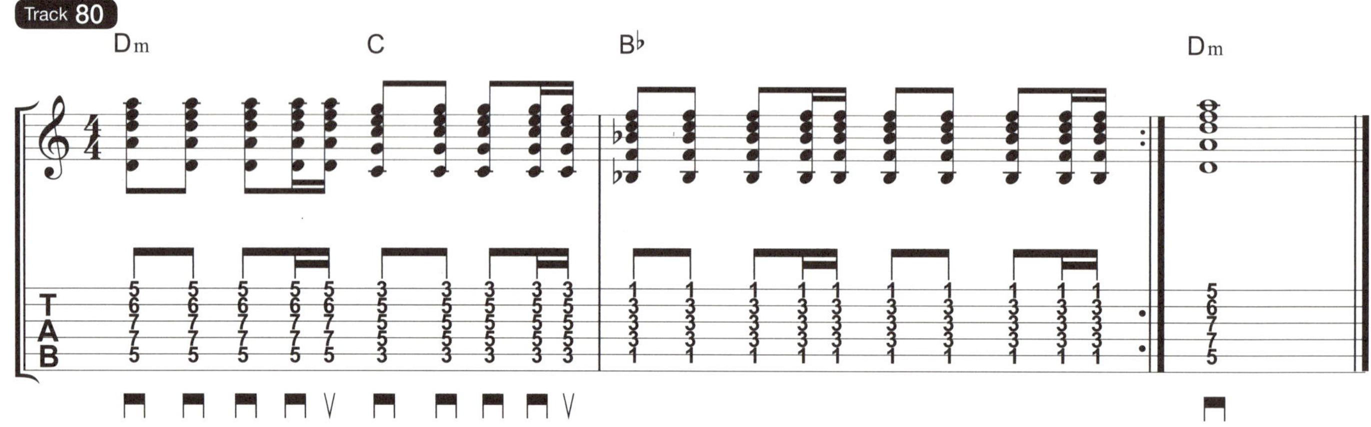

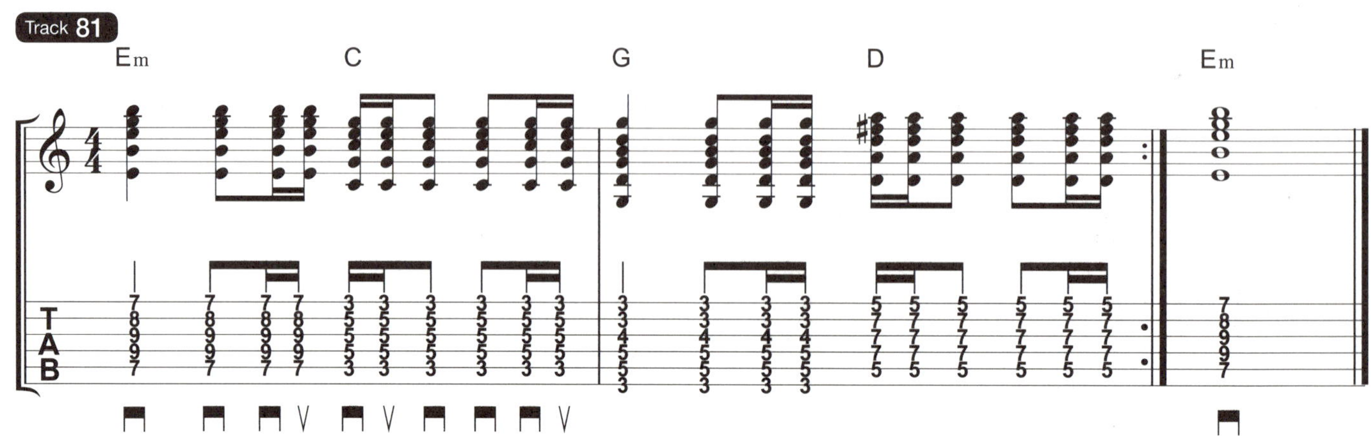

03 다른 바레코드폼 정리

기본적인 바레코드의 형태를 알고 있다면 누르는 포지션을 옮기는 것만으로 여러 가지 코드를 연주할 수 있다는 것을 연습을 통해 알게 되셨을 것입니다.
지금까지 배운 5번 줄, 6번 줄 루트의 바레코드의 형태를 토대로 변형된 새로운 코드들을 익혀 보겠습니다.
조금만 눈썰미를 발휘해 주신다면 이 코드들의 모양을 쉽게 익힐 수 있을 것입니다.

이미 배웠던 바레코드들과 함께 코드 모양을 비교해보며 정리해 보겠습니다.
이 외에도 많은 코드 폼이 있지만, 우선은 여섯 개의 코드 폼으로 정리해 보겠습니다.
우선은 5프렛에서 연습해 보세요

1) 6번 줄 루트 타입

이것은 F코드를 기초로 한 타입으로 5가지 종류가 있습니다. 포지션은 우선 5프렛으로 연습해봅시다.

• 메이저 코드

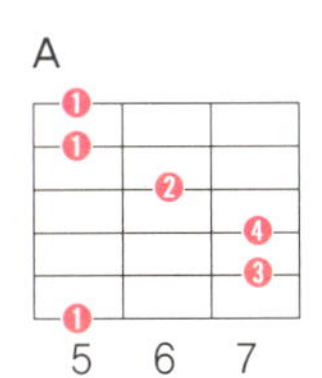

• 세븐 코드

• 마이너 코드
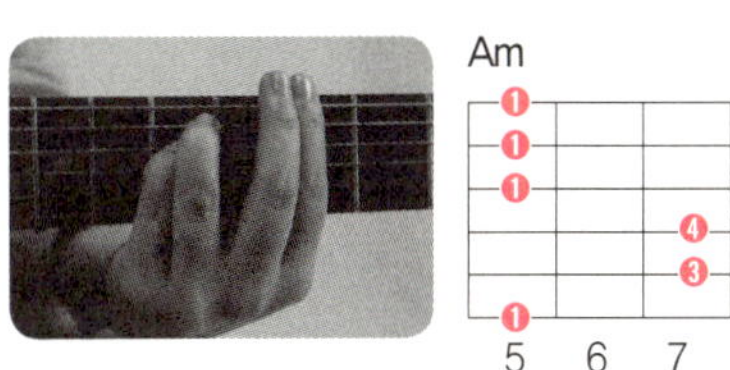

• 마이너 세븐 코드
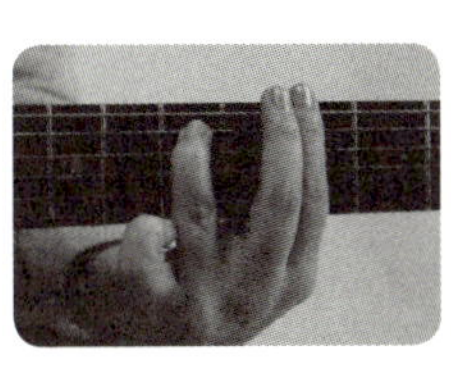
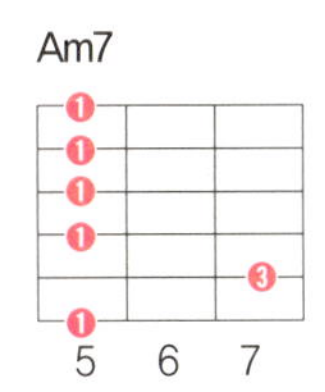

• 세븐 서스포 코드

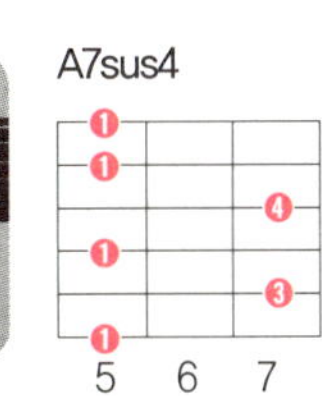

• 메이저 세븐 코드

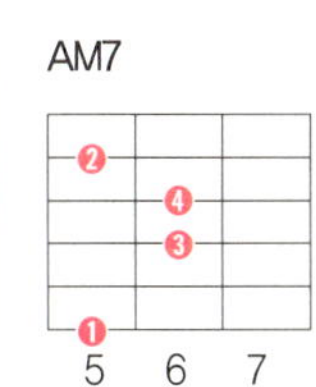

2) 5번 줄 루트 타입

B♭코드를 기초로 한 타입으로 5가지 종류가 있습니다. 마찬가지로 포지션은 5프렛으로 연습해 봅시다.

• 메이저 코드
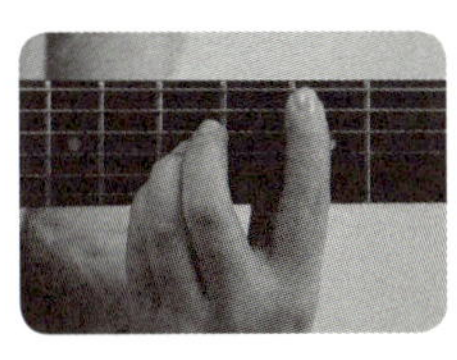
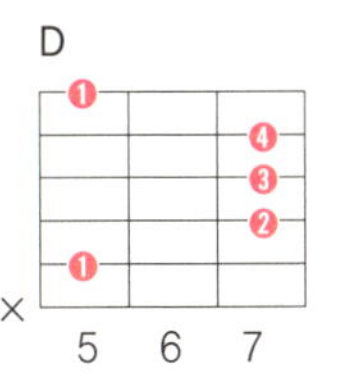

• 세븐 코드

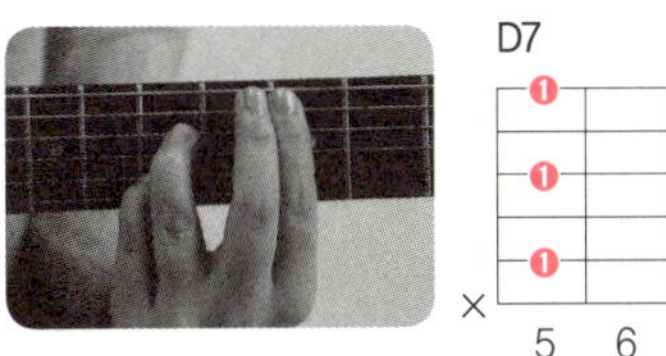

• 마이너 코드
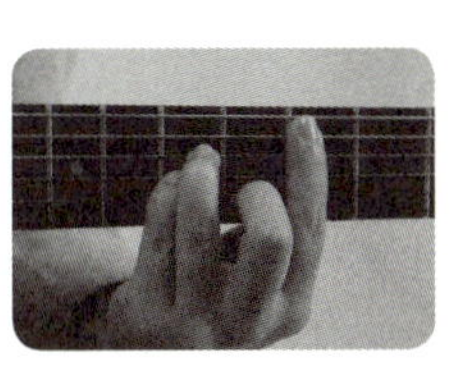
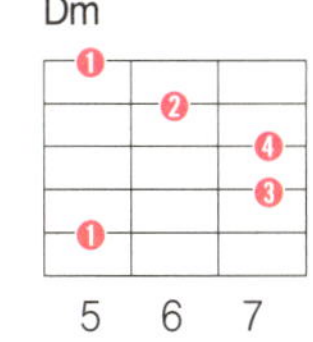

• 마이너 세븐 코드
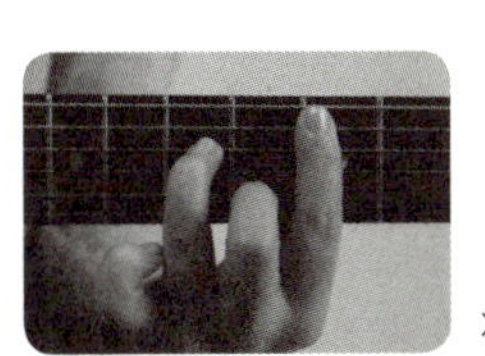
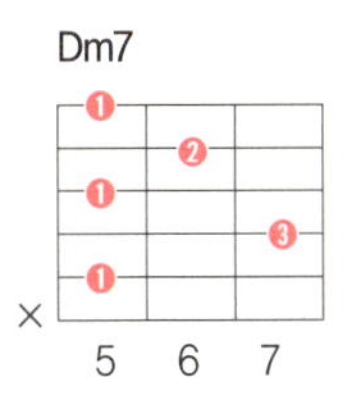

• 세븐 서스포 코드
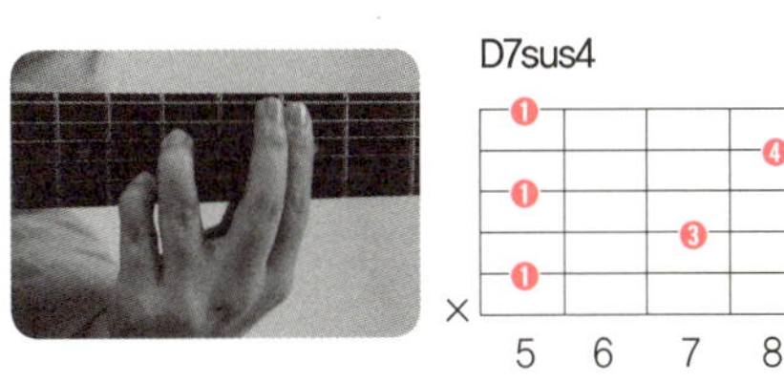

• 메이저 세븐 코드

High And Dry

RadioHead 작사
RadioHead 작곡
RadioHead 노래

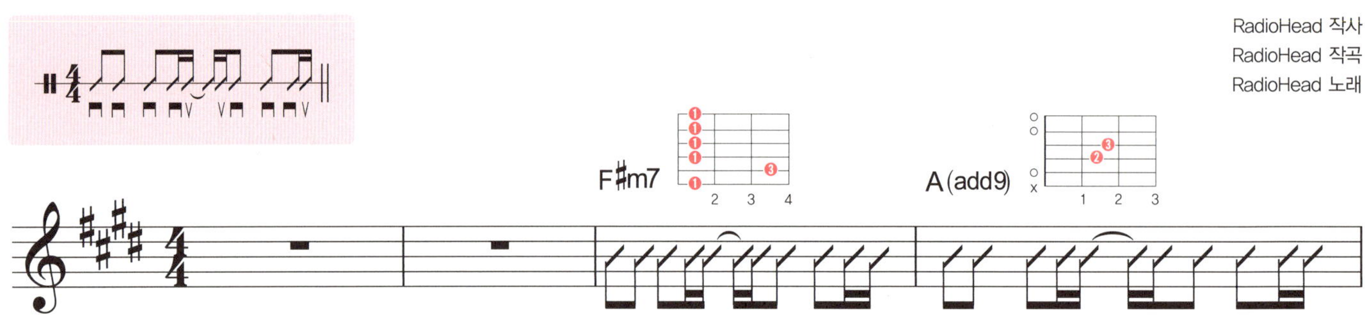

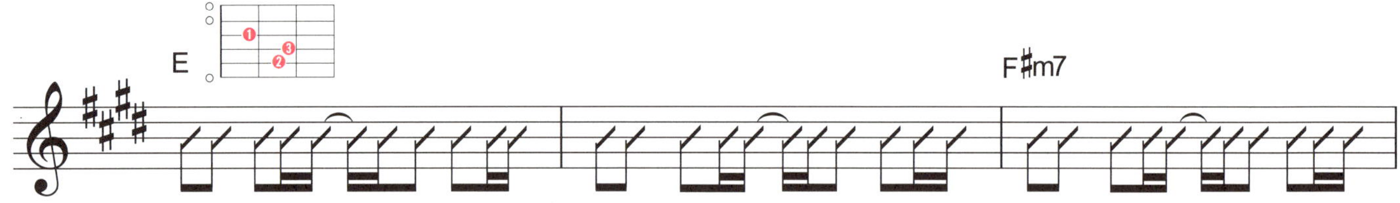

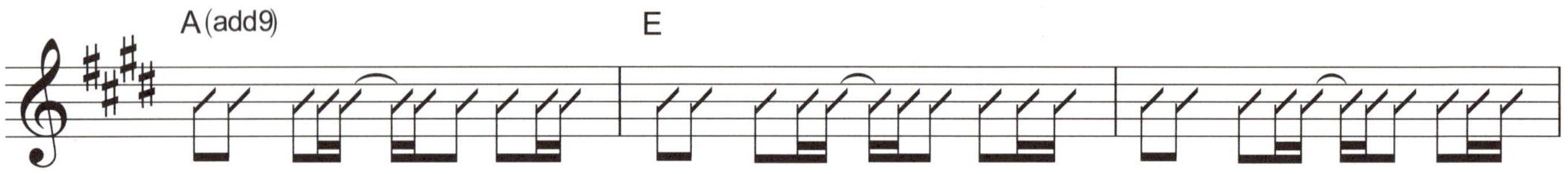

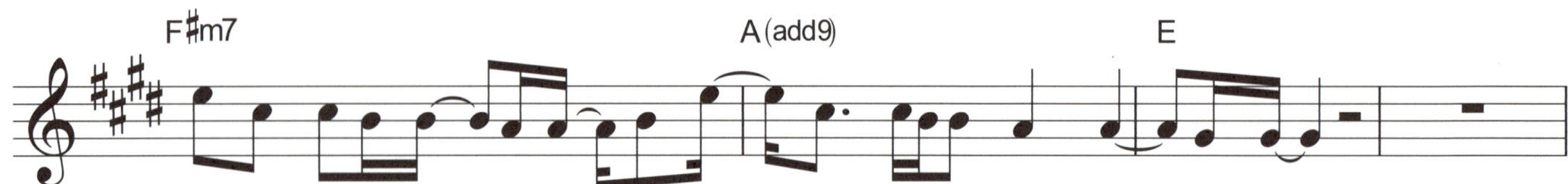

* Aadd9 : A애드나인 이라고 읽습니다

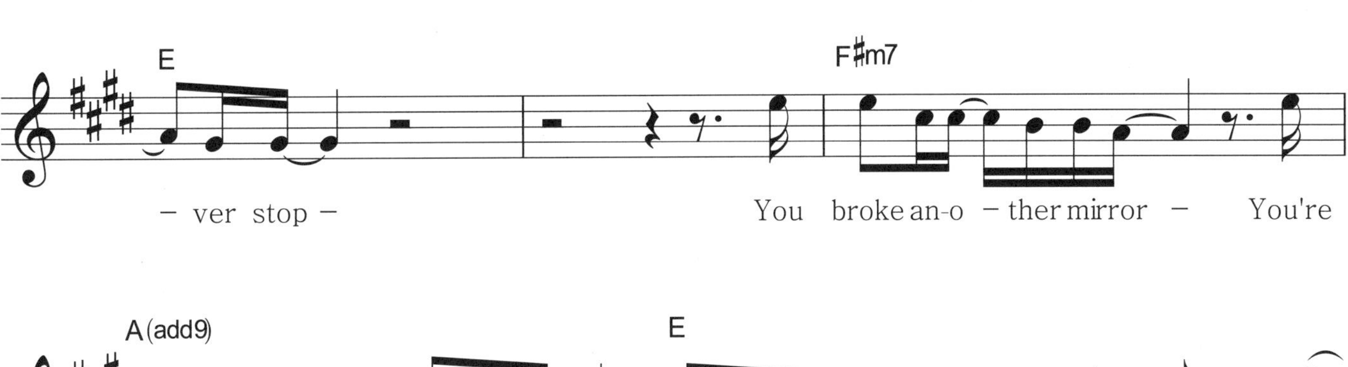

E
F#m7
– ver stop –
You broke an-o – ther mirror – You're

A(add9)
E
turning in to some – thing you – – are not –
Don't leave me high

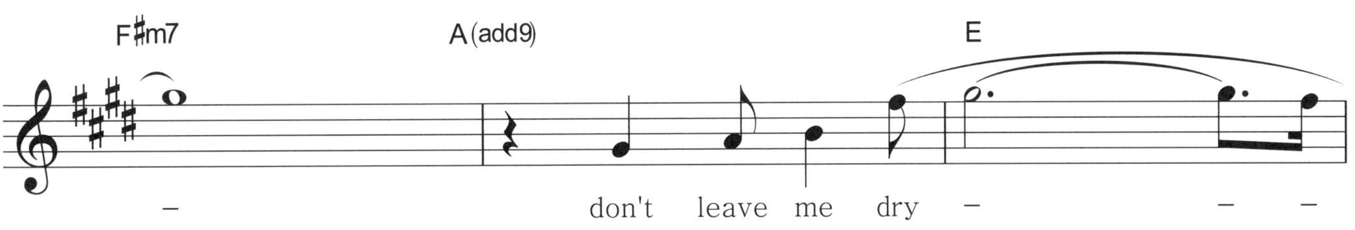

F#m7
A(add9)
E
–
don't leave me dry – – –

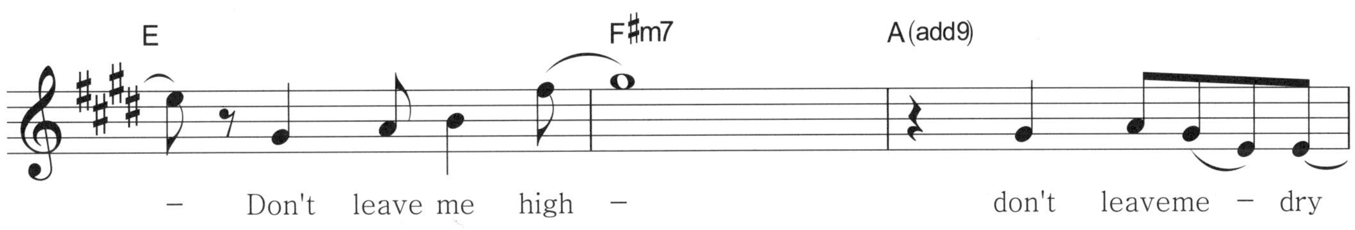

E
F#m7
A(add9)
– Don't leave me high –
don't leaveme – dry

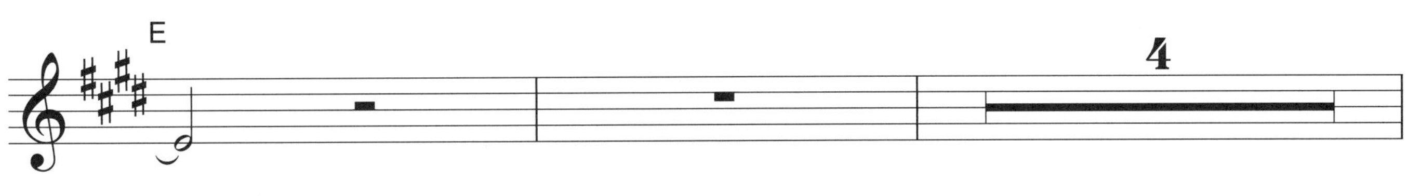

E
4
–

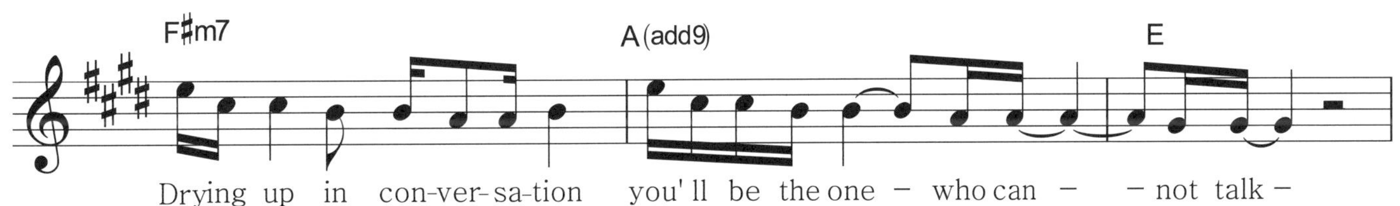

F#m7
A(add9)
E
Drying up in con-ver-sa-tion you'll be the one – who can – – not talk –

E   F#m7   A(add9)
All your in-sides fall to pie-ces You just sit there wishing you could still

E   F#m7
- make love -   They're the ones - who'll hate - she when you think

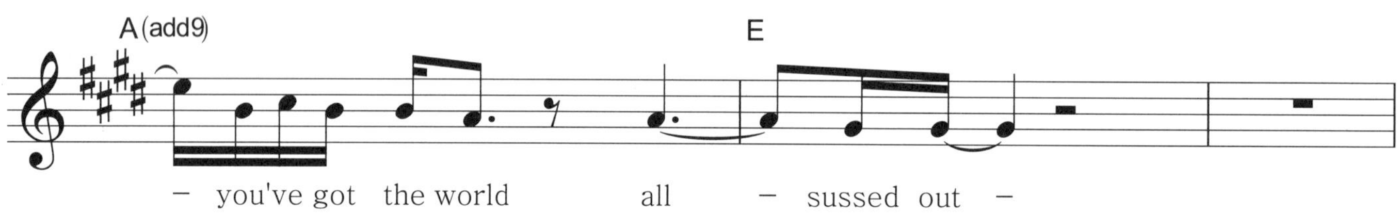

A(add9)   E
- you've got the world   all   - sussed out -

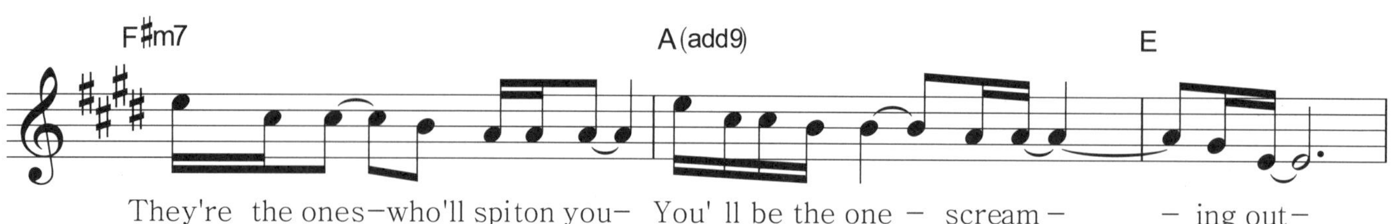

F#m7   A(add9)   E
They're the ones - who'll spiton you - You'll be the one - scream -   - ing out -

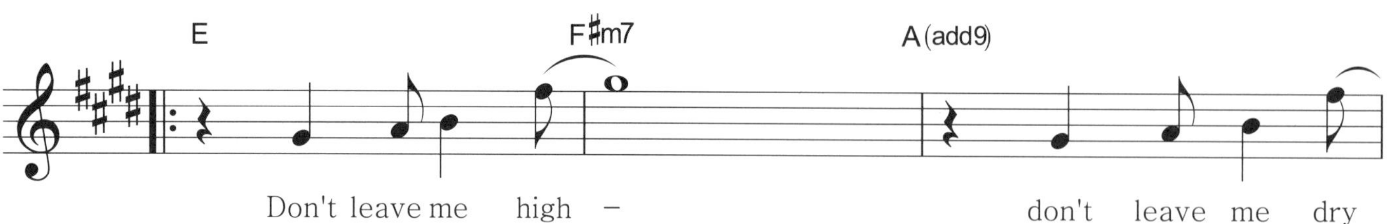

E   F#m7   A(add9)
Don't leave me high -   don't leave me dry

E   F#m7
-    - - - Don't leave me high -

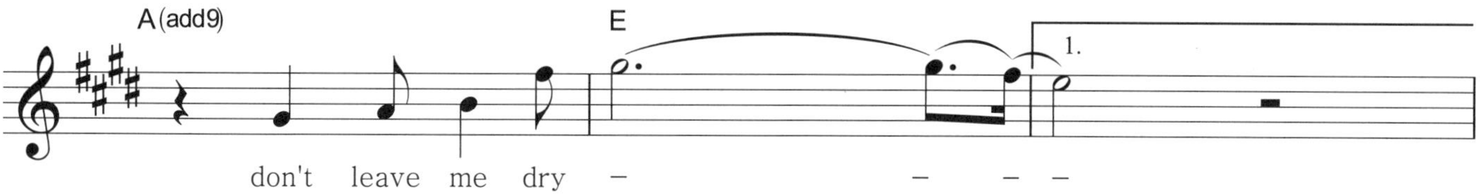

A(add9)
E
1.
don't leave me dry — — — —

E
F#m7
Oh — It's the best — thing that you ev — er had best

A(add9)
E
— thing that you ev-er e — ver had — It's the best

F#m7
A(add9)
E
— thing that you e — ver had— the best thing you have had — has gone — — away —

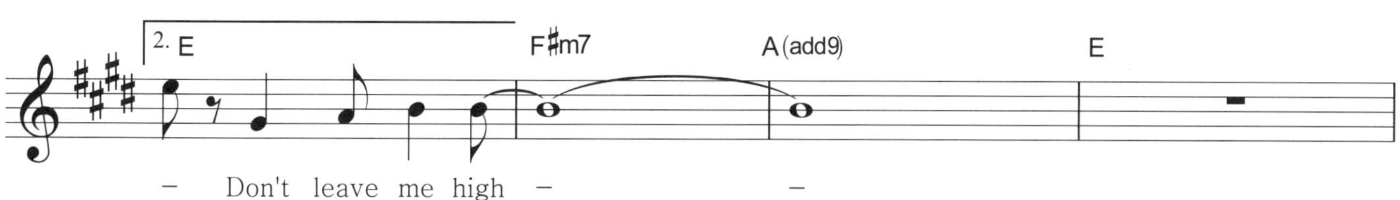

2. E
F#m7
A(add9)
E
— Don't leave me high — —

E
F#m7
A(add9)
E
Don't leave me high — don't leave me — dry —

다행이다

Track 84 all part
Track 85 반주트랙
이적 작사
이적 작곡
이적 노래

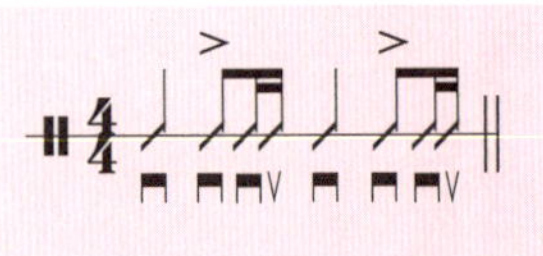

D
그 대 를 만 나 고 – 그 대 의 머릿결 – 을 만 질수– 가

G Em
있 어 서 – – 그 대 를 만 나 고 – 그 대 와

A D
마 주 보 – 며숨– 을쉴– 수 있 어 서 – – 그 대 를

G F#m
만 나 고 – – 힘 이 들 면눈 – 물흘 – 릴수 – 가 있 어 서 – 다 행 – 이 다

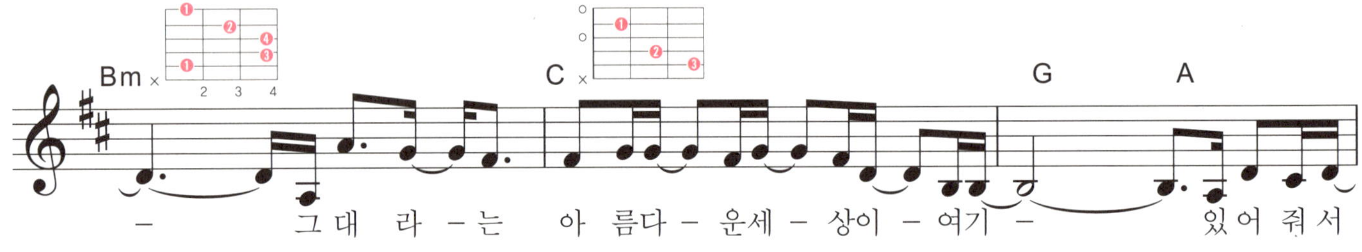

Bm C G A
– 그 대 라 – 는 아 름 다 – 운세 – 상이 – 여기 – 있 어 줘 서

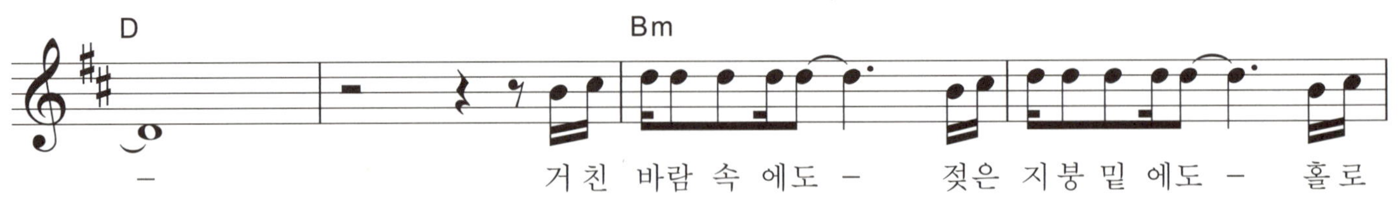

D Bm
– 거 친 바 람 속 에도 – 젖 은 지 붕 밑 에도 – 홀로

G D Bm
내 팽개 – 쳐져 – 있진 않 다는게 – – 지 친 하 루 살 이와 – 고 된

Bm   G   D   F#m
살아 남 기가 - - 행여 무 의미 - 한일 - 이아 니 라는게 - 언 제 - 나

Bm   F#m   G   D   C
나 의곁 - 을 지 켜주 - 던 그대라 - 는 놀라운 - 사 랑 때문 - - - 이 라는

A   D
걸   그 대 를 만나고 -   그대와 나눠먹 - 을 밥 을 지을 - 수

G   Em
있 어서 -   -   그대를 만나고 -   그 대 의

A   D
저린손 - 을 잡 아줄 - 수 있어 서 -   -   그 대 를

G   F#m
안고 서 -   되지 않 는위 - 로라 - 도할 - 수 있어서 - 다 행 - 이다

Bm   C   G A   D
- 그대라 - 는 아 름다 - 운세 상이 - 여기 -   있 어 줘서 -

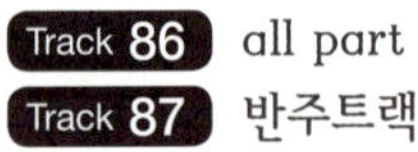

마법의 성

김광진 작사
김광진 작곡
The Classic 노래

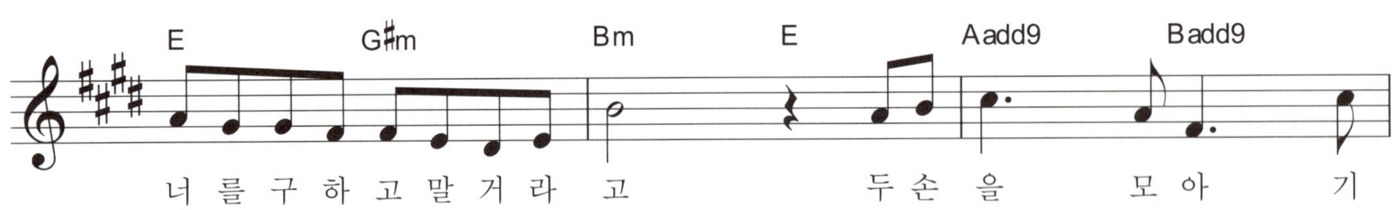

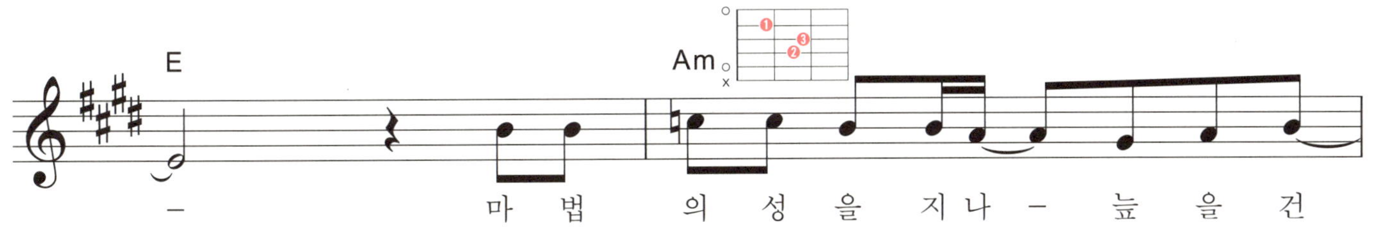

E
Am
마 법 의 성 을 지 나 - 늪 을 건

E
C#m
F#m
Badd9
- 너 - 어둠의 동굴속멀리그 대가 보 여 이제

Am
E
C#m
나 의 손 을 잡 아보-아 -요- 우 리 의 몸 이 떠 오르는 - 것

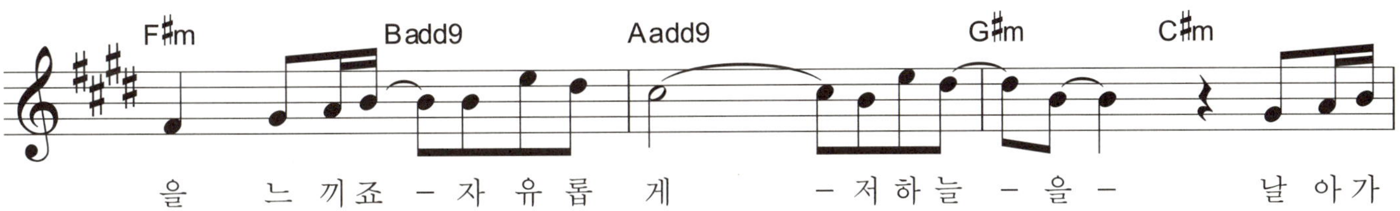

F#m
Badd9
Aadd9
G#m
C#m
을 느 끼죠 -자 유롭 게 -저하늘 -을 - 날 아 가

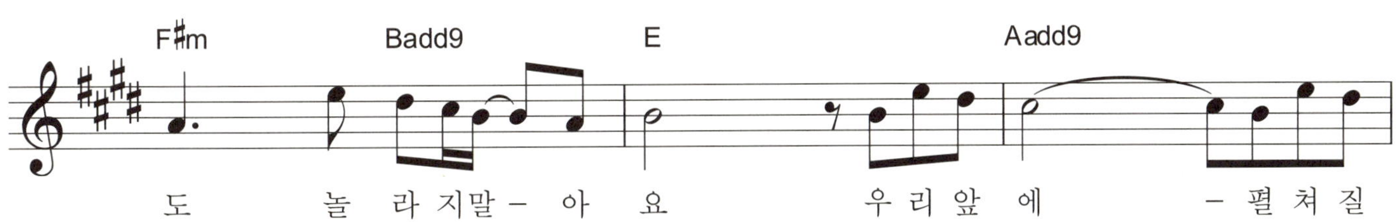

F#m
Badd9
E
Aadd9
도 놀 라지말-아 요 우 리앞 에 -펼 쳐질

G#m
C#m
F#m
Badd9
E
세 상 이 너 무 나 소 중해-함 께 라 면

하늘을 달리다

이적 작사
이적 작곡
이적 노래

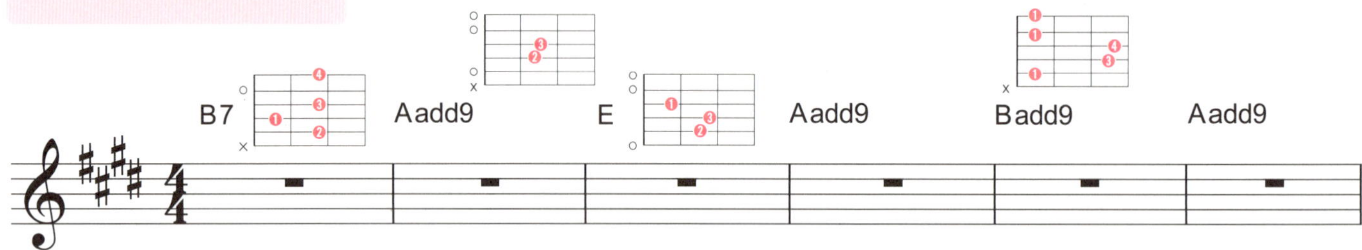

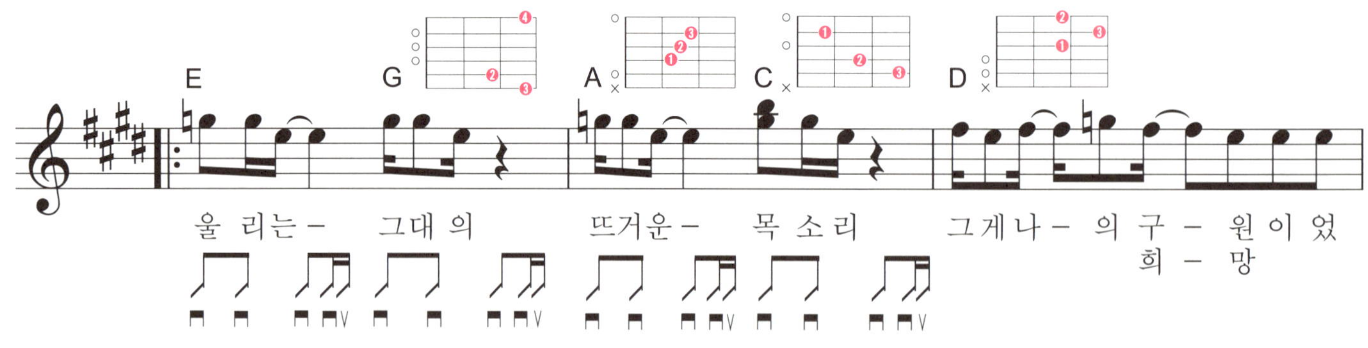

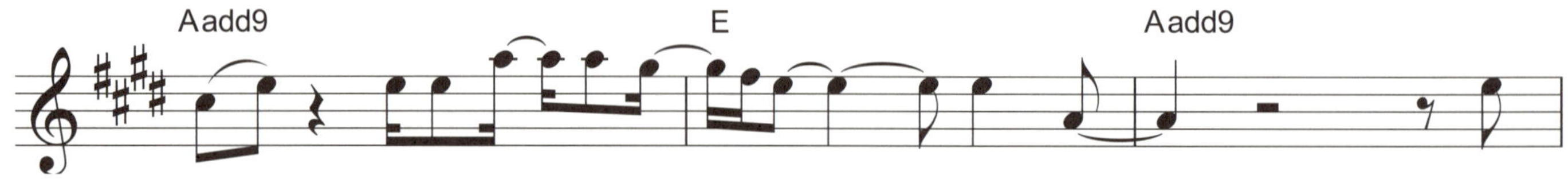

Badd9
E
C#m7
그대 에-게안-길수만 있으면- 내 몸 - 부서진-대도
F#7
Bsus4
B
Aadd9
Badd9
- - 좋 아 - - - - 설혹 너-무 태-양 가 까
E
Aadd9
Badd9
이 - - 날 아 - - - 두 다 리 모두녹-아내-린 다 고
E
C#m7
F#7
Bsus4 B
해 도- 내-맘- 그 대 마-음 속-- 으 로 -
Aadd9
Badd9
1. E
Aadd9
E
Aadd9
영원 토-록달-려갈 거야 -
E
Aadd9
E
Aadd9
내 가미-웠지- 난결국 이것밖-에안-돼보였고 -

E
Aadd9
Dadd9
Aadd9
오 랜꿈 - 들이 - - - 공허한 아린날 - 의착 - 각 같 았 지 - -

E
Aadd9
E
Aadd9
울 먹임을참 -고 남몰래 네이름 -을속 -삭 였을 때 귓가에

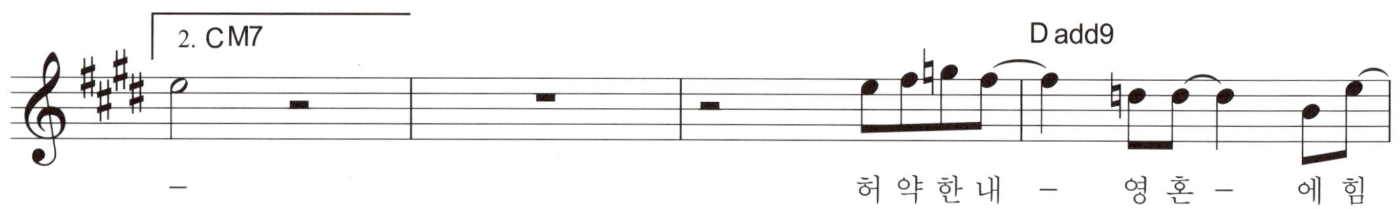

2. CM7
Dadd9
-
허 약한내 - 영혼 - 에힘

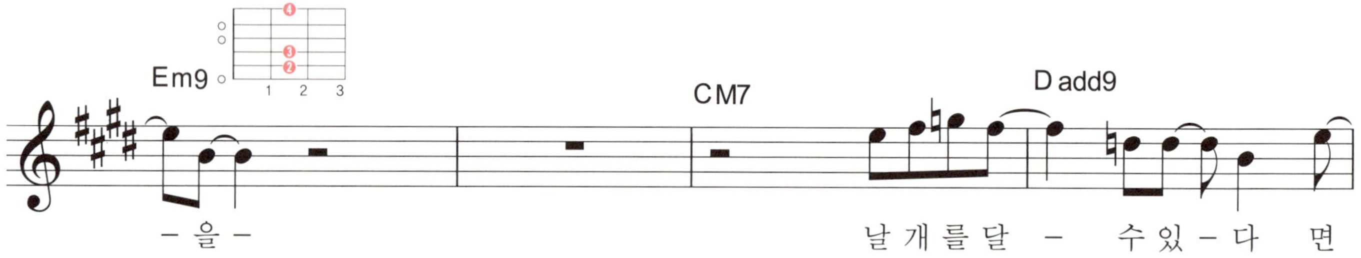

Em9
CM7
Dadd9
-을 -
날 개를달 - 수있 -다 면

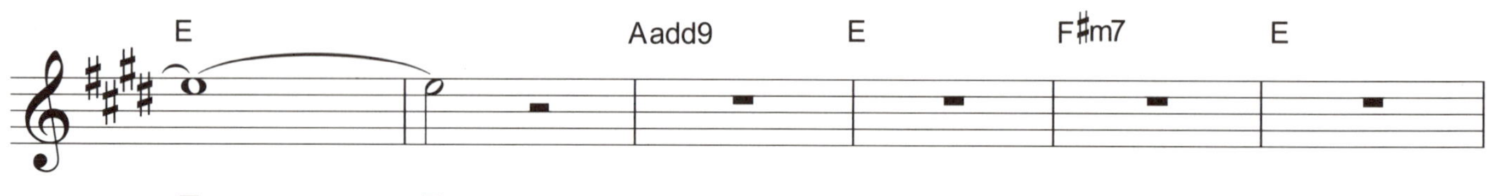

E
Aadd9
E
F#m7
E
- -

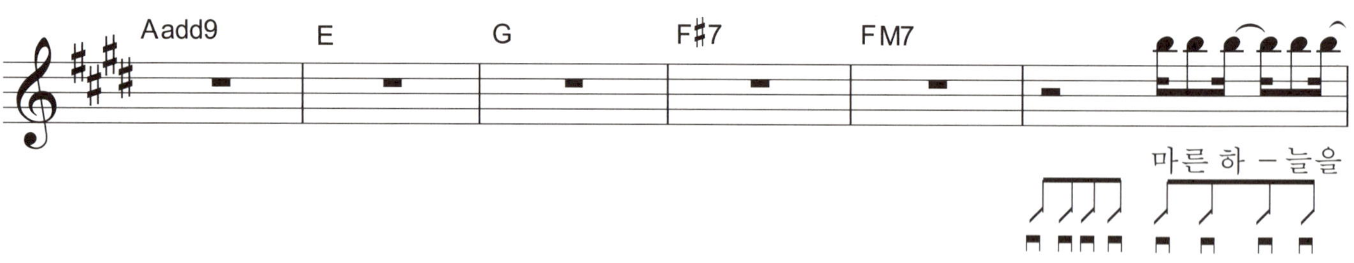

Aadd9
E
G
F#7
FM7
마른하 -늘을

E
Aadd9
Badd9
E
- -달 려 - 나 그 대에 -게안 -길 수 만 있 으 -면 -내 몸

C#m7   F#7   Bsus4 B   Aadd9   Badd9
- 부 서 진 -대 도 - - 좋 아 - - - - 설 혹 너 -무 태 - 양 가 까
E   Aadd9   Badd9   E
이 - - 날 아 - - - 두 다 리 모 두 녹 -아 내 -린 다 고 해 도- 내 -맘

C#m7   F#7   Bsus4 B Aadd9   Badd9   E
- 그 대 마 -음 속 - - 으 로 - 영 원 토 -록 달 -려 갈 거 야 -

A   Badd9   E   C#m7   F#7
나 나 나 - 나 뚜 -루 뚜 루 나 -우 베 베 - 후 우 나-
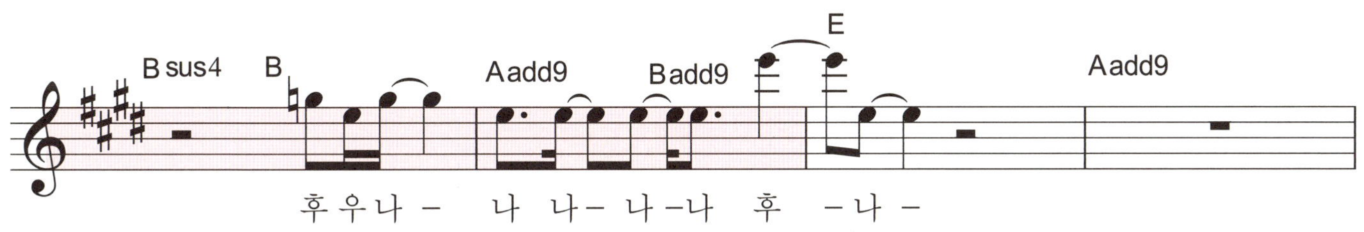
Bsus4 B   Aadd9   Badd9   E   Aadd9
후 우 나 - 나 나 - 나 -나 후 - 나 -

Badd9   E   C#m7   F#7
뚜 르 뚜 - -나 - 우 - 뚜 르 뚜 - -나 - 후 -나 - 나 나
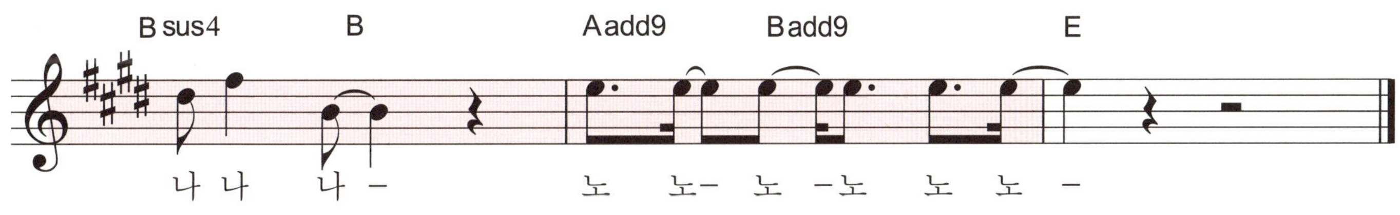
Bsus4   B   Aadd9   Badd9   E
나 나 나 - 노 노 -노 -노 노 노 -

Chapter 8

블루스 진행
&
리듬 트레이닝

01 셔플, 바운스의 이해와 리듬 트레이닝

셔플과 바운스 모두 통통 튀는 리듬을 뜻합니다. '셔플'이란 미국 남부의 흑인들 사이에서 만들어진 독특한 댄스 리듬을
말합니다. 1920년대에 재즈 리듬 중의 하나로 유행하였으며, 간단히 셔플이라고 부를 때도 많습니다. 첫 박이 길어져
통통 튕기는 듯한 리듬이 인상적입니다. '바운스'라는 말 또한 '튀다', '튕기다', 라는 뜻이며. 음정을 가볍게 톡톡 튀듯이 연주
하는 것을 가리킵니다. 일반적으로는 8분음표 등을 셋잇단음 또는 이것에 가까운 형태로 연주하는 것을 말하며, 바운스의 정
도는 템포나 프레이징의 여부에 따라 달라집니다.

그렇다면 셔플이란 말은 이렇듯 통통 튀는 리듬의 형태를 가리키며 바운스라는 말은 이 통통 튕기는 정도를
어느 정도로 할 것인가를 얘기하는 것입니다.

많은 교재에서 셔플과 바운스에 대한 정의가 혼재 되고 있는 것 같습니다.
이 책에서는 3연음 계통의 리듬을 첫 박을 길게 연주하여 통통 튀는 리듬을 셔플로 하겠습니다.

셔플의 스트로크 방법은 다음과 같습니다.

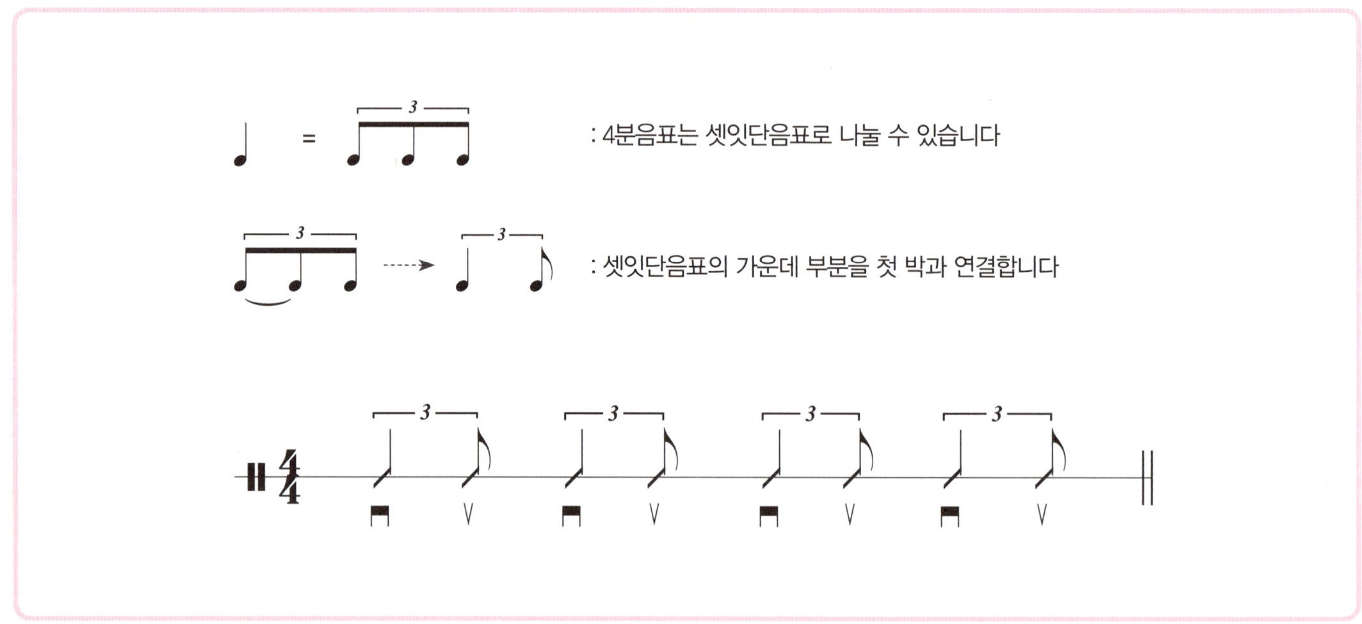

편안하게 다운, 업 스트로크로 연습합니다.
처음에는 첫 박을 길게 연주하는 것이 쉽지 않을 수 있습니다.
셔플 느낌을 가진 음악들을 자주 접하는 것이 좋습니다.

02 블루스란?

셔플, 바운스 필을 연습하기에 블루스는 아주 좋은 장르입니다.

블루스는 대중음악의 역사에 있어 빼놓을 수 없는 아주 중요한 장르입니다.

노예해방 후에 미국 남부에서 발생한 흑인들의 애환을 담은 민요를 말합니다.

노래를 들어보면 여성이 많이 등장 하는데요, 이 여성들은 하나같이 노래속의 화자를 괴롭힙니다.
이것은 연애의 대상이 아닌 노예를 소유한 주인을 뜻하는 것입니다.

노동요이면서 합창으로 부르는 집단적인 노래인 흑인영가(spirituals)로부터 출발하여
19세기말 기타가 보급되면서 기타의 반주에 맞춰 부르는
지금의 블루스 (Blues)의 형태로 발달합니다.

보통 12소절 단위로 이루어지는 것이 대부분이며 8마디, 16마디, 혹은 그 이상인 것도 있습니다.

초기의 블루스는 작자가 불분명하고 구전되어 전해지는 것이 많았습니다.
20세기에 들어와 블루스 음악은 흑인의 생활과
분리할 수 없는 오락이 되고 후에 백인들의 컨트리 음악과 결합하게 됩니다.

블루스는 또한 재즈의 연주 소재가 됨과 동시에 재즈 연주, 표현상의 중요한 역할을 하며
훗날 록 음악과 대중음악 전반의 영역에
지금까지 계속하여 영향력을 끼치고 있습니다.

 도미넌트 7th 코드 익히기

블루스 리듬을 익히기 전에 블루스에서 자주 사용되는 7th 코드(Dominant 7th 코드)들을 정리해 보겠습니다.

E7

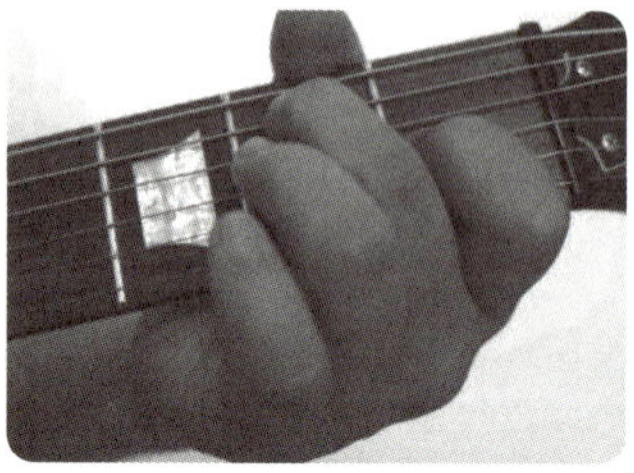

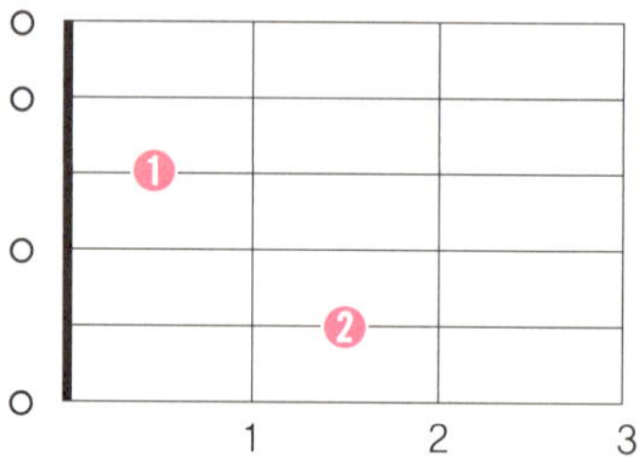

D7

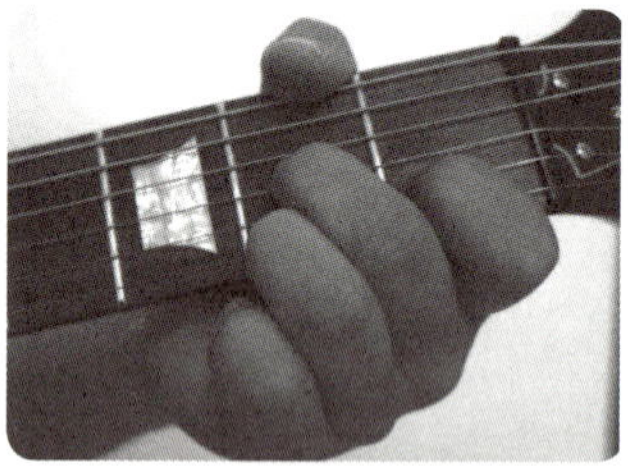

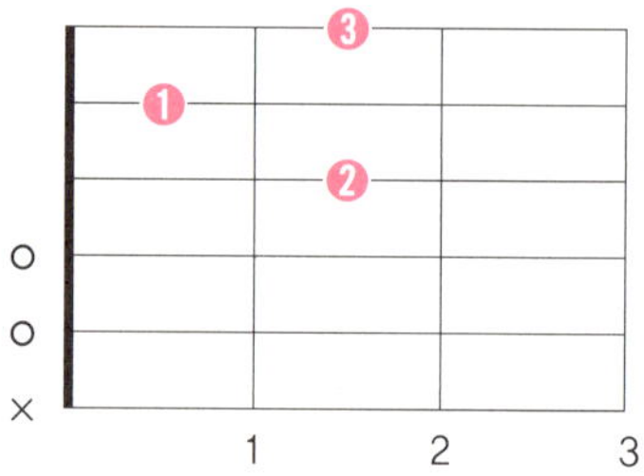

G7

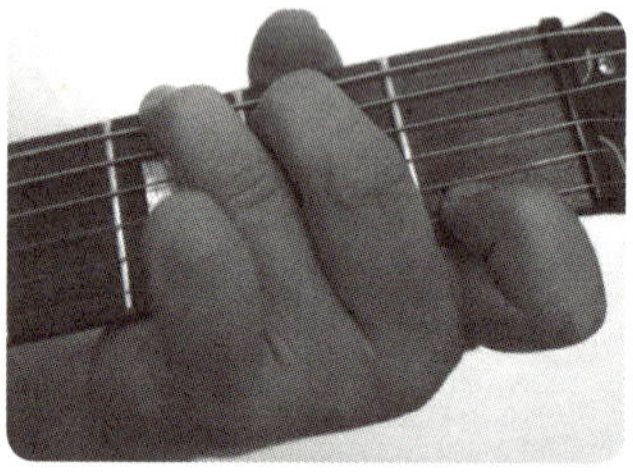

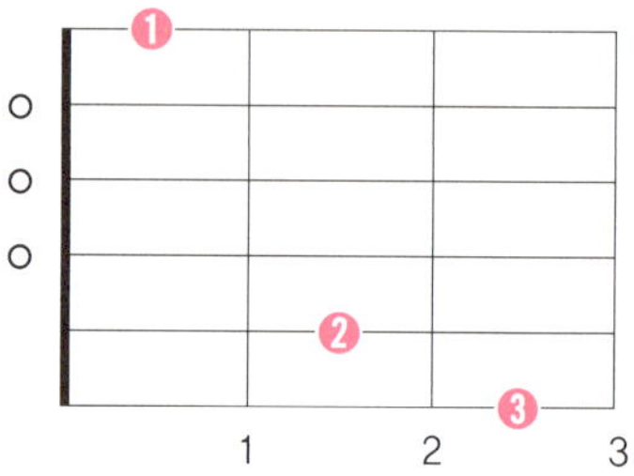

B7

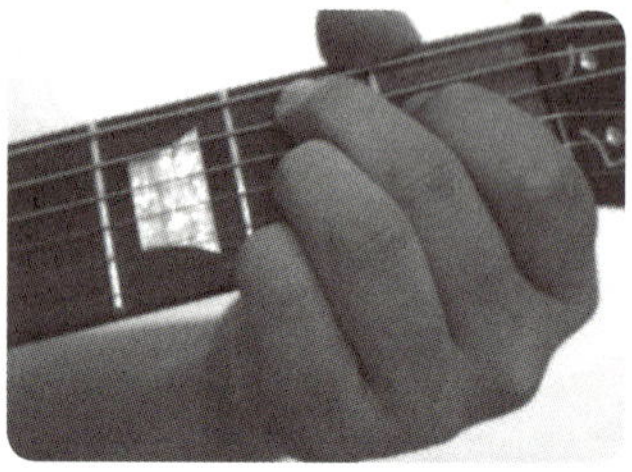

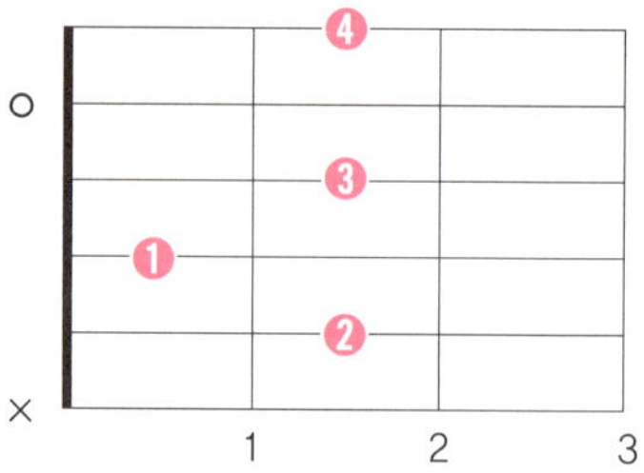

A7

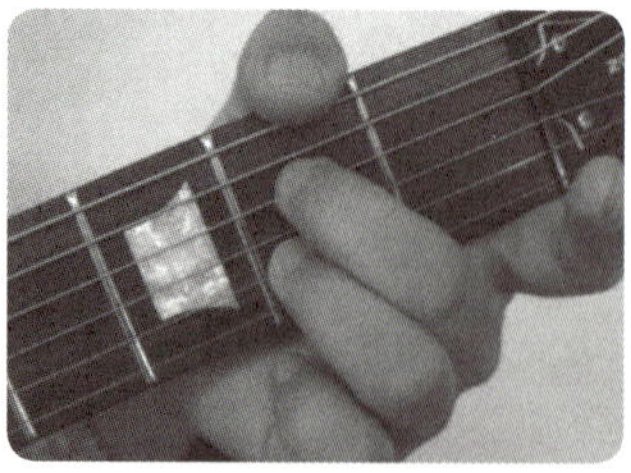

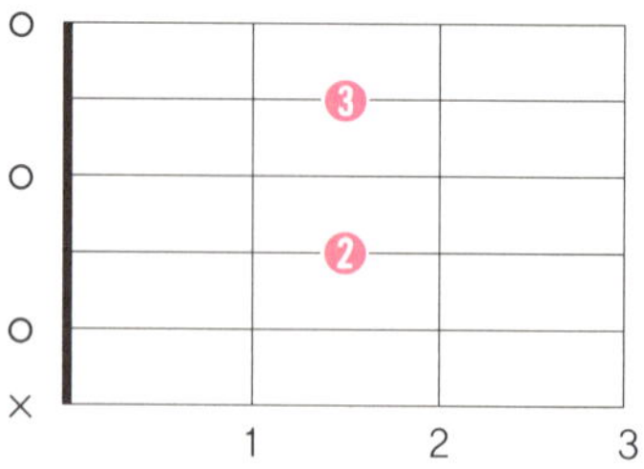

C7

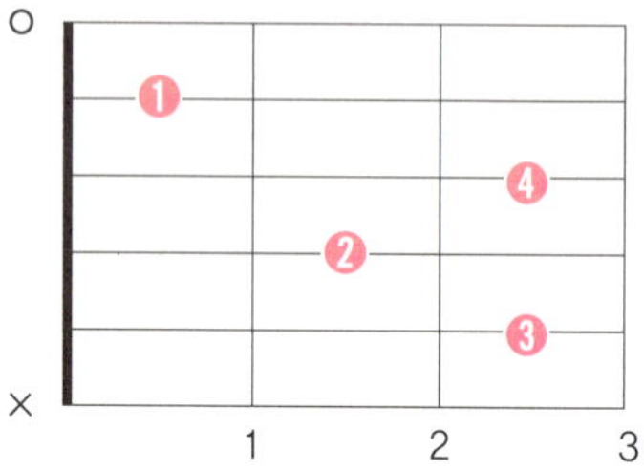

04 블루스의 진행

블루스의 진행은 12마디가 기본인 것들이 대표적입니다.
'1도 7th', '4도 7th', '5도 7th'의 진행들로 간단히 블루스의 진행을 알아보겠습니다.

1) 12마디 블루스 진행 (12-Bar Blues Progression/Slow Change) 트랙90

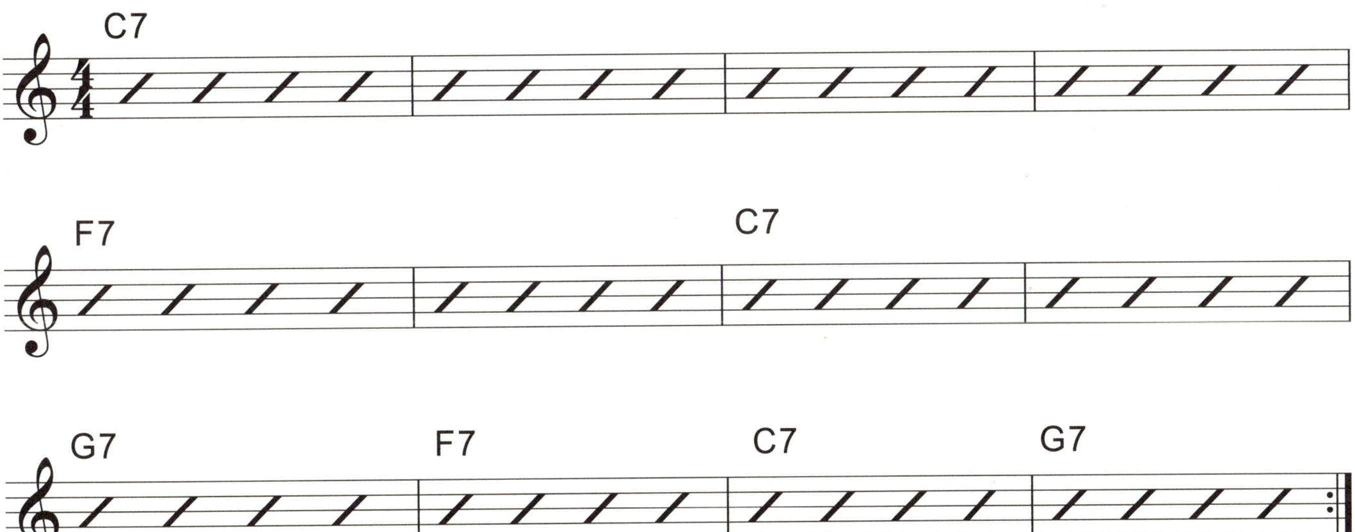

2) 12마디 블루스 진행 (12-Bar Blues Progression/Quick Change) 트랙91

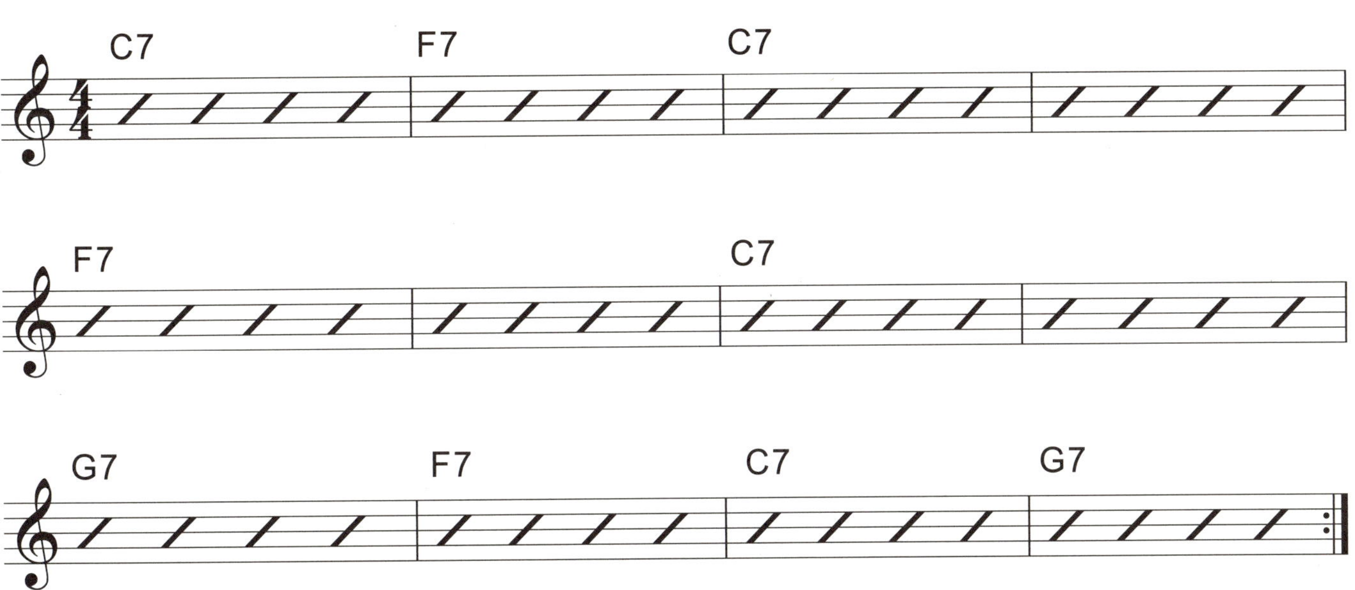

E, A, G, D 키로도 바꾸어 연습해 보세요.

- key of E (I7 : E7, IV7 : A7, V7 : B7)
- key of G (I7 : G7, IV7 : C7, V7 : D7)
- key of A (I7 : A7, IV7 : D7, V7 : E7)
- key of D (I7 : D7, IV7 : G7, V7 : A7)

타잔

Track 92 all part
Track 93 반주트랙
윤도현 작사
윤도현 작곡
윤도현 노래

E7
내 － 가아주어릴적에 난많은꿈을꾸었－지 －
－ 잔아저씨처－럼 튼튼해지고싶어서 － 우 － 리

A7   E7
말 도 안되－는꿈 만 －꾸었－어 － 그
아 버 지의－역－ 기를들다－가 － 그

B7   A7   E7   A   B7
－ 래도그중에－한 － 가 － 진이루었 지 － 꿈
－ －밑에깔려－하 － 늘나 라갈뻔했 지 － 타

E7
－ －많던어린시절 － － － 아 －득한기억속－에 － 아
－ 잔아 저씨 처 － 럼 － － 용 감해지고싶어서 －

A7   E7
타 잔 이라－는 아 저씨 가있었－어 － 그
나 무 위에－서뛰－어 －내렸－지 － 그

B7   A7   E7
－ 아저씰너무 － 너 － 무 － 좋아했었 지 －
－ 후로한달간 － 병 － 원－신세를졌어 －

A7   E7
어 허 － 어어－－－ 나 는 타 잔 － －
              3

A7   E7
어 허 － 어어－－－ 누 렁 인치타 － － －
              3

옆 집 에 살 던 - 예 쁜 순 인 제 인
타
- 쁜 순 인 제 - - - - - 인
어 허 - 어 어 - - - 나 는 바 산 - - 예
- 예 - 어 허 - 어 어 - - - 누 렁 인 치 타 - - - 예 -
예 쁘 장 한 순 이 - 도 말 잘 듣 던 누 렁 이 도 - - - - -
모 두 모 두 모 두 다 - 보 고 싶 구 나 - 예 - 예 - -
모 두 모 두 모 두 다 보 고 싶 구 - 나 - - - 예

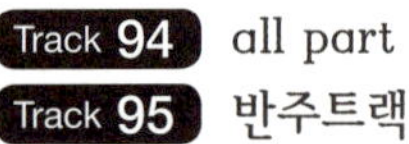
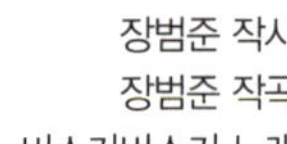

벚꽃 엔딩

장범준 작사
장범준 작곡
버스커버스커 노래

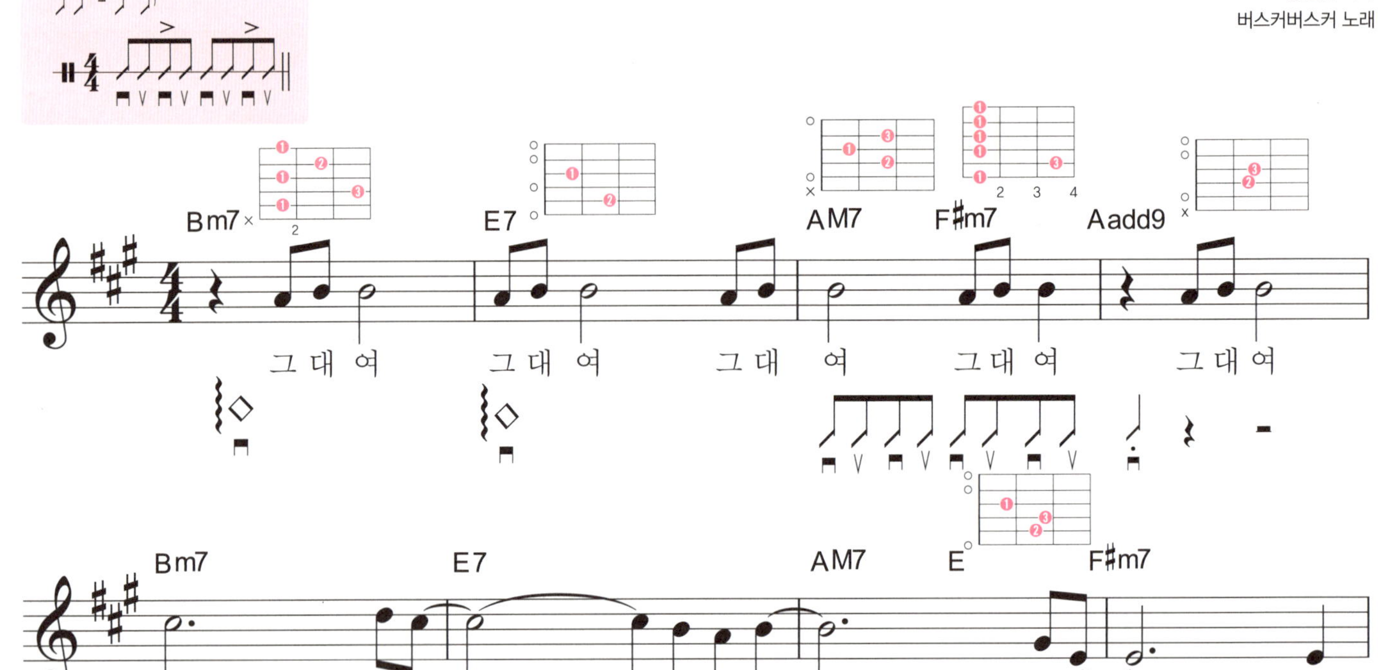

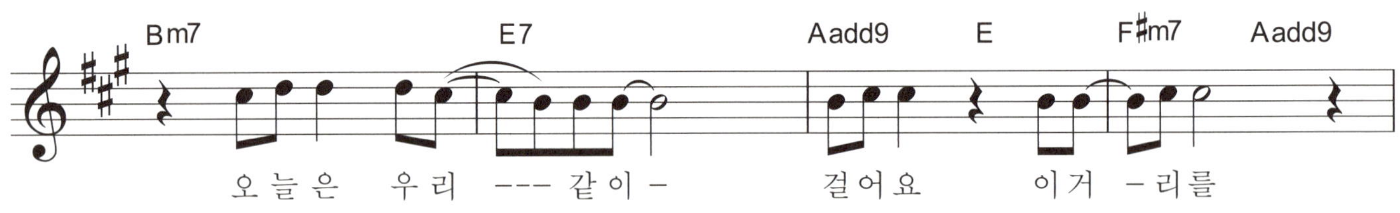

Bm7   E7   AM7   E   F#m7   Aadd9
- 그대와 - 단둘 - 이 - 손잡고 - 알수

Bm7   E7   AM7   E   Aadd9
없는 이 - 떨림과 - 둘이 걸어요 봄바람휘날리며

Bm7   E7   AM7   E   F#m7   Aadd9
- - 흩 - 날리는벚꽃잎이 - - 울 - 려퍼질이거리를

Bm7   E7   AM7   E   F#m7   Aadd9
- - - - - 둘 - 이 - 걸어요 봄바람휘날리며

Bm7   E7   AM7   E   F#m7   Aadd9
- - 흩 - 날리는벚꽃잎이 - - 울 - 려퍼질이거리를

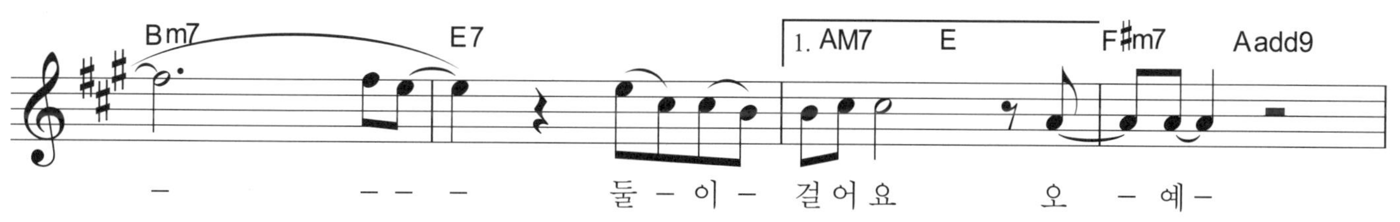

Bm7   E7   1. AM7   E   F#m7   Aadd9
- - - - - 둘 - 이 - 걸어요 오 - 예 -

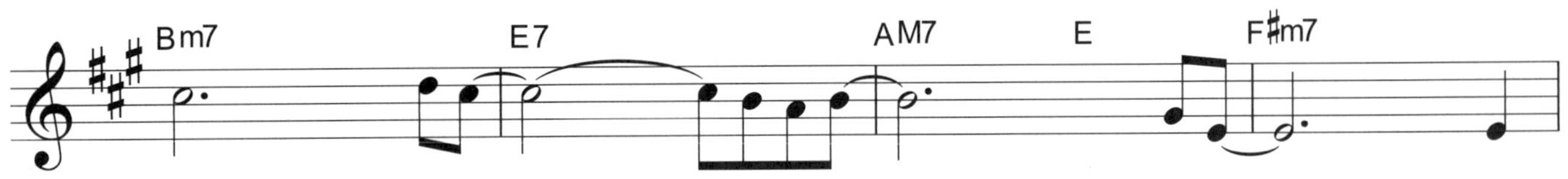

그대여 우리 －－이제－ 손잡 －아요 이거 －리에

마침들려오는 사랑노래－ 어떤 －가요 오 －예－ 사랑

걸어요 바람불면 － 울렁이는 － 기분탓에

－ 나도모르－게 － 바람불면 － 저편에서 －－－ 그대여

니 모습이 자꾸 겹쳐 – 오 – 또 울렁이는 – 기분 탓에
– 나도 모르–게 – 바람 불면 – 저편에서 – – 그대여
니 모습 –이 자꾸 겹쳐 – 사랑하는 – 연인들이 많군요
알 수 없는 – 친구들이 많아 –요 흩날리는 – 벚꽃잎이 많군요
좋아요 봄바람 휘날리며 걸어요 오 –예–
D.S. al Coda
그대여 그대여 그대여 그대여 그대여
AM7 E F#m7 F#7 Bm7 E7
Aadd9 E F#m7 Bm7 E7
F#7sus4 Bm7
A/C# D
Esus4 E AM7 E F#m7 Aadd9
Bm7 E7 AM7 E F#m7 Aadd9
A/C# Esus4 E F#7 F#7sus4

Chapter 9

여러 가지
테크닉의 활용

01 스타카토, 코드 스크래치, 쉼표

기타는 멜로디악기이면서 한편으로는 리듬을 연주하는 악기입니다.
리듬감을 강조하기 위한 효과를 주는 방법을 연습해 보겠습니다.

1) 스타카토

스타카토란 악보상에서 음을 연주할 때 원래의 박자를 절반 정도의 길이로 끊어서 연주하는 것을 말합니다.

B코드를 잡고 스트로크한 뒤 짧게 끊어준다는 느낌으로 힘을 빼주면 어렵지 않게 스타카토를 연주할 수 있습니다.

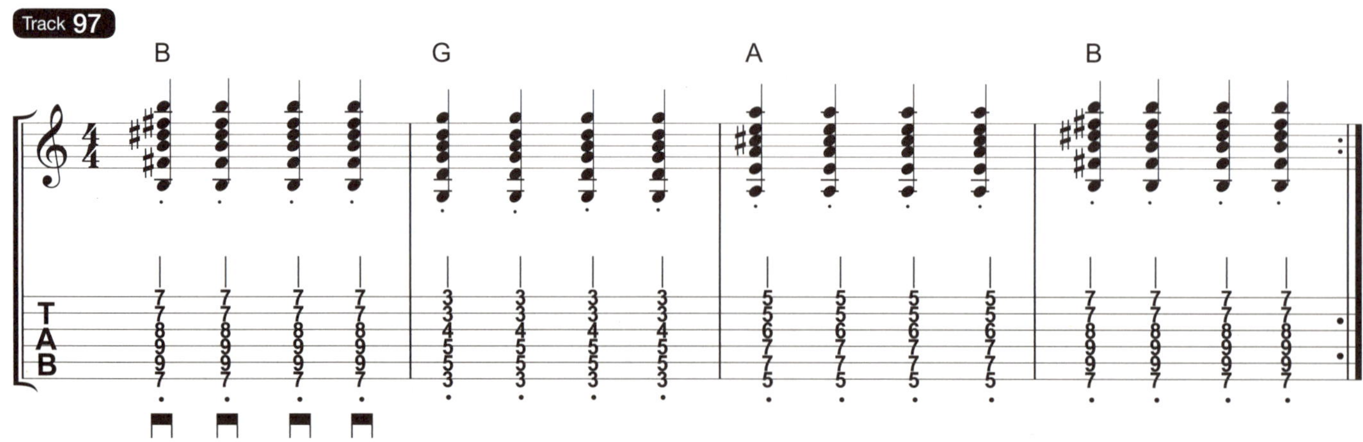

2) 코드 스크래치

코드를 연주한 다음 바레코드 폼을 유지한 상태로 힘을 빼서 줄 위에 포개 놓습니다.
그 상태로 스트로크를 하게 되면 브러싱 한 상태와 같이 타악기 적인 효과를 낼 수 있습니다.
이렇게 연주하는 방법을 코드 스크래치라고 합니다.

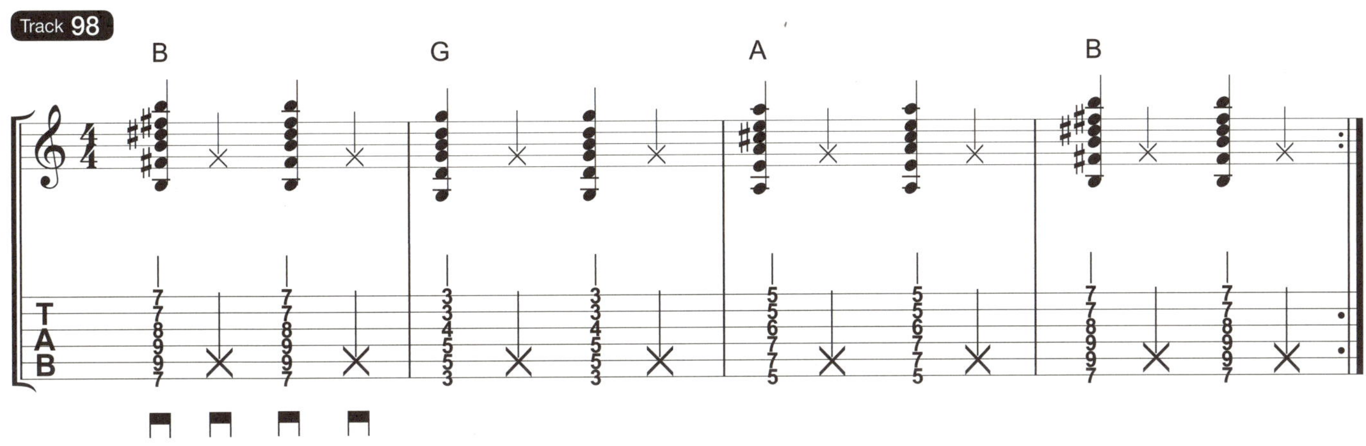

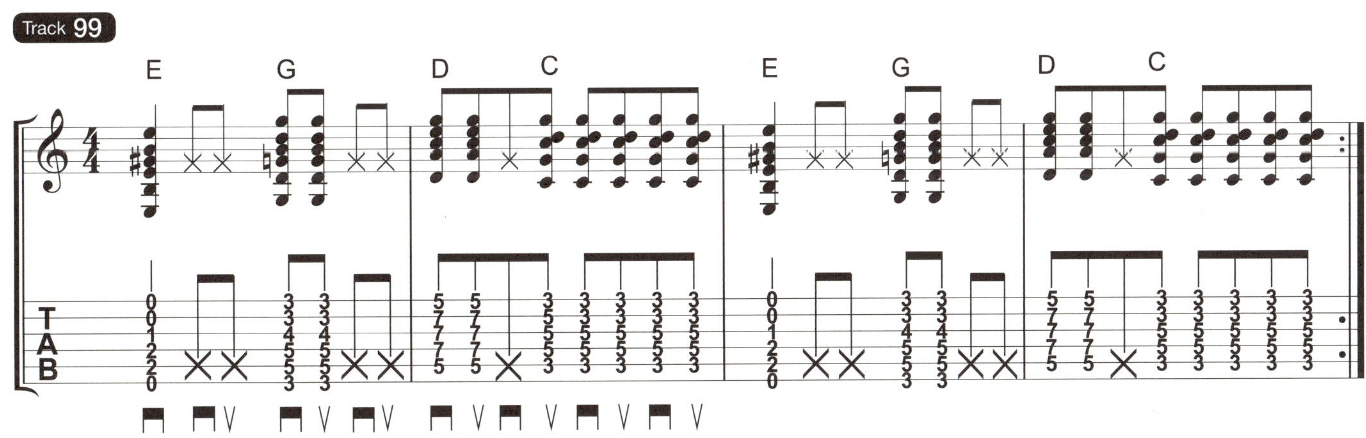

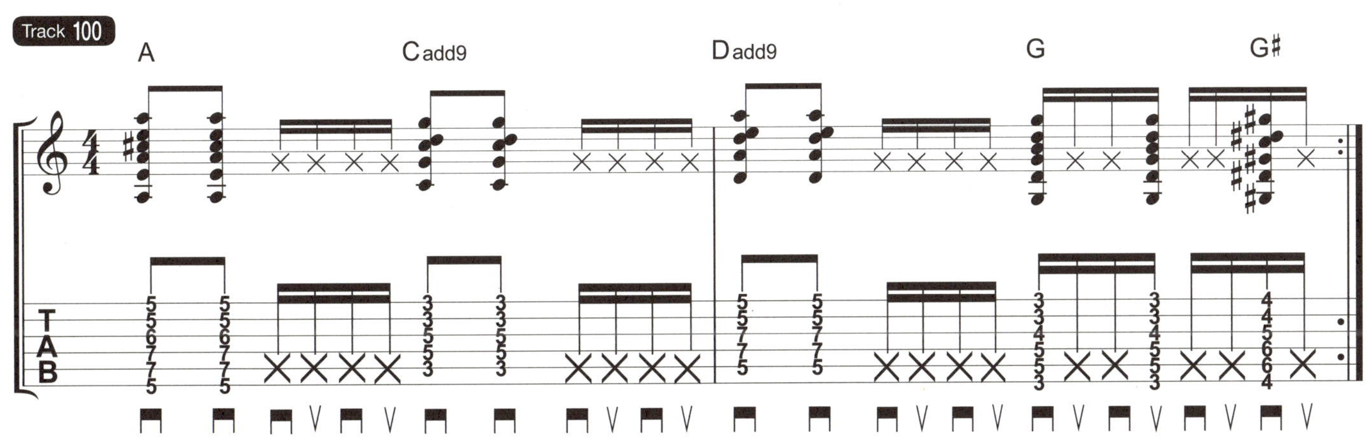

3) 쉼표 (오른손과 왼손을 사용하는 뮤트)

음악을 연주할 때 음을 내지 않는 부분의 길이를 나타내는 기호를 쉼표라고 합니다.
코드 스트로크를 하는 중에 쉼표를 연주하는 방법을 연습해 봅시다.

기본연습

쉼표를 연주할 때에는 오른손과 왼손을 이용하여 코드의 울림을 끊어 줍니다.

오픈 코드(개방현 코드)에서의 오른손과 왼손의 동작

예) C코드에서

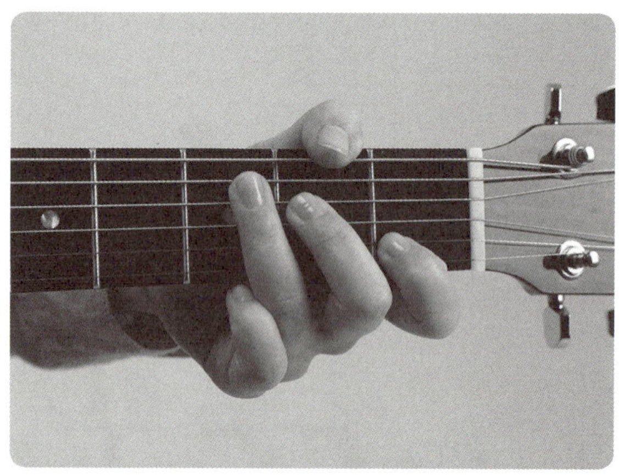

▶ C코드를 연주합니다.

▶ C코드를 눌렀던 왼손에 힘을 빼서 손가락들을 줄 위에 포개듯이 올려놓아 울림을 끊어 줍니다.

▶ 왼손의 힘을 빼서 울림을 끊는 동작과 동시에 오른손 손바닥의 두툼한 부위를 줄 위에 올려 놓아 울림을 멈춥니다.

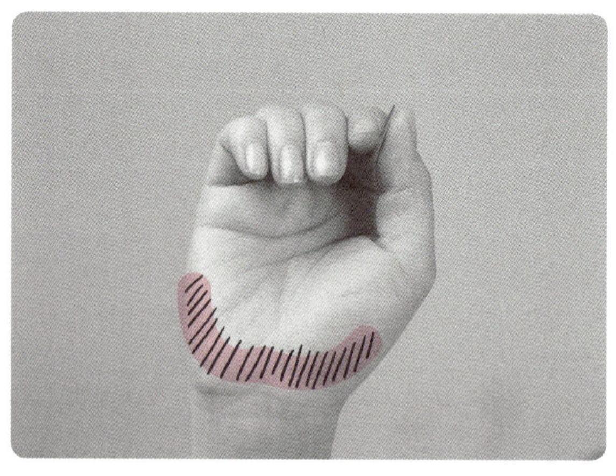

▶ 줄 위에 올려놓을 오른손의 부위입니다.

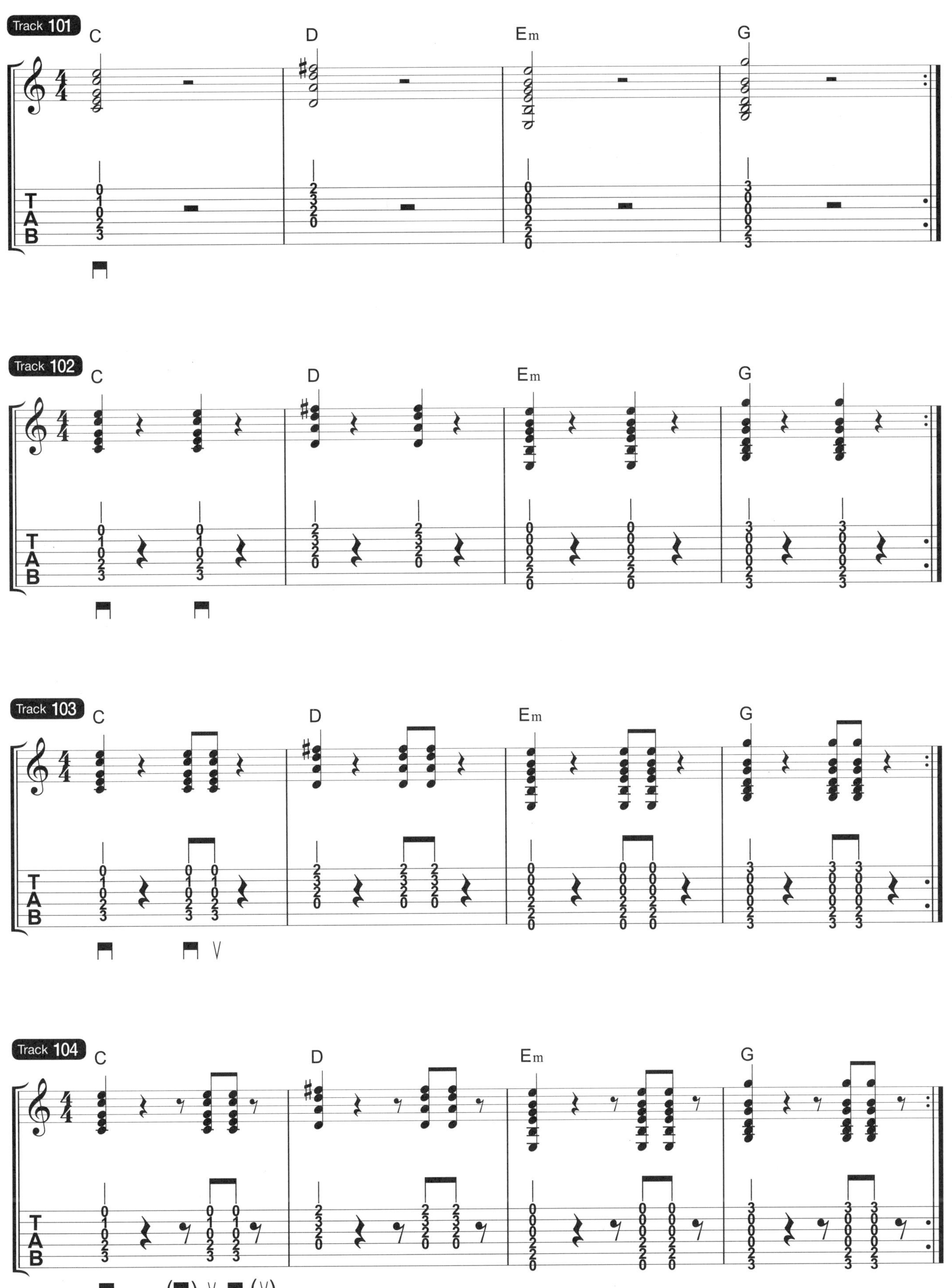

Track 101
C D Em G
Track 102
C D Em G
Track 103
C D Em G
Track 104
C D Em G

예) A코드에서

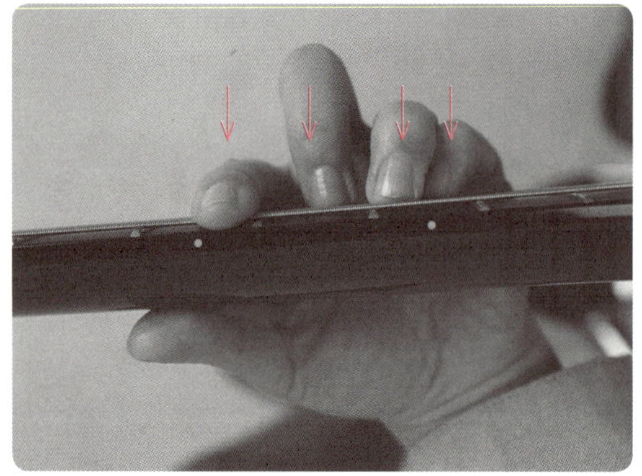

▶ 바레코드 A를 연주합니다.

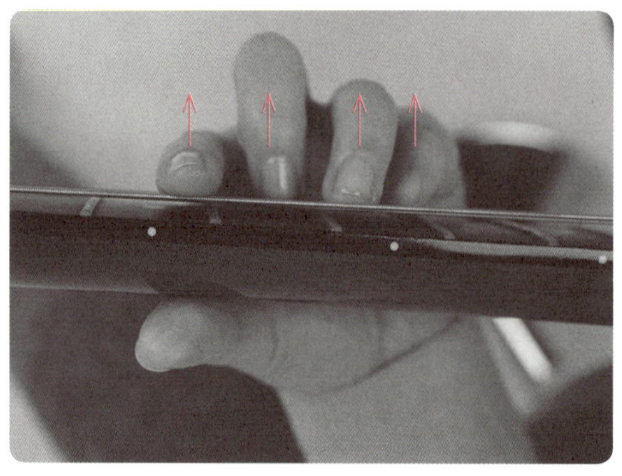

▶ 연주했던 바레코드폼을 유지하고 그 상태로 힘을 빼면 울림이 멈춥니다.

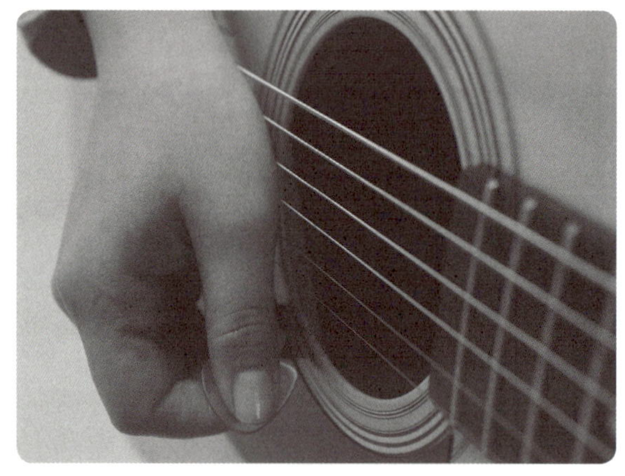

▶ 왼손의 힘을 빼서 울림을 끊는 동작과 동시에 오른손 손바닥의 두툼한 부위를 줄 위에 올려놓아 울림을 멈춥니다.

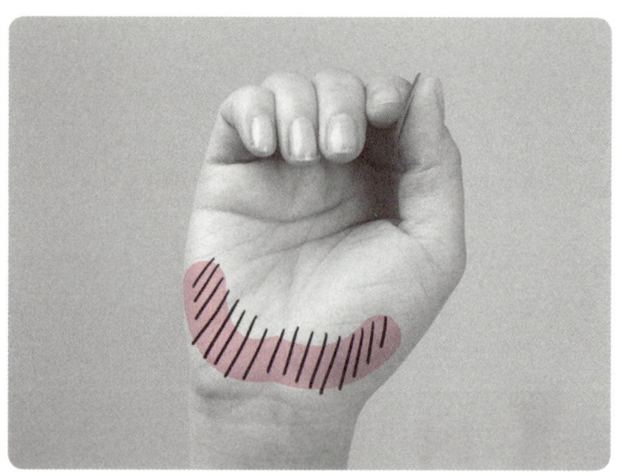

▶ 줄 위에 올려놓을 오른손의 부위입니다. 개방현 쉼표를 연주할 때와 동일합니다.

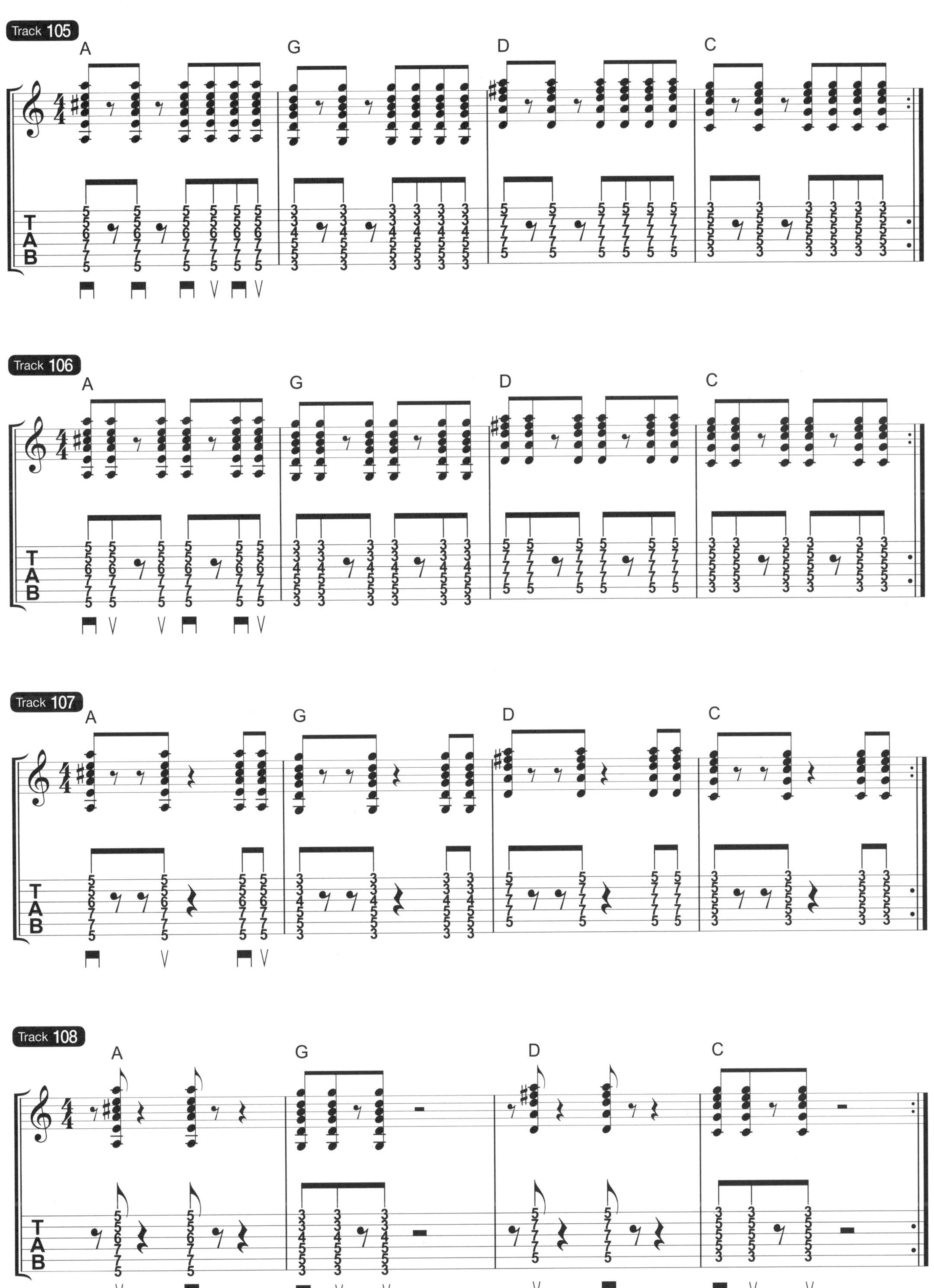

Track 105
A G D C
Track 106
A G D C
Track 107
A G D C
Track 108
A G D C

How You Remind Me

Michel Douglas Henry Kroeger, Ryan Vikedal 작사
Michel Douglas Henry Kroeger, Ryan Vikedal 작곡
Nickelback 노래

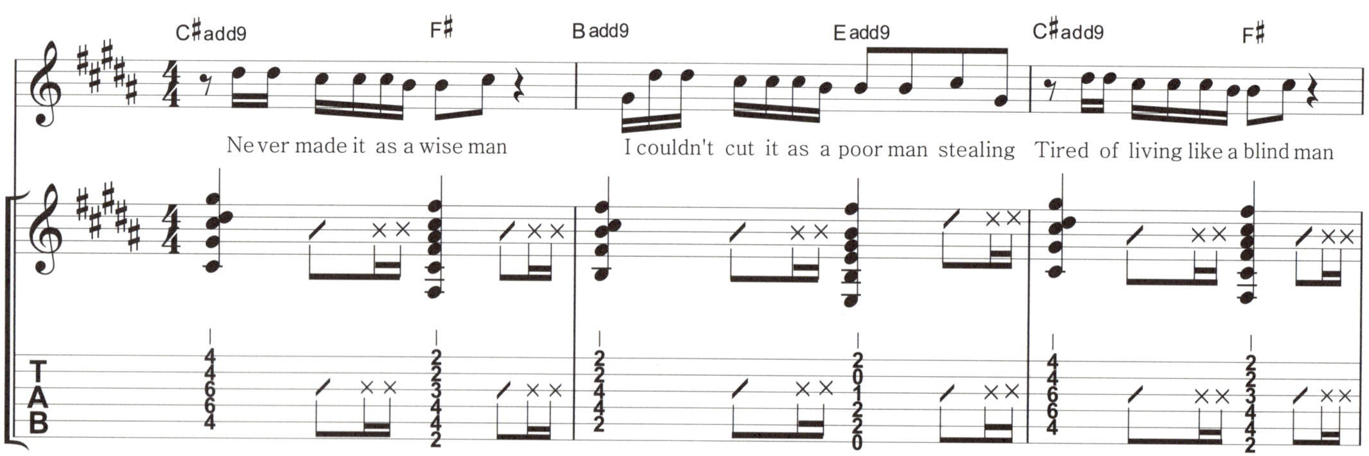

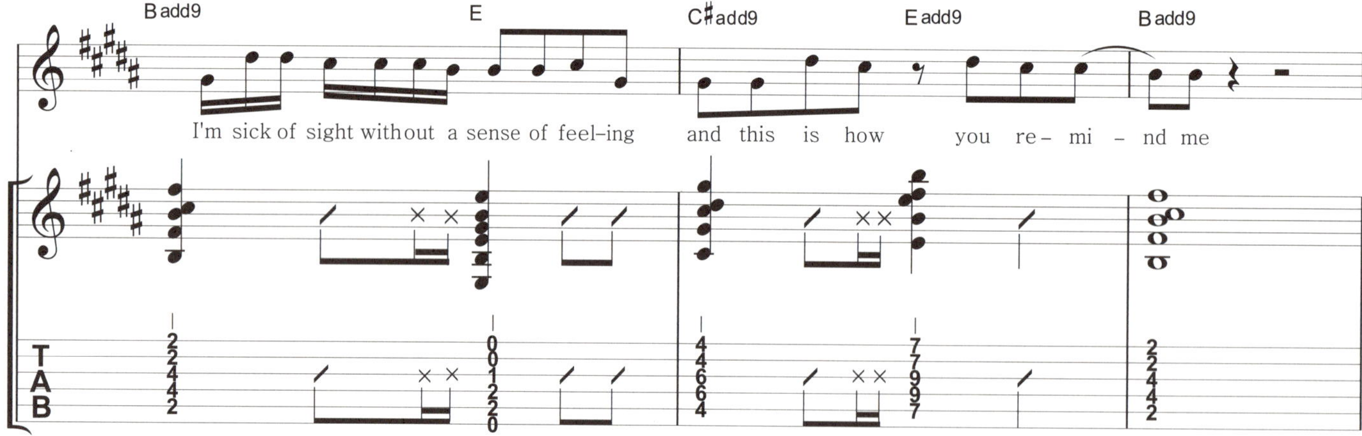

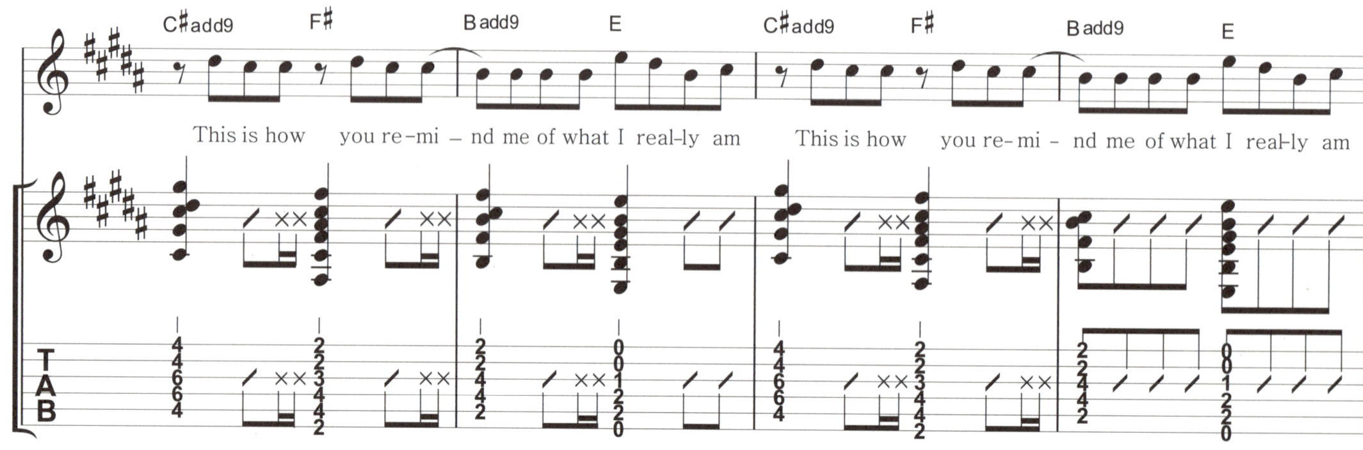

C#m   E   Badd9   F#   C#m   E
It's not like you to say sor—ry   I was waiting on a differ-ent   story   This time I'm   mis-take-n

Badd9   F#   C#m   E   Badd9   F#
for handing you a heart worth breaking and I've been wrong   I've been down   in to the bottom of   every bottle

C#m   E   B   F#   C#add9   F#
these five words —   in my head   scream "are we   having   fun yet?" —   yet —   yet —

Badd9   E   C#add9   F#   Badd9   E
yet —   no   no   yet —   yet —   yet —   no   no

02 해머링 & 풀링

1) 해머링(해머링 온: Hammering On)

말 그대로 '망치로 내려치다'라는 느낌으로 손가락으로 줄을 내려치듯 소리 냅니다. 악보에는 H로 표기합니다.

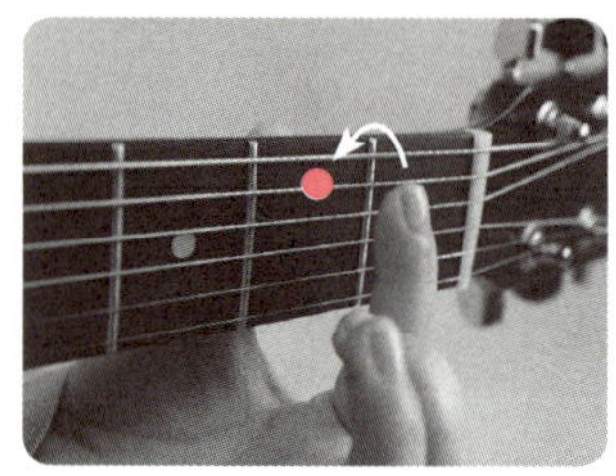

❶ 손가락을 들어 해머링을 준비합니다.

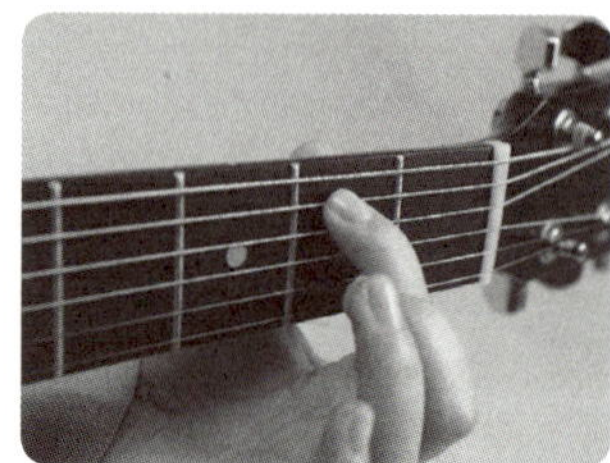

❷ 목표 지점인 음 위에 손가락을 망치처럼 내려칩니다.

연습 예제 `Track 111`

한 줄씩 다른 줄이 울리지 않도록 주의해서 연습합니다.

스트로크와 병행하는 해머링 연습 `Track 112`

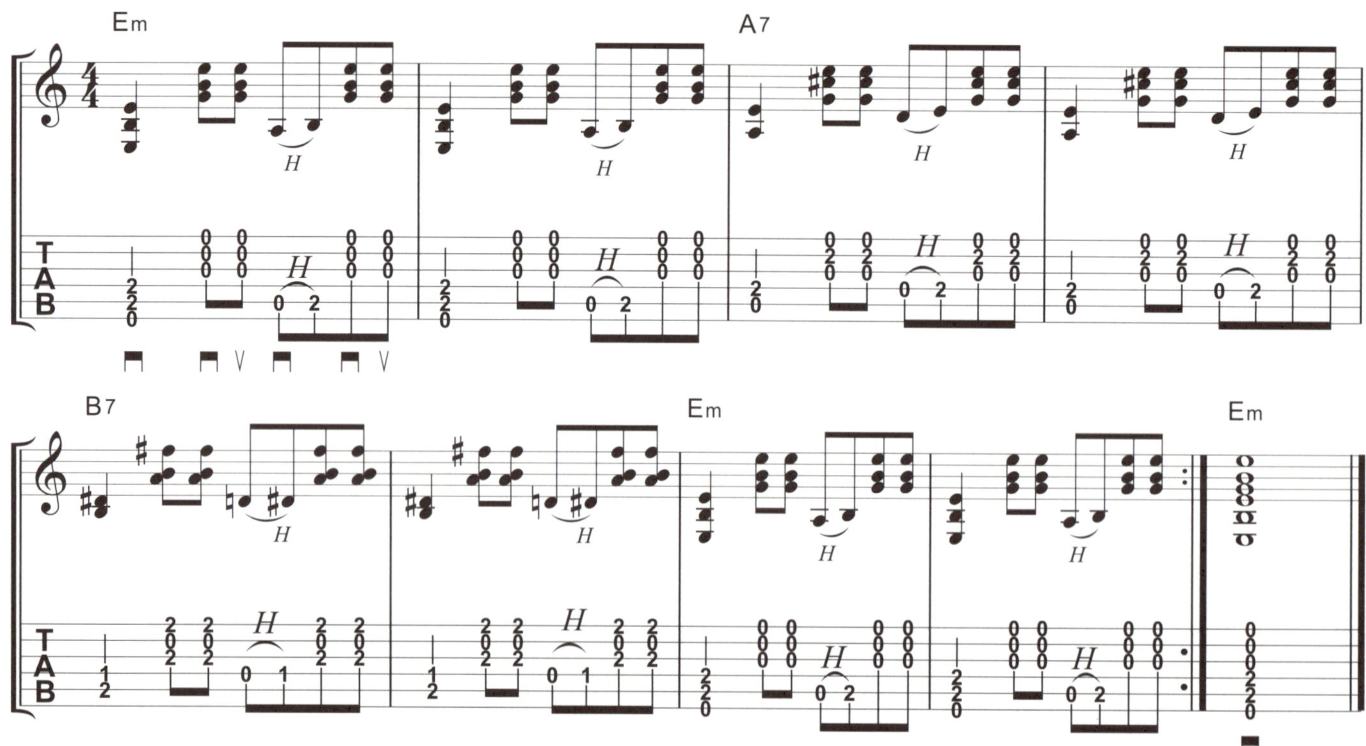

줄을 저음과 고음으로 나누어 연주합니다. 해머링이 시작될 때의 개방현을 칠 때 다른 줄이 울리지 않도록 정확히 연주하도록 합시다.

2) 풀링(풀링 오프: Pulling Off)

해머링과는 반대로 손가락으로 줄을 뜯어내듯이 할퀴는 느낌으로 연주합니다. 악보에는 P로 표기합니다.

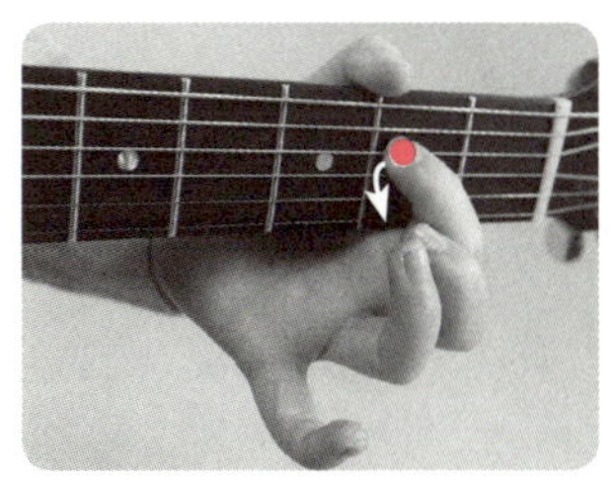

❶ 시작되는 음을 손가락으로 누르고 있습니다.

❷ 목표인 음을 내기 위해 아래쪽으로 손가락을 뜯어 냅니다.

연습 예제 Track 113

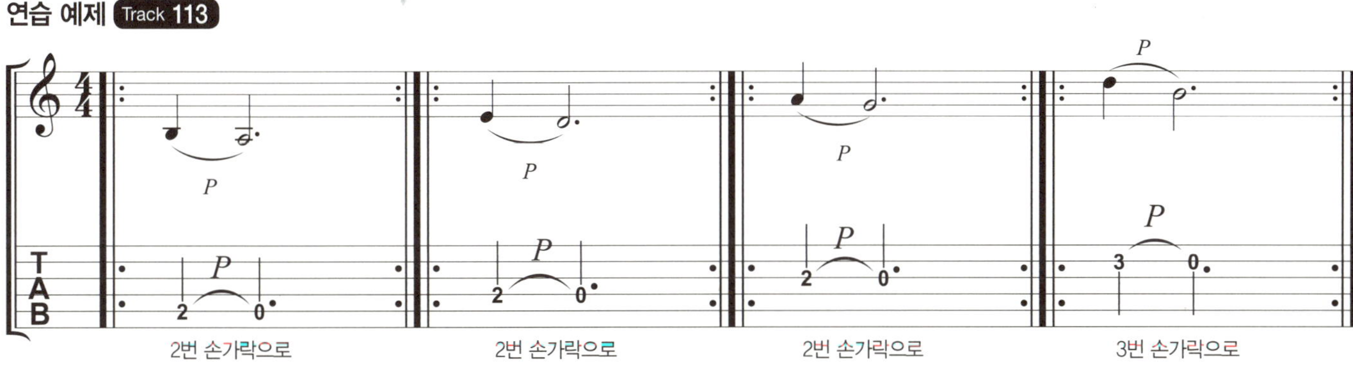

풀링, 해머링 연결 Track 114

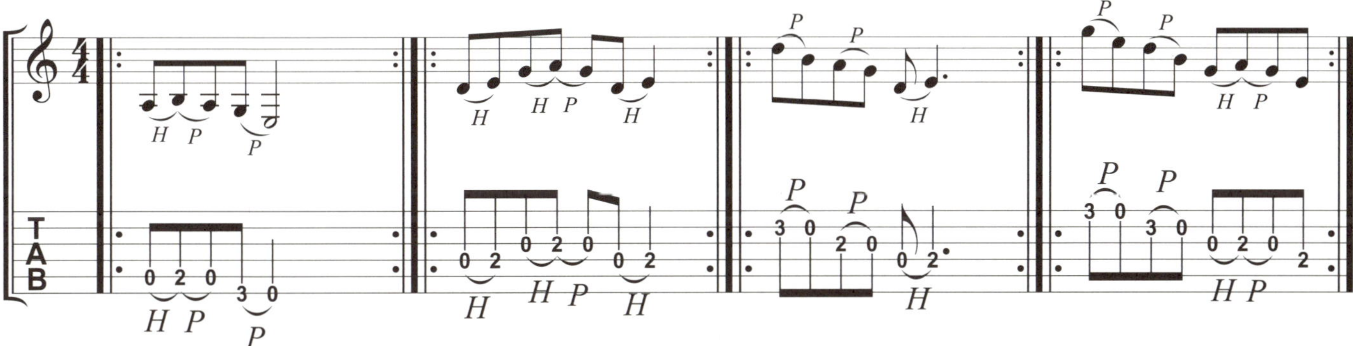

스트로크와 병행하는 해머링, 풀링 조합 연습 Track 115

03 얼터네이트 베이스, 러닝 베이스

1) 얼터네이트 베이스 (Alternate Bass)

얼터네이트 베이스란 기타를 연주할 때 베이스 음이 코드 구성음의 5음과 3음 등을 사용하여 코드의 밑음과 교대로 바뀌어 연주하는 주법을 말합니다.(얼터네이트: Alternate란 교대로, 대체하여 라는 뜻입니다.)보통 컨트리 뮤직과 같은 음악들에 많이 사용됩니다.

기본패턴 연습 `Track 116`

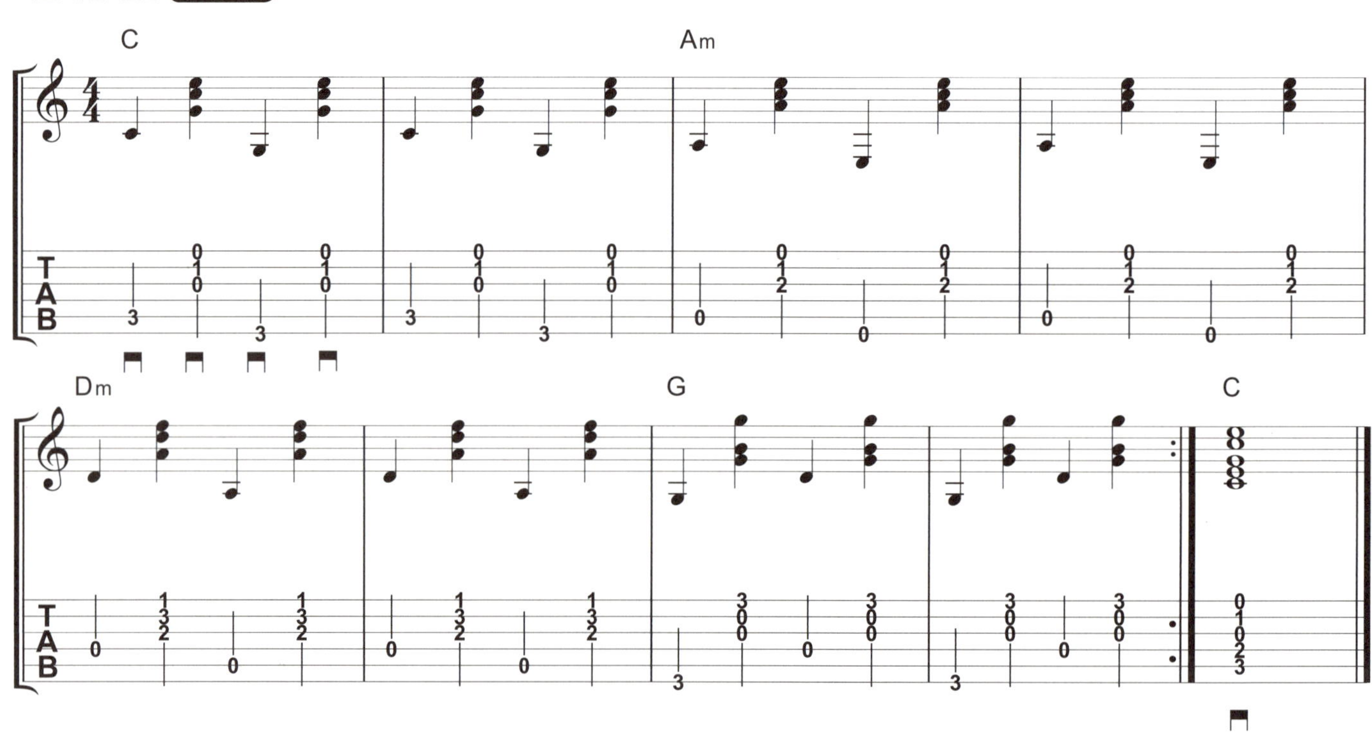

베이스 음을 정확하게 피킹하는 것이 처음에는 많이 어려울 수 있습니다. 정확히 연주할 수 있을때까지 많은 연습이 필요합니다.

8비트로 나눈 패턴 `Track 117`

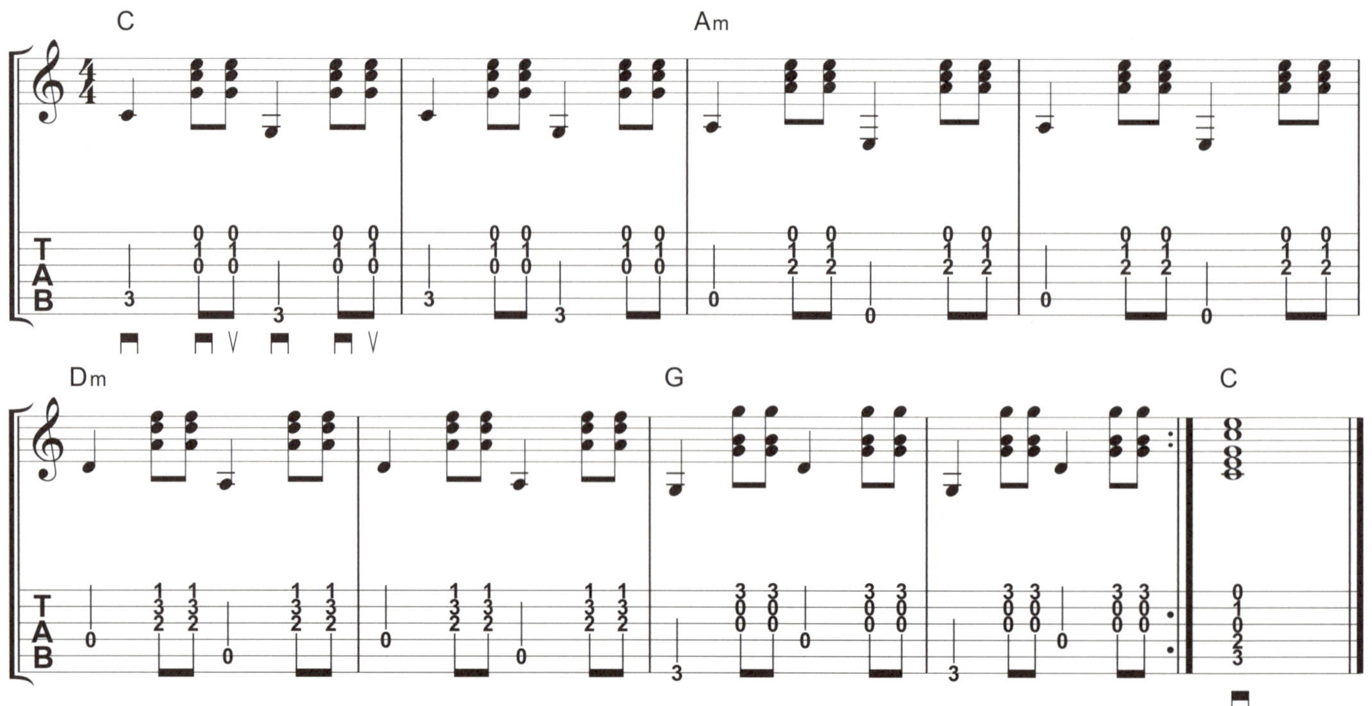

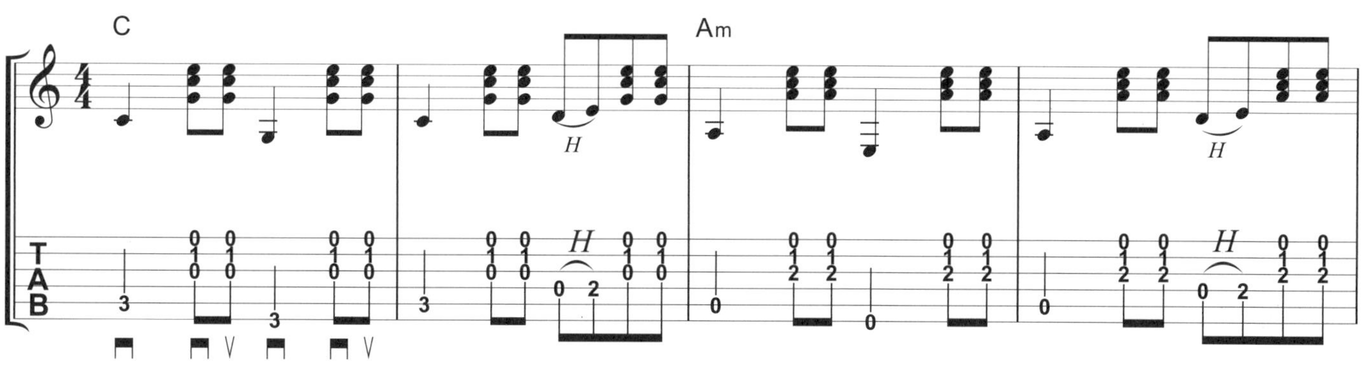

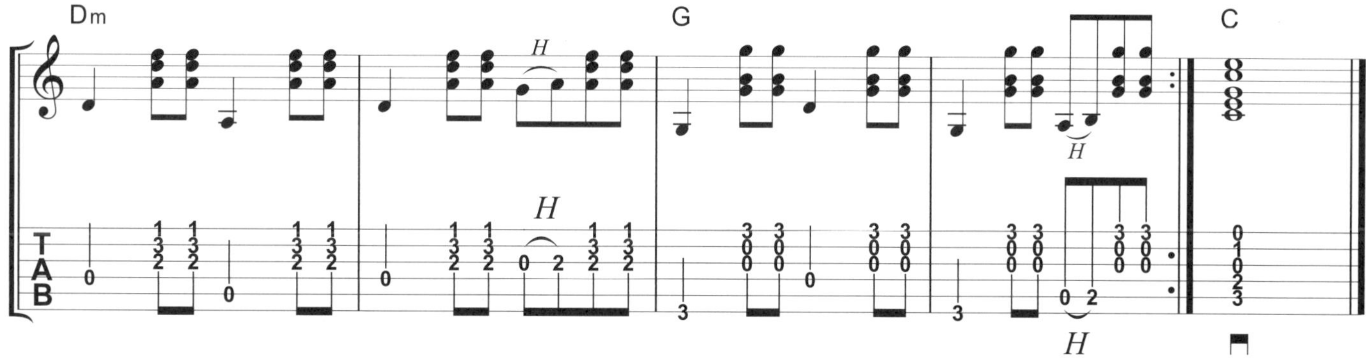

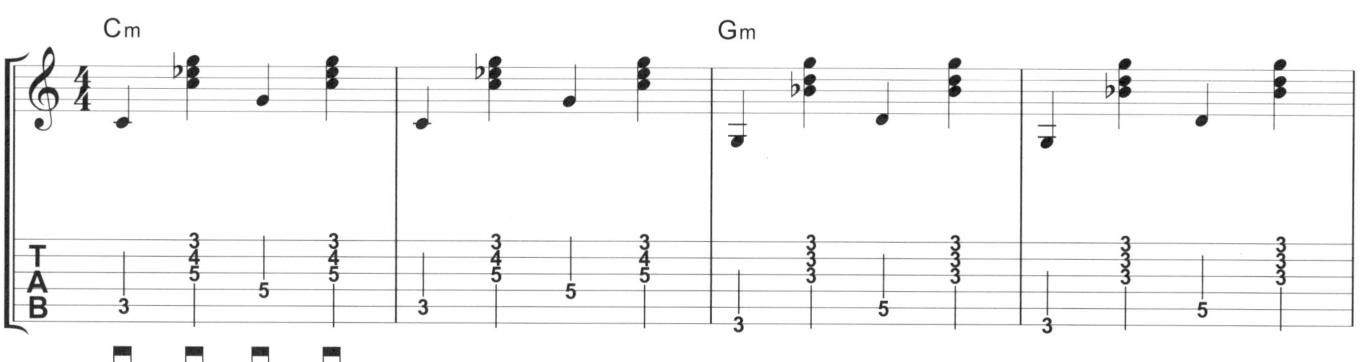

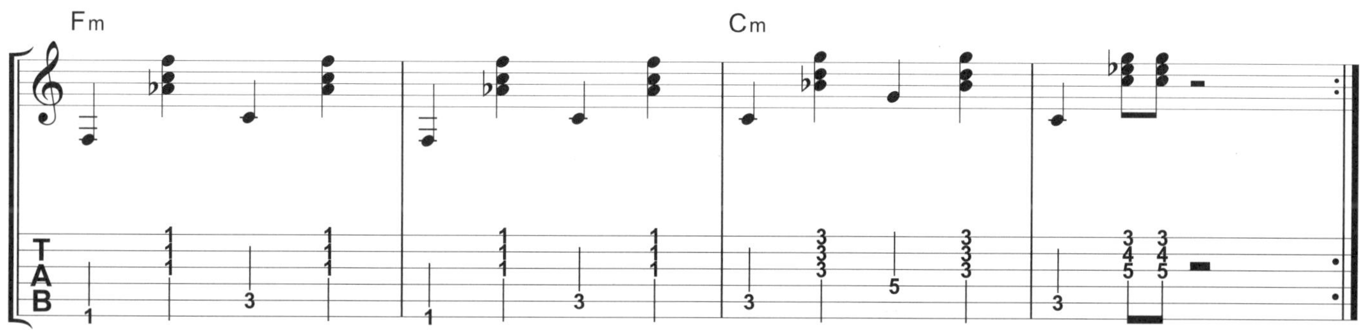

2) 러닝 베이스(Running Bass)

러닝 베이스는 코드와 코드사이를 자연스럽게 연결하기 위한 경과음으로 베이스 음이 이동하는 것을 말합니다. 단순하지만 자주 사용되는 연주법입니다.

기본 패턴과 해머링을 응용한 패턴의 연결 Track 120

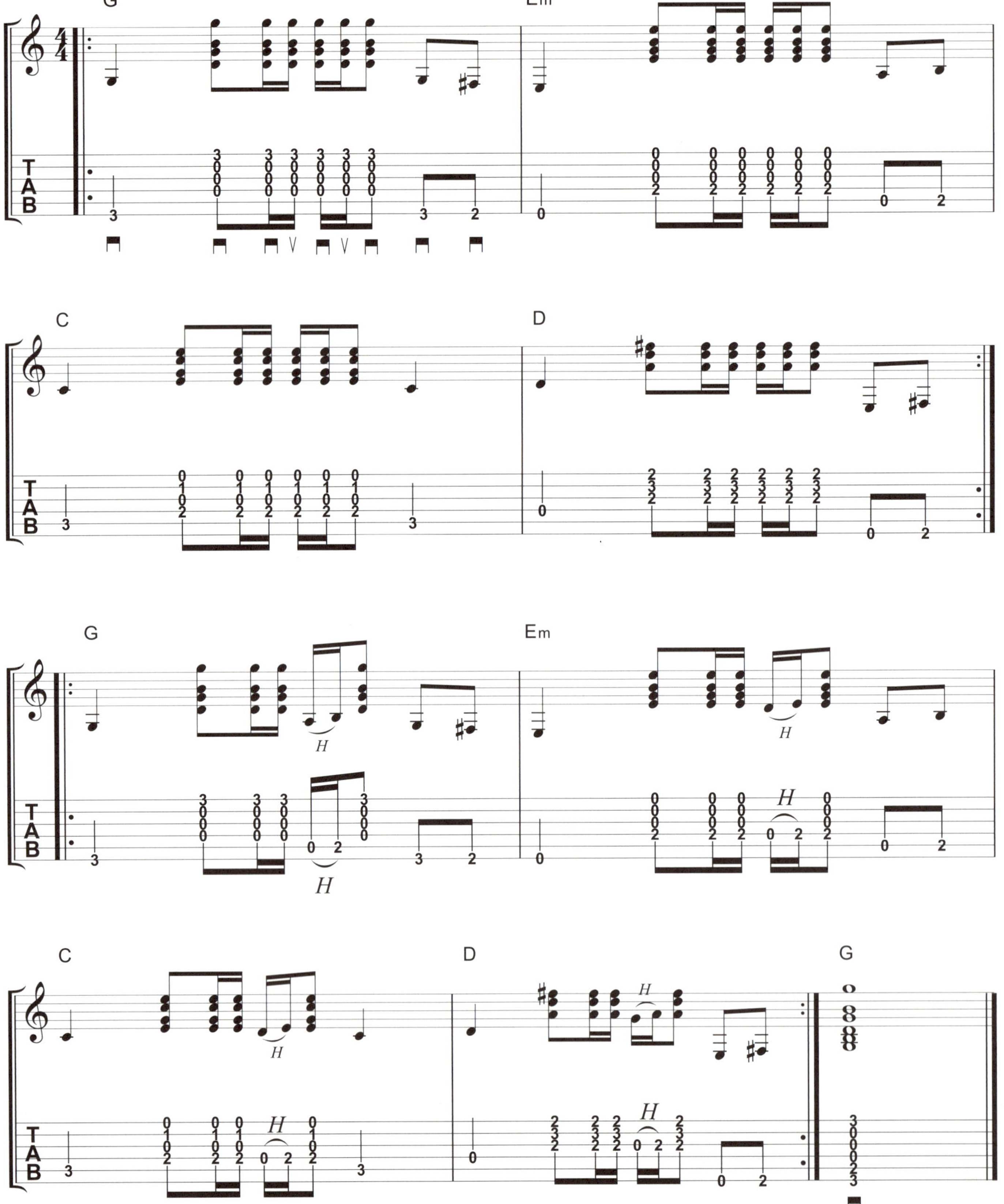

그녀가 처음 울던 날

이정선 작사
이정선 작곡
김광석 노래

눈 물 로 얼 룩 이 졌 네 ㅡ
아무리 괴로 워도 웃던 그녀 가
처음으로 눈물 흘리던 날
온 세상 한 꺼 번에 무너 지는 듯
내가 슴 답 답 했 는 ㅡ 데
이젠 ㅡ 더 볼 수가 없네 ㅡ

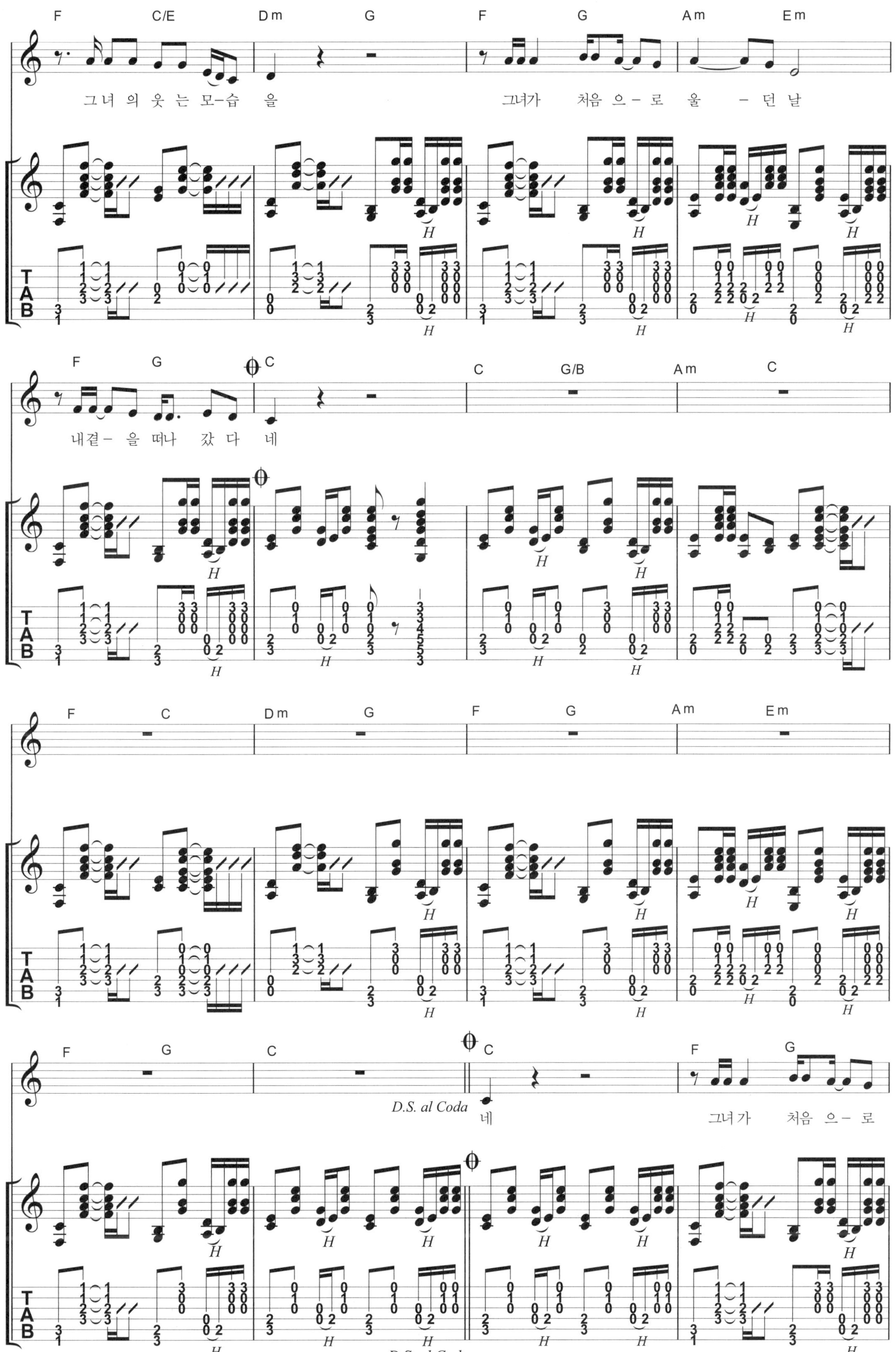
그녀의 웃는 모-습 을
그녀가 처음 으-로 울 -던 날
내곁-을 떠나 갔다 네
D.S. al Coda
네
그녀가 처음 으-로
D.S. al Coda

울 － 던 날　 　내곁을 떠나 갔 다 네

04 코드 슬라이드

코드폼을 유지하여 전체를 줄 위에서 다른 포지션으로 미끄러지듯 이동합니다.
이동하는 동안 소리가 끊기지 않도록 주의합시다.

기본 연습 패턴 ※ 스트로크한 첫 코드의 음표를 충분히 채운 뒤 슬라이드로 이동합니다. `Track 123`

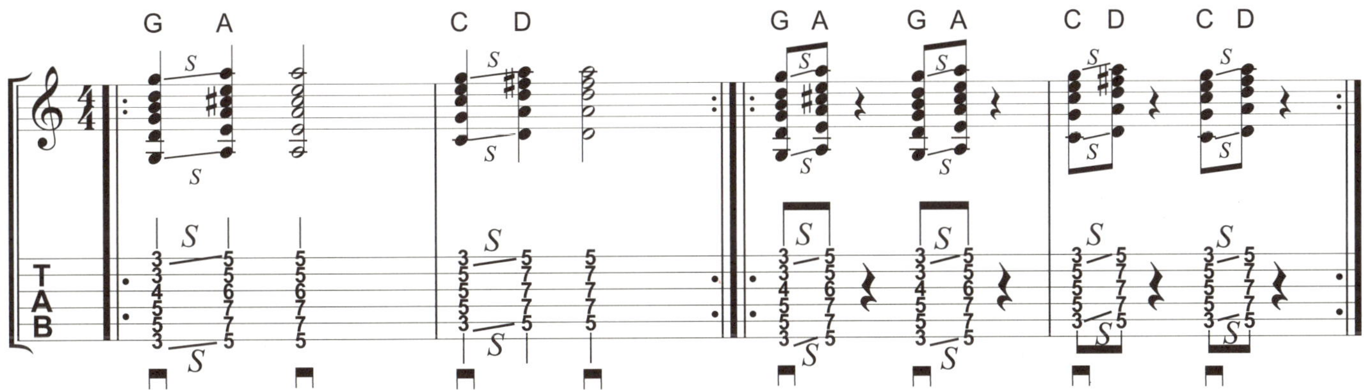

쉼표를 응용한 패턴 ※ 여기서 스트로크는 한번만 `Track 124`

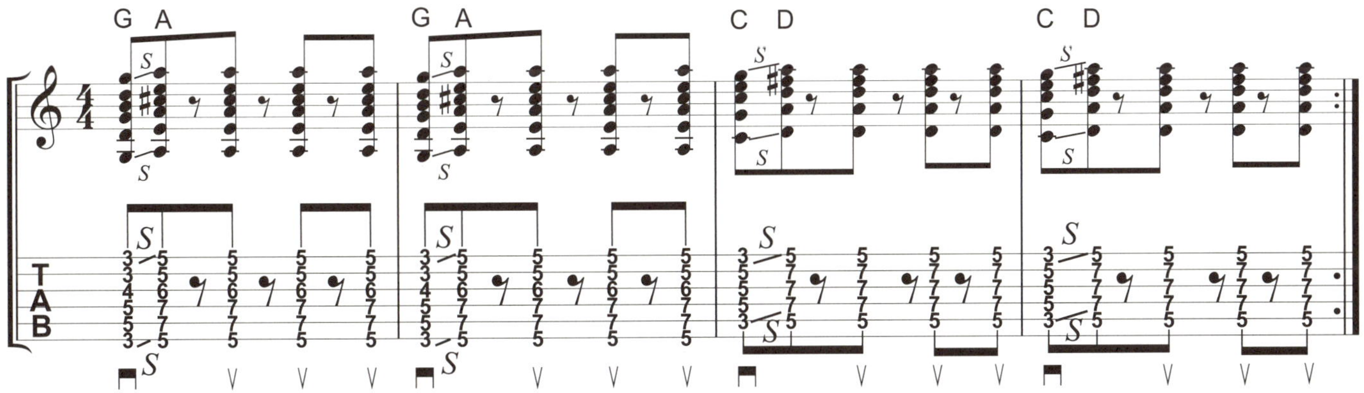

코드 스크래치를 활용한 패턴 `Track 125`

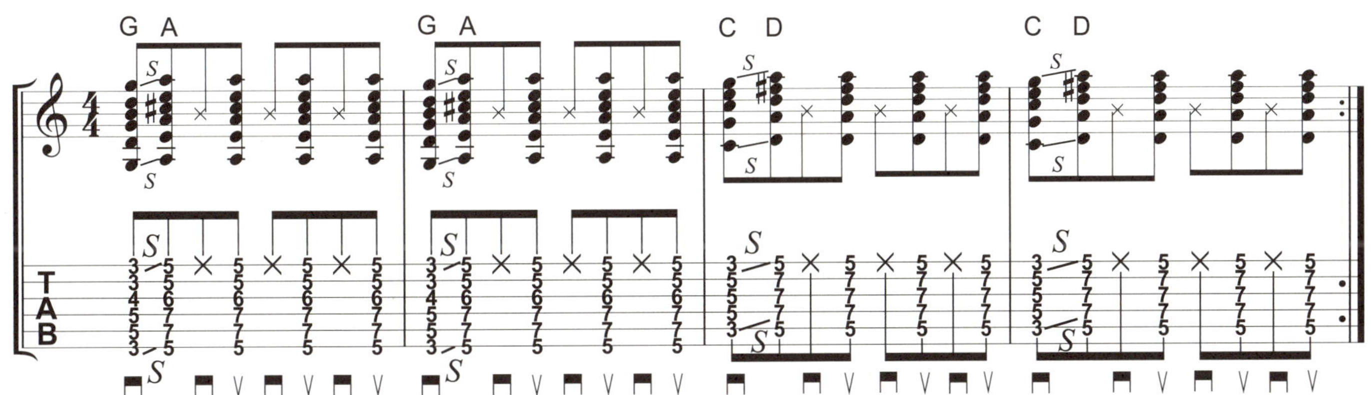

05 파워코드 & 팜 뮤트

1) 파워코드

파워코드란 코드의 근음(루트)과 음 만을 사용하여 코드를 누르는 방법을 말합니다. 록음악에서 자주 사용되며 어쿠스틱기타에서는 코드 구성음 중 근음과 5음만을 이용하여 화음을 간결하게 표현하기 위해 종종 사용되곤 합니다.

바레코드를 배울 때와 마찬가지로 근음(루트)의 이름이 코드의 이름이 되며 폼을 유지시켜 포지션을 이동합니다.

ex) 파워코드 A5

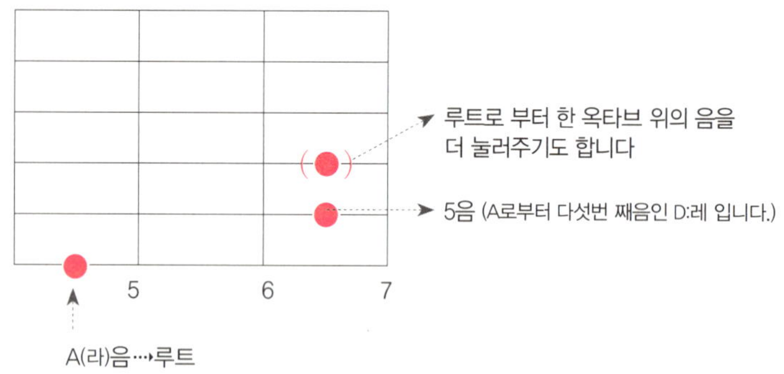

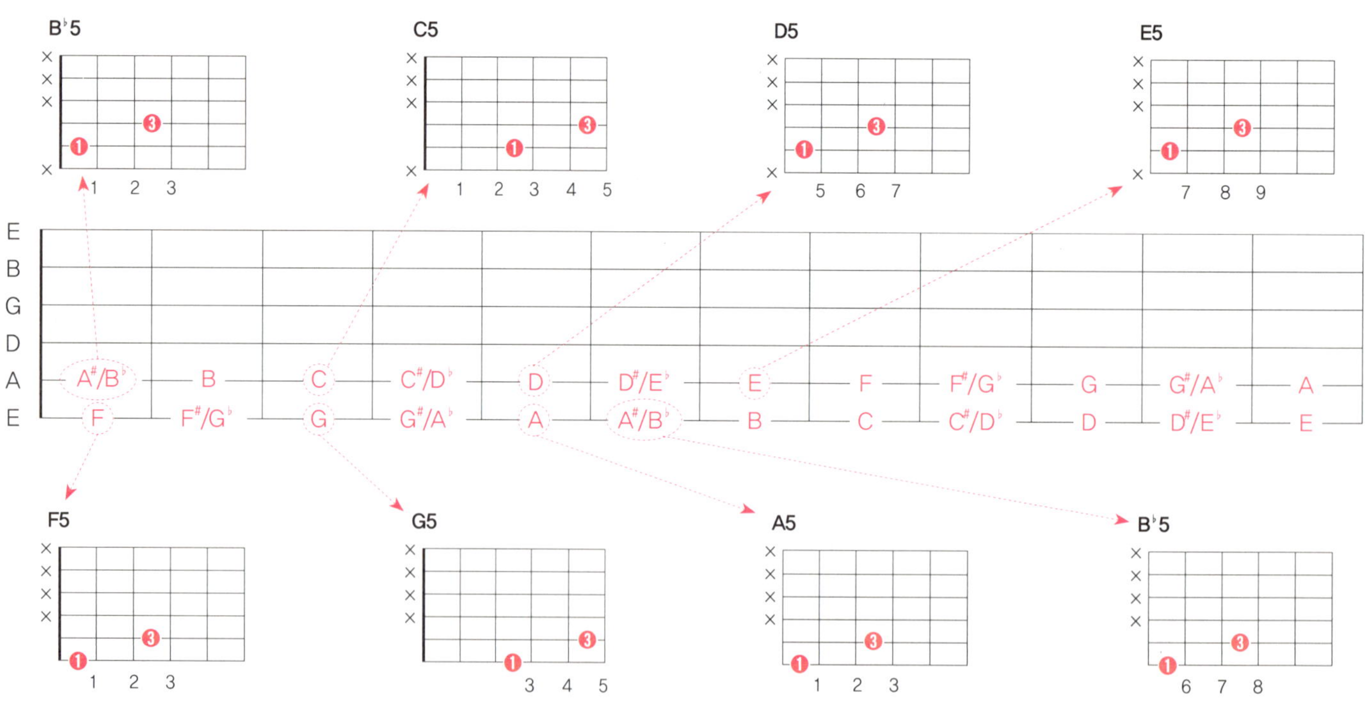

파워코드는 종종 코드이름 옆에 5를 적어줍니다.
코드의 근음과 5음만을 이용해 준다는 뜻이며 Am, Bm 등의 코드를 파워코드로 연주하게 될 때에도 위의 폼을 그대로 사용하여 Am는 A5, Bm는 B5로 생각하여 연주하면 됩니다.

파워코드를 누를 때 주의점

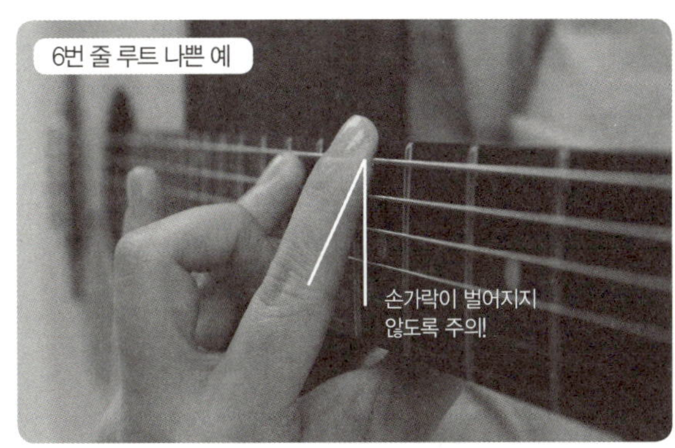

파워코드를 누를 때에는 파워코드 구성음인 루트와 5음을 제외한 나머지 줄 들이 울리지 못하도록 1번 손가락을 이용하여
뮤트해야 합니다.
줄을 누르게 되는 1번 손가락의 끝 부분에만 힘을 주시고 나머지 줄들이 닿는 손날 부분은 줄 위에서 공간이 생기지 않게
(줄 위에 뜨지 않게) 포개 줍니다.

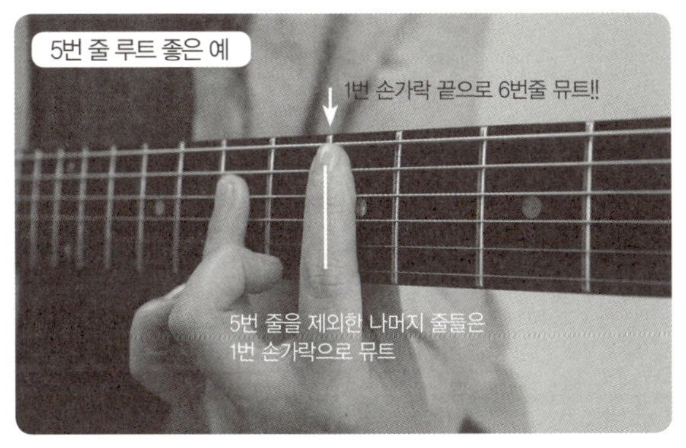

5번 줄 루트의 파워코드를 누를 때에는 1번 손가락을 사용하여 불필요한 아랫줄의 울림을 뮤트 시킴과 동시에 1번 손가락의
끝부분이 6번 줄에 닿게 합니다.
이 방법으로 불필요한 6번 줄의 울림을 뮤트합니다.

손의 피로감을 줄일 수 있는 방법

옆의 사진처럼 1, 4번 손가락을 사용하여 파워코드를 누르면
1, 3번 손가락을 사용하여 누를 때 보다 손목을 더 둥글게 만들
수 있어 손목의 피로감을 줄일 수 있습니다.
파워코드를 주로 사용하는 헤비메탈, 하드록 성향의 기타리스트
들이 손목의 피로감을 줄이기 위해 자주 사용하는 방법입니다. 익
혀두도록 합시다.

6번 줄 위의 파워코드의 이동 `Track 126`

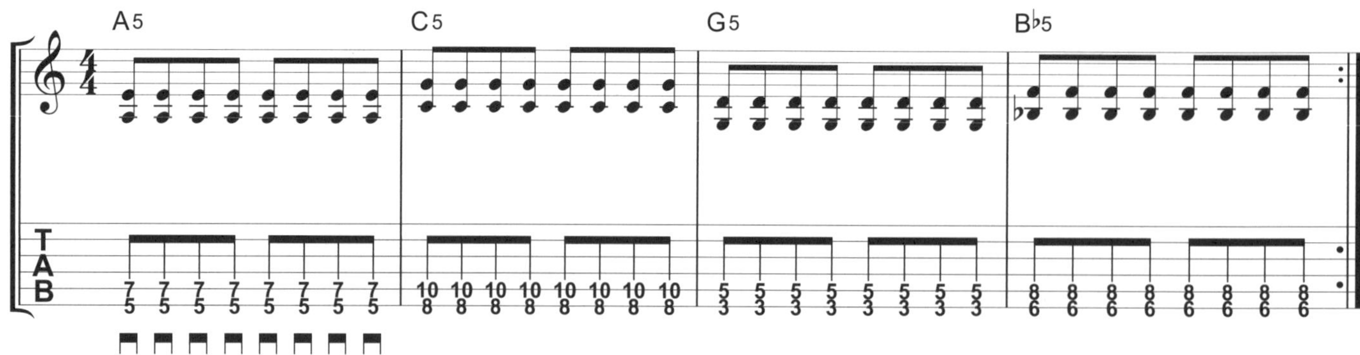

5번 줄 위의 파워코드의 이동 `Track 127`

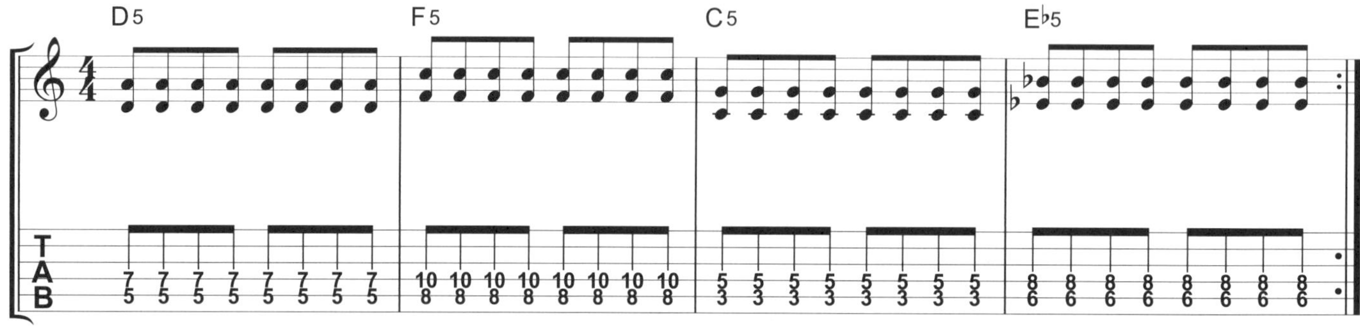

6번 줄, 5번 줄을 뛰어넘는 연습 `Track 128`

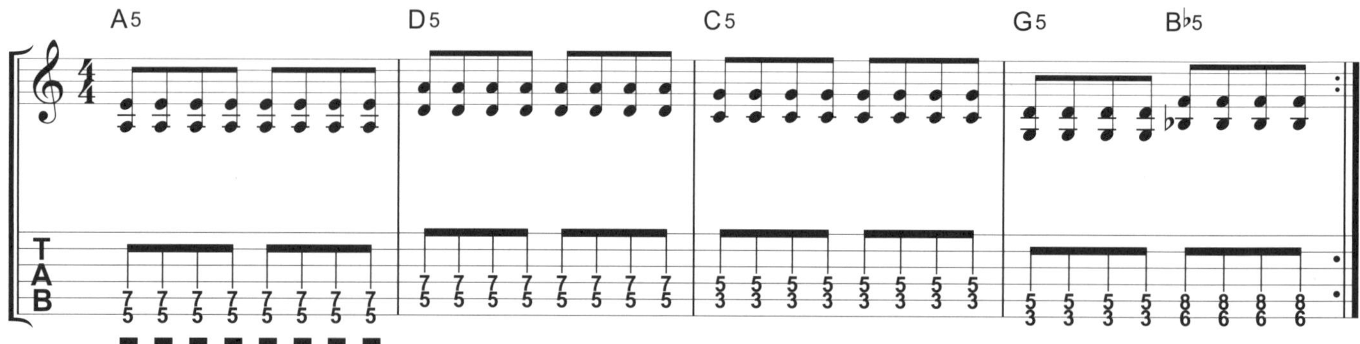

코드 슬라이드를 응용한 연습 `Track 129`

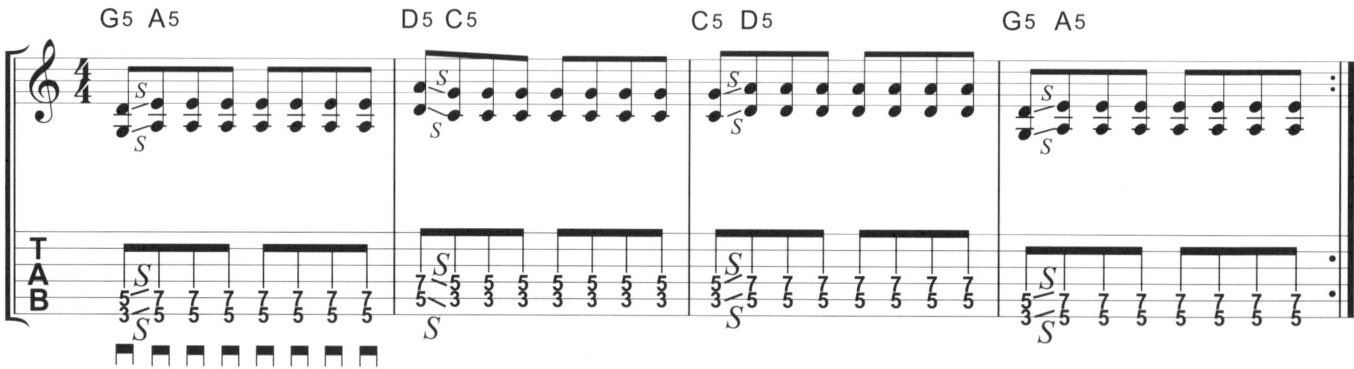

코드 슬라이드, 코드 스크래치를 응용한 연습 `Track 130`

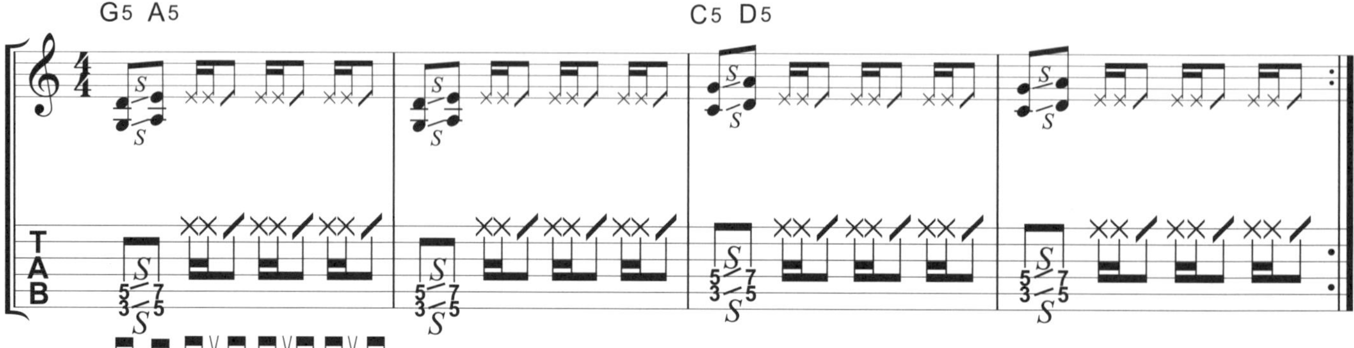

팜 뮤트는 오른손 손바닥을 브릿지 위에 대고 줄을 피킹하는 테크닉입니다.
통통거리는 소리가 인상적인 테크닉입니다. 주로 록 음악에서 사용되며 어쿠스틱 기타에서도 사용됩니다.

브릿지 위에 올려놓은 손바닥이 브릿지를 너무 벗어나게 되면 적당히 울림이 유지되지 않고 짧게 끊겨 버리게 되니 주의합시다.

팜뮤트는 악보상에 P.M이라고 적도록 하겠습니다. (악보들 마다 표기법이 조금씩 다를 수 있습니다.)

개방현 파워코드의 팜 뮤트
개방현에서도 파워코드를 연주할 수 있습니다.

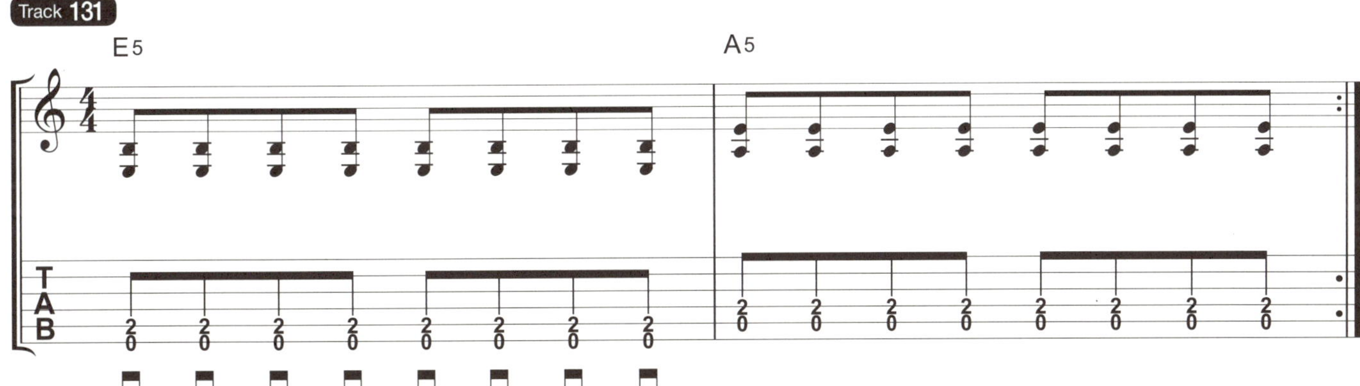

개방현 파워코드의 팜 뮤트를 할 때에는 개방현 이외의 다른 줄들은
브러싱 자세를 응용하여 모두 뮤트하도록 합시다.

5번 줄의 개방현 파워코드를 연주할 때에는 왼손 엄지손가락으로 6번 줄
개방현을 뮤트하여 울리지 않도록 합시다.

팜 뮤트 기본 연습 Track 132

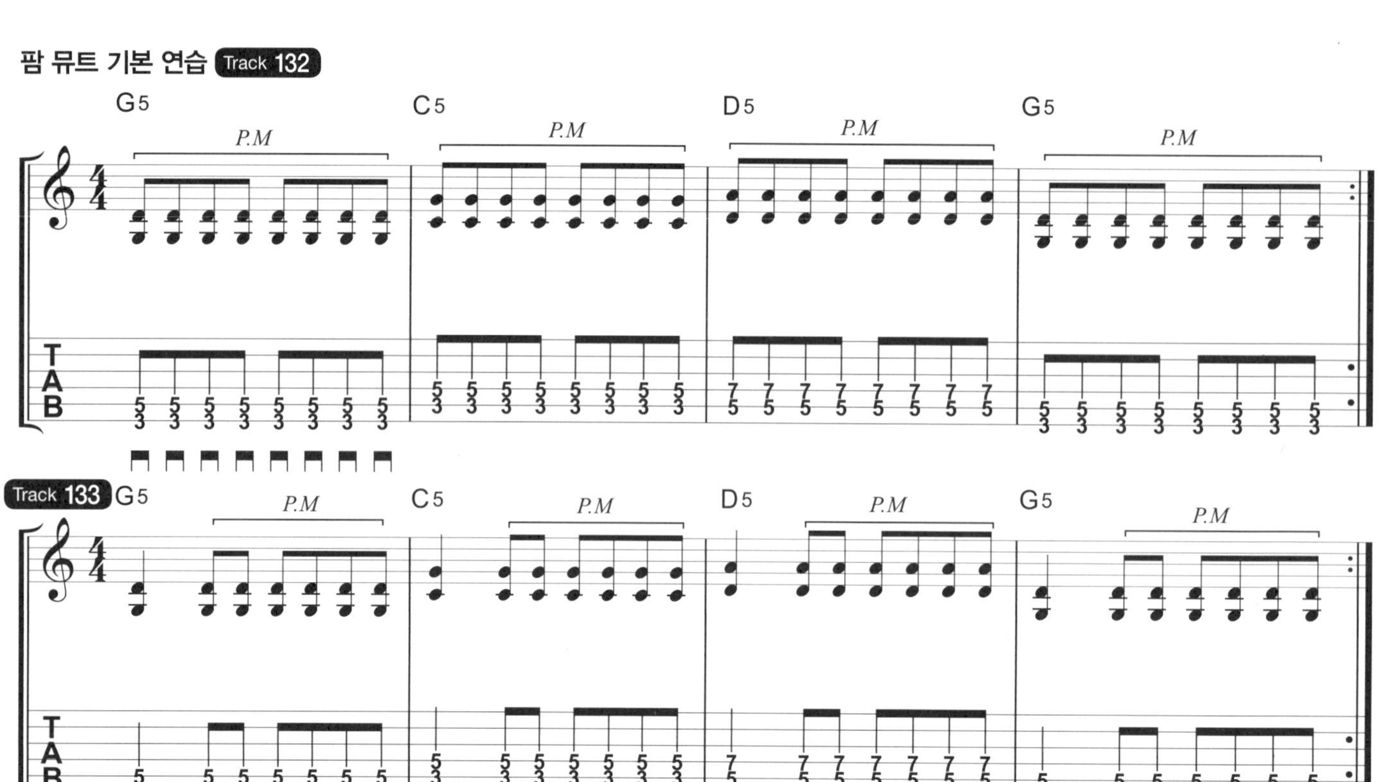

Track 133 G5

슬라이드를 활용한 팜 뮤트 Track 134

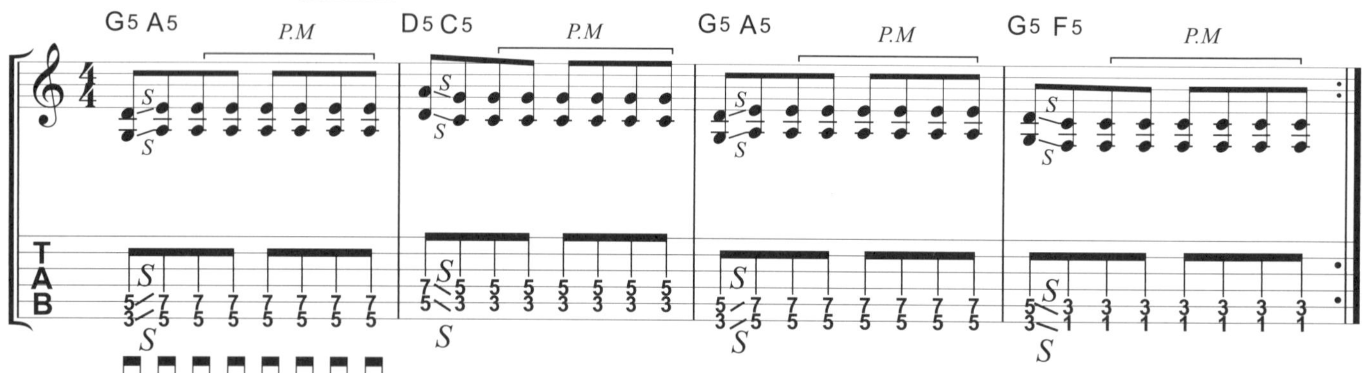

개방현의 저음부를 활용한 팜 뮤트 Track 135

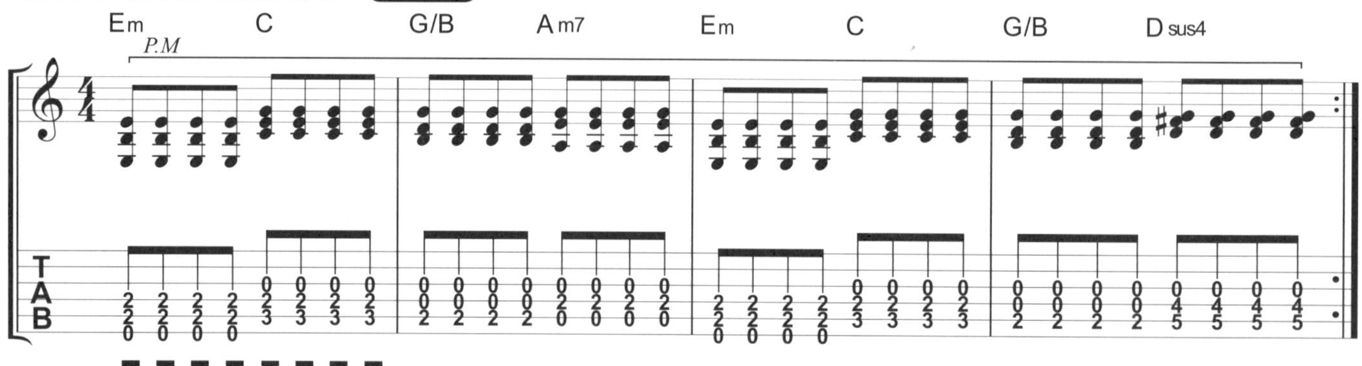

팜뮤트와 스트로크를 함께 응용하는 연습 Track 136

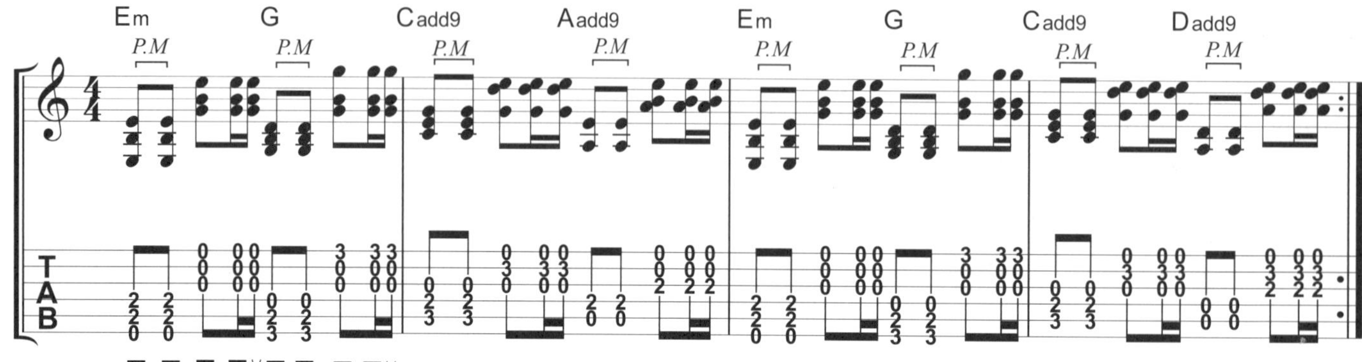

| 연습곡 |

개방현 코드의 저음부를 이용한 팜 뮤트 연습곡입니다.

Track 137 all part
Track 138 반주트랙

먼지가 되어

송문상 작사
이대헌 작곡
김광석 노래

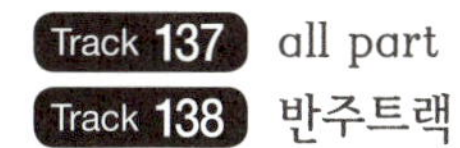

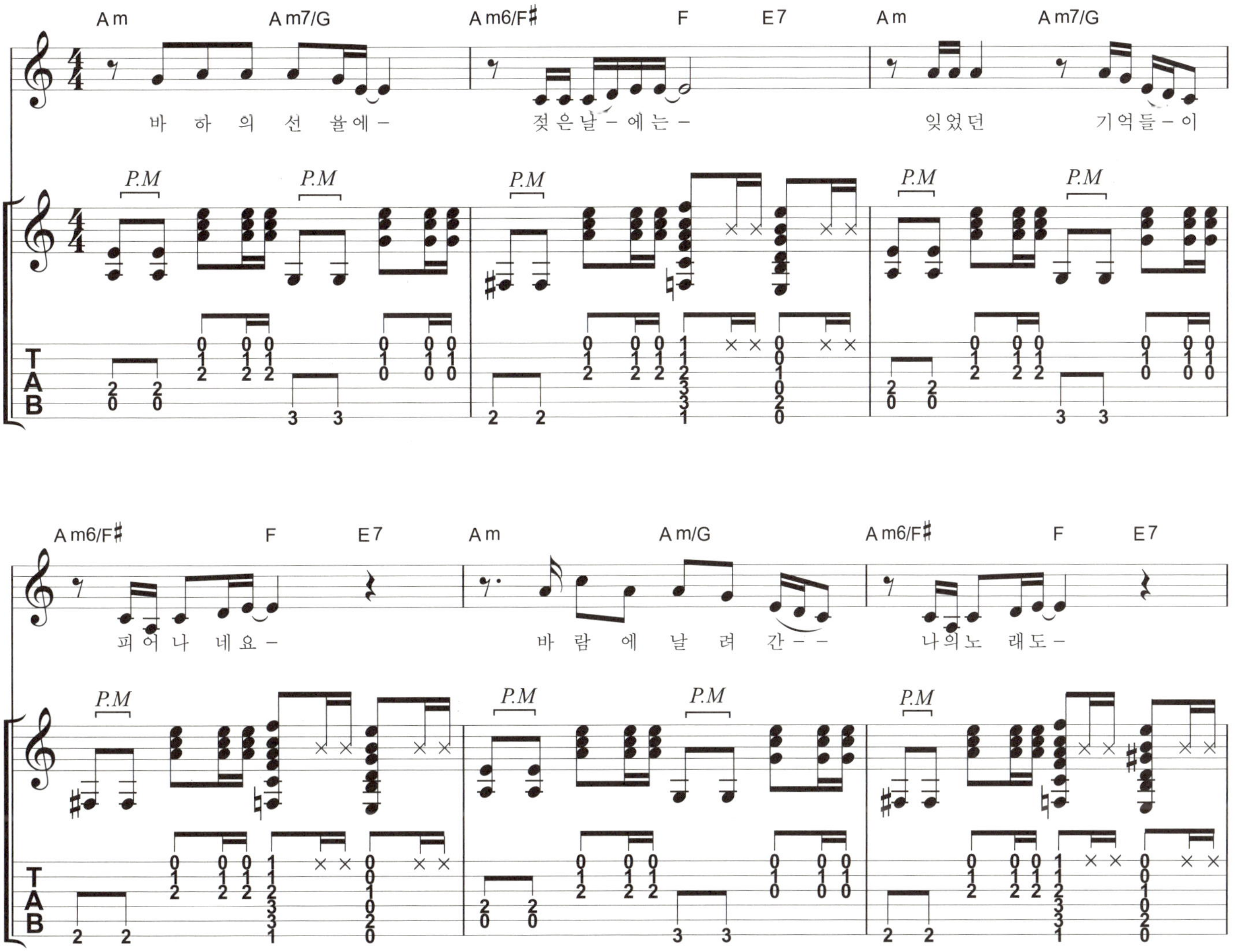

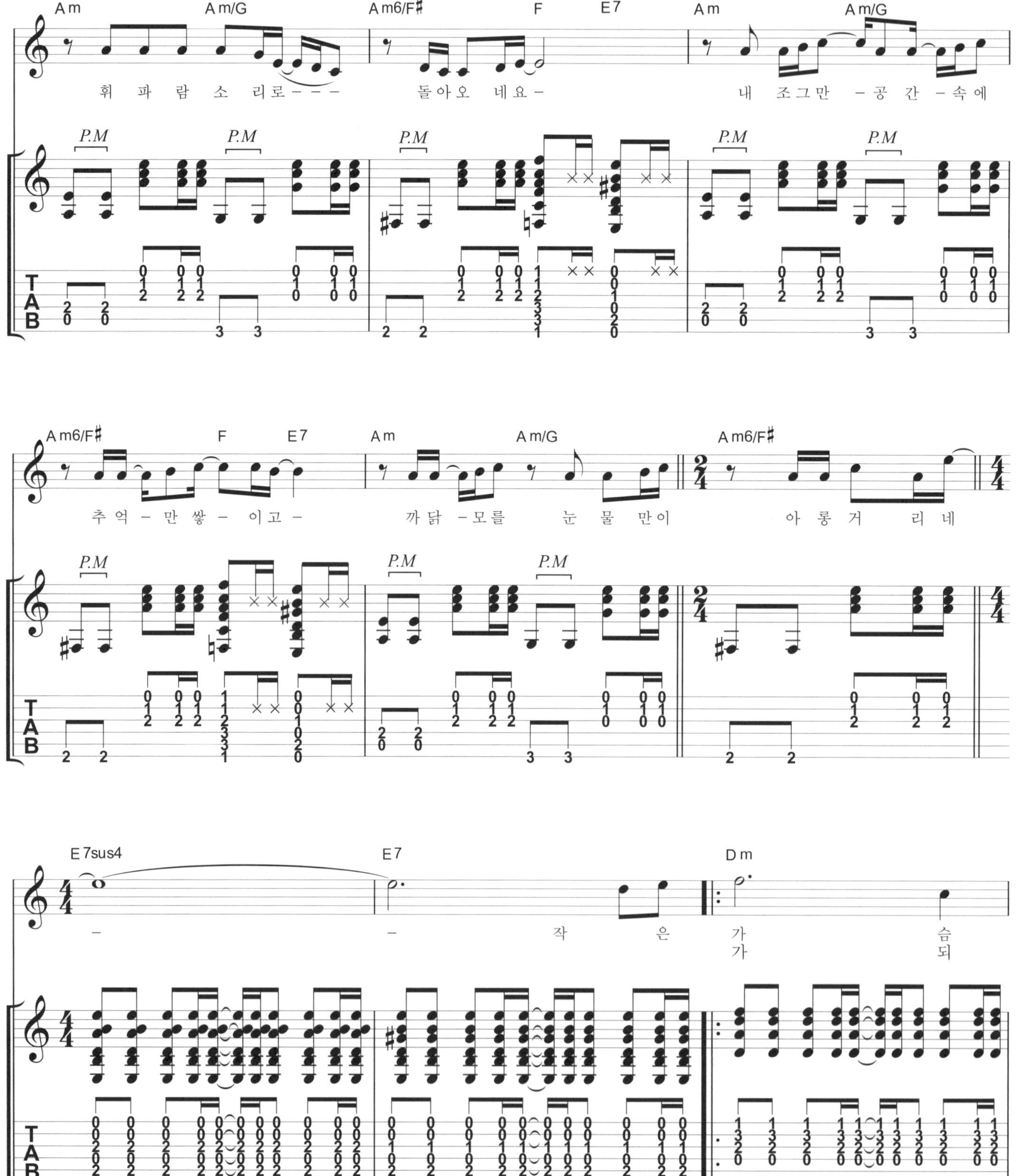

Am   Am/G   Am6/F#   F   E7   Am   Am/G
휘 파 람 소 리 로----   돌 아 오 네 요-   내 조 그 만 -공 간 -속 에
P.M   P.M   P.M   P.M   P.M
Am6/F#   F   E7   Am   Am/G   Am6/F#
추 억 -만 쌓 -이 고-   까 닭 -모 를   눈 물 만 이   아 롱 거 리 네
P.M   P.M   P.M
E7sus4   E7   Dm
-   -   작   은   가   슴   되
가   되

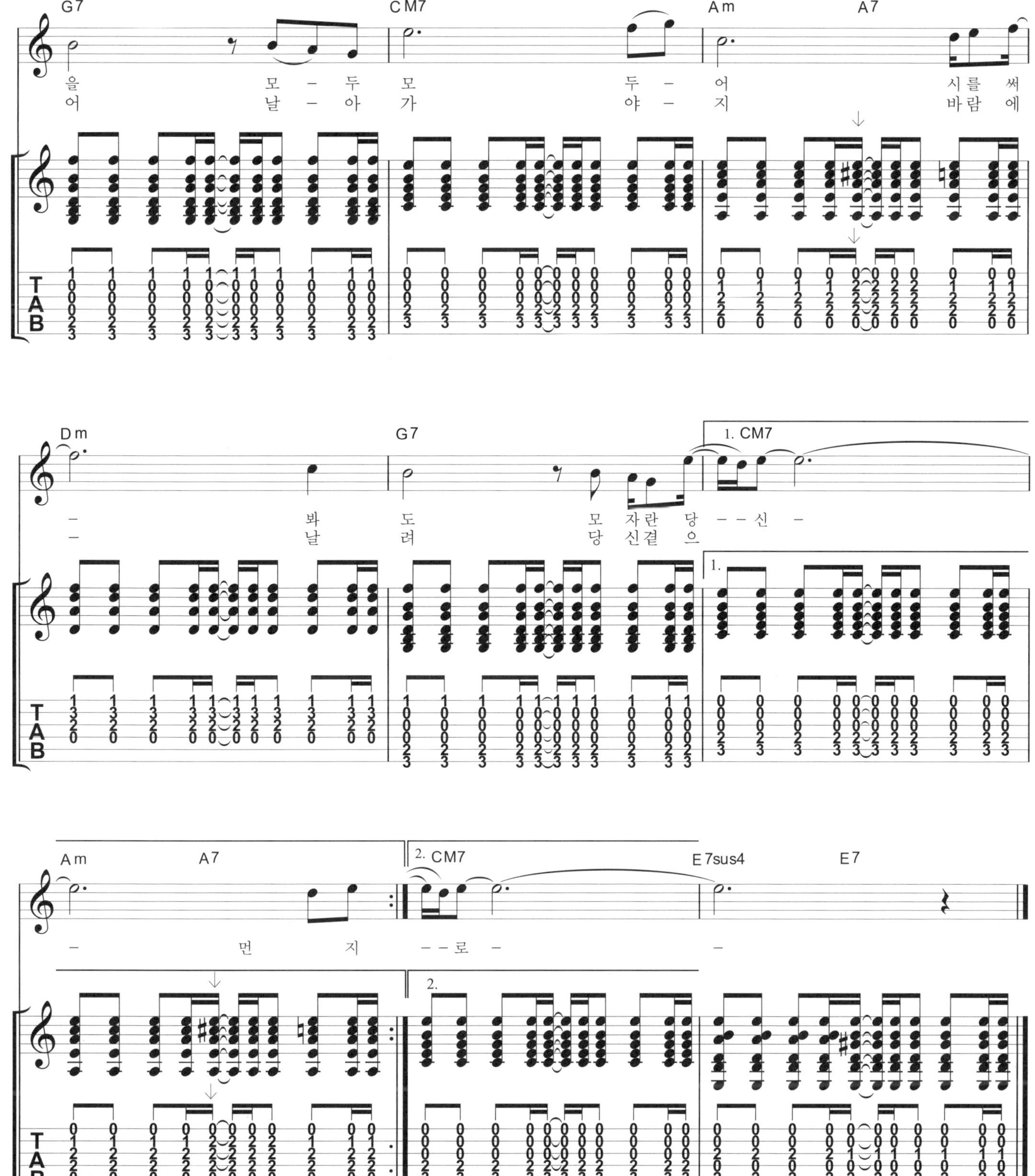

G7
CM7
Am
A7
을어
모 - 두 모
두 - 어
시 를 써
어
날 - 아 가
야 - 지
바 람 에

Dm
G7
1. CM7
- 봐
도
모 자 란 당 - - 신 -
- 날
려
당 신 곁 으

Am
A7
2. CM7
E7sus4
E7
-
먼 지 - - 로 -

파워코드를 활용한 팜 뮤트 연습곡으로 편곡된 악보입니다.
원곡은 A♭이지만 연주의 편의상 G키로 조바꿈 되었습니다.

Ugly

테디 작사
테디, Lydia paek 작곡
2NE1 노래

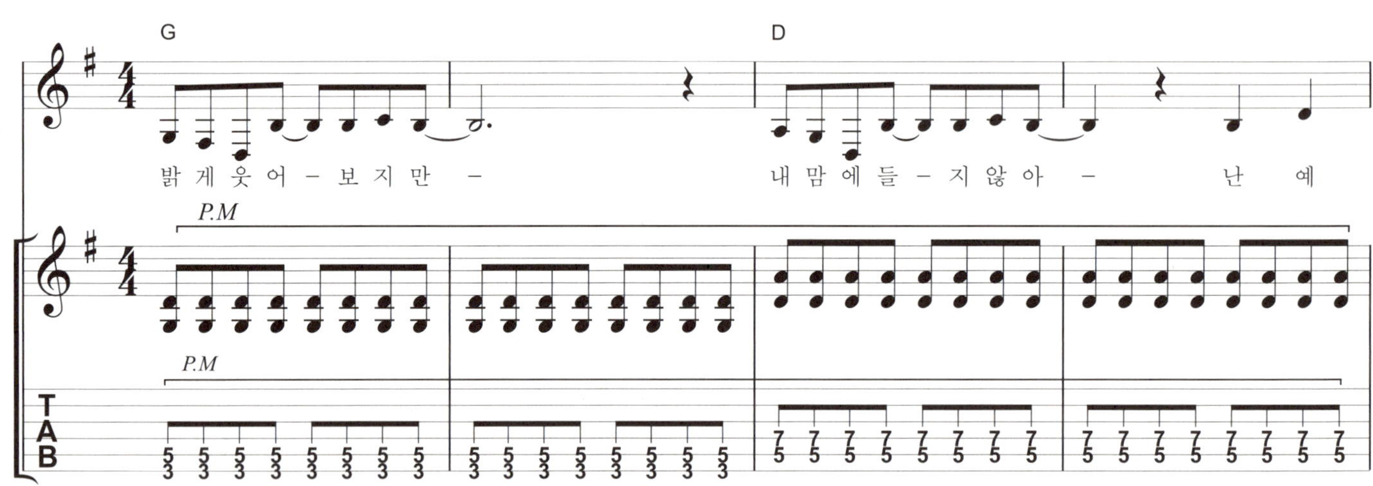

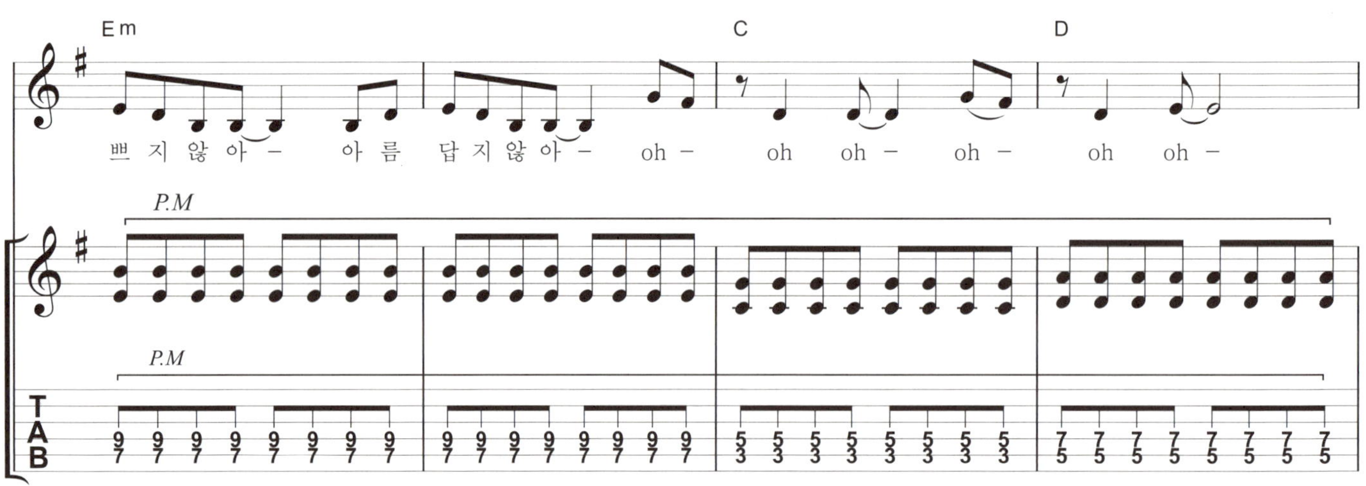

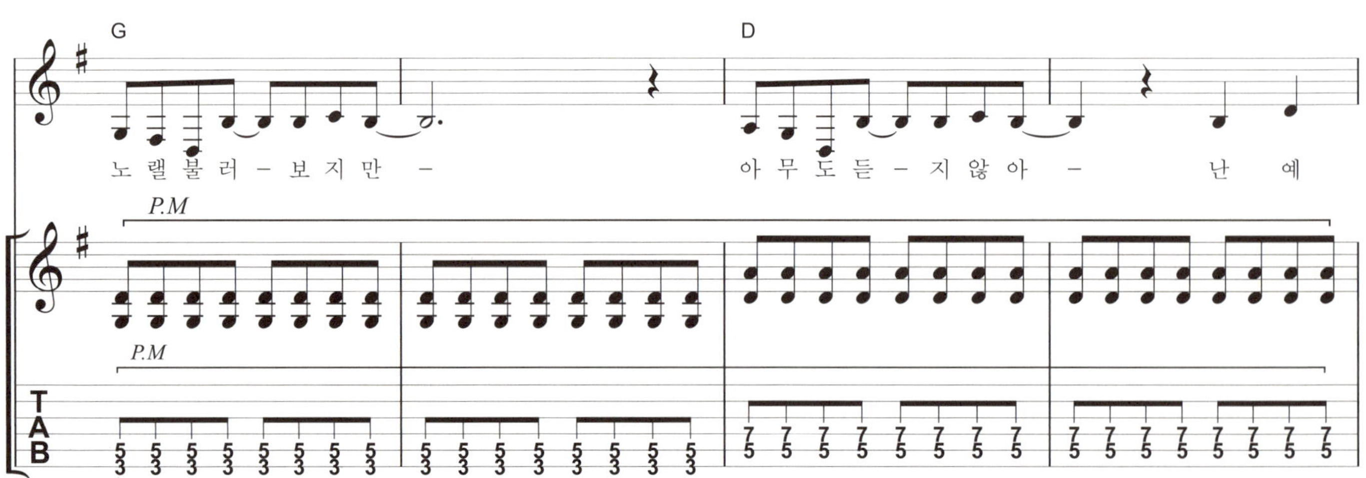

Em
C
D
쁘지않아 - 아름 답지않아 - oh - oh oh - oh - oh ohoh -
P.M
P.M
G
D
난 왜이 - 렇게못난 - 걸까 - 어떻 - 하 면 - 나 도
날 쉽게이 - 해한다고하지마 - 못생 - 기 고 - 삐 뚤
P.M
P.M
Em
C
D
- 너 처 - 럼 환 - 하 게 - 웃 어 - 볼 - 수 - 있을까 - 또화 - 가 나
- 어 진 - 내 마 - 음 이 - 널 원 - 망할지 - 도몰라 - 말 시 키 지 마
P.M
P.M

G
왜 늘 - 완 벽 하 지 - 못 해 -
난 너 - 와 어 울 리 지 못 해 -
D
이 깨 - 진 거 - 울 - 속
그 잘 - 난 눈 - 빛 - 속
P.M
P.M
Em
- 못 - 난 - 모 - 습 - 을 - 향 - 해
- - 차 - 가 - 운 - 가 - 식 - 이 - 날
C
탓 - 하 기 - 만 해 -
숨 - 막 히 - 게 해 -
D
쳐 다 보 지
다 가 오 지
P.M
P.M
G
마
마
지 금 이 - 느 낌 이 싫 어 난 -
너 의 관 - 심 조 차 싫 어 난 -
D
어 디 - 론 가 - 숨 고
어 디 - 론 가 떠 나
P.M
P.M

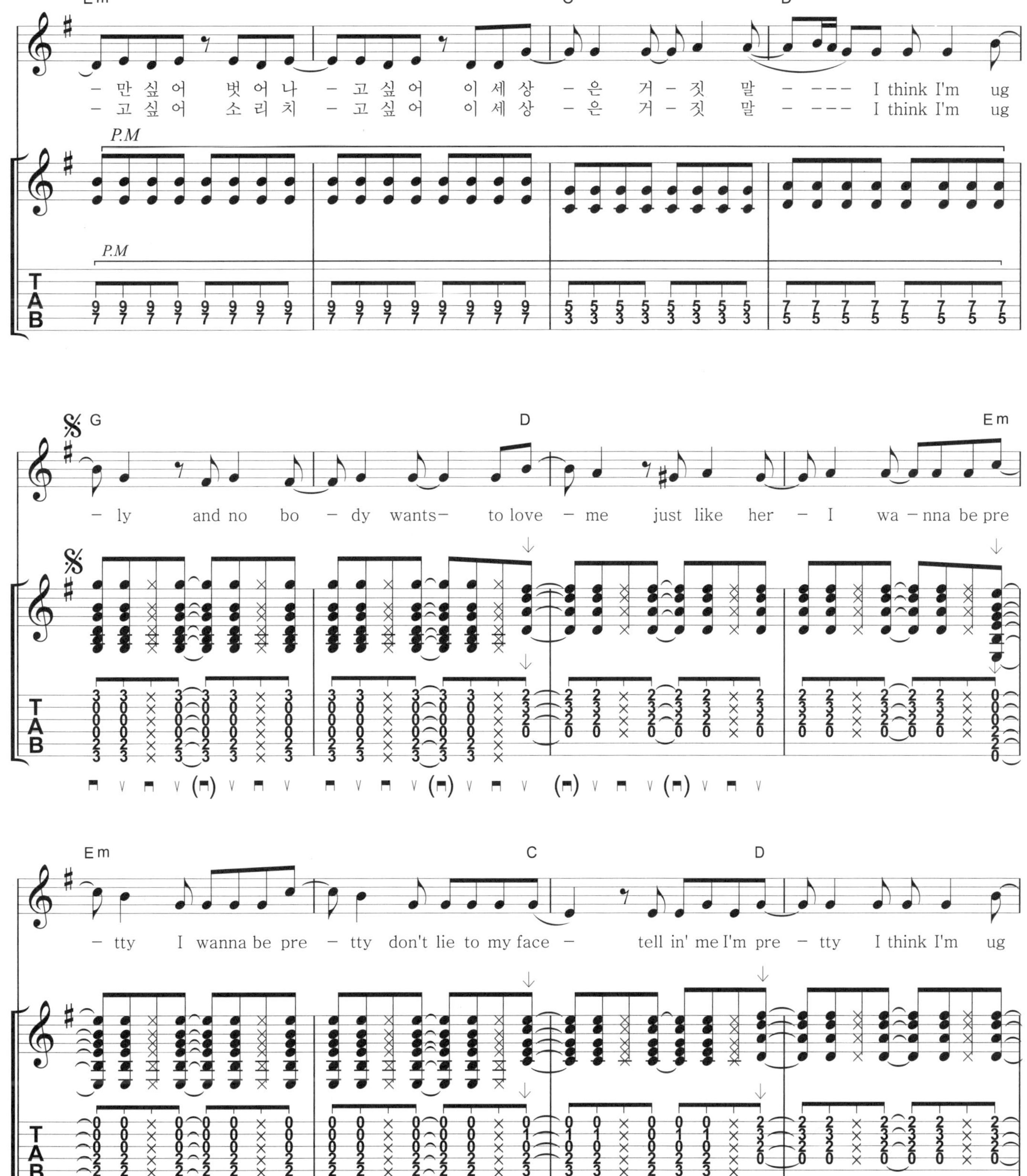

Em
만 싶어 벗어나 – 고 싶어 이 세 상 – 은 거 – 짓 말 – – – – I think I'm ug
고 싶어 소 리 치 – 고 싶어 이 세 상 – 은 거 – 짓 말 – – – – I think I'm ug
P.M
G
D
Em
– ly and no bo – dy wants – to love – me just like her – I wa – nna be pre
Em
C
D
– tty I wanna be pre – tty don't lie to my face – tell in' me I'm pre – tty I think I'm ug

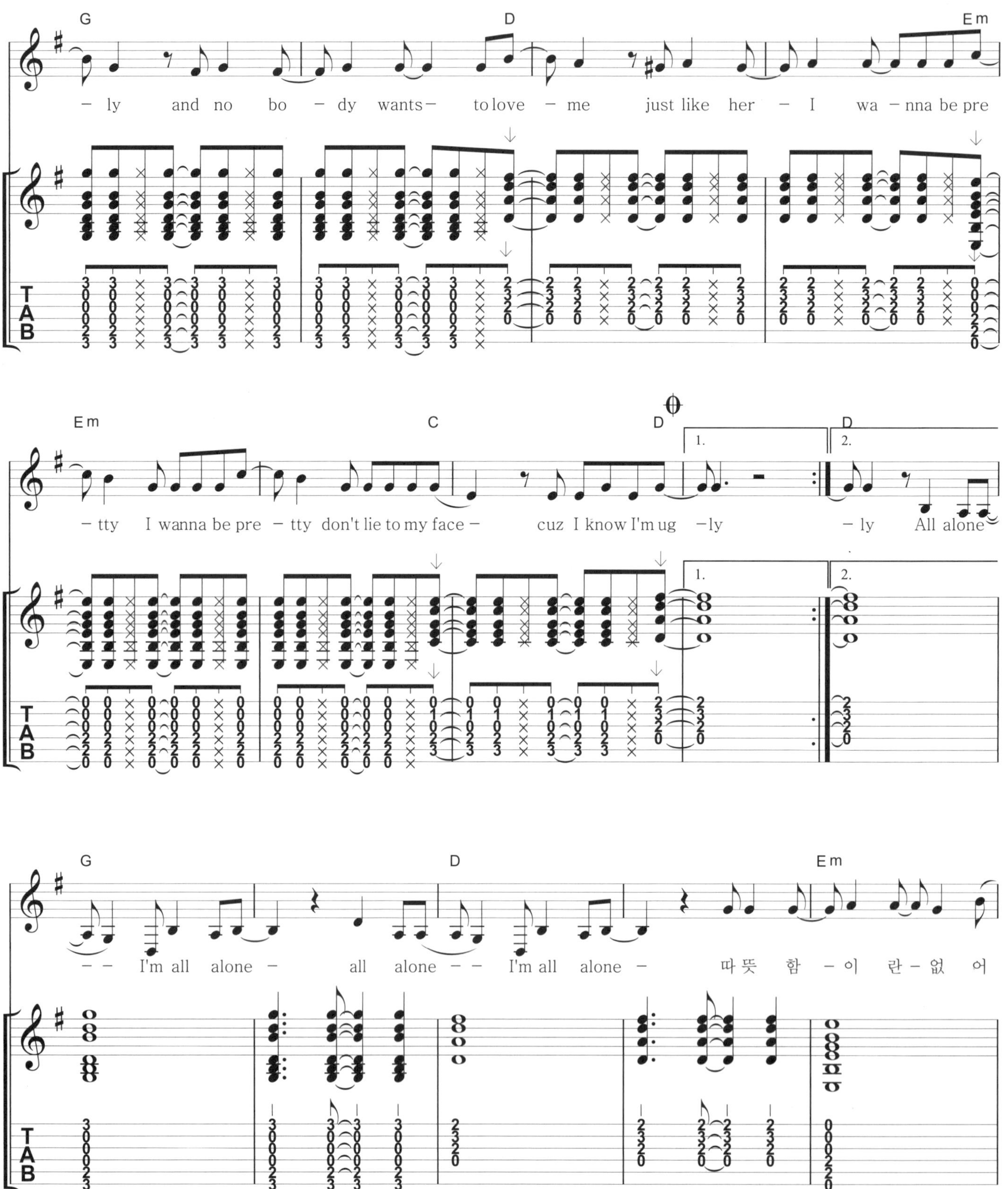

G   D   Em
- ly and no bo - dy wants - to love - me   just like her - I wa - nna be pre

Em   C   D   1.   2.
- tty I wanna be pre - tty don't lie to my face - cuz I know I'm ug - ly   - ly All alone

G   D   Em
- - I'm all alone - all alone - - I'm all alone -   따뜻 함 - 이 란 - 없 어

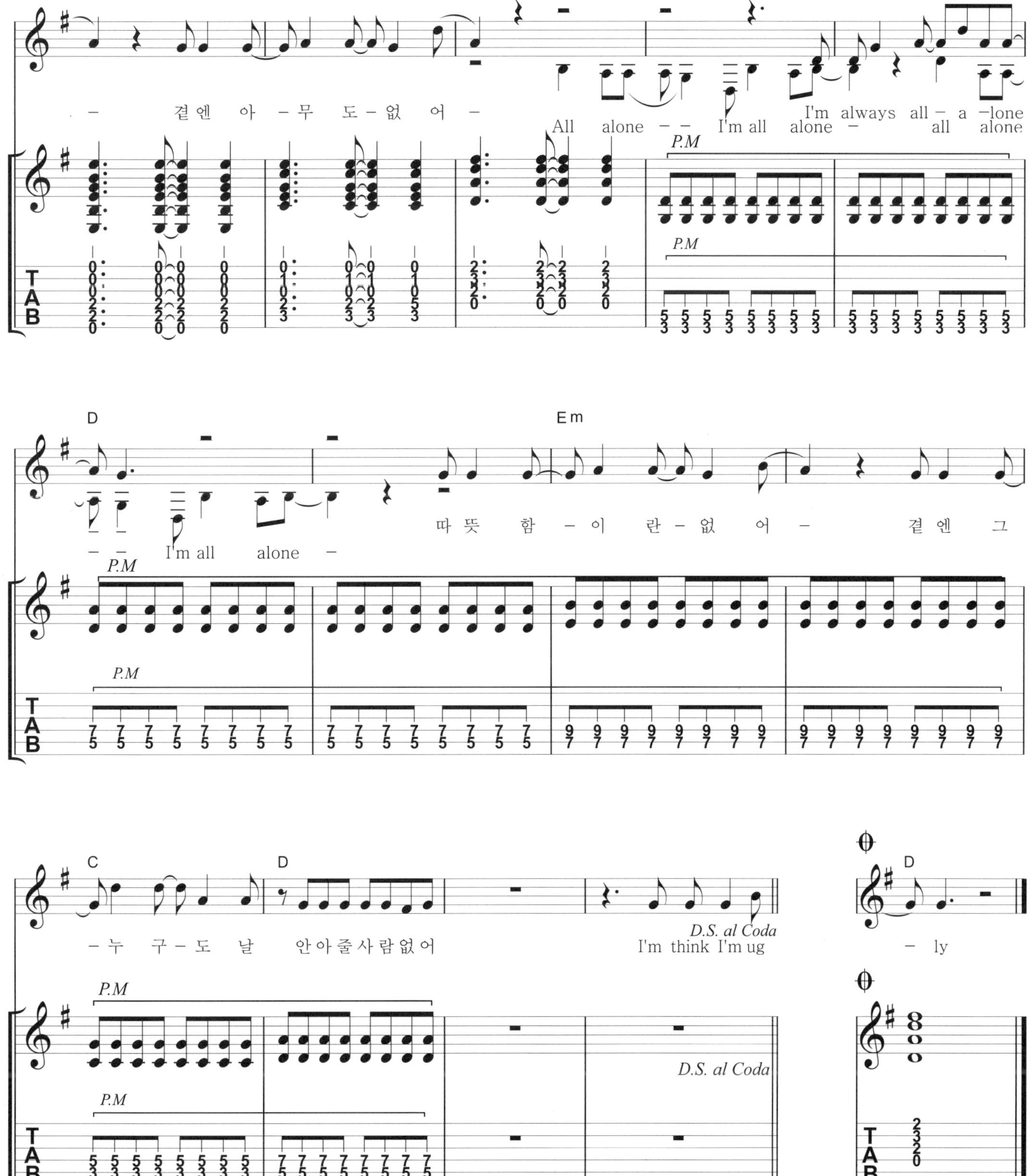

Em   C   D   G
겉엔 아 - 무 도 - 없 어 -
All alone - - I'm all alone - all alone
I'm always all - a -lone
P.M

D   Em
따 뜻 함 - 이 란 없 어 -   겉엔 그
- P.M I'm all   alone -
P.M

C   D
- 누 구 - 도 날   안아줄사람없어
I'm think I'm ug
D.S. al Coda

D
- ly
D.S. al Coda

Chapter 10

핑거스타일 연주

아르페지오 & 리듬 트레이닝

1. 아르페지오

아르페지오(Arpeggio)는 분산화음을 뜻하며 코드의 구성음들을 각각 박자에 나누어 분산하여 치는 것을 말합니다.
아르페지오를 이용한 기본적인 반주법에 대한 연습을 하겠습니다.

1) 오른손의 트레이닝

오른손으로 기타줄을 퉁기는 방법은 아포얀도와 알 아이레 라는 두 가지 방법이 있습니다.

아포얀도
아포얀도란 오른손 손가락이 줄을 퉁긴 후, 다음 줄에 걸쳐서 멈추는 주법으로서 강하고 굵은 음을 낼 수 있습니다.
주로 멜로디 연주에 자주 사용 됩니다.

알 아이레
손가락이 다음 줄에서 멈추지 않고 스치듯이 퉁겨서 공중에 뜨는 주법을 알 아이레 라고 합니다.
아르페지오 패턴을 연주할 때 사용되는 연주법입니다.

우리는 알 아이레에 주목하여 아르페지오 패턴을 연습하겠습니다.

핑거스타일이란 손가락을 활용해 연주하는 모든 연주 기법을 의미하지만 우리가 알고 있는 핑거스타일이란 기타 한 대로 반주와 멜로디를 동시에 연주하는 것 이라고 보아도 무방하겠습니다.
지금은 이 핑거스타일이 장르가 되었다고 해도 과언이 아닌데요, 그만큼 많은 분들이 이 연주법에 관심이 많으시고 높은 수준의 연주를 하고 싶어 하신다고 생각됩니다.
이 책에서는 기본기를 탄탄히 익힌다고 생각하고 핑거스타일에 관심이 많으신 분들은 전문 교재를 찾아보시는 것도 좋습니다.

2) 기본 자세와 리듬트레이닝

오른손가락의 명칭

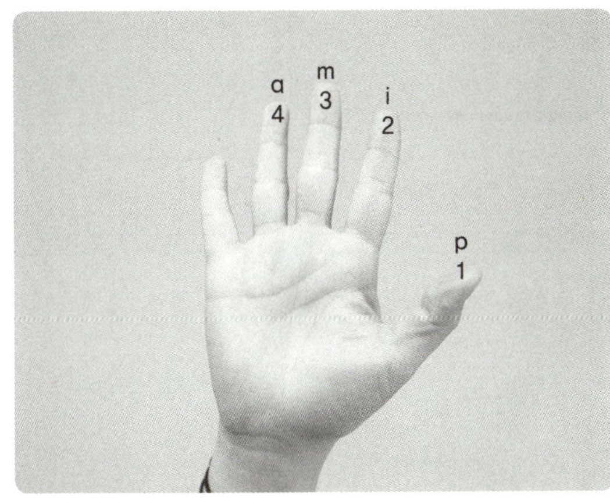

클래식 주법에서는 엄지는 P, 집게 손가락은 I, 가운데 손가락은 m, 약손가락은 a로 표기하지만 이 책에서는 각 각 1,2,3,4로 표기하겠습니다.
손을 살짝 둥글게 만들어 엄지(1)는 6번 줄 위에, 나머지 2, 3, 4번 손가락은 각각 3, 2, 1번 줄에 대입해 주세요.

엄지와 집게 손가락은 서로 살짝 교차하여 위에서 바라볼 때 X자로 교차하게 만듭니다.
엄지가 집게 손가락보다 뒤에 있는 자세는 좋지 않습니다. 자세를 유지할 수 있도록 주의해 주세요.

기본적인 아르페지오 패턴을 익혀 봅시다.

각각의 손가락이 맡은 줄을 잘 지키도록 노력하면서 연주해 보세요.

아르페지오 기본 패턴 1

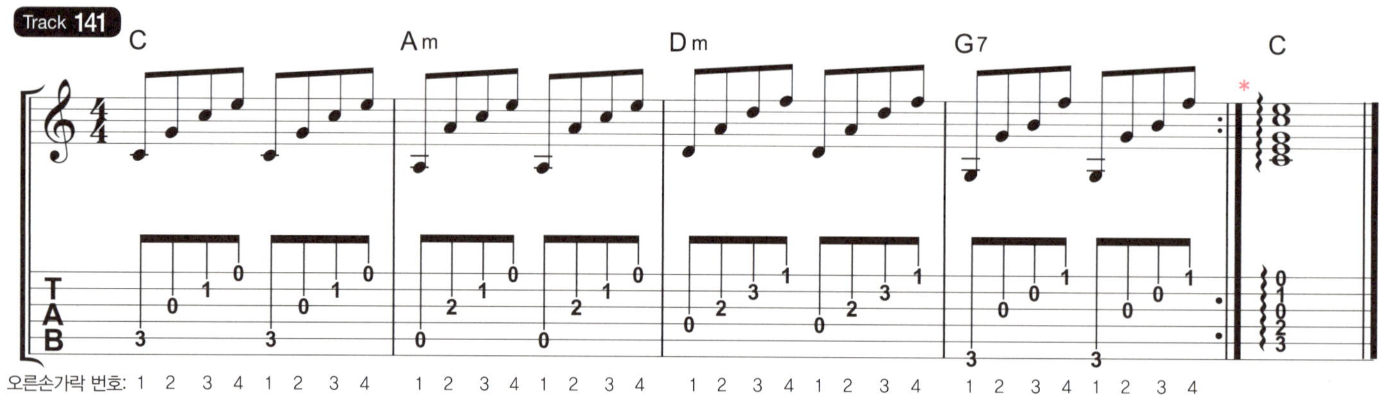

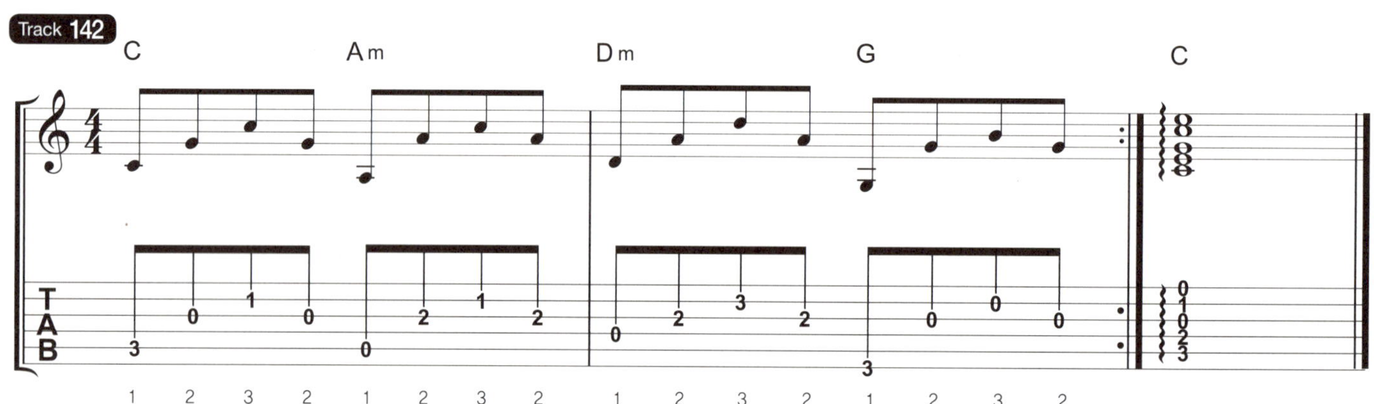

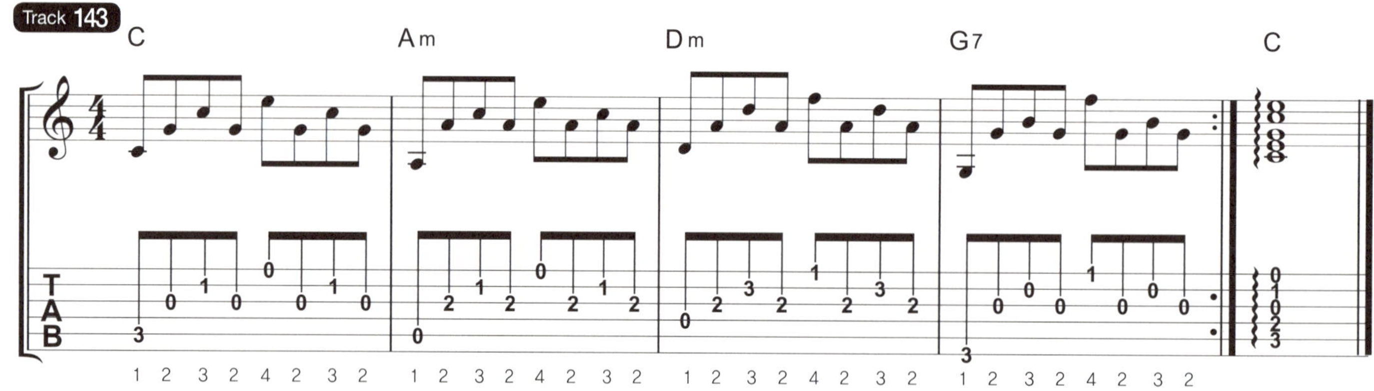

* 물결 표시는 엄지로 저음 줄부터 스르릉~하는 느낌으로 쓸어내려 주세요.

3) 코드와 베이스 음의 관계

코드네임의 맨 앞에 쓰인 알파벳은 코드의 베이스, 즉 근음을 뜻합니다.

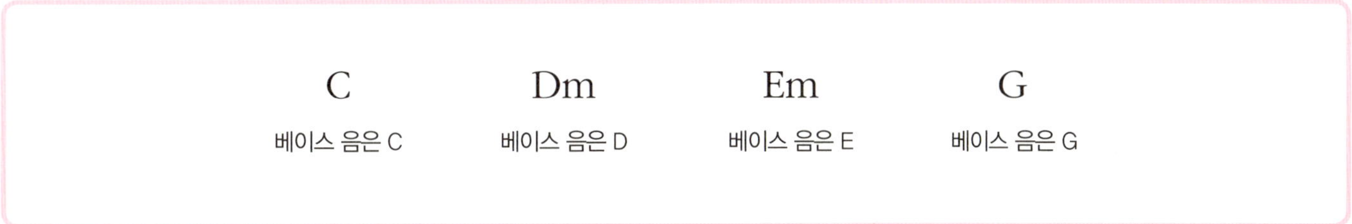

아르페지오에서는 패턴의 맨 처음에 엄지 손가락으로 연주하는 음이 베이스(근음)입니다.

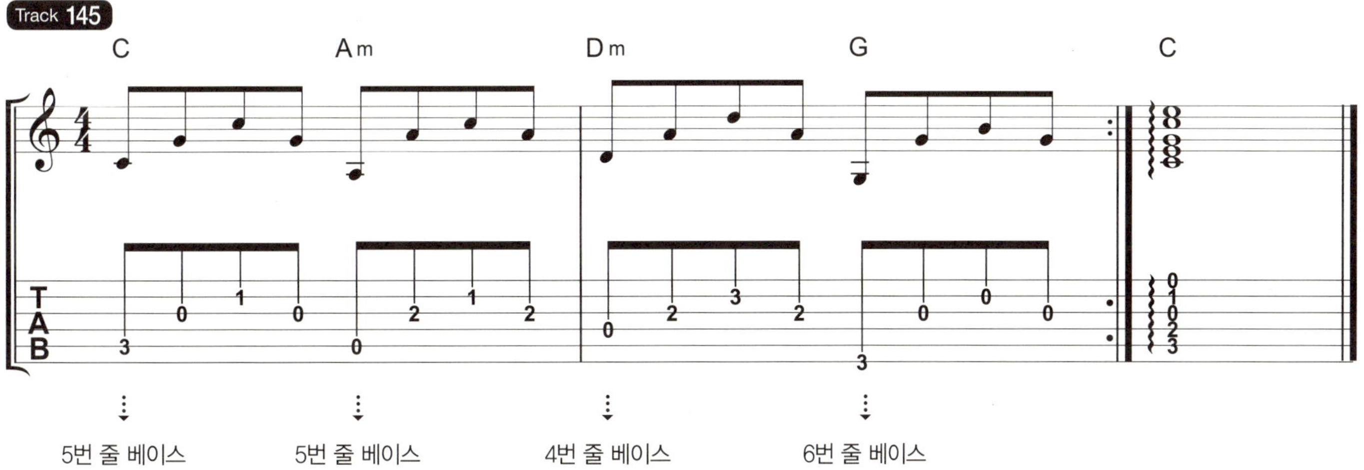

베이스 음을 기억하기 위해 4, 5, 6번 줄의 각 프렛의 이름을 기억해 두는 것도 좋은 방법입니다.

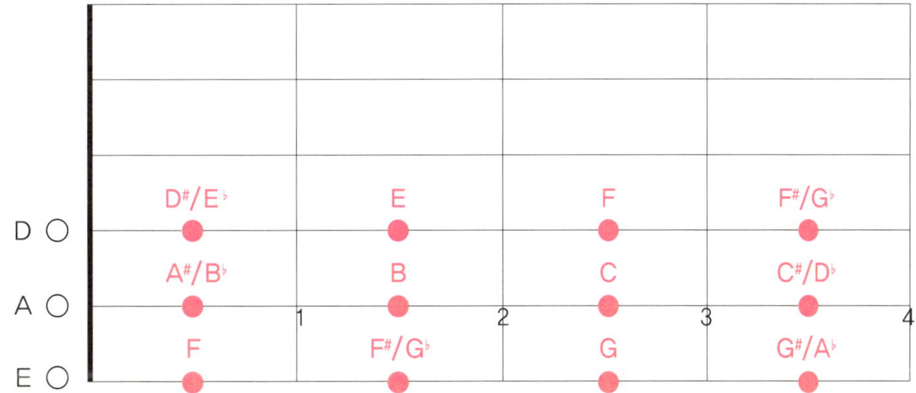

내가 만일

김범수 작사
김범수 작곡
안치환 노래

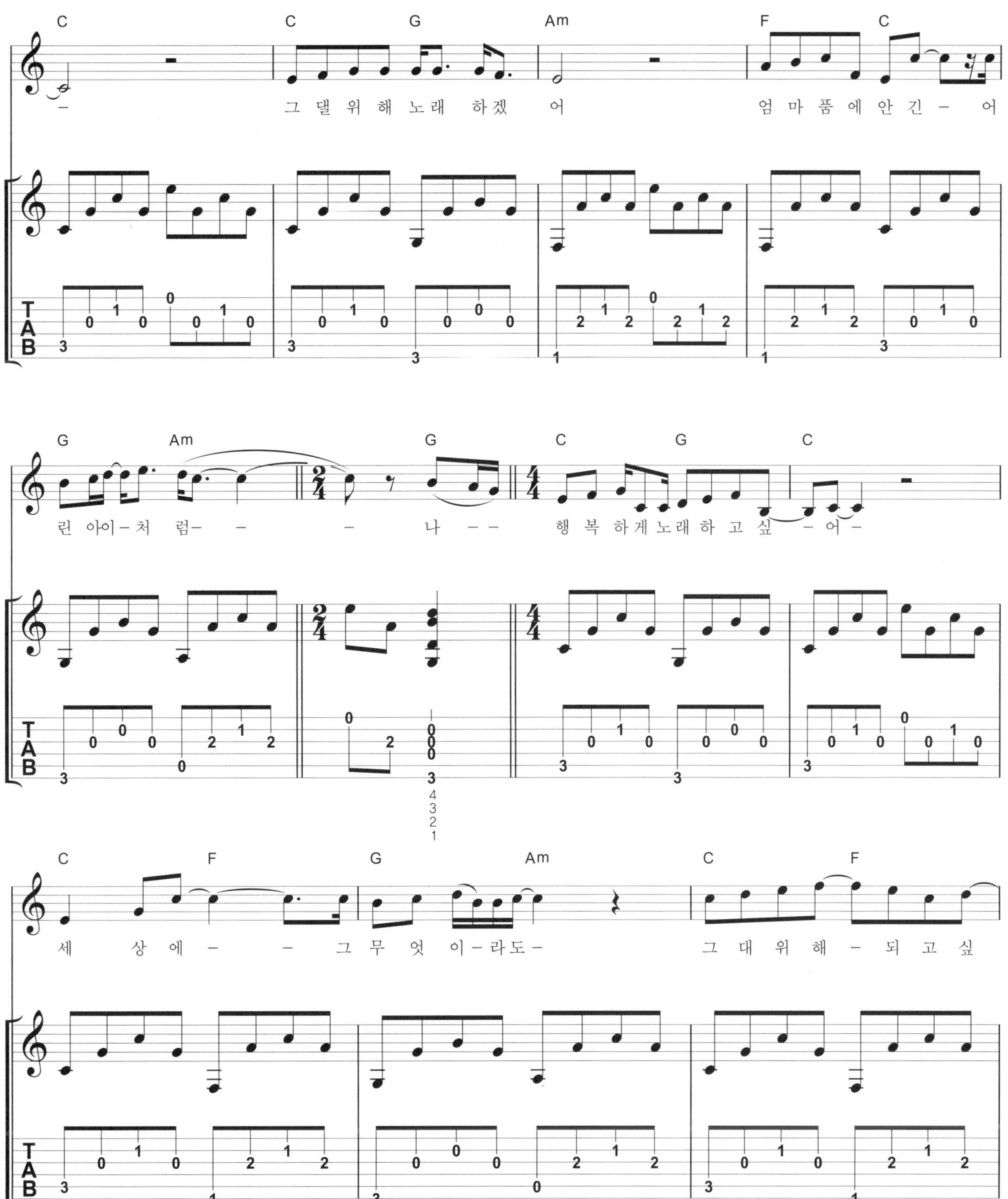

그댈위해노래하겠 어
엄마품에안긴 - 어
린 아이 - 처 럼 - 나 - - 행 복 하 게 노 래 하 고 싶 - 어 -
세 상 에 - - 그 무 엇 이 라 도 - 그 대 위 해 - 되 고 싶

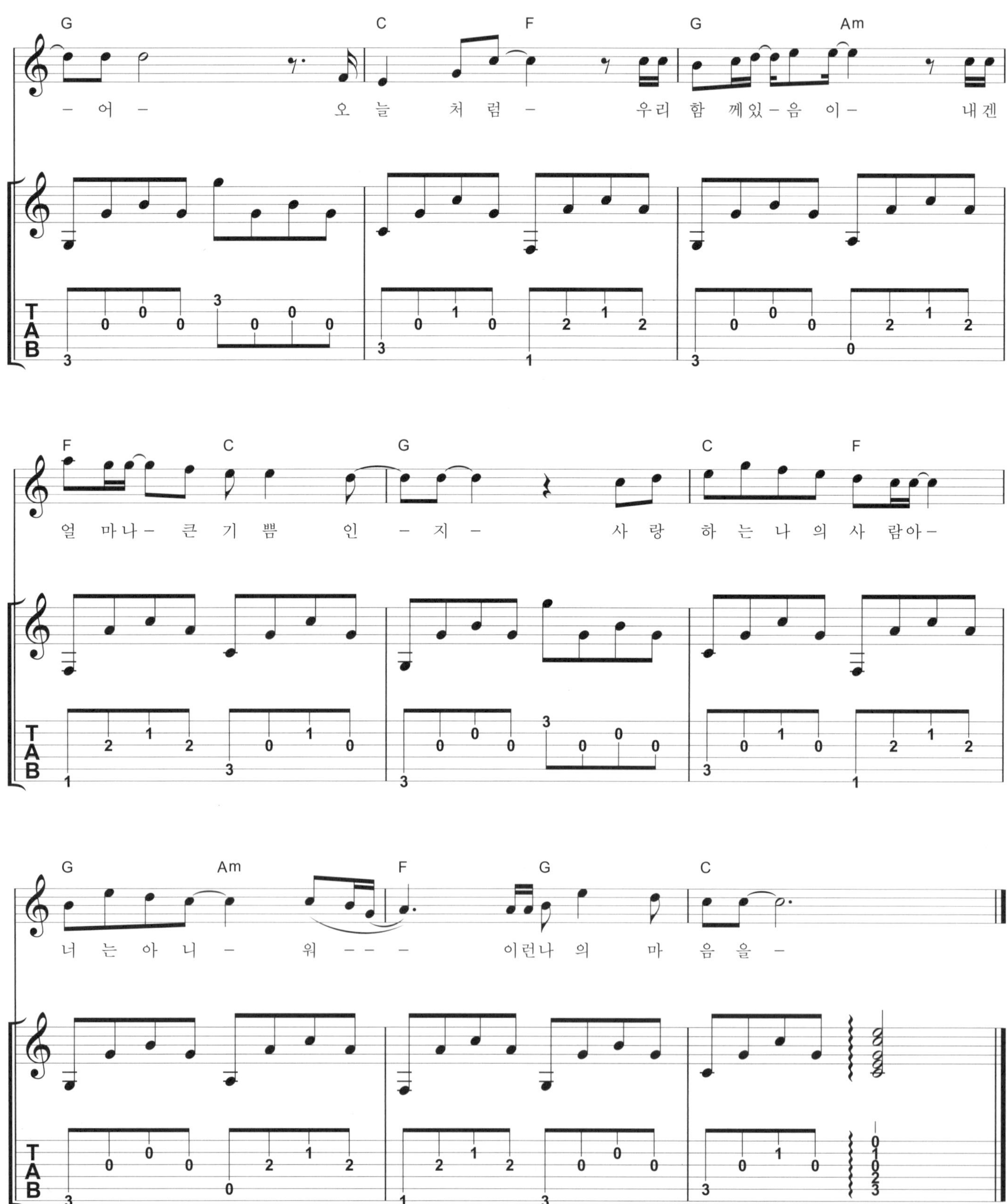

G   C   F   G   Am
－어－   오 늘 처 럼 －   우 리 함 께 있 －음 이 －   내 겐

F   C   G   C   F
얼 마 나 － 큰 기 쁨 인 － 지 －   사 랑 하 는 나 의 사 람 아 －

G   Am   F   G   C
너 는 아 니 － 워 － － －   이 런 나 의 마 음 을 －

나뭇잎 사이로

조동진 작사
조동진 작곡
조동진 노래

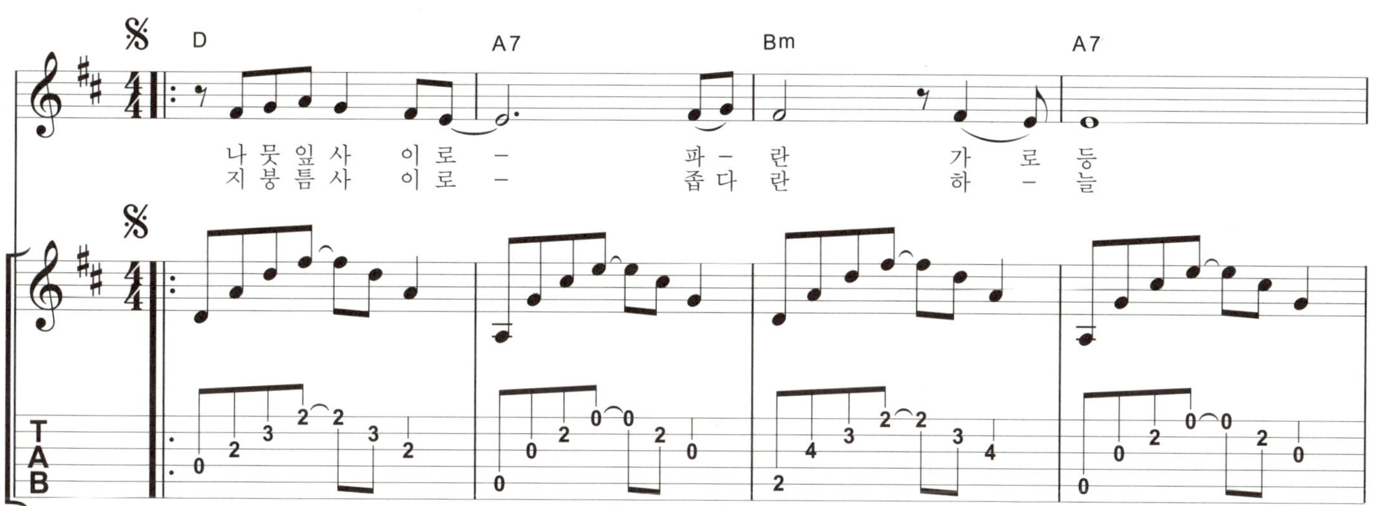

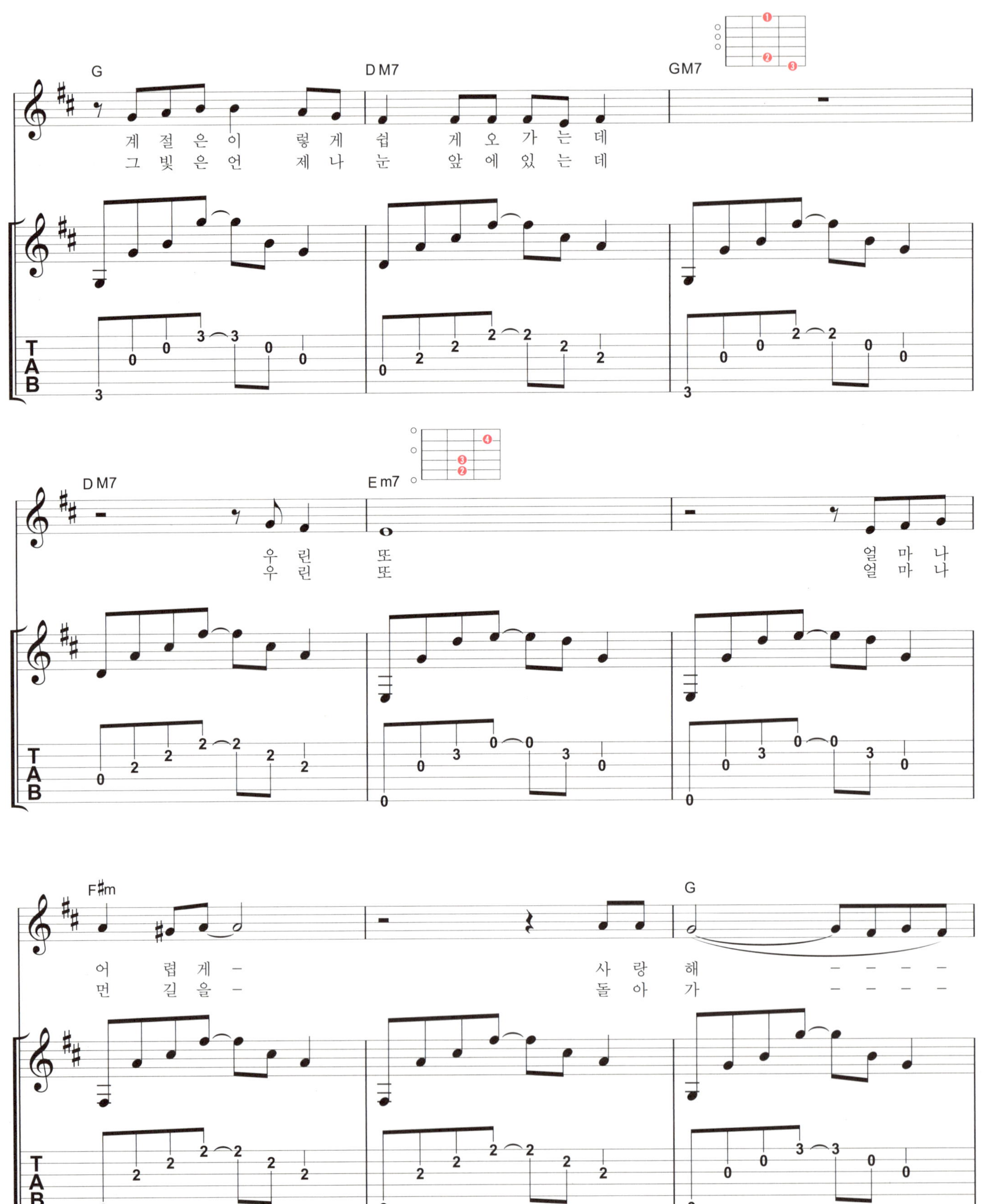

G
D M7
GM7
계 절 은 이 렇 게 쉽 게 오 가 는 데
그 빛 은 언 제 나 눈 앞 에 있 는 데
D M7
E m7
우 리 또
우 리 또
얼 마 나
얼 마 나
F#m
G
어 렵 게 ㅡ
먼 길 을 ㅡ
사 랑 해
돌 아 가
ㅡ ㅡ ㅡ ㅡ
ㅡ ㅡ ㅡ ㅡ
TAB

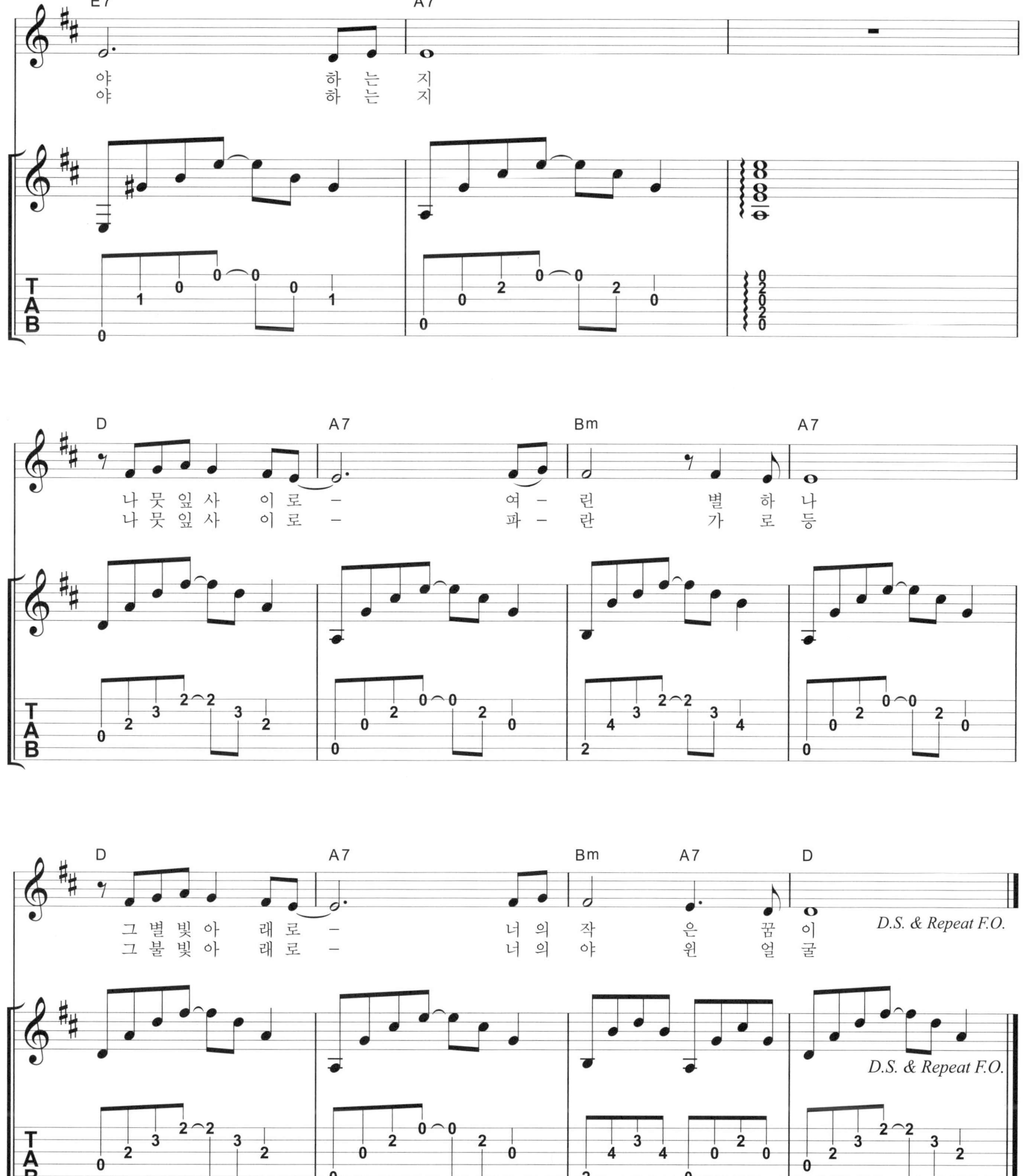

E7
A7
야
야
하 는 지
하 는 지

D
A7
Bm
A7
나 뭇 잎 사 이 로 —
나 뭇 잎 사 이 로 —
여 — 린
파 — 란
별 하 나
가 로 등

D
A7
Bm
A7
D
그 별 빛 아 래 로 —
그 불 빛 아 래 로 —
너 의 작
너 의 야
은
원
꿈 이
얼 굴

D.S. & Repeat F.O.

TAB

*셋잇단음표 패턴의 연습 `Track 150`

4분음표는 다음과 같이 분할됩니다.

앞서 바운스와 셔플 리듬을 익힐 때 한 박을 삼등분한 음표를 셋잇단음표라고 배웠습니다.

셋잇단음표의 리듬감을 유지하며 연습해 보세요.

(기본 연습)

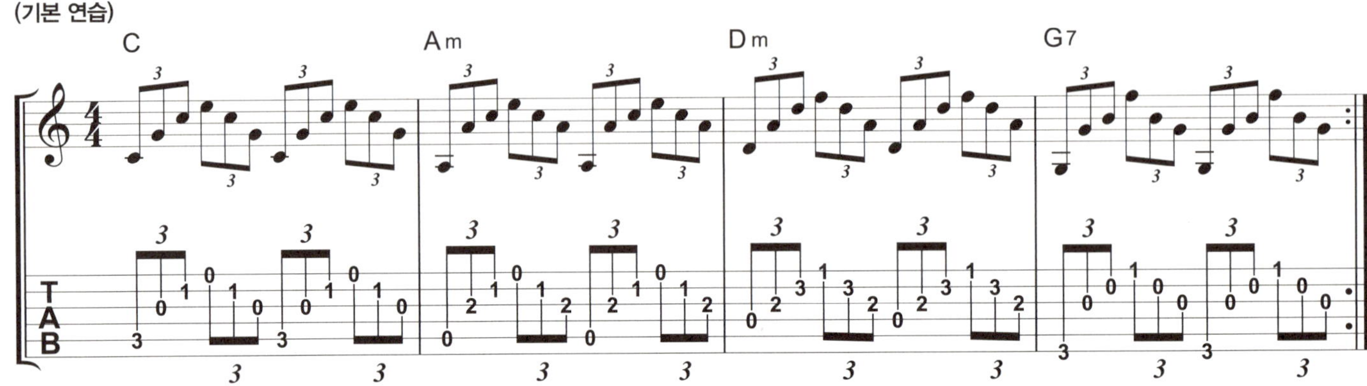

이 곡은 얼터너티브 록의 시대를 이야기할 때 빠져서는 안되는 미국의 전설적인 록 밴드 R.E.M(알이엠)의 앨범 Automatic for the people의 수록곡 Every body hurts의 일부입니다.

빗속에서

Track 151 all part
Track 152 반주트랙
이영훈 작사
이영훈 작곡
이문세 노래

G   B7   Em   D7
비 내
G   B7   Em
리 는 — 거 리 에 서 — 그 대 모 습 — 생 각
종 일 — 비 맞 으 며 — 그 대 모 습 — 생 각
C   G   B7   Em   Edim
해 — — 이 룰 수 — 없 었 던 그 대 와 — 나 의 사 랑 을 — 가
해 — — 떠 나 야 — 했 나 요 나 의 마 — 음 — 이 렇 게 — 빗

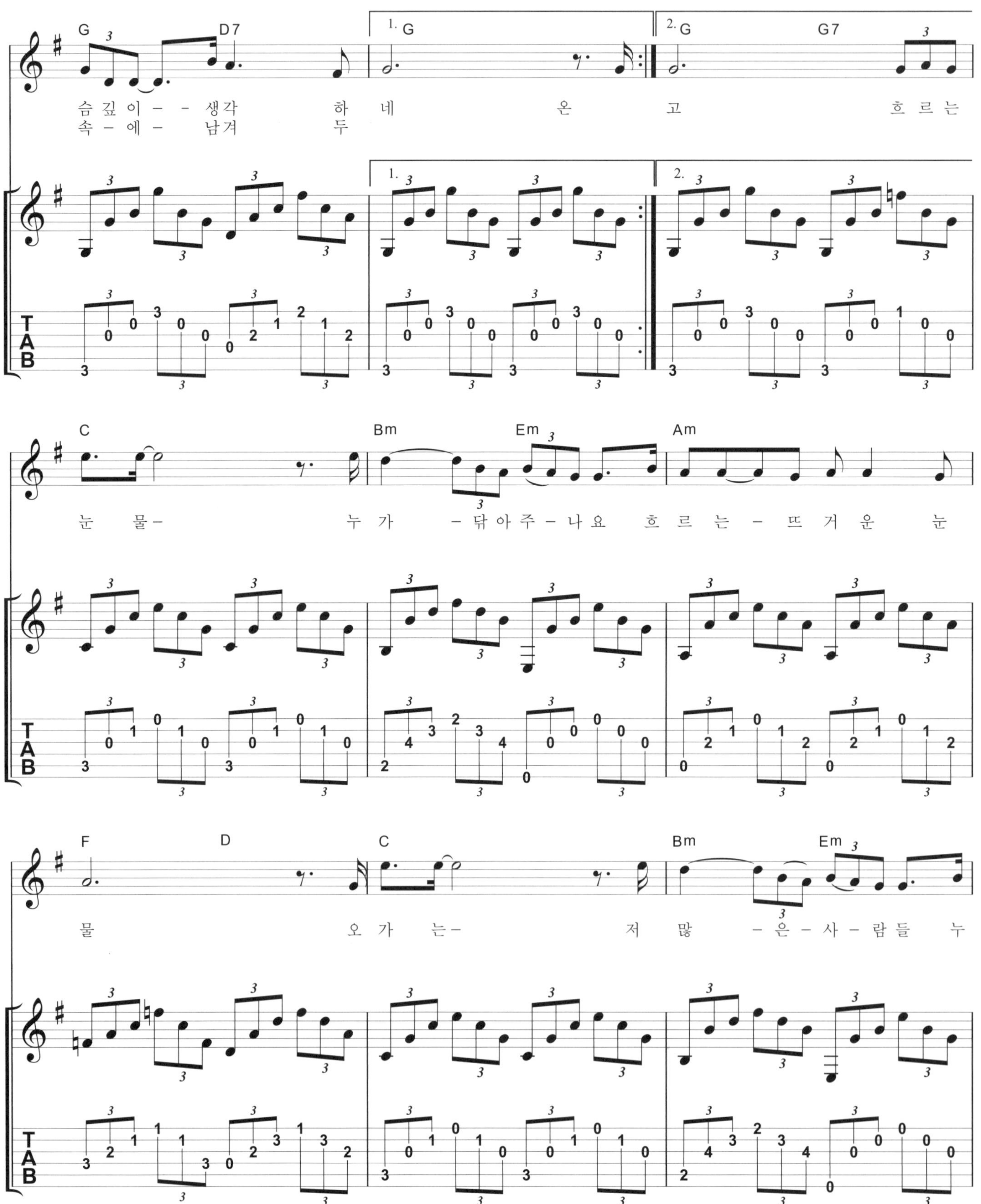

습 깊 이 - - 생각 하 네 온 고 흐 르 는
속 - 에 - 남겨 두
눈 물 - 누 가 - 닦 아 주 - 나 요 흐 르 는 - 뜨 거 운 눈
물 오 가 는 - 저 많 - 은 - 사 - 람 들 누

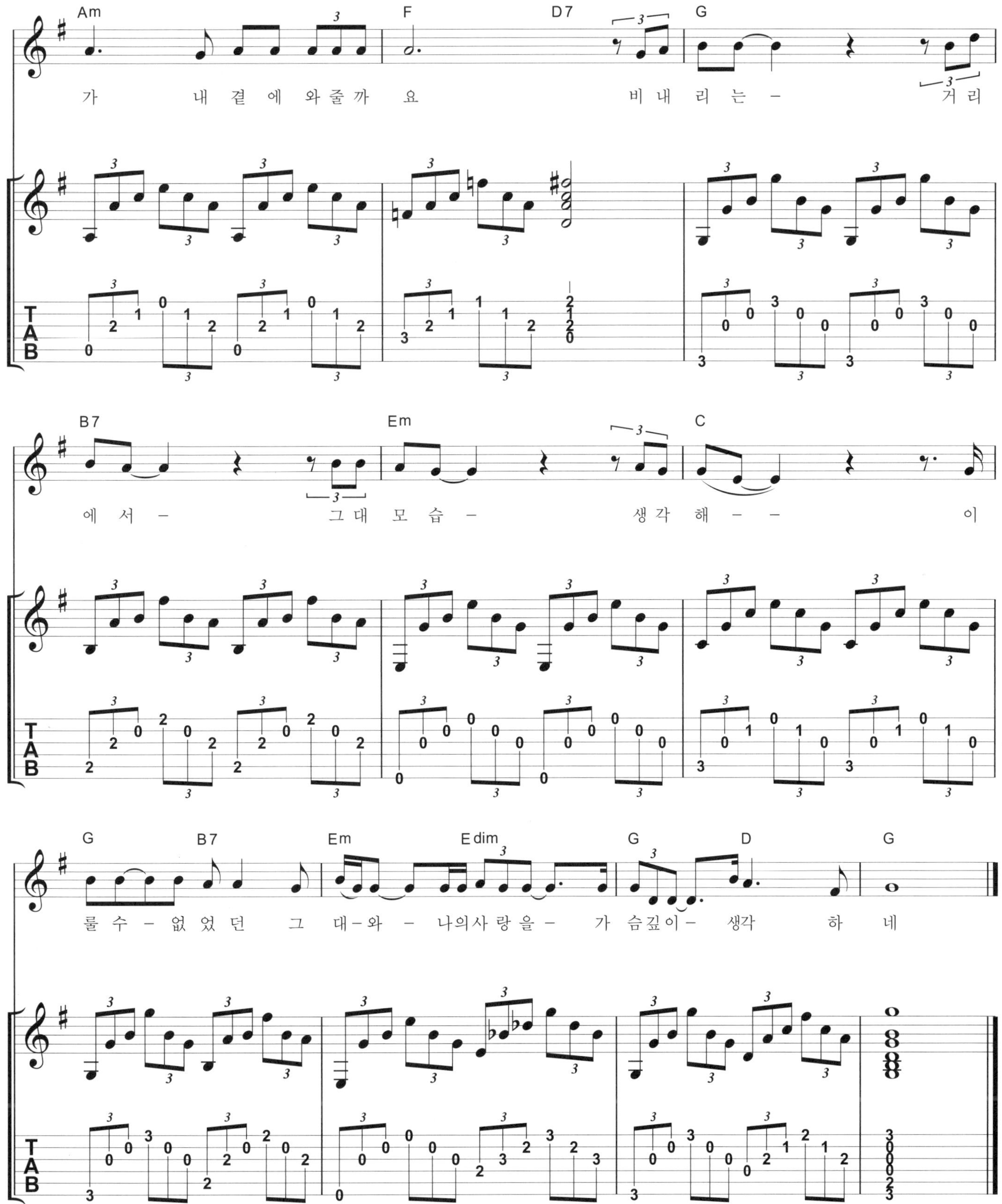
Am
F
D7
G
가   내 곁에 와줄까요   비 내 리 는 -   거 리
B7
Em
C
에 서 -   그 대 모 습 -   생 각 해 - -   이
G   B7   Em   E dim   G   D   G
룰 수 - 없 었 던 그 대 - 와 - 나 의 사 랑 을 - 가 슴 깊 이 - 생 각   하   네

02 쓰리핑거

쓰리핑거(Three Finger)주법은 말 그대로 엄지와 검지, 그리고 가운데 손가락만을 이용하는 연주법 입니다.

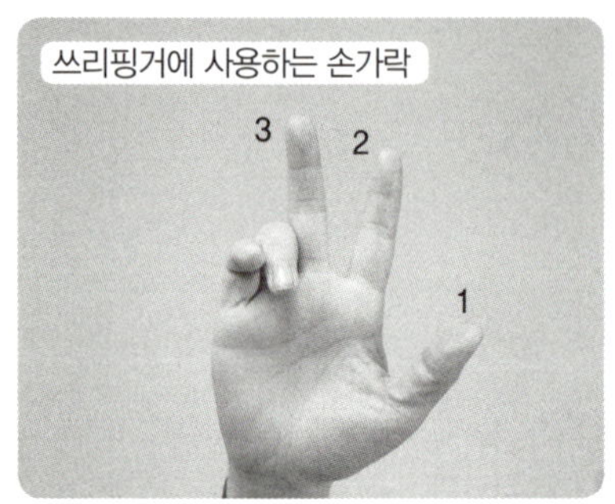

엄지손가락은 베이스음과 3번 줄(또는 4번 줄)을 교대로 연주하고 집게손가락으로 2번 줄 가운데 손가락으로 1번 줄을 연주합니다.

1)쓰리핑거 기본 연습 `Track 153`

이 방법이 조금 어렵게 느껴진다면 엄지로 연주하는 베이스 음만 따로 떨어뜨려 연습해 보겠습니다.

엄지손가락 연습

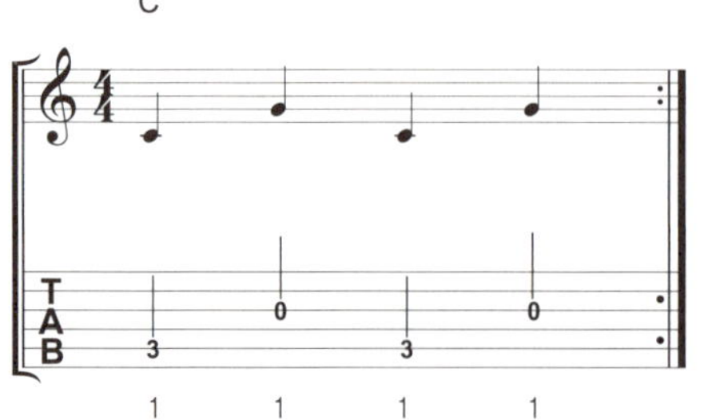

집게, 가운데 손가락 추가

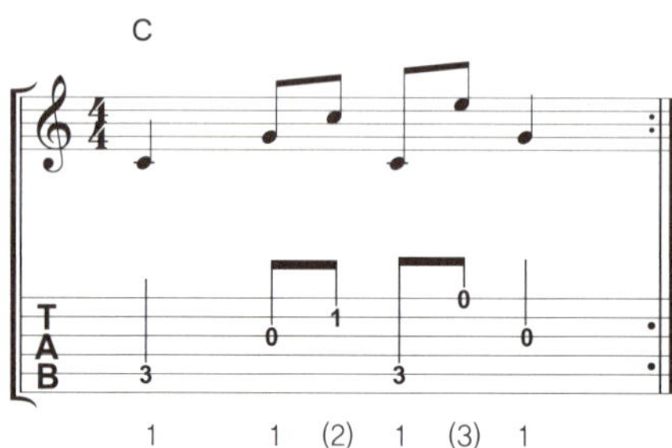

코드체인지 응용 연습 `Track 154`

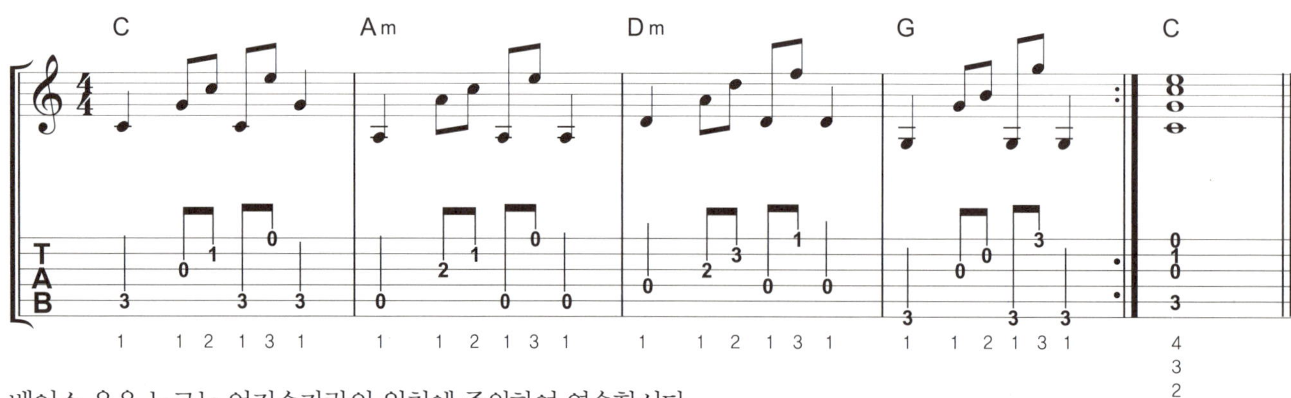

베이스 음을 누르는 엄지손가락의 위치에 주의하여 연습합시다.

다음 곡은 미국의 싱어송라이터 주얼(Jewel)의 'You were meant for me'의 일부입니다. 쓰리핑거 주법으로 연습합시다.

Track 155

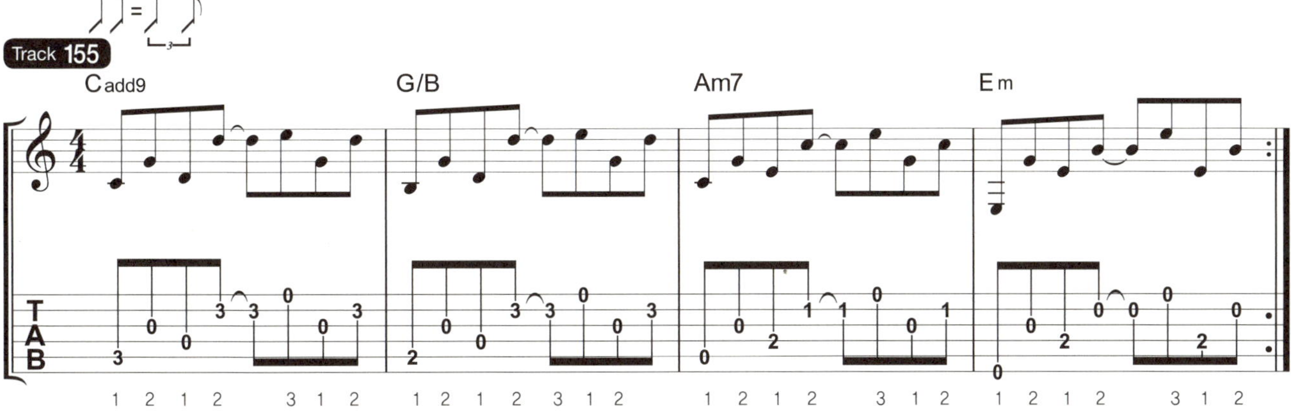

2) 팝 음악에 자주 사용되는 패턴 트랙156

전형적인 쓰리핑거 주법 패턴으로 많은 팝 음악에서 사용되는 패턴을 익혀 봅시다.

A코드에서 베이스가 D(레)로 사용됩니다.

G코드에서 베이스가 D(레)로 사용됩니다.

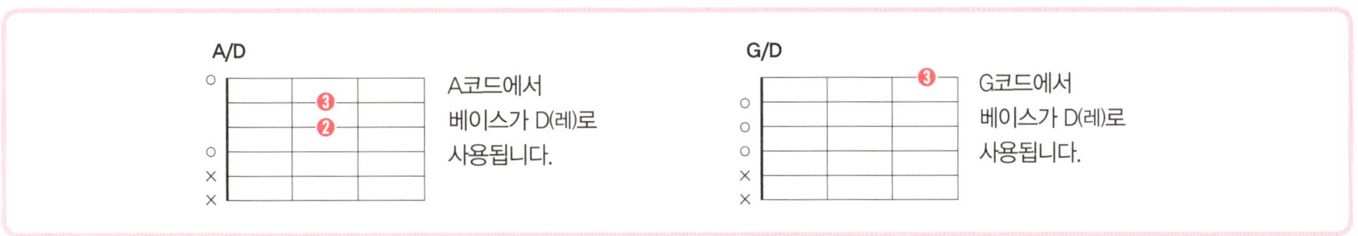

이러한 코드들을 분수코드라고 하며 화음의 자리바꿈에 의해 만들어 집니다.
다음 연습 예제에서 분수코드를 응용하여 쓰리핑거 주법을 익혀 보겠습니다.

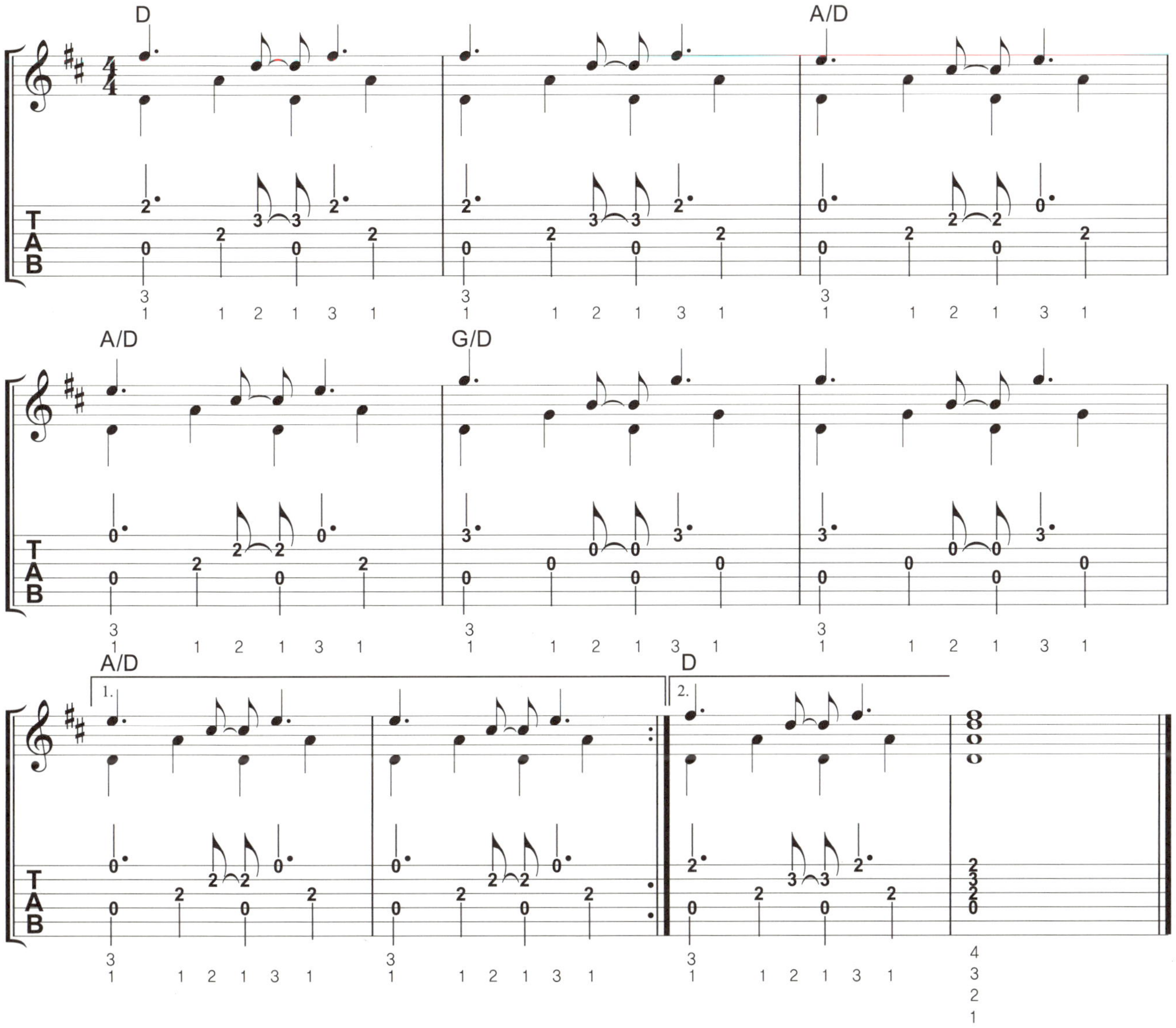

3) 자주 사용되는 코드진행 Track 157

D – Dadd9 – Dsus4 – D

코드의 탑 노트(Top note: 가장 높은 음)가 이동하여 멜로디 감을 만들며 진행합니다.
여러 가지로 응용해 볼 수 있는 자주 사용되는 진행들입니다.

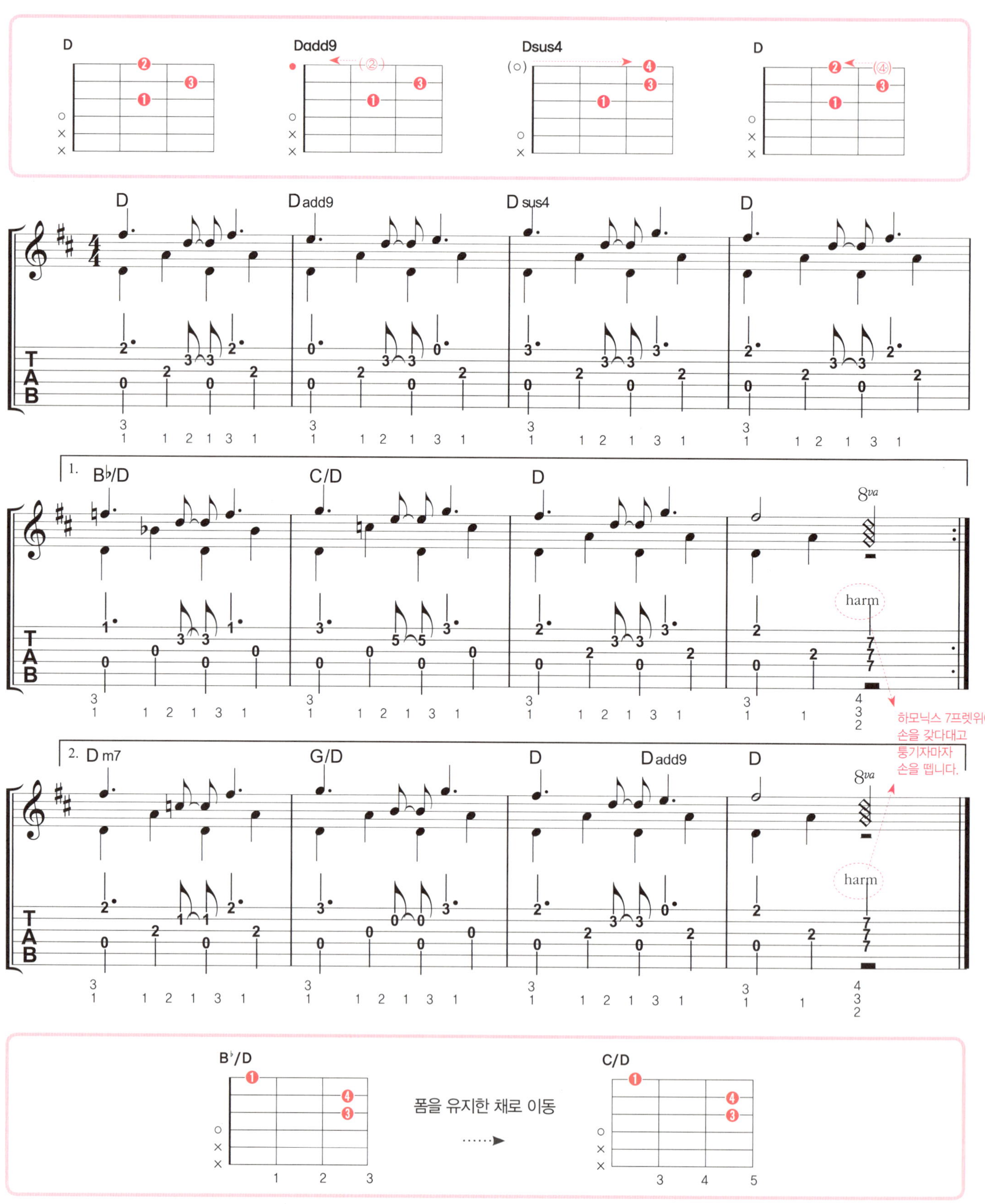

03 얼터네이트 베이스 (Alternate bass)

컨트리 뮤직 스타일의 얼터네이트 베이스 패턴입니다.

앞서 배웠던 피크로 연주하는 얼터네이트 베이스를 엄지로 대신한다고 생각합시다. 베이스의 진행에 주의하여 연주합니다.

연습 패턴

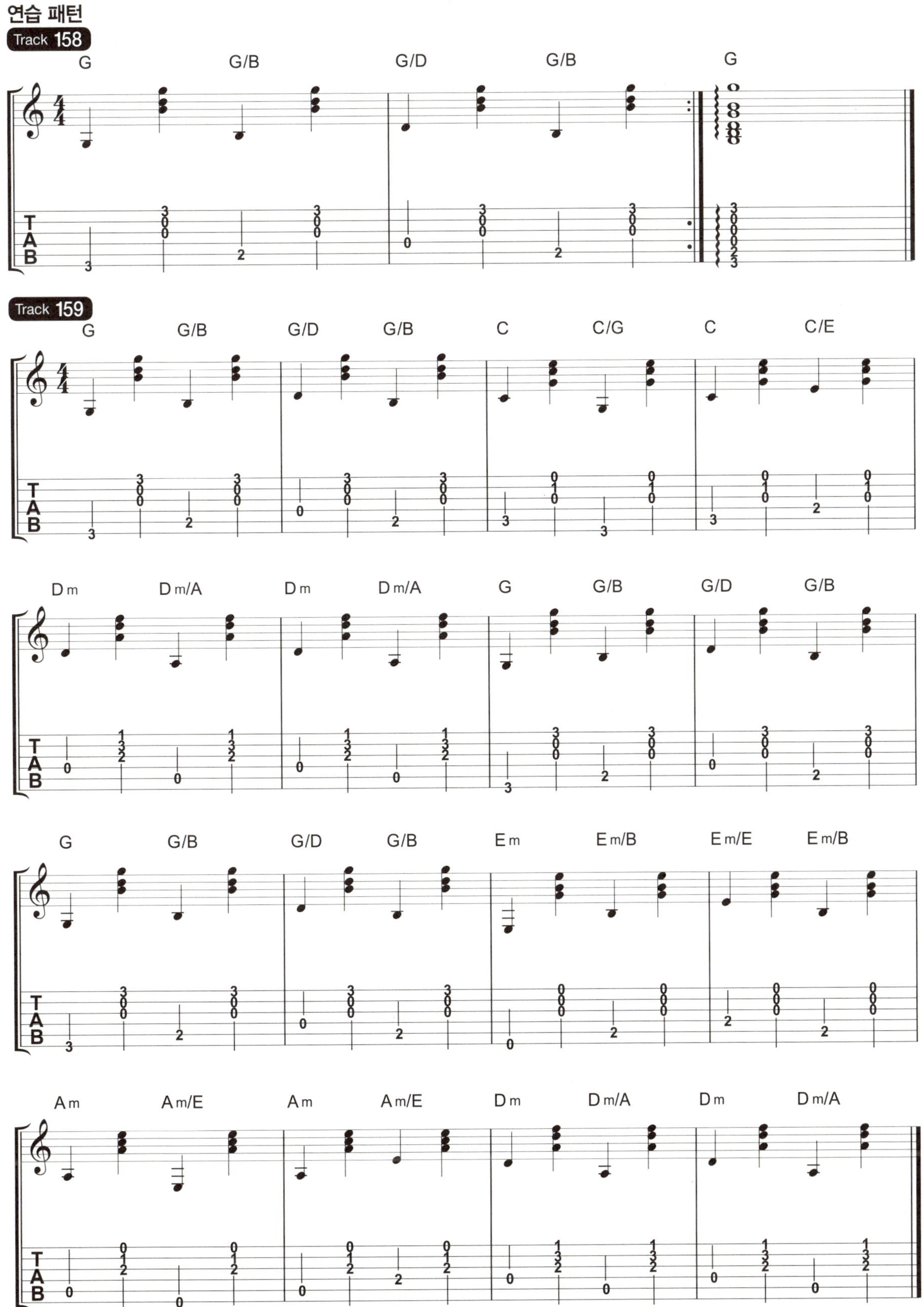

러닝 베이스 패턴을 적용한 코드진행

러닝 베이스 패턴은 아르페지오 연주에 흔히 적용되는 패턴입니다.

5번 줄 위에서의 러닝 베이스 기본 패턴 `Track 160`

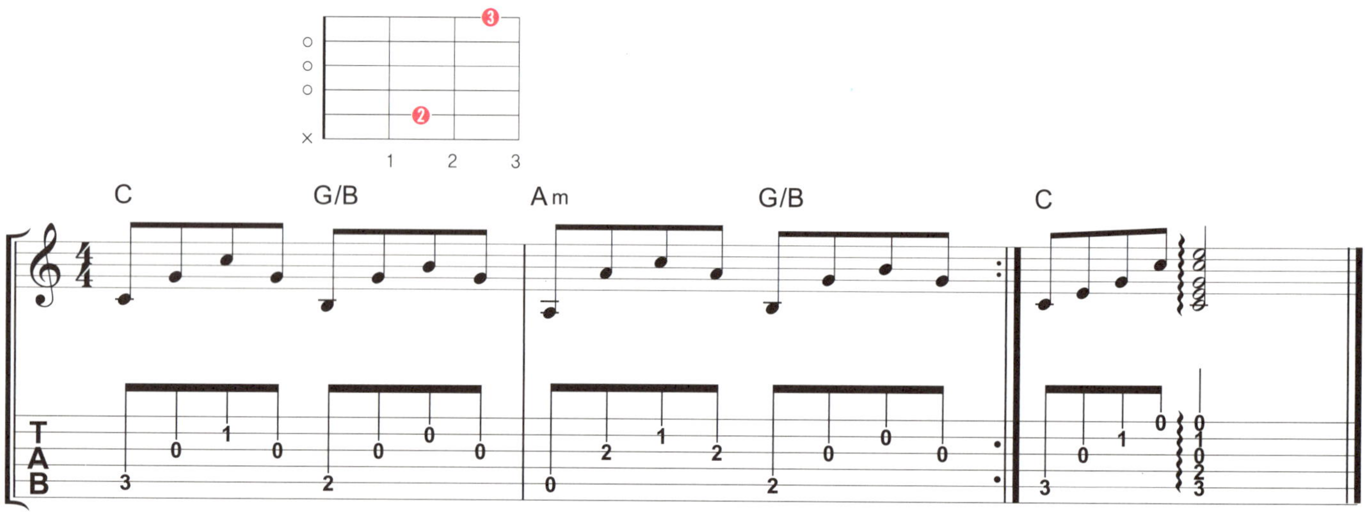

러닝 베이스 연주에서는 G/B와 같은 분수코드가 쓰이는 경우가 많습니다. G코드를 잡되 베이스는 B음(5번 줄 2프렛)을 연주하라는 뜻입니다. 분수코드는 베이스 음이 이동하여 연결하게 될 때에 주로 사용됩니다.

6번 줄 위에서의 러닝 베이스 기본 패턴 `Track 161`

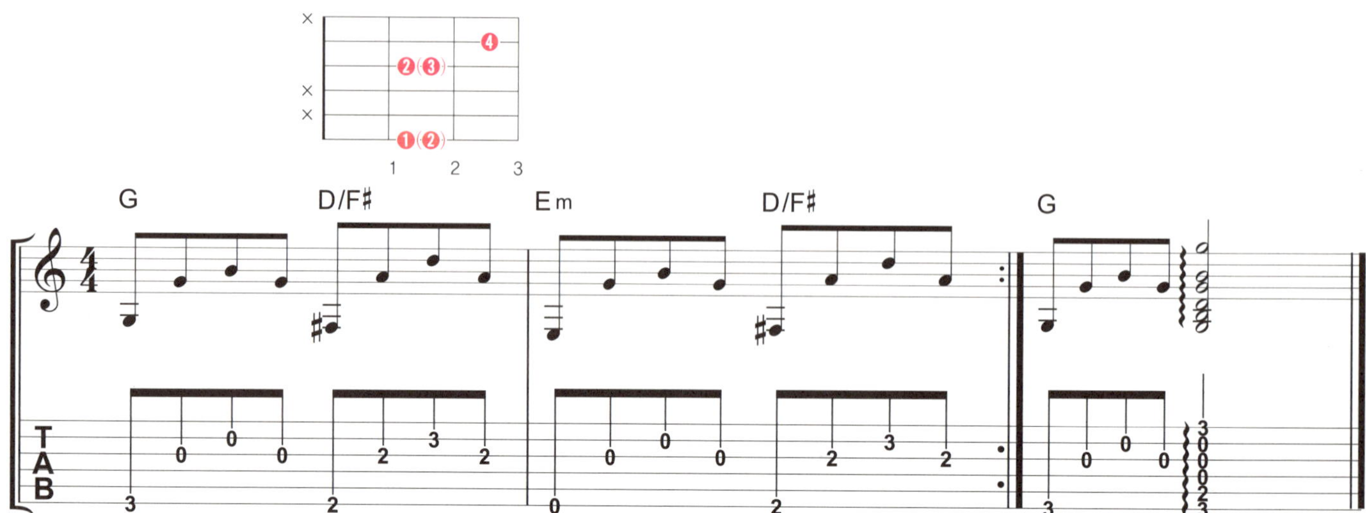

해머링과 풀링을 활용한 아르페지오

해머링과 풀링을 활용하여 아르페지오 패턴에 멋을 더 내봅시다.

해머링 기본패턴 연습 `Track 162`

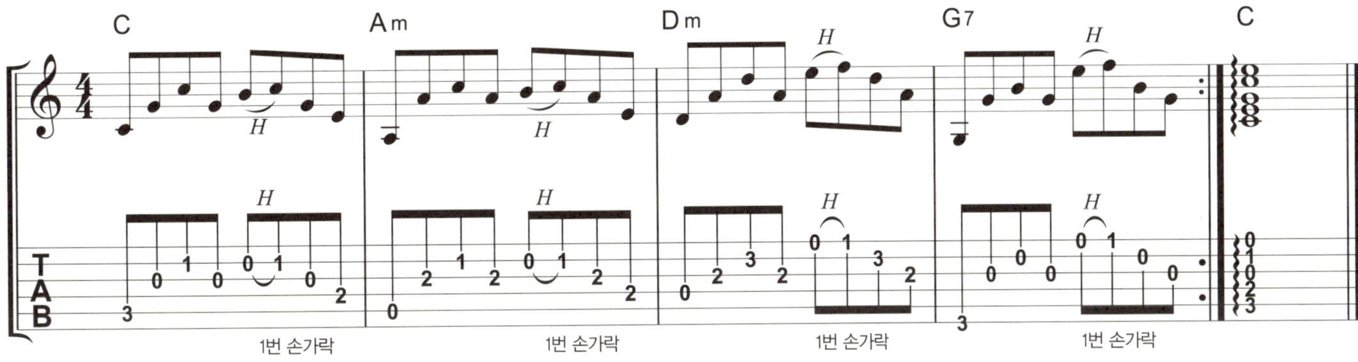

러닝 베이스와의 연결 `Track 163`

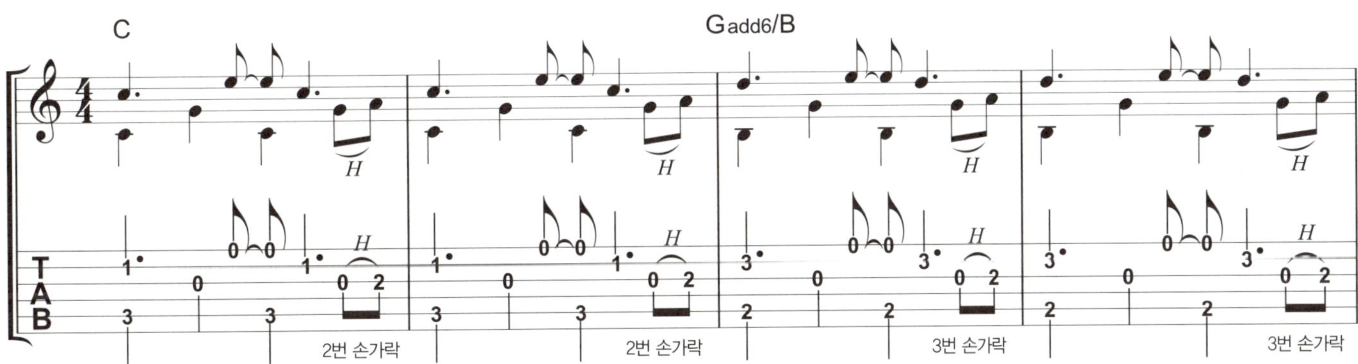

다음 연습 예제는 미국의 싱어송 라이터 셰릴 크로우(Sheryl Crow)의 데뷔 앨범 'Tuesday Night Music Club'에 수록된 'Strong Enough'라는 곡의 일부입니다. 해머링을 활용한 전형적인 $\frac{3}{4}$박자 컨트리 곡입니다.

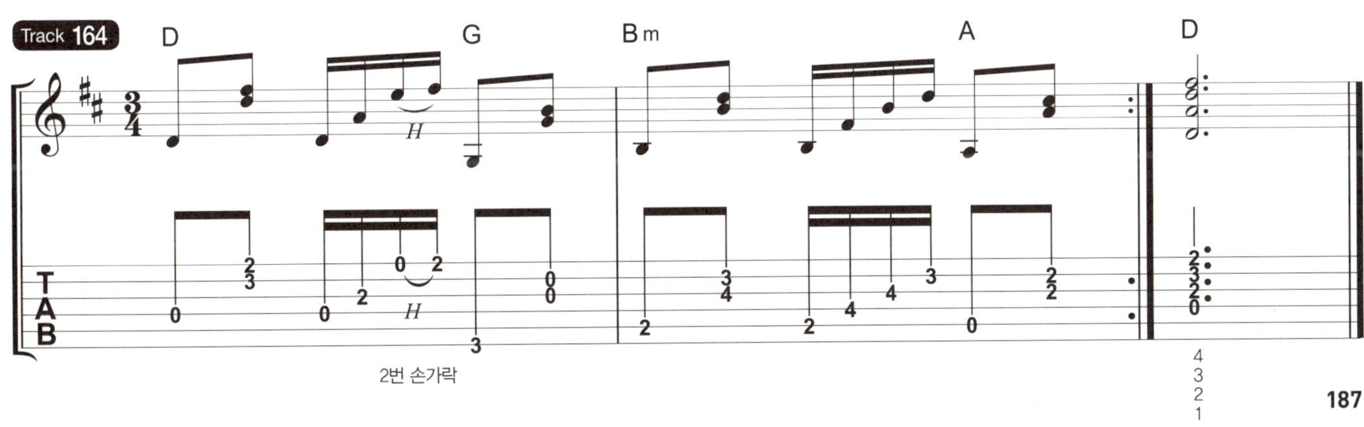

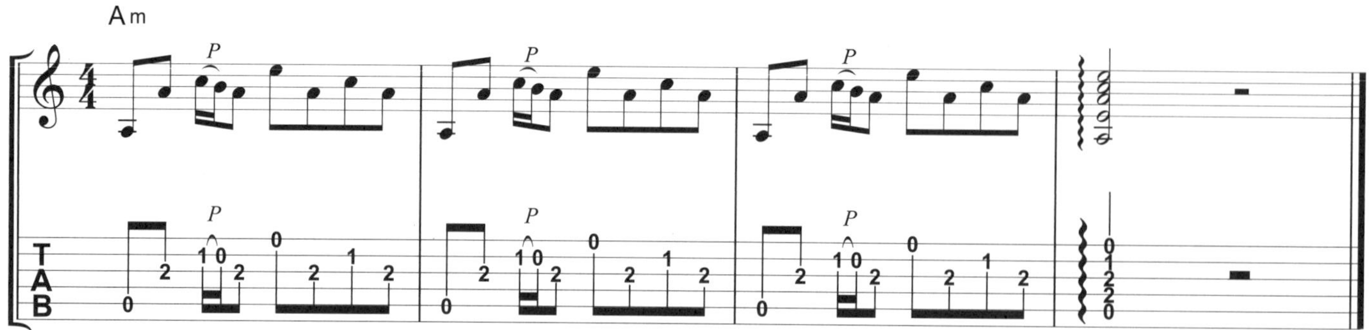

경과음을 사용한 패턴과의 연결 **Track 166**

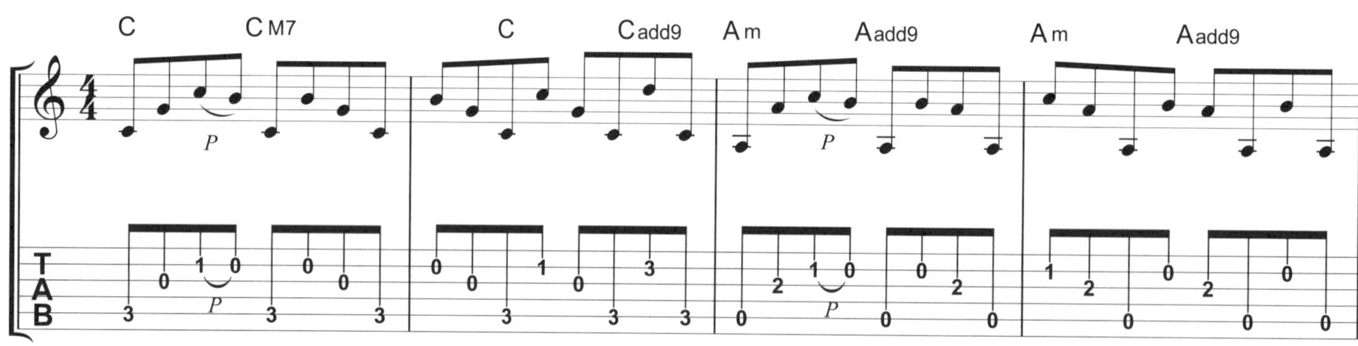

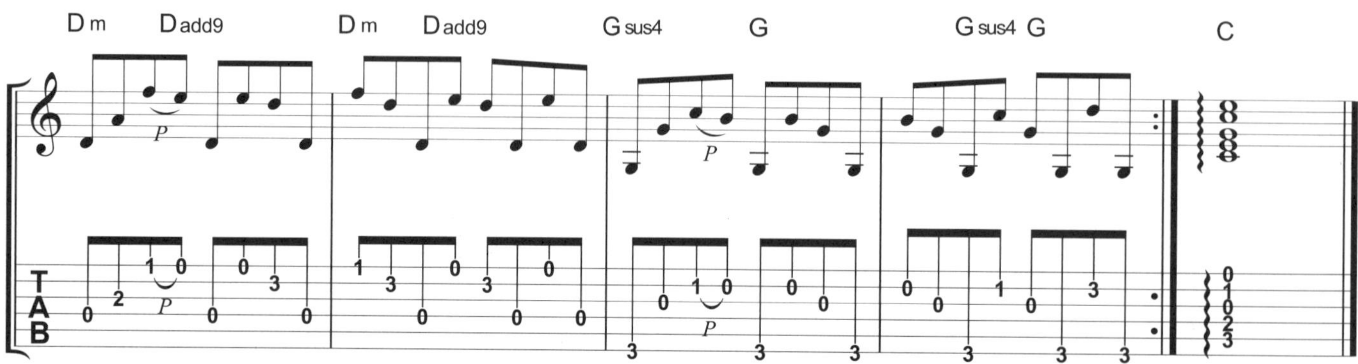

| 연습곡 |

러닝베이스, 해머링, 풀링 스리고 새로운
테크닉인 슬라이드가 첨가된 곡입니다.

Track 167 all part
Track 168 반주트랙

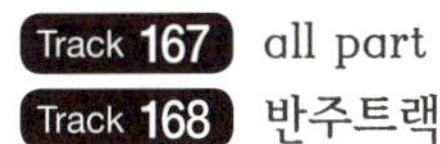

Now And Forever

Richard Marx 작사
Richard Marx 작곡
Richard Marx 노래

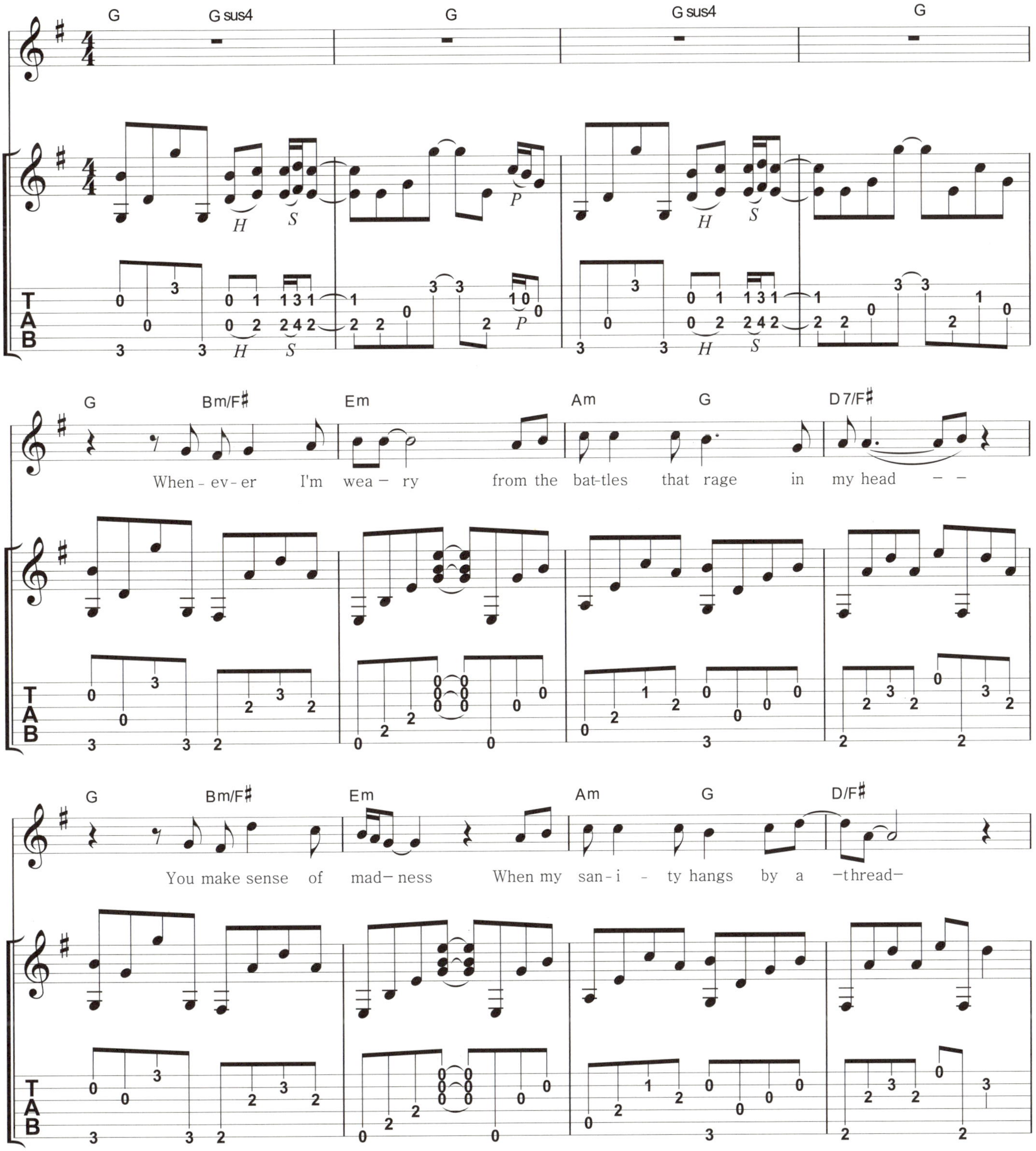

C
B7
Em
Em7/D
Em/D♭
I lose my way – but still – you seem – to un – der stand– Now and for ev
Am7
Dsus4
D
G
Gsus4
– er – I will be – your man – – –
H S
H S
G
Bm/F♯
Em
Am
G
D/F♯
Some-times I just hold– you too caught – in me to see – –

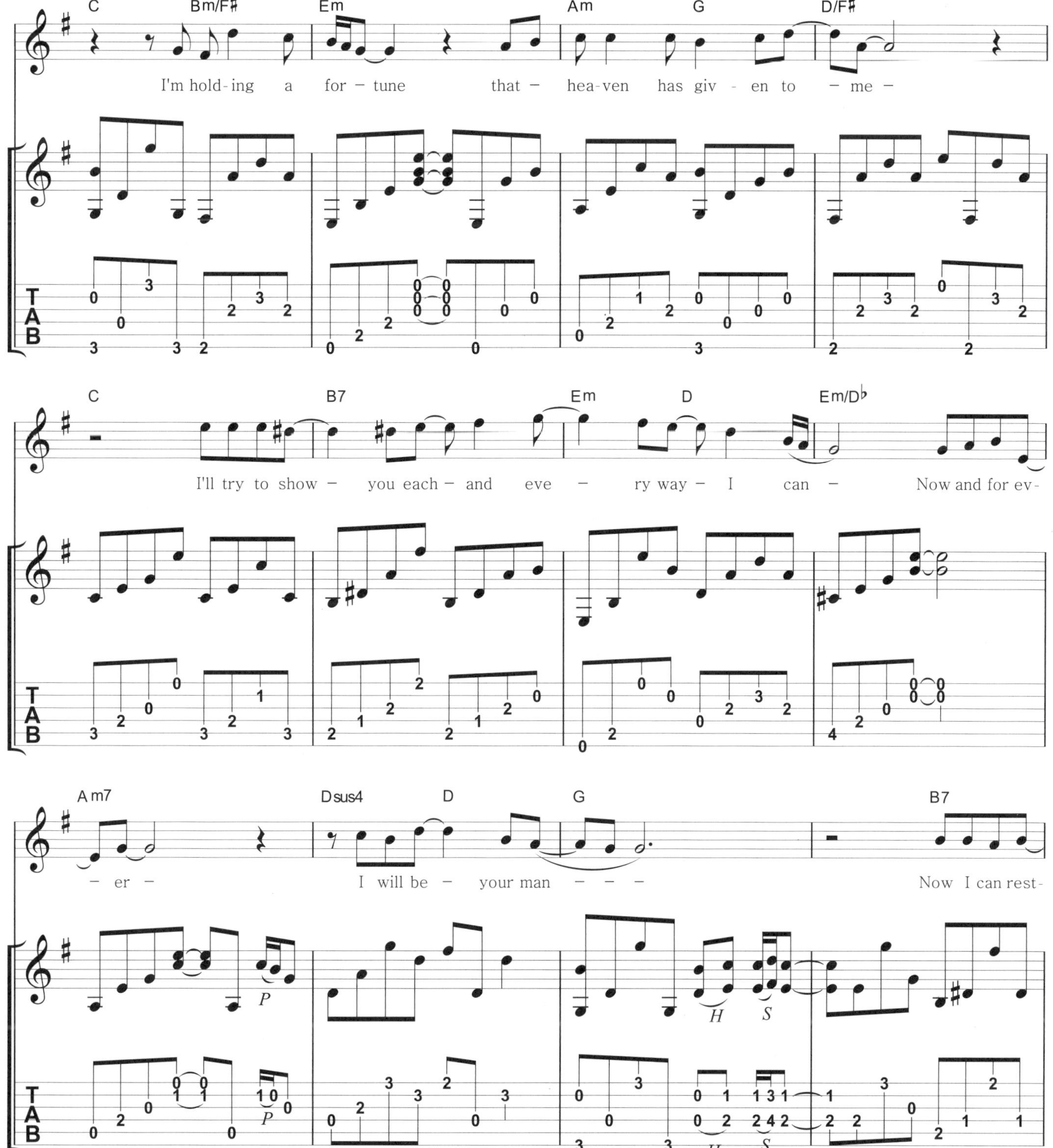

C   Bm/F#   Em   Am   G   D/F#
I'm hold-ing a for - tune that - hea-ven has giv - en to - me -
C   B7   Em   D   Em/Db
I'll try to show - you each - and eve - ry way - I can - Now and for ev-
Am7   Dsus4   D   G   B7
- er - I will be - your man - - - Now I can rest-
TAB
P   H   S   P

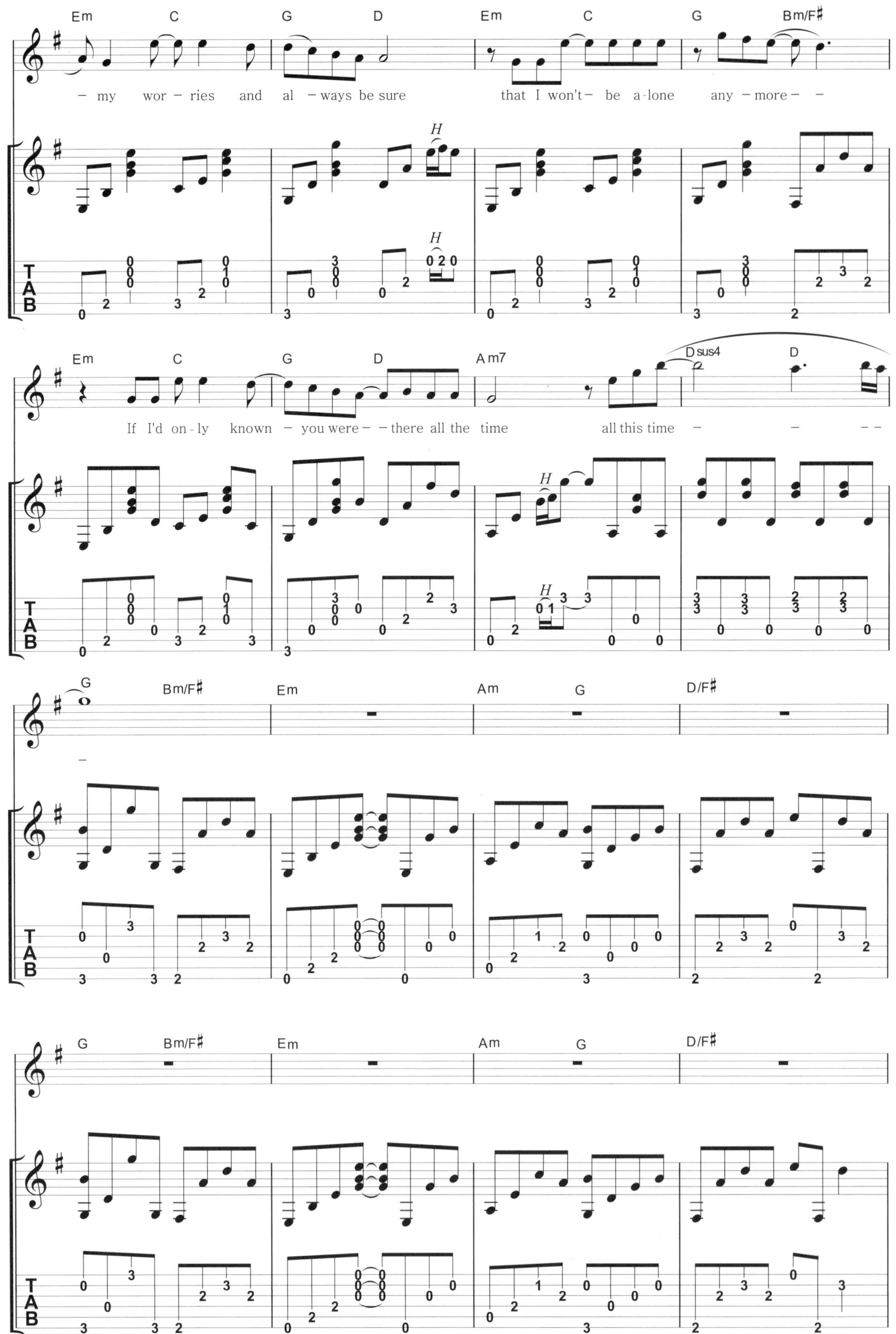

Em C G D Em C G Bm/F#
- my wor - ries and al - ways be sure that I won't- be a-lone any - more - -
Em C G D Am7 Dsus4 D
If I'd on-ly known - you were - -there all the time all this time - - - -
G Bm/F# Em Am G D/F#
G Bm/F# Em Am G D/F#

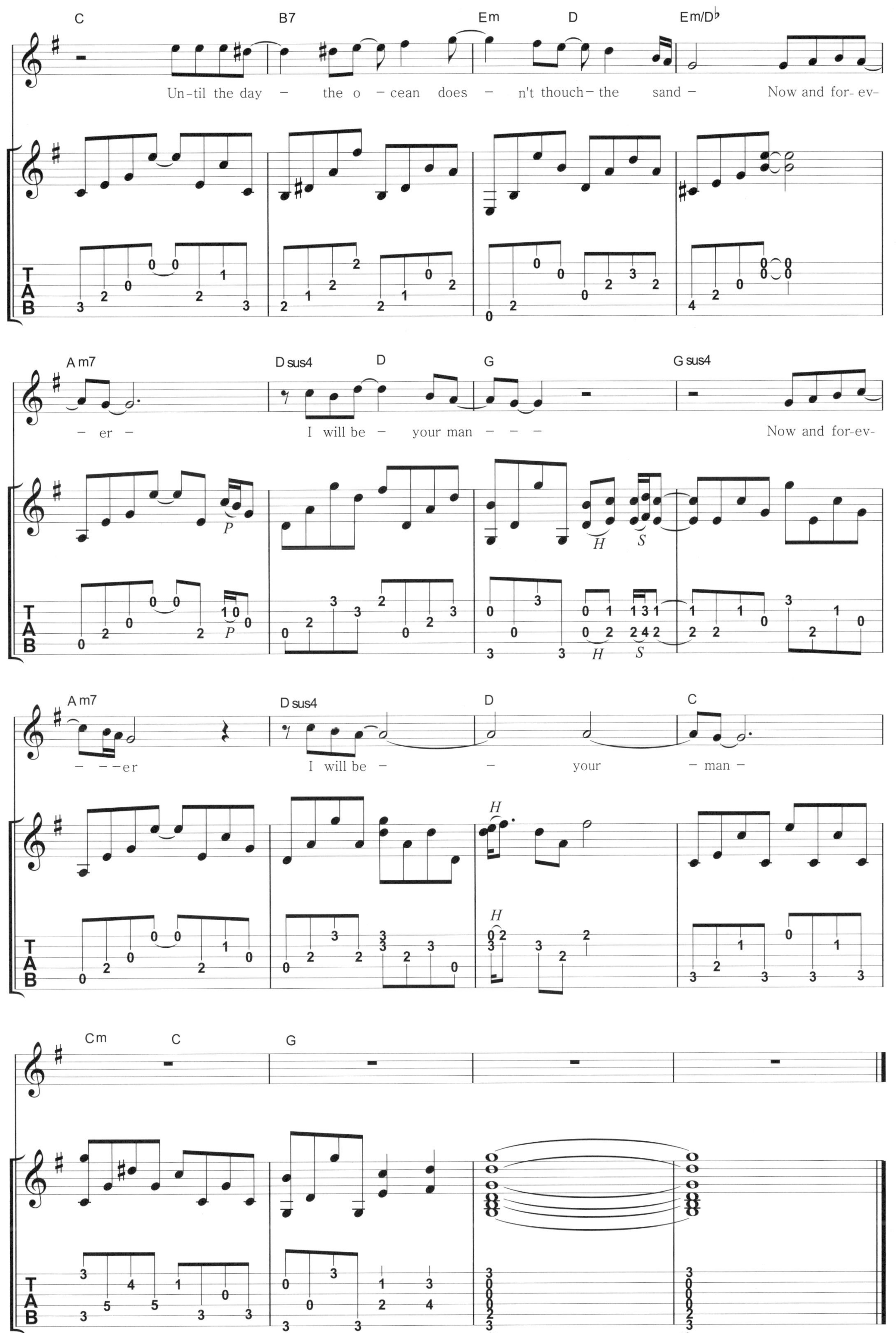
Un-til the day — the o —cean does — n't thouch—the sand — Now and for- ev—
— er — I will be — your man — — — Now and for- ev—
— — —er I will be — — your — man —

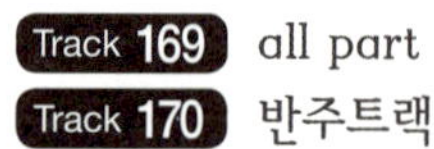

Falling Slowly

Glen Hansard 작사
Glen Hansard 작곡
Glen Hansard 노래

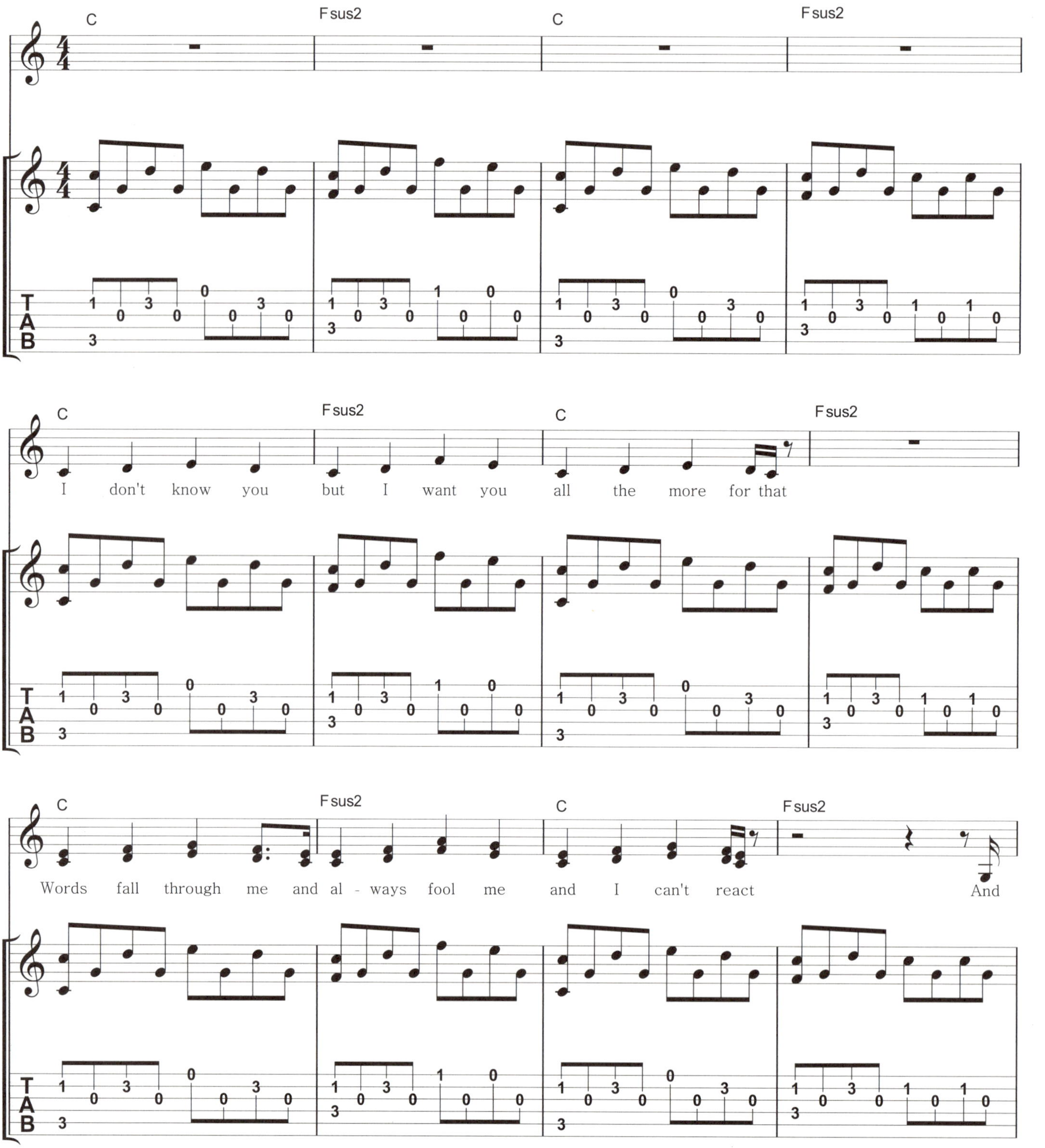

Am7   G   Fsus2   G   Am7   G   Fsus2   Fadd9
games that never a - mount to more than they're meant will play them selves out —
You have suffered e - nough and warred with your - self It's time that you won —
Fadd9   C   Fadd9   Am
Take this sin - king boat and point it home We've still got
Fadd9   C   Fadd9   Am
time — Raise your hope - ful voice you have a choice You've made it

1. Fadd9
C
Fsus2
now — — Fal - ling slow - ly eyes that know me
C
Fsus2
C
Fsus2
and I can't go back And moods that take me and e - rase me
C
Fsus2
2. Fadd9
C
and I'm pain - ted black now — Fal - ling slow - ly
Fadd9
Am
Fadd9
C
sing your me - lo - dy I'll sing a - long — — — — oh

Fadd9
Am
Fadd9
La - rira - - woouh -
Fadd9
now you're gone
Fadd9
C
Fsus2
C
Fsus2
C

Chapter 11

보사노바
&
라틴 스타일의 연주

01 라틴 음악(Latin Music)이란?

라틴음악은 유럽의 열강들의 지배를 받던 남아메리카 원주민들의 풍속음악과 유럽인들이 끌고 온 아프리카계 흑인들의 문화,
유럽의 문화가 혼재되어 탄생한 음악을 뜻합니다. 지역에 따라 흑인음악과 결합되거나 인디오음악의 영향을 받고 있는 경우
가 많습니다.

라틴아메리카 음악의 두드러진 특징은 그 리듬의 다양성에 있으며, 룸바 · 삼바 · 콩가 등의 복잡한 무용리듬이 확립되어
있는 점입니다. 세계적으로 알려져 있는 라틴리듬의 대부분은 쿠바에 그 연원을 두고 있습니다.
1930년대부터 유행한 룸바는 쿠바의 '송'이라는 리듬의 변형이며, 맘보 · 차차차 · 볼레로 · 비긴 · 칼립소 등도 모두
쿠바리듬에서 유래하였습니다.

쿠바 이외의 지역에서 발생한 라틴음악의 형태로서 탱고는 20세기 초에 확립된 아르헨티나의 새로운 사교적 음악이고,
삼바는 브라질의 흑인음악에서 발생하였으며, 또한 이 삼바에 부드러움과 지적인 화성(和聲)을 곁들인 보사노바도
그러한 의미에서 브라질에 그 기원을 두고 있습니다.
라틴음악의 독특한 리듬감과 형태는 재즈나 파퓰러뮤직에 응용되어 세계적인 음악의 장르가 되었습니다.

02 보사노바(Bossa Nova)란?

보사노바(포르투갈어: Bossa Nova, 새로운 성향)는 브라질 음악의 한 형식으로 1960년대에 브라질의 세계적인 작곡가
안토니오 카를로스 조빔(Antonio Carlos Jobim), 기타리스트 호아 질베르토(João Gilberto)에 의해 발전된 음악 장르입니다.

삼바(Samba)에서 나온 음악 형식이지만, 삼바보다 멜로디가 더 감미롭고, 타악기가 덜 강조되는 것이 특징입니다.
이 장르는 재즈에서 큰 영향을 받았습니다. 스탄 겟츠(Stan Getz)와 호아 질베르토 함께 녹음한 앨범 Getz/Gilberto 앨범은 보
사노바 음악의 가장 대표적인 앨범이며 호아 질베르토의 아내인 애스트러드 질베르토(Astrud Gilberto)가 부른
Girl from Ipanema가 1965년 미국 빌보드, 그래미 어워드를 휩쓸며 전 세계적으로 보사노바 붐을 일으켰습니다.

03 클라베 패턴 연습

1) 기본패턴 연습

보사노바, 삼바 등의 라틴 음악은 삼바 클라베 (Samba Clave)라는 리듬에 기초를 둡니다.
기본적으로 두 마디의 패턴이 반복되는 형태를 지닙니다.

다음 네 개의 기본 패턴을 익혀봅시다.
피크를 사용해도 좋고, 엄지손가락과 나머지 손가락을 사용해서 한번에 튕겨도 괜찮습니다.

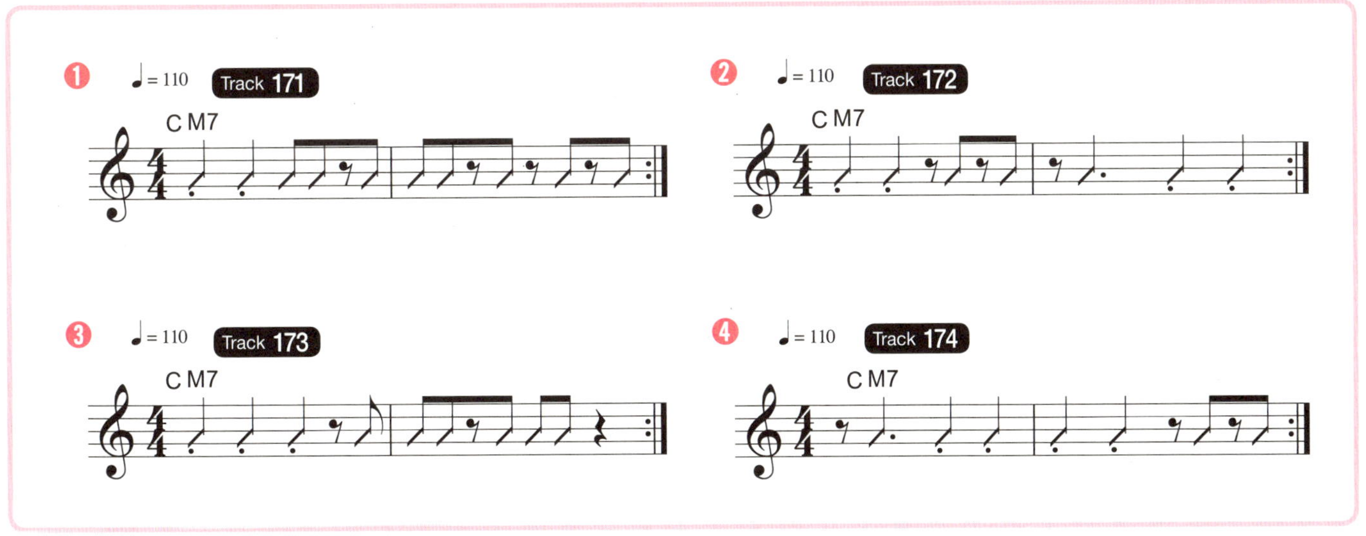

2) 패턴, 코드진행과의 연결 Track 175

5~6번째 마디의 당김음에 주의하며 다음 패턴을 연습합시다.

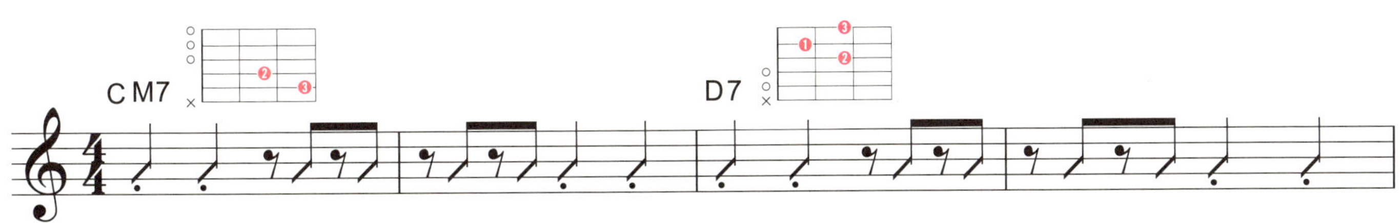

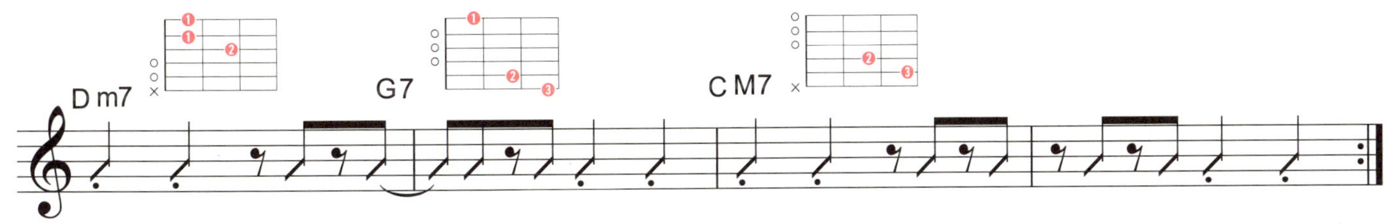

3)또 다른 코드 진행 `Track 176`

이 또한 대표적인 라틴 리듬의 형태로서 두 마디 패턴에 기본을 두고 있습니다.

먼저의 연습 예제와는 달리 두 마디 형태의 리듬 꼴 위에 코드 체인지가 조금 더 복잡해졌습니다. 피크를 사용해 스트로크 해봅시다. 지금까지 배우지 않았던 새로운 코드들 또한 연습하고 익혀 봅시다.

4) 엄지를 사용하는 패턴

앞으로의 예제들은 엄지와 나머지 손가락 (검지, 중지, 약지)를 함께 사용합니다.

이 연습예제의 규칙은 루트 음을 연주 할 때에는 엄지를, 나머지 코드 음들은 검지, 중지, 약지를 사용해 한번에 소리 내는 것입니다.

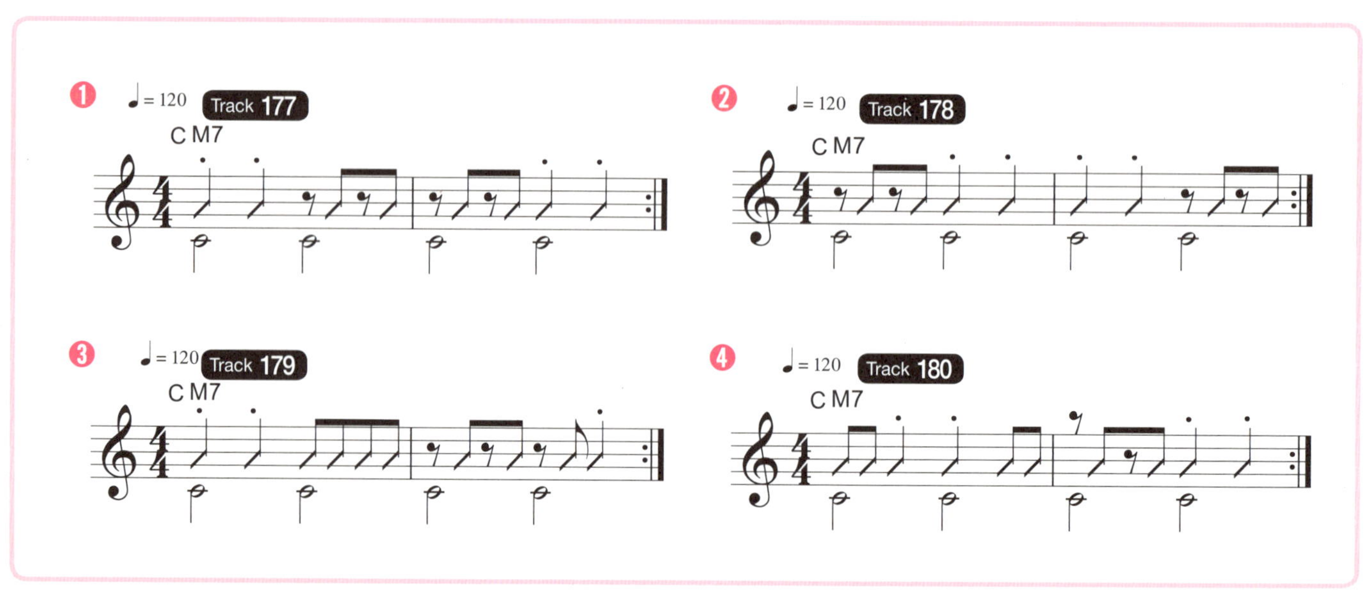

5) 바리에이션 – 얼터네이팅 베이스 `Track 181`

다음은 루트 음과 5음을 번갈아 연주하게 되는 잘 알려진 기본 패턴입니다.
라틴음악의 합주에 있어 베이스 기타가 연주하게 되는 기본적인 리듬 형태라고 할 수 있습니다. 종종 기타와 함께 베이스의
움직임을 똑같이 함께 연주하기도 합니다.(이런 형태의 연주를 유니즌: Unison이라고 합니다.)

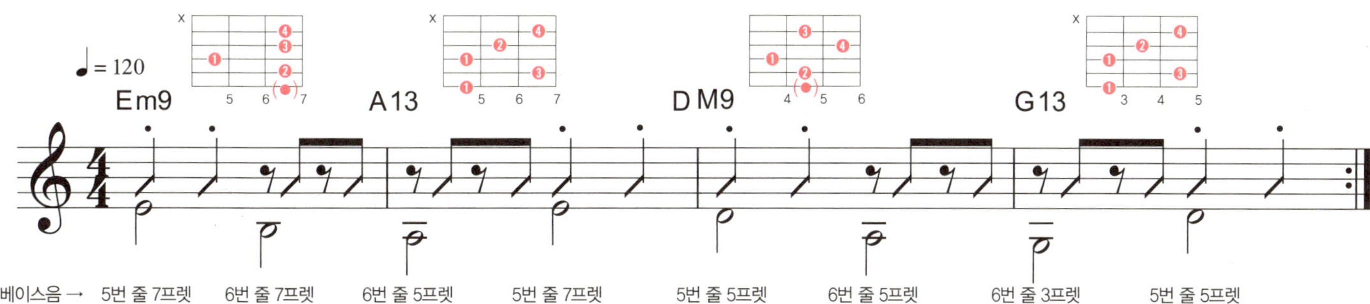

베이스 음이 1, 3번째 박에 있습니다. 이것은 싱코페이션 형태의 리듬에서 중심을 잡아주는 역할을 합니다.

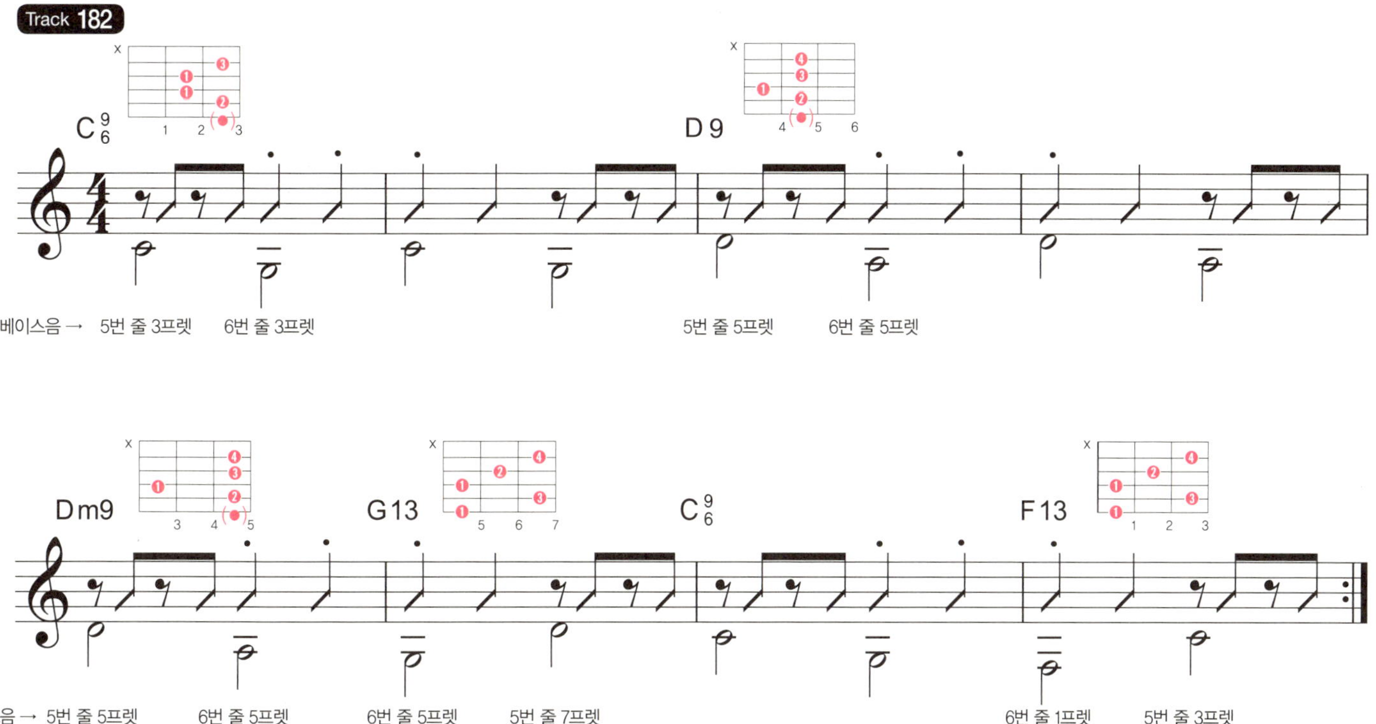

춘천가는 기차

Track **183** all part
Track **184** 반주트랙

김현철 작사
김현철 작곡
김현철 노래

B m7
E 7
A M7
작 정 몸 - 을 부 - 대 여 - 보 며
나 지 금 - 이 나 - 변 함 - 없 고
2. F#m
B m7
E 7
A M7
차 라 리 - 혼 자 도 좋 겠 네 - 춘
내 취 한 - 모 습 도 좋 겠 네 -
F M7
G
Em
Am
천 가 는 - 기 차 는 나 를 데 리 - 고 가 네 - 오

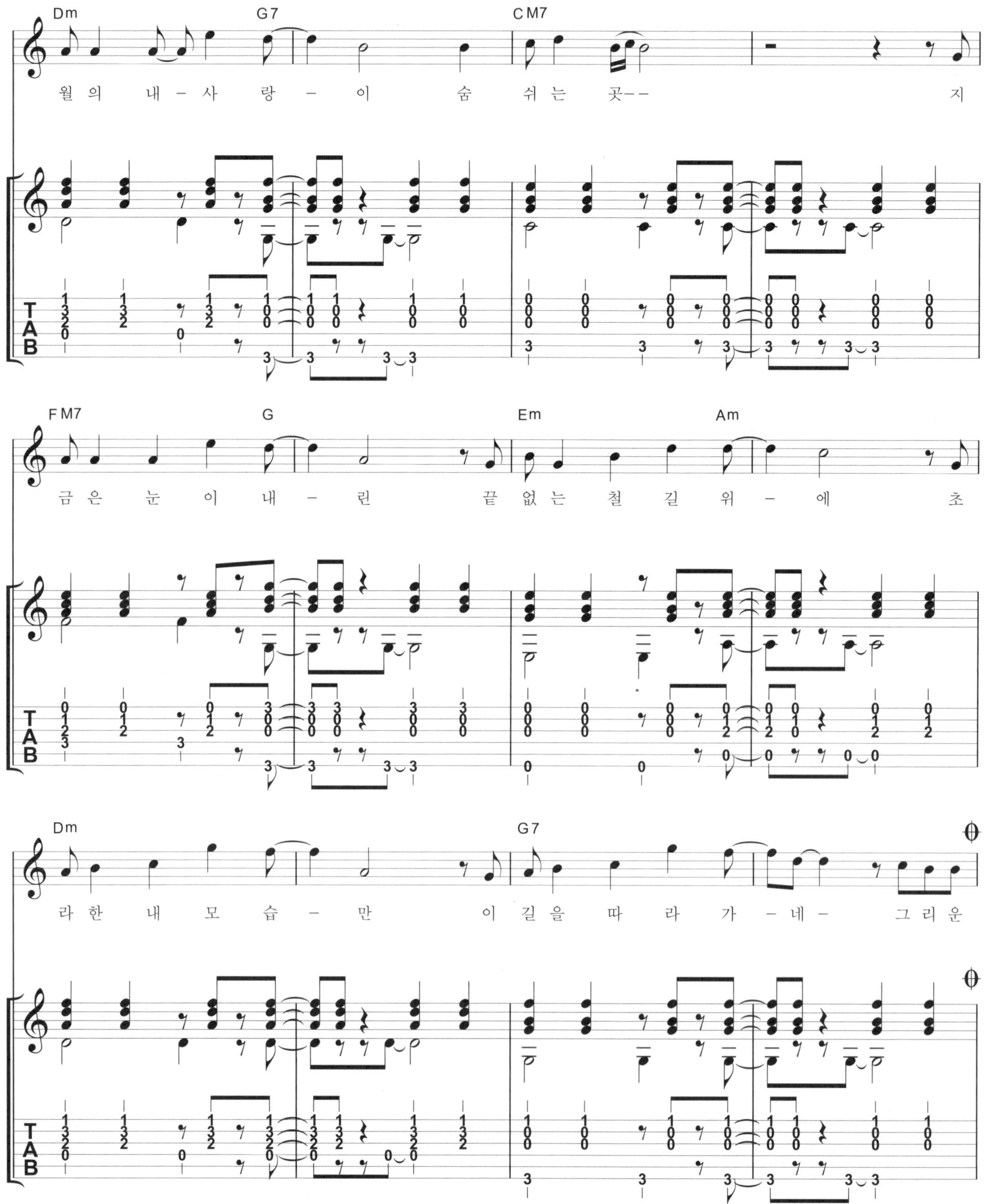

Dm   G 7   C M7
월 의 내 - 사 랑 - 이 숨 쉬 는 곳- -   지
FM7   G   Em   Am
금 은 눈 이 내 - 린 끝 없 는 철 길 위 - 에   초
Dm   G 7
라 한 내 모 습 - 만 이 길 을 따 라 가 - 네 -   그 리 운

F M7
C M7
사 람 -
Bm7b5
E 7b9
A M7
D.S. al Coda
F M7
C M7
사 람 - 그 리 운 모 습 -
F.O.

Antonio's song

Michael Franks 작사
Michael Franks 작곡
Michael Franks 노래

D m7   A m7   B m7(♭5)   E 7(♯9)
to-ni- o says— our friend — ship   is a hun — dred prrof —   the
to-ni- o knows that ple — sure   is the child — of pain —   and

A m7   D m7   A m7   A7(♭9)
vul–ture that cir — cles Ri — o   hangs in this L — A sky —   the
lost in L – A – cali – fu — sa   when most of my hope — was gone —   An –

D m7   A m7   B m7(♭5)   E 7
blan–ket they give— the in — dians   on–ly nake — the die —   But sing the song
to - ni - o sam— ba led — me   to the A — ma–zon —

Am7   A7   Dm7   Dm7/C
for - go-tten   for -   so long -   and let   the mu - sic   flow

Bm7(b5)   E7   Am   Bm7(b5)   E7
like light -   in to -   the rain - bow   we know   the dance

Am7   Am   A7   Dm7   Dm7/C
we have -   we still have -   a chance -   to break this chains -   and   flow

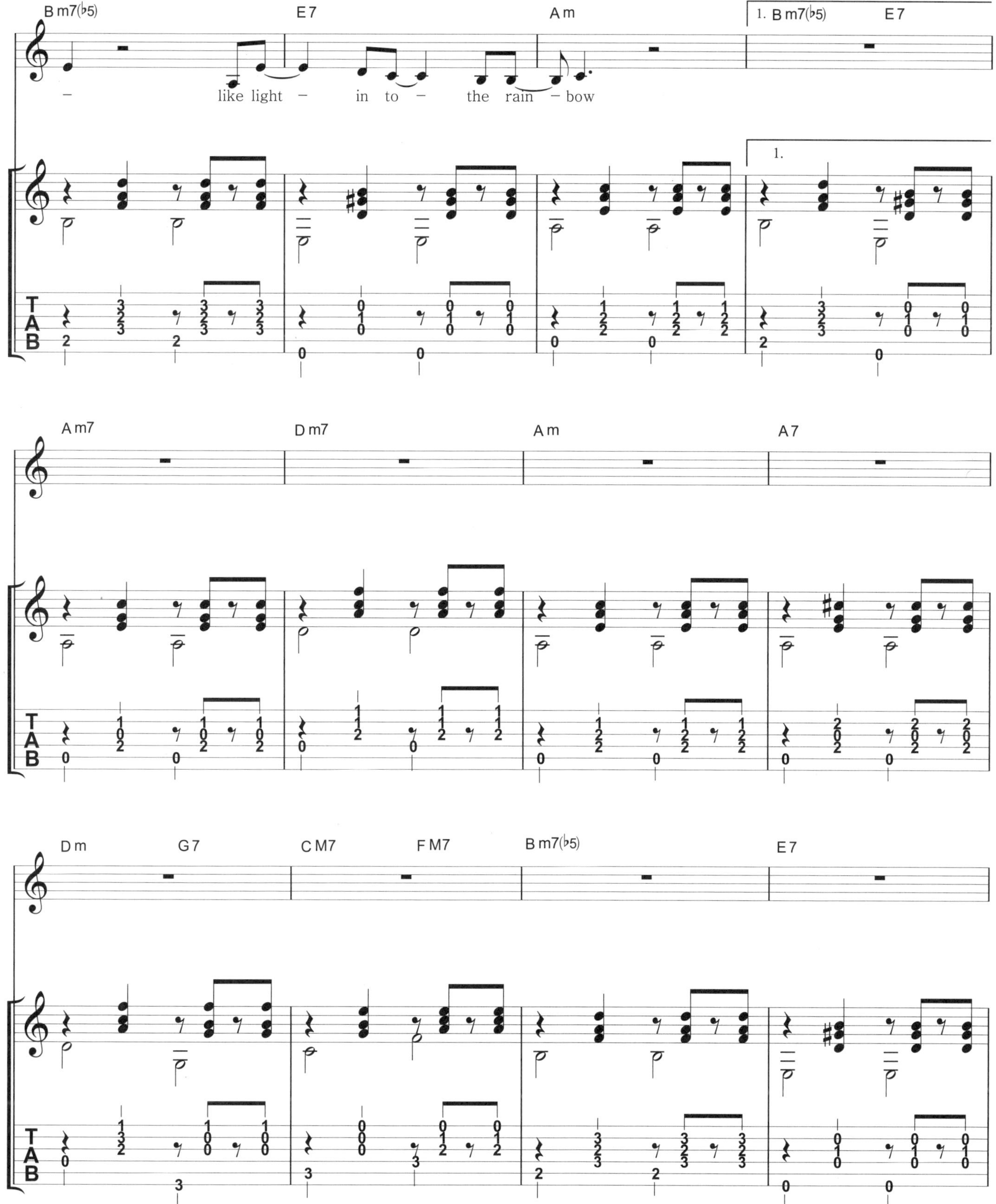

Bm7(♭5)
E7
Am
1. Bm7(♭5)
E7
1.
like light — in to — the rain — bow
Am7
Dm7
Am
A7
Dm
G7
CM7
FM7
Bm7(♭5)
E7

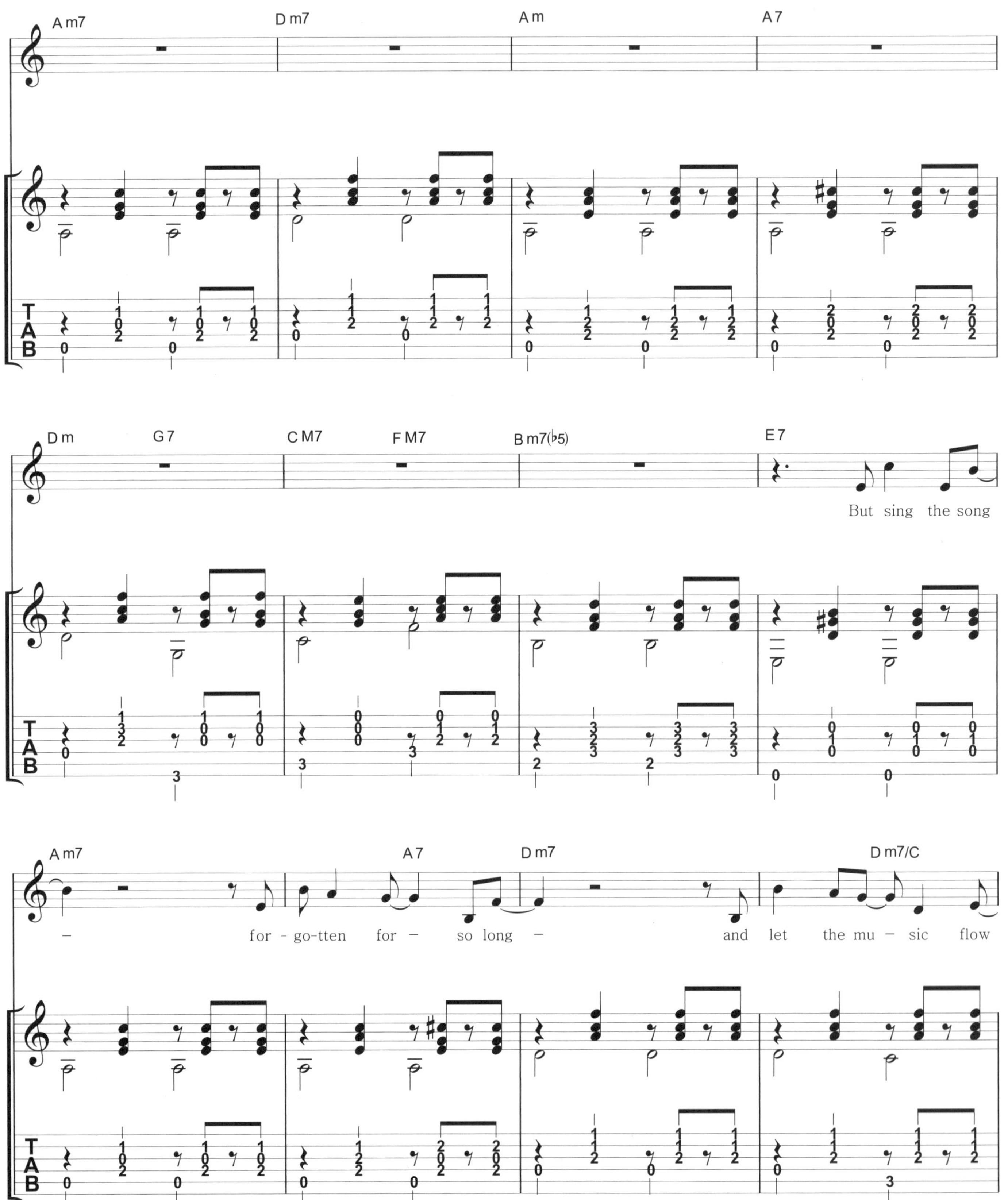

Am7
Dm7
Am
A7
Dm
G7
CM7
FM7
Bm7(♭5)
E7
But sing the song
Am7
A7
Dm7
Dm7/C
— for - go-tten for — so long — and let the mu — sic flow
TAB

like light - in to - the rain - bow we know the dance - we have
- we still have- a chance - to break this chains - and flow - like light - in to - the rain
- bow An -

Chapter 12

피킹 & 핑거링의 연습

피킹(Picking)의 기본 연습

레슨을 하다보면 많은 아마추어 연주자 분들이 잘못된 피킹과 핑거링 습관을 가지고 있지만 단지 연습부족이라고만 생각하여 본인의 잘못된 연주 습관을 스스로 잘 알지 못하는 경우가 많이 있습니다.
바르지 못한 피킹과 핑거링은 연주에 치명적인 결함이 됩니다. 연주 스타일과 장르에 따라 요구되는 다양한 피킹, 핑거링 폼들이 있습니다만, 이 책에서는 가장 기본이 될 만한 연주법을 사진과 함께 자세히 설명하도록 하겠습니다.

1)피킹의 기본자세

우선 왼손의 피킹 폼을 어떻게 해야 하는지 알아봅시다.
코드를 스트로크 할 때와는 다르게 피크를 이용해서 한음, 한음 연주 할 때는 손바닥을 기타의 바디, 혹은 기타줄 위에 올려주세요. 불필요한 다른 줄을 뮤트시키고 위 아래로 손목을 회전시키기 위해서도 이 방법을 연습해 주세요.

6~4번 줄의 굵은 줄 (저음현)을 연주할 때에는 피크를 잡은 오른 손을 바디 위에 올려 둡니다.

연3~1번 줄의 가는 줄(고음현)을 연주할 때는 줄 위에 피크를 잡은 오른 손을 올려 불필요한 저음줄의 울림을 막아줍니다.

아래로 내려치는 동작을 다운 피킹, 반대로 올려치는 동작을 업 피킹이라고 합니다

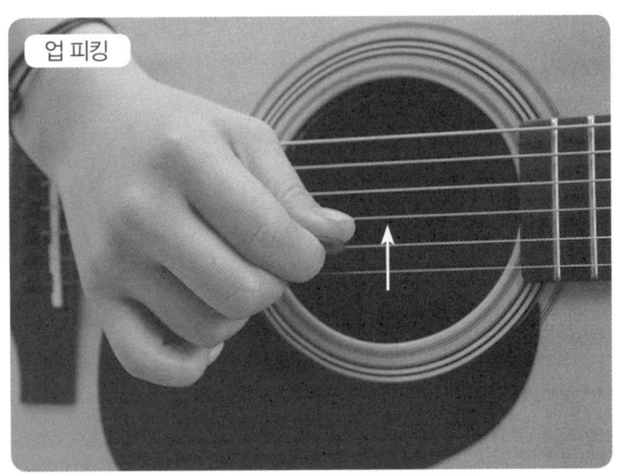

피킹에는 경계가 있습니다.
다운 피킹을 예로 들겠습니다.
만약 2번 줄을 피킹 한다면 아래 있는 1번 줄과 윗줄인 3번 줄 사이를 벗어나지 않도록 피킹 폭을 조절하여야 합니다.
하지만 이 경계를 벗어나지 않기 위해 소극적으로 움직이지 말고 그 공간을 전부 사용 할 수 있도록 노력합시다.

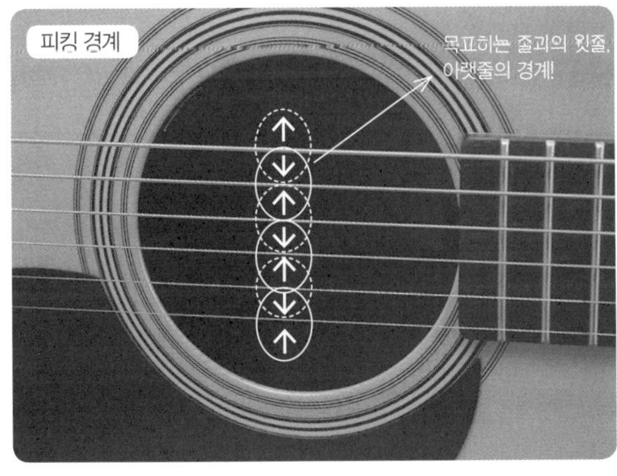

피킹을 할 때는 피크를 줄에 대놓고 시작하는 것이 아니라 피크로 퉁겨야 할 줄 위에서 기다릴 수 있도록 합시다.

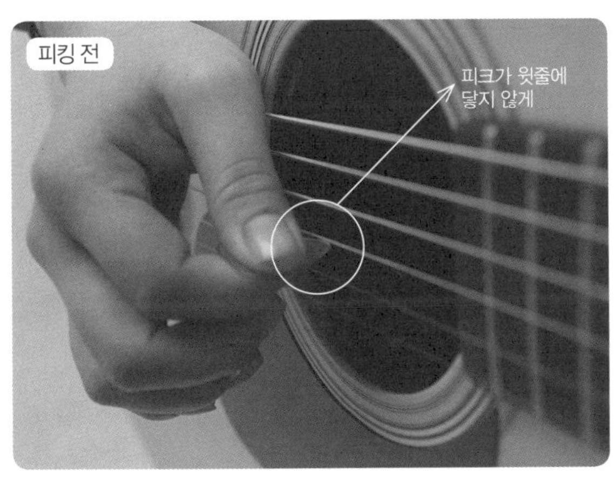

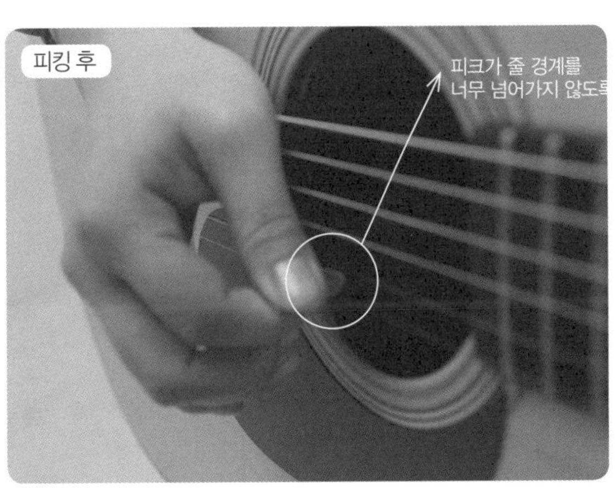

피크는 줄에 평평하게 마주보는 것 보다는 살짝 각을 만들어 기울여 주세요. 너무 각이 커지게 되면 줄을 긁게 됩니다.
적당한 각도를 이룰 수 있도록 합니다.

피킹할 때 유의할 점 하나 더,
피크를 잡은 각도가 위, 아래로 눕지 않도록 합시다.
손날을 살짝 들어 피킹 후 줄이 울릴 수 있는 공간을 확보하며 피크의 각도가 줄에 눕지 않도록 살펴봅시다.

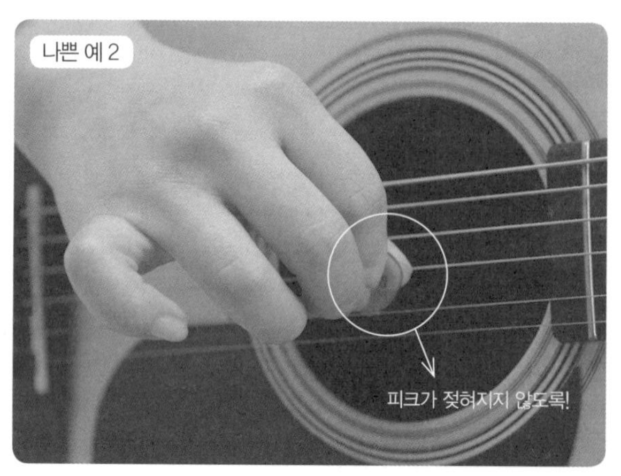

2)개방현 컨트롤을 통한 피킹 기본 연습

개방현만을 사용하여 피킹의 기본 연습과 각 줄의 울림을 컨트롤 하는 연습을 하겠습니다.

먼저 1번 줄을 피킹해 보겠습니다.

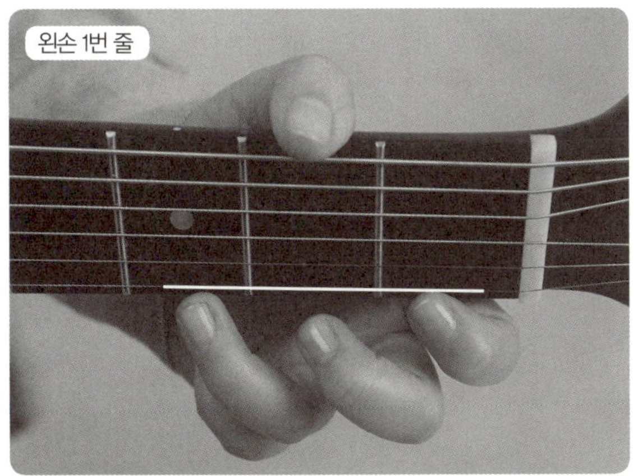

엄지 손가락을 넥 위에 가볍게 올려둡니다. 1,2,3번 손가락은 각 프렛에 대입하여 벌려두고 프렛 위에서 대기합니다. 손바닥은 넥 뒷면에 닿지 않도록 합니다.

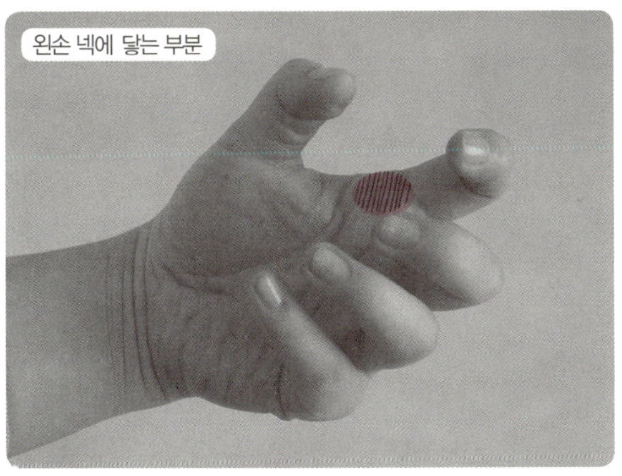

사진의 색칠한 부분이 넥의 아래쪽에 닿게 하여 중심을 잡으며 지탱하도록 합니다. 단, 너무 힘이 들어가지 않도록 합시다.

오른손은 사용하지 않는 다른 줄들을 뮤트 시키기 위해 줄 위에 살짝 엊어 놓습니다. 손날은 살짝 들어 올려 피킹 각도를 만듦과 동시에 줄이 울릴 수 있는 공간만 남겨 놓습니다.

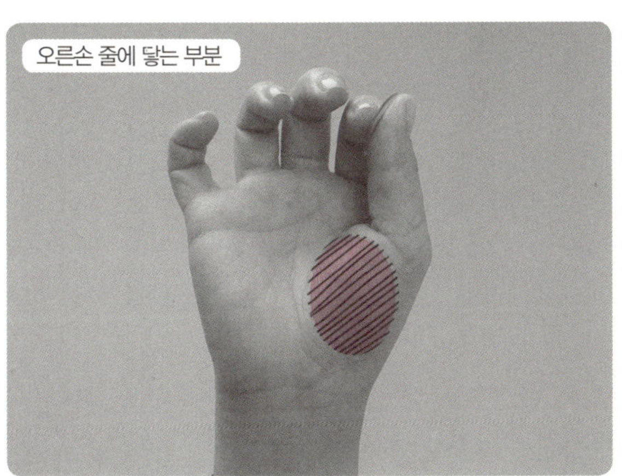

사진의 색칠된 부분이 줄 위에 손을 엊어 놓을 수 있도록 합시다.

온음표로 1번 줄을 연주하고 줄 위에 대기하고 있던 손가락으로 줄을 뮤트합니다.

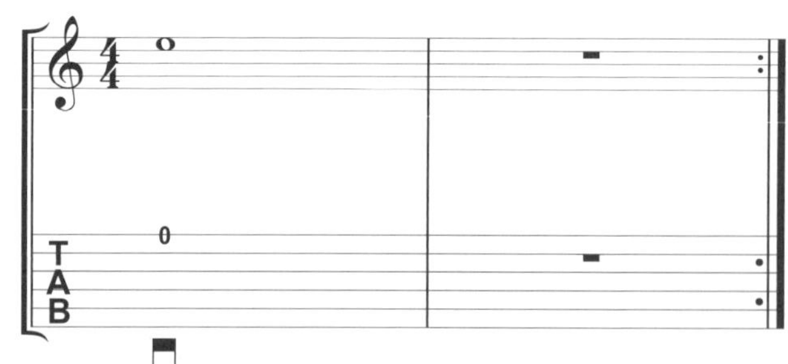

너무 꼭 누르지 말고 가볍게 손가락을 올려준다고 생각합시다.
1,2,3번 손가락은 각 프렛에 대입하도록 하고 프렛과 직선이 아니라 살짝 기울여 사선이 되도록 합니다.

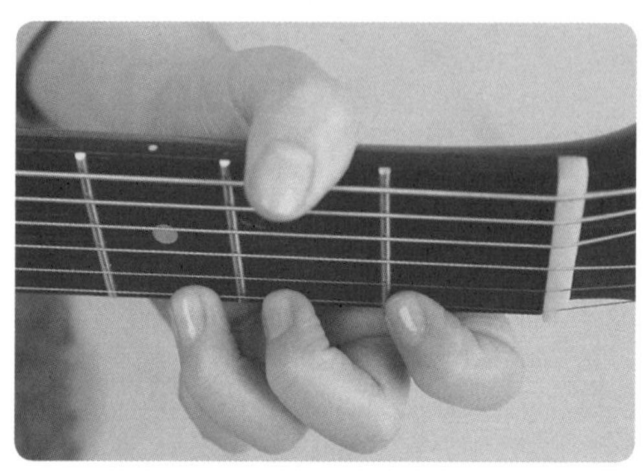

이번에는 1번 줄을 온음표로 연주한 다음 2번줄을 온음표로 연주합니다.
이때 울리고 있던 1번 줄은 2번 줄을 피킹하는 타이밍과 동시에 뮤트시킵니다.

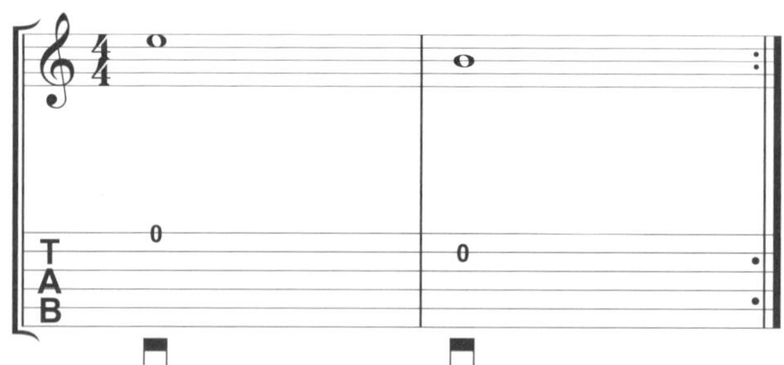

같은 요령으로 3번 줄을 연주해보겠습니다.

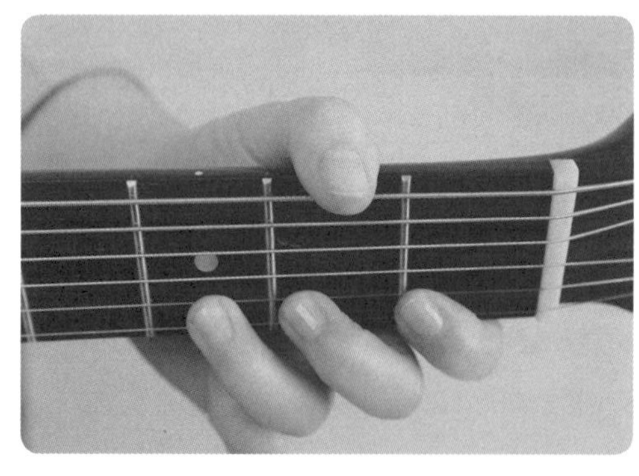

1,2,3번 손가락을 1,2번 줄 위에 함께 포개 줍니다. 너무 힘을 주어 줄을 누르지 않도록 주의 합시다.
이 역시 1,2,3프렛에 각각의 손가락을 대입하도록 합시다. 손가락은 살짝 기울여 사선을 이룹니다

4번 줄을 연주해 봅시다.

4번 줄을 연주 할 때는 1,2,3번 줄을 연주할 때와 같은 요령입니다. 다른 것이 있다면 1번 손가락을 3번 줄에 끌어 올리지 않고 2,3번 손가락으로 3번 줄을 뮤트합니다. 1번 손가락은 1,2번 줄 위에서 기다립니다.

5번 줄을 연주해 봅시다.

4번 줄을 연주 할 때와 같은 요령으로 연습합시다.

6번 줄을 연주해 봅시다.

6번 줄을 연주 할 때에는 엄지손가락은 넥 뒤로 넘겨줍니다. 1,2,3,4번 손가락 모두 울리지 않는 나머지 줄들에 가볍게 올려 포개줍니다. 이때 손가락의 방향은 프렛과 가급적 평행을 이루도록 합시다.

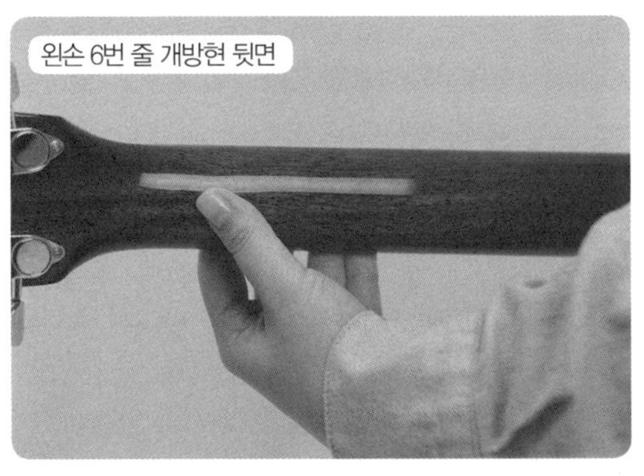

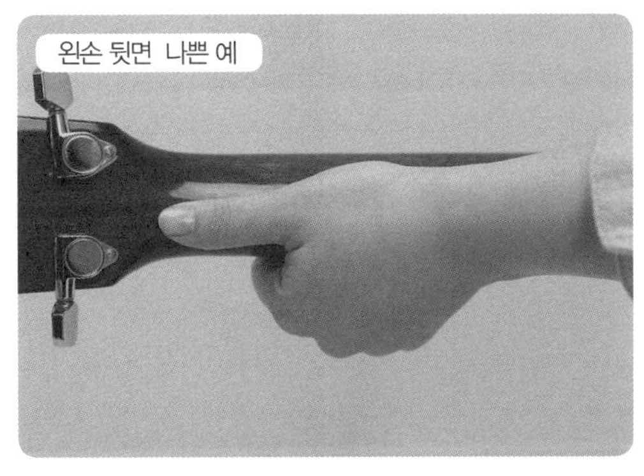

넥 뒷면 가운데 부분에 선이 있다고 생각하고 선 아랫부분에 엄지를 받쳐줍니다. 손목은 너무 꺾이지 않게 살짝 둥글게 만듭니다.

넥 뒷면을 받치고 있는 엄지는 1번 손가락에 비해 너무 안으로 들어오지 않게 합니다. 손목에 무리가 갈 수 있습니다.

피킹을 할 때 오른손은 연주하는 줄의 위치를 따라
수직으로 이동 합니다.
피킹하는 위치는 사운드홀 중앙 부분이 좋습니다.

상행할 때의 뮤트 테크닉

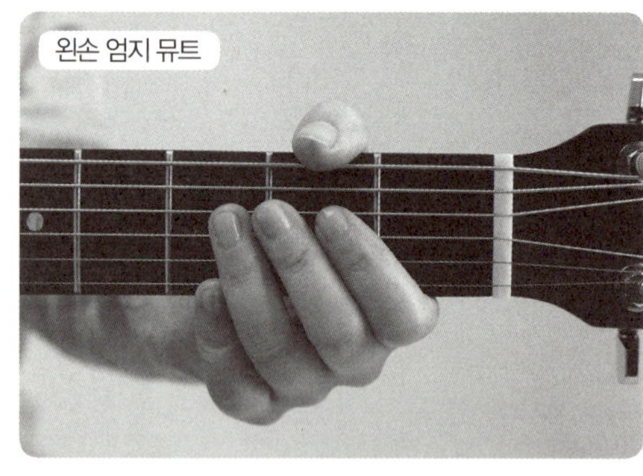

6번 줄을 연주한 다음 5번 줄로 상행하여 이동할 때에는
엄지손가락을 살짝 걸쳐 뮤트합니다.
5번 줄을 피킹하는 타이밍에 맞춰 정확히 뮤트하도록 합시다.

상행해야하는 다음 줄을 연주하는 타이밍에 먼저 울리고 있던 개방현을 엄지로 살짝 건드려 미리 울리고 있던 이전 줄을 뮤트합니다.

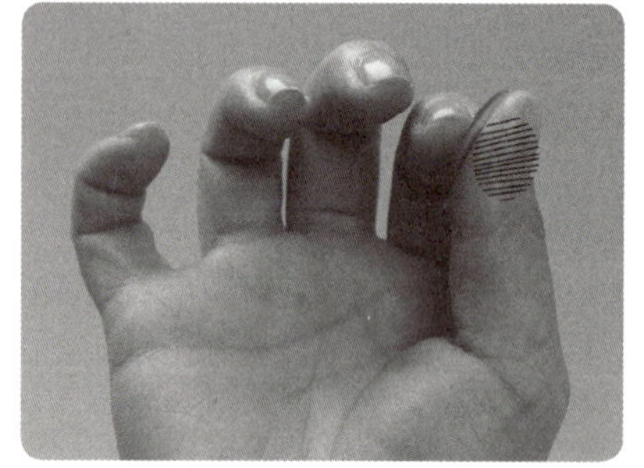

❶ 5번 줄을 피킹 하여 줄이 울리고 있습니다.

❷ 4번 줄을 피킹하는 순간 5번 줄에 엄지를 닿게 합니다.

❸ 자연스럽게 진행하여 피킹을 완료합니다.

자연스럽게 한 동작이 될 수 있도록 연습합니다.

기타를 연주할 때는 "처음동작으로 되돌아간다."라는 말을 기억해 주세요
상행하는 연습에서 왼손은 처음 동작을 되짚어가며 울려야 할 줄만 하나씩 빼내는 것처럼 생각하면 좋습니다.
1번 줄에서 6번 줄 까지의 왼손을 줄 위에 올려 뮤트했던 동작을 역순으로 움직이는 것입니다.

사진과 함께한 연습을 토대로 다음 예제들을 연습합니다.

Track 187

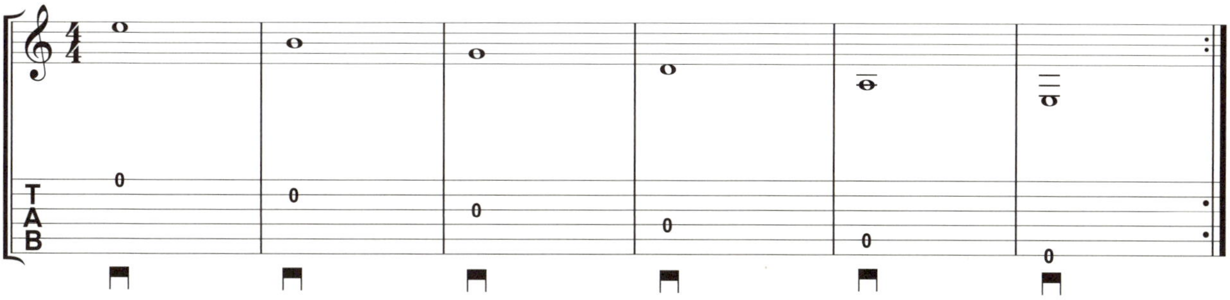

Track 188

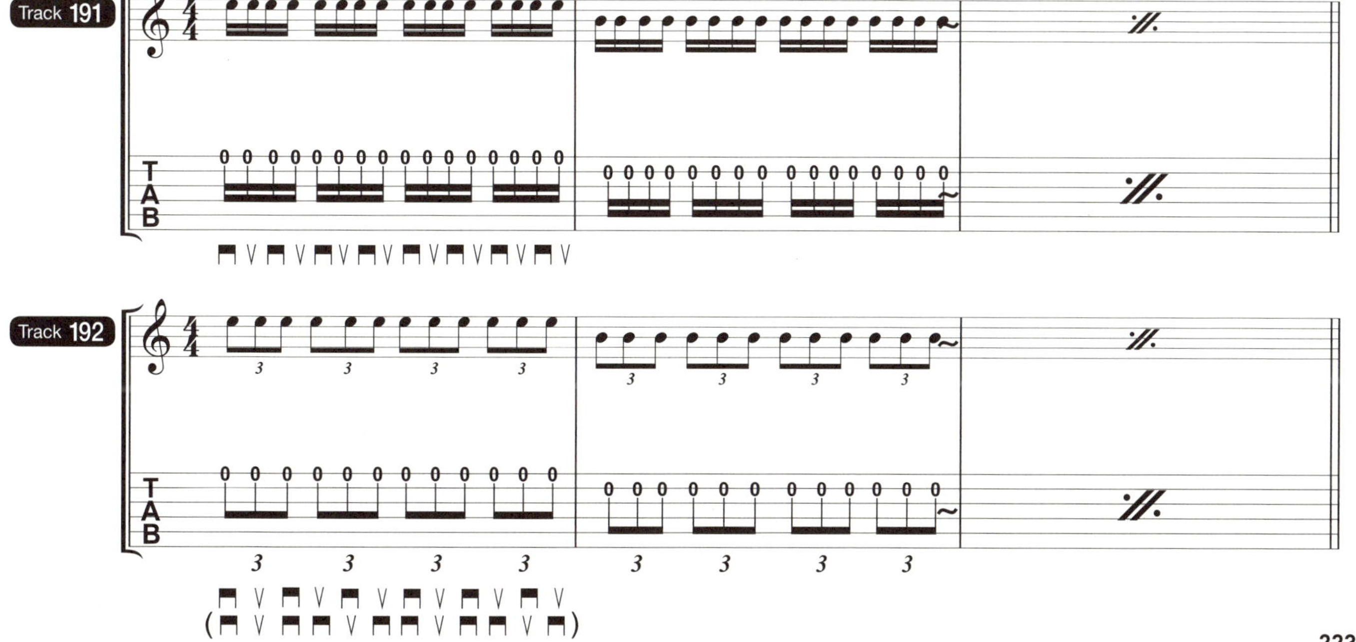

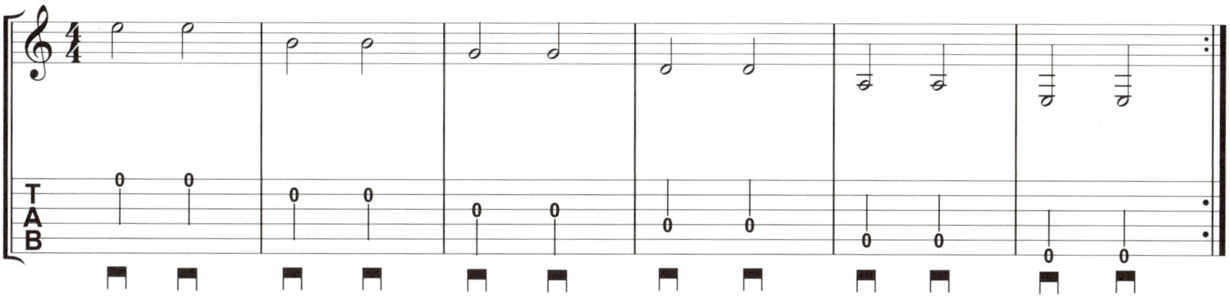

Track 189

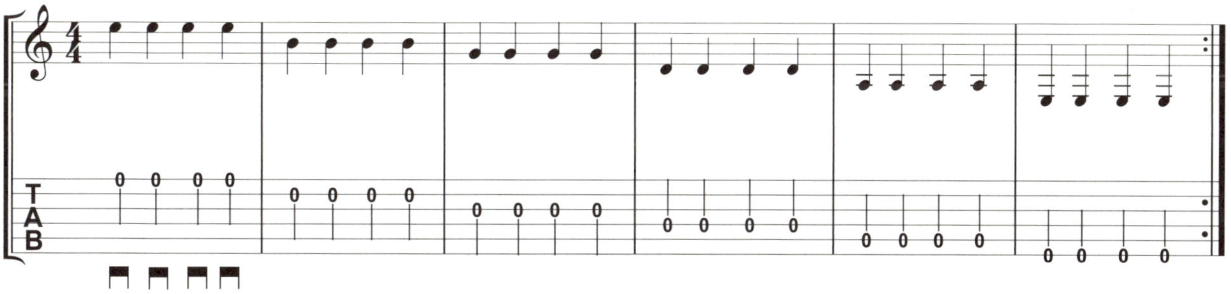

Track 190

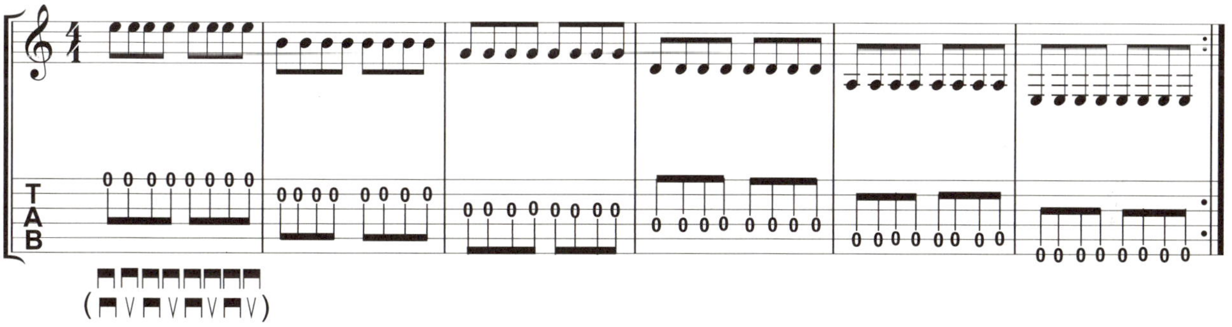

※ 8분음표 이후부터는 다운 피킹과 업 피킹을 교대로 사용합니다. 다운 피킹 다음 업 피킹으로 피킹을 교대해 준다고 해서 얼터네이트 피킹(Alternate picking)이라고 합니다.

Track 191

Track 192

02

크로매틱 스케일과 핑거링 기본 연습

크로매틱(chromatic)이란 반음의, 반음계의 라는 뜻입니다. 여기서는 반음계 연습을 통해 왼손과 오른손의 피킹과 핑거링 연습으로 멜로디를 연주할 수 있는 준비를 하겠습니다.

1) 기본 트레이닝

개방현을 이용한 크로매틱 연습

개방현과 1,2,3번 손가락을 사용하는 크로매틱 스케일로 기본 핑거링 연습을 하겠습니다.

1번 손가락은 항상 기준이 되어야 합니다. 6번 줄을 연주할 때 손가락을 구부리지 말고 가급적 곧게 펴 주시고 손가락 끝에 힘을 주세요. 이 때 손가락 바닥으로 지금 연주하지 않는 나머지 줄들을 뮤트 시킨다는 기분으로 가볍게 올려 주세요. 공간이 생기면 안됩니다. 이 방법으로 6번 줄 개방현을 연주합니다. 이 때 피킹하는 오른손은 바디 위에 올립니다.

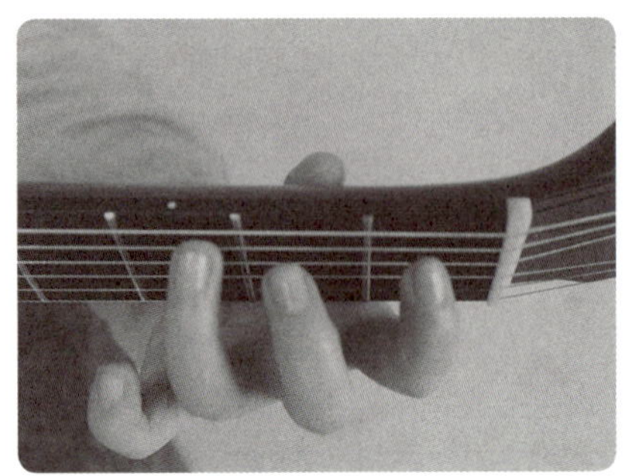

6번 줄 개방현을 연주할 준비를 합니다.

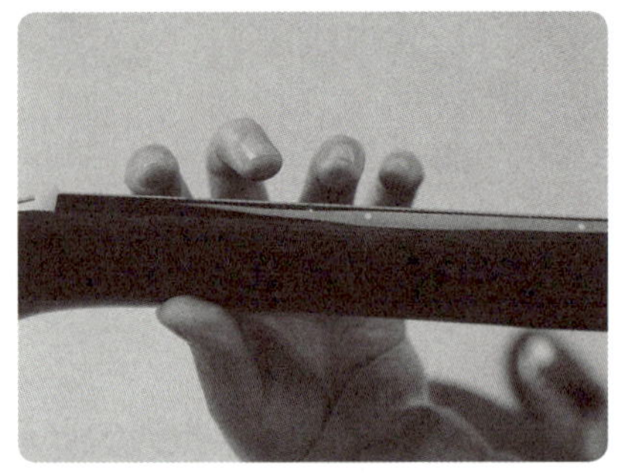

왼손의 엄지손가락은 네크 중앙에 살짝 받쳐줍니다.

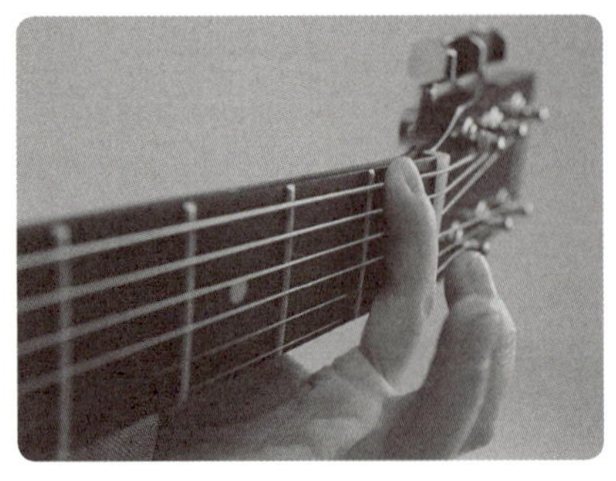

1프렛을 누를 때 손가락 바닥으로 나머지 줄을 뮤트 시킵니다.

치고 지나간 1프렛을 누르고 있는 1번 손가락을 떼지 않습니다.

나머지 손가락들도 같은 요령입니다.

줄이 바뀌면 피킹하고 있는 오른 손도 위치를 옮겨 줍니다.
점점 줄 위로 올라오게 되겠지요? 앞서 개방현을 이용한 피킹 연습에서처럼 왼손의 자세와 위치도 상황에 맞게 유동적으로
움직여 주세요.

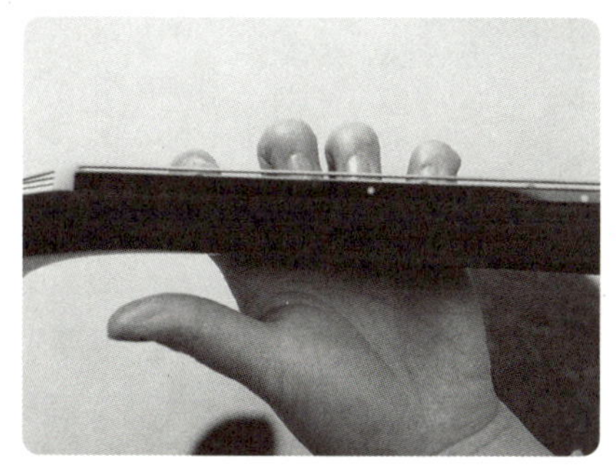

3번 줄에서 2번 줄로 옮기는 타이밍에 엄
지를 넥 위로 올려 보도록 합시다.

3번 줄 3프렛을 울리고 있는 동안에 엄지
를 살짝 떼서 움직입니다

2번 줄 개방현을 치는 타이밍에 엄지를 넥
위로 옮깁니다.

클래식 기타에서는 엄지가 넥 위로 올라오는 것을 금지하지만 팝 음악에서는 유용하게 쓰일 때가 있습니다.
이와 같은 방법으로 반대로도 연습해 보세요.

2) 실전 트레이닝

다음 악보에 제시된 패턴을 연습해 봅시다.

개방현과 세 개의 손가락 (1,2,3번 손가락) 만을 이용하여 연습합니다.
8분음표로 연습해 봅시다.

Track 193

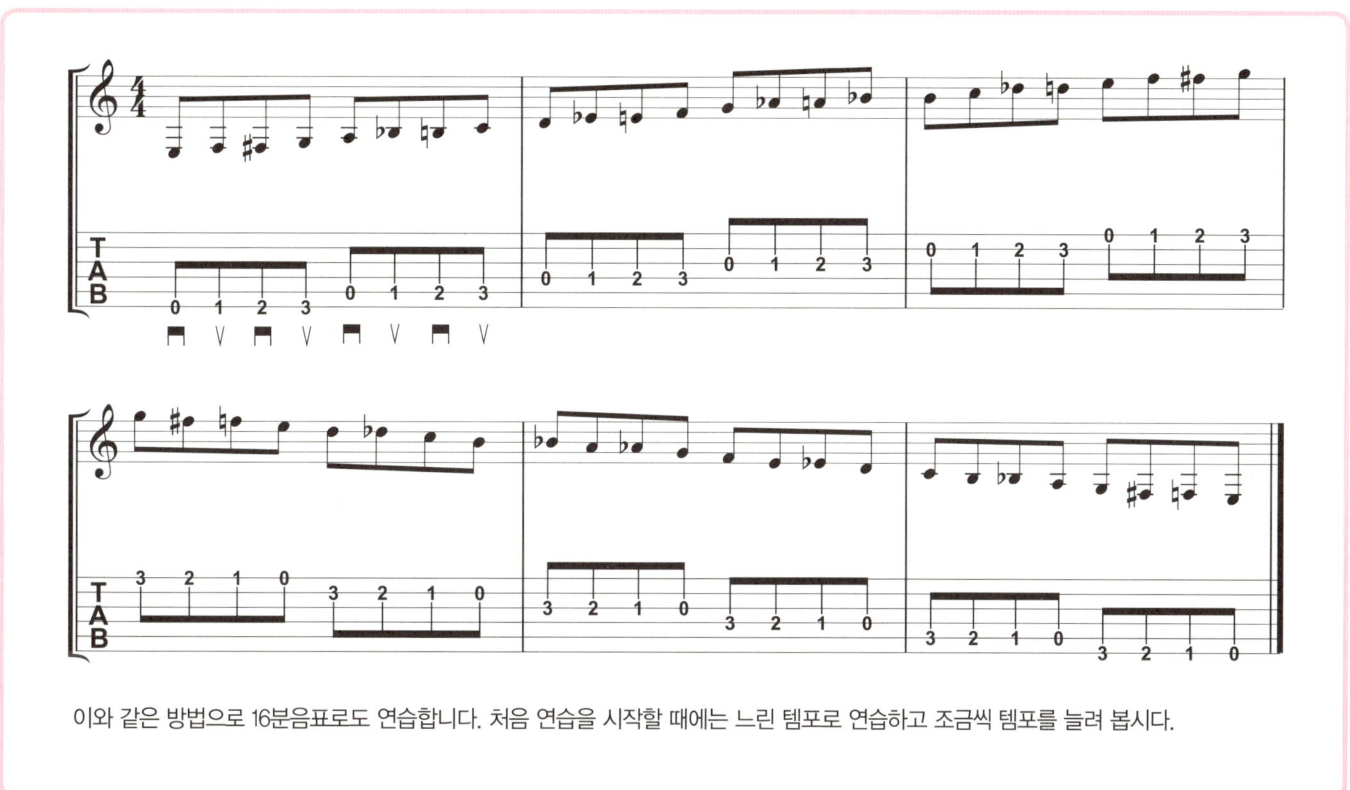

이와 같은 방법으로 16분음표로도 연습합니다. 처음 연습을 시작할 때에는 느린 템포로 연습하고 조금씩 템포를 늘려 봅시다.

네 손가락의 연습

이번에는 4번 손가락까지 사용하여 연습합니다.

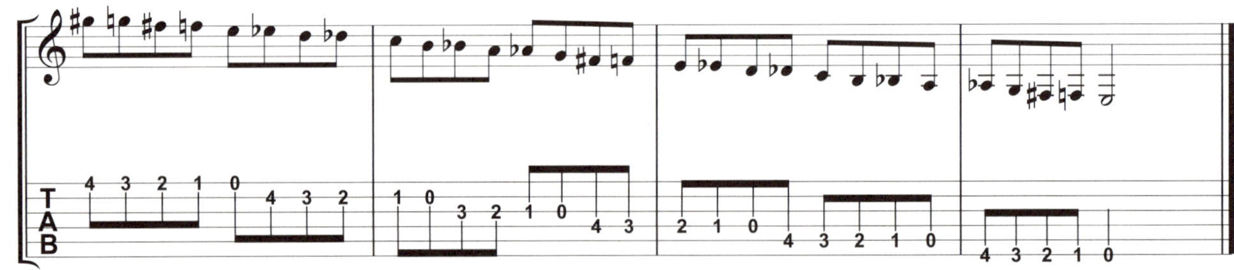

느린 템포로 익숙해질 때까지 시간을 두고 연습해보세요. 익숙해지면 16분음표로도 연습해 보세요.

크로매틱 스케일 연습은 피킹과 핑거링뿐만 아니라 손가락의 힘을 기르는 데에도 유용한 연습 방법입니다.
책에 나온 방법 말고도 핑거링 연습을 위한 전문적인 연습방법들도 있습니다.

03 스케일 연습

1) 1포지션의 메이저 스케일

기타로 멜로디를 연주할 때 개방현을 포함한 위치 뿐 아니라 더 높은 포지션에서의 연주 모습을 많이 보셨을 것입니다.
기타로 음계를 연주할 때 전체적인 지판을 분할하여 핑거링 하기에 적당하게 근접한 음계의 뭉치를 나누게 되는데 그것을
스케일블록(Scale block)이라고 합니다.
예를 들면 이런 모양입니다.

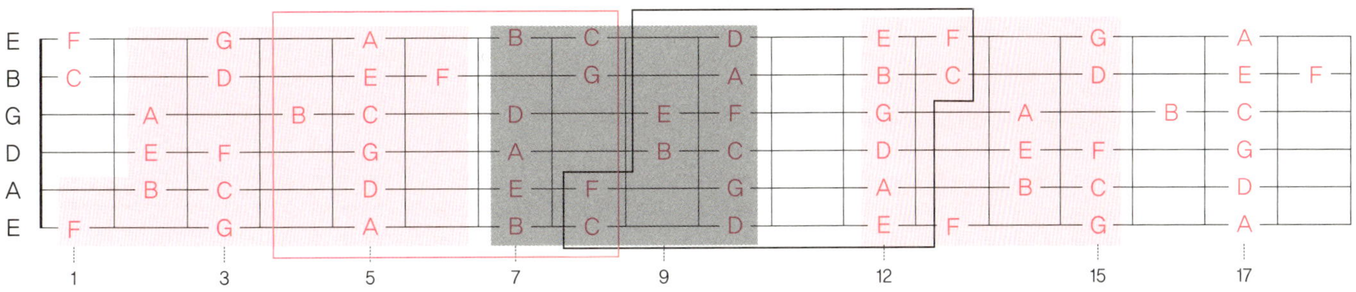

꽤 복잡하죠?
이 책에서는 개방현을 포함한 블록을 말하는 제 1포지션에 대해서만 다루겠으니 너무 긴장하지 마세요.
제 1포지션은 다음과 같습니다.

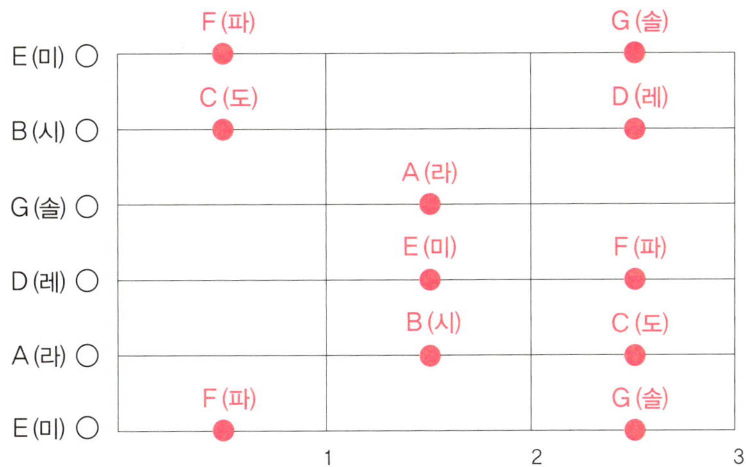

1포지션의 음계를 다이어그램 위에 표시했습니다.
이 음계를 효과적으로 익히기 위해 각 줄마다의 음계를 익히며 연습해 보겠습니다.

1번 E현(첫째 줄)에서의 음들 Track 195

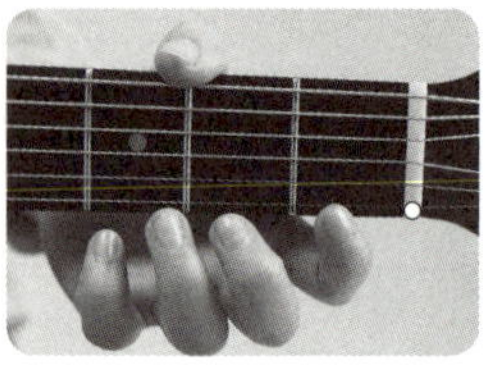
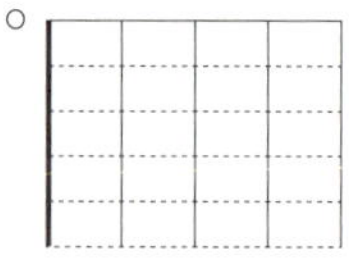

개방현
(줄을 누르지 않은 상태)

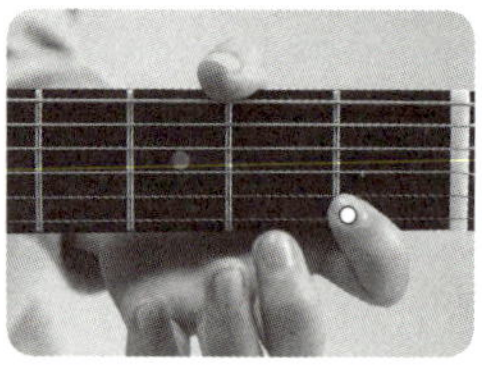
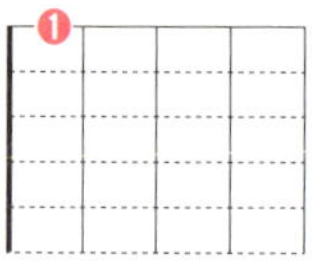

1 프렛

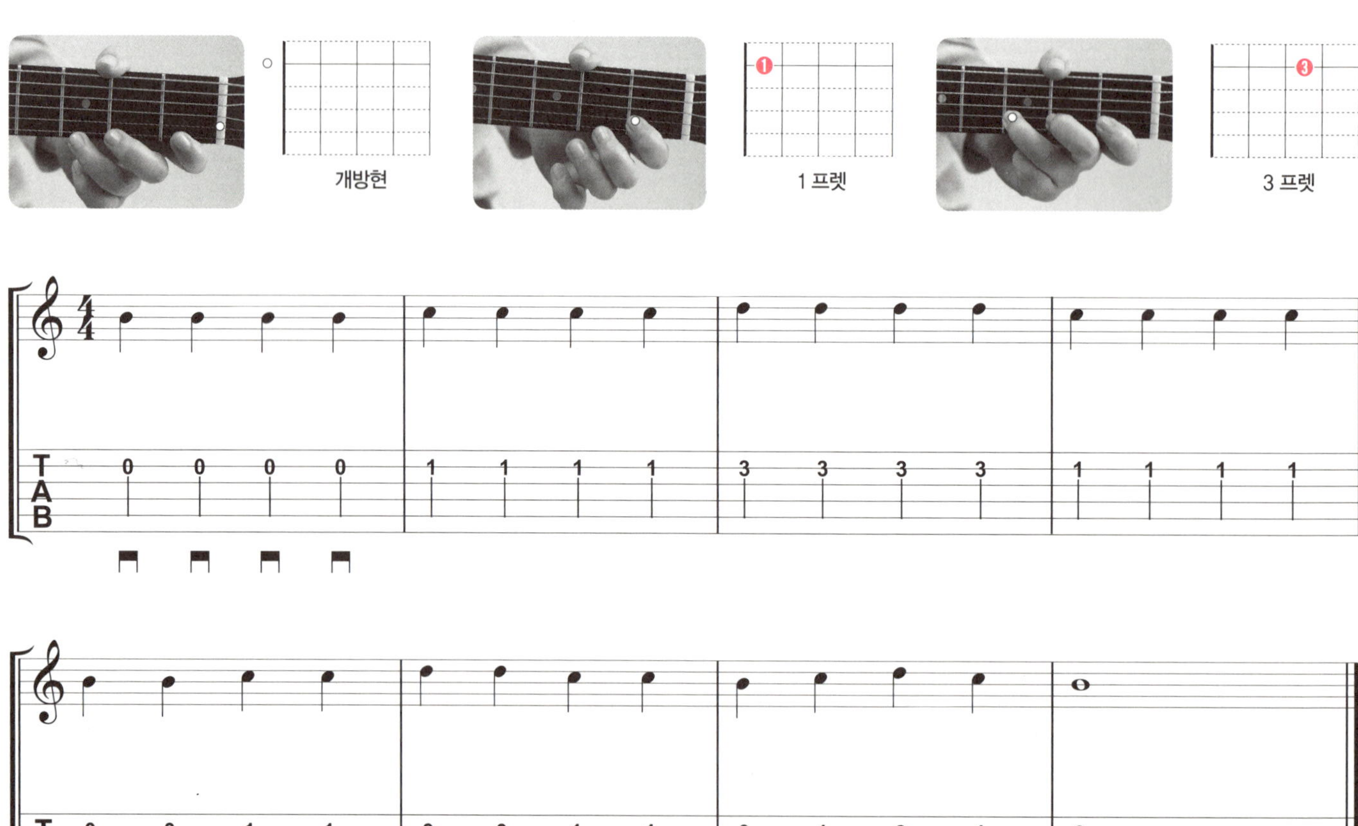

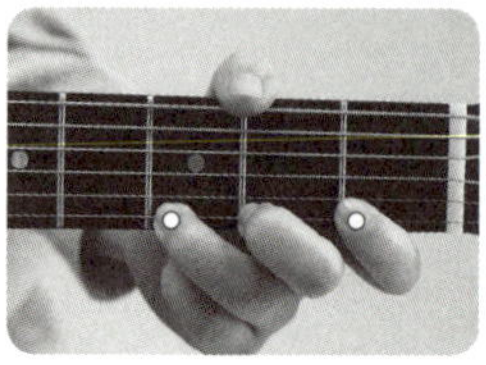
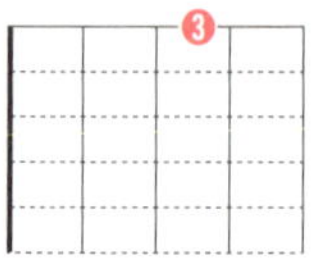

3 프렛

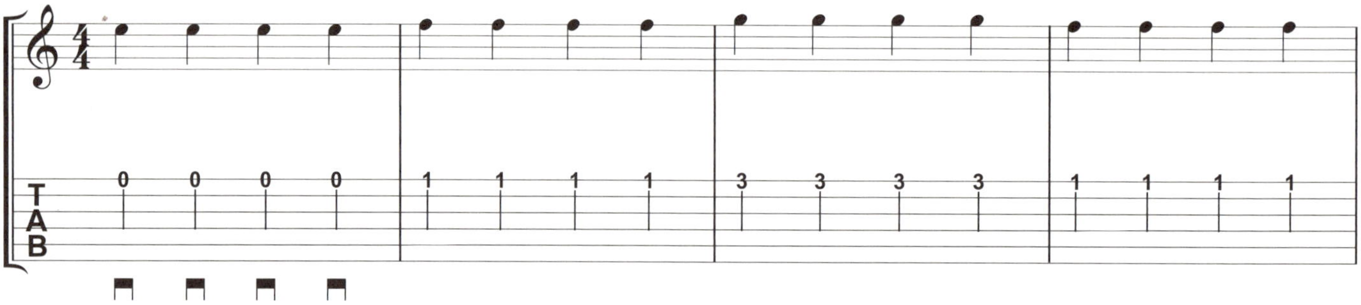

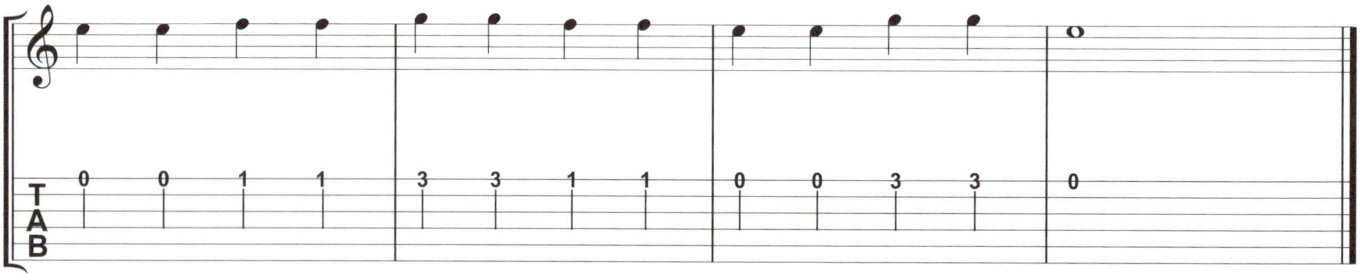

2번 B현(밑에서 두 번째 줄)에서의 음들 Track 196

개방현

1 프렛

3 프렛

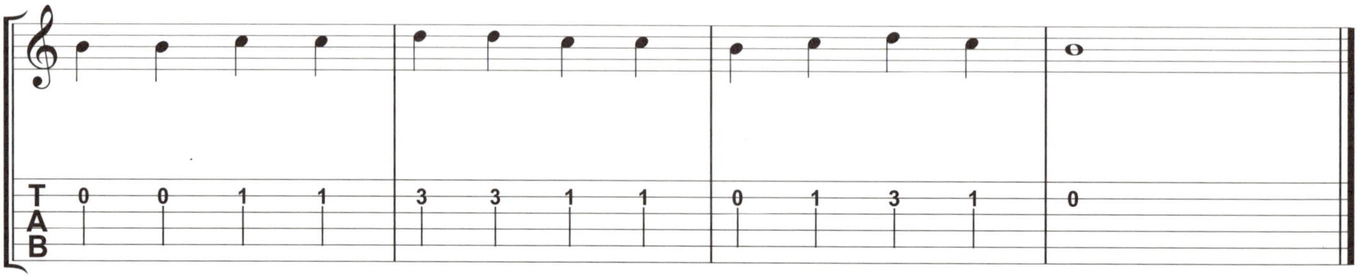

1번 줄과 2번 줄을 사용한 연습 Track 197
4 → 4번 손가락으로
4번 손가락으로
4번 손가락으로
4번 손가락으로
4번 손가락으로

3번 G현에서의 음들 Track 198

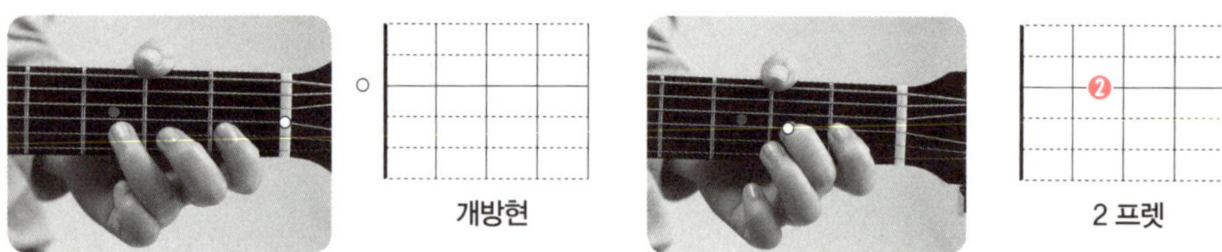

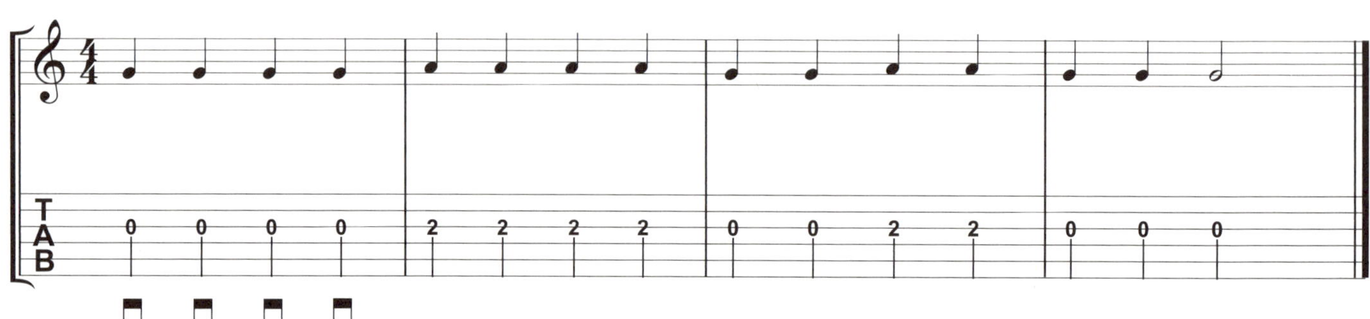

3번 줄과 2번 줄을 사용한 연습 Track 199

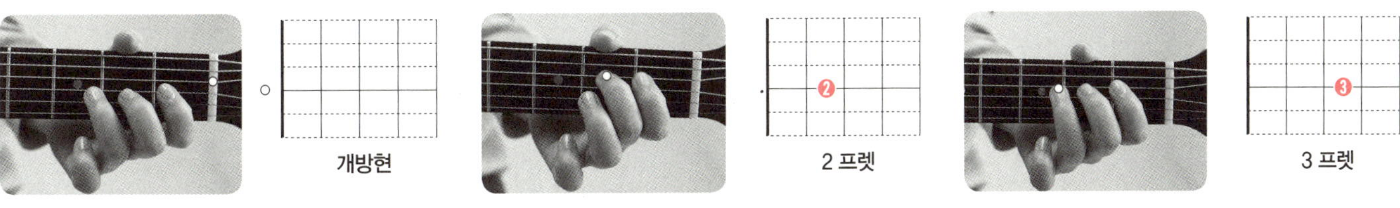

1~4번 줄을 사용한 연습 Track 201

5번 A현에서의 음들 `Track 202`

 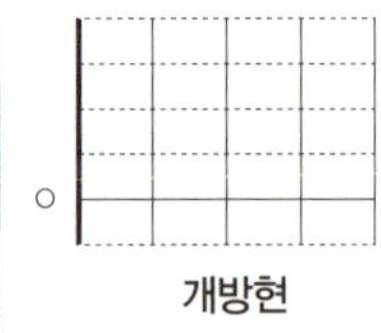

 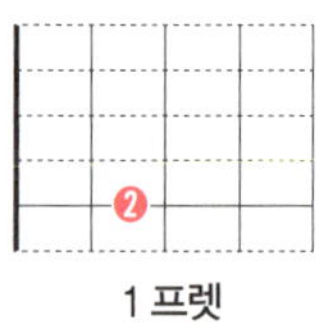

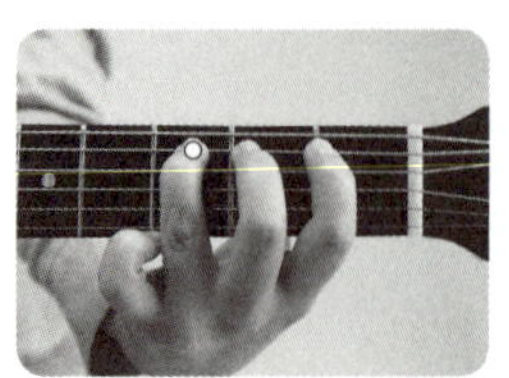 

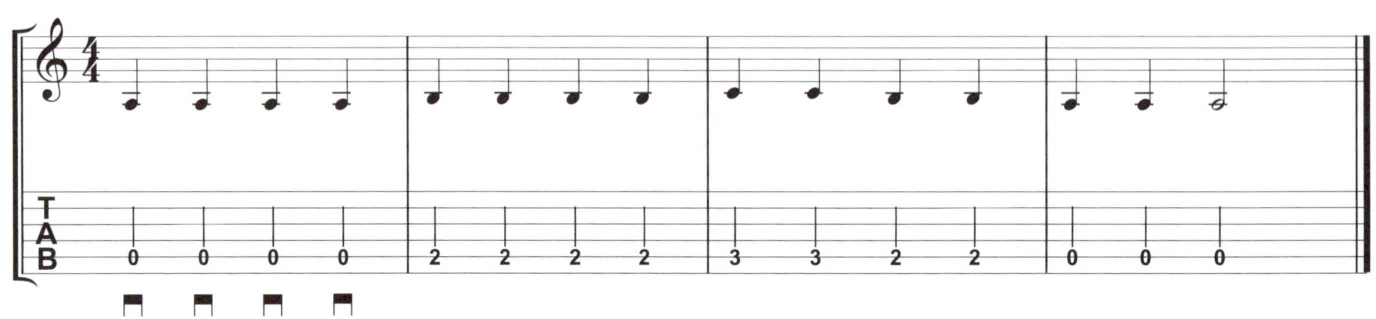

5∼3번 줄을 사용한 연습 `Track 203`

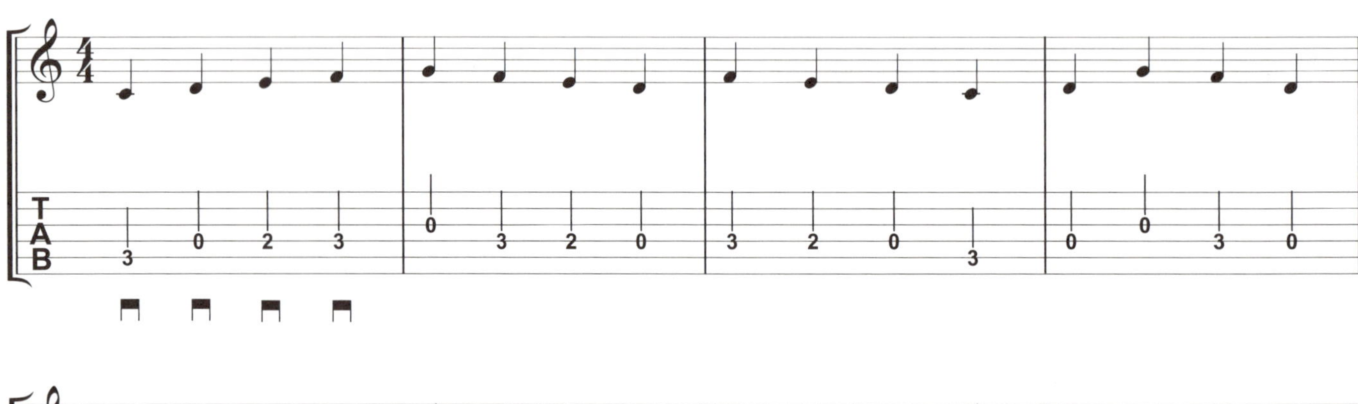

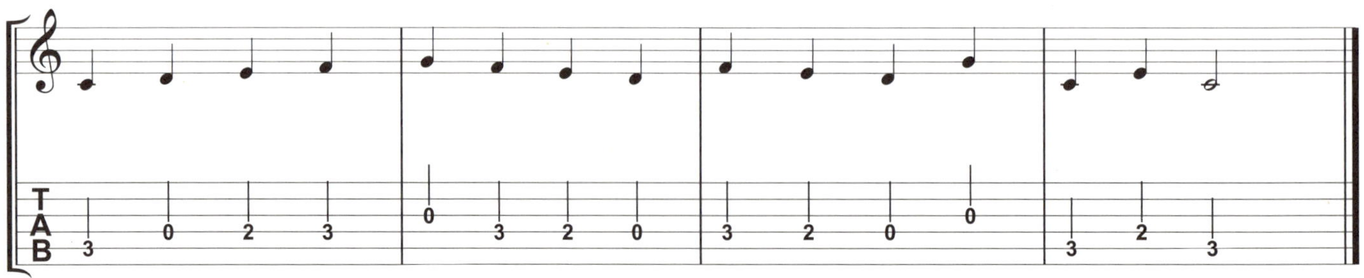

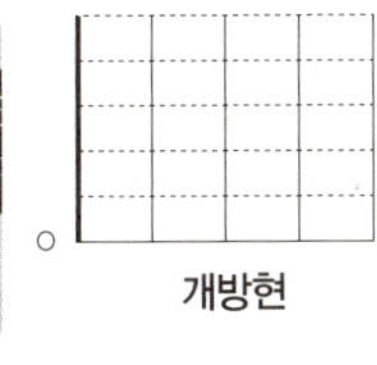

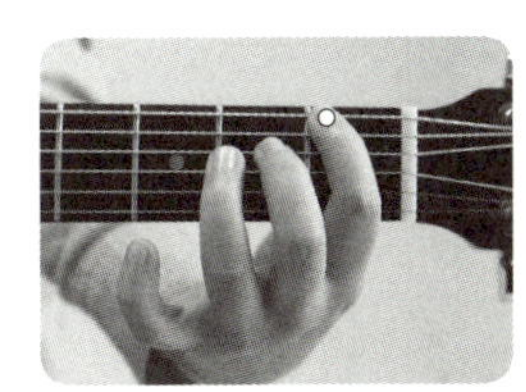

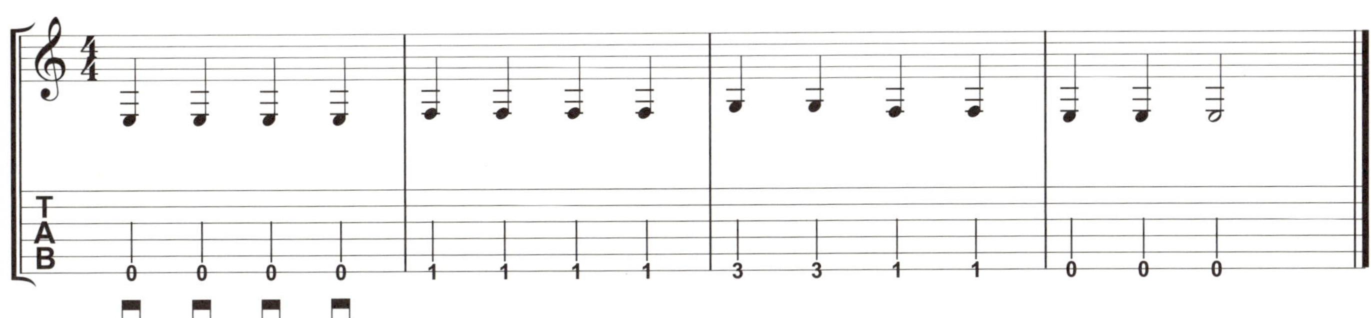

6~4번 줄을 사용한 연습 Track 205

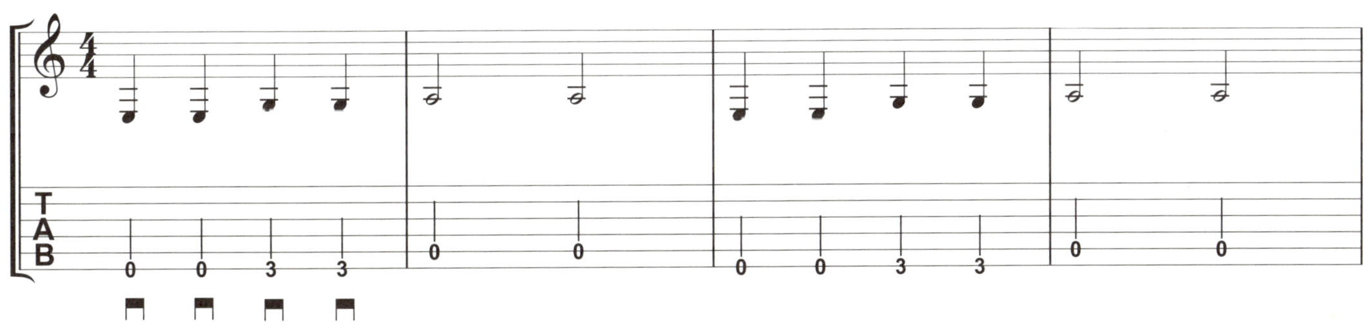

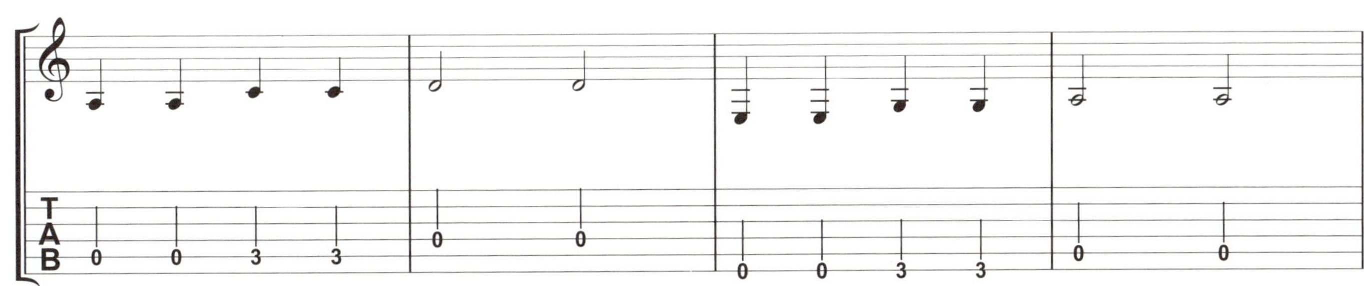

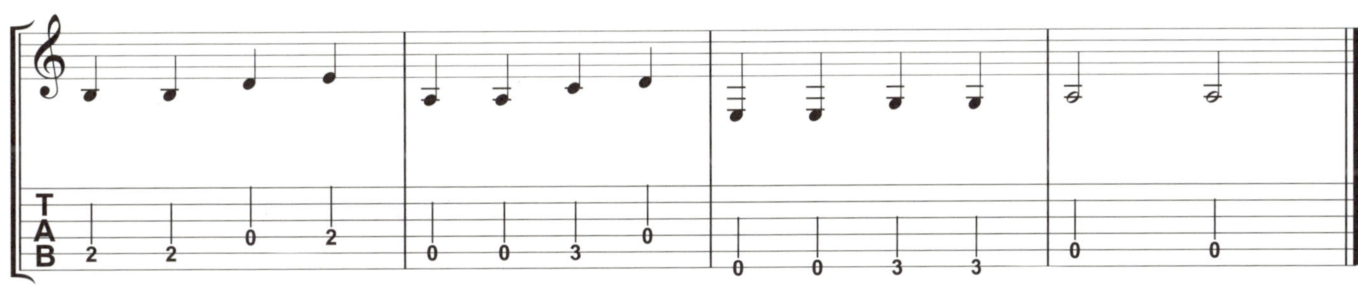

2) 1포지션 음계의 종합 연습 Track 206

3) 샾과 플랫, 8분음표 연습 Track 208

샾(#)은 반음을 높이고, 플랫(♭)은 반음을 낮춥니다. 8분음표 연습입니다. 얼터네이트 피킹으로 연습하세요.

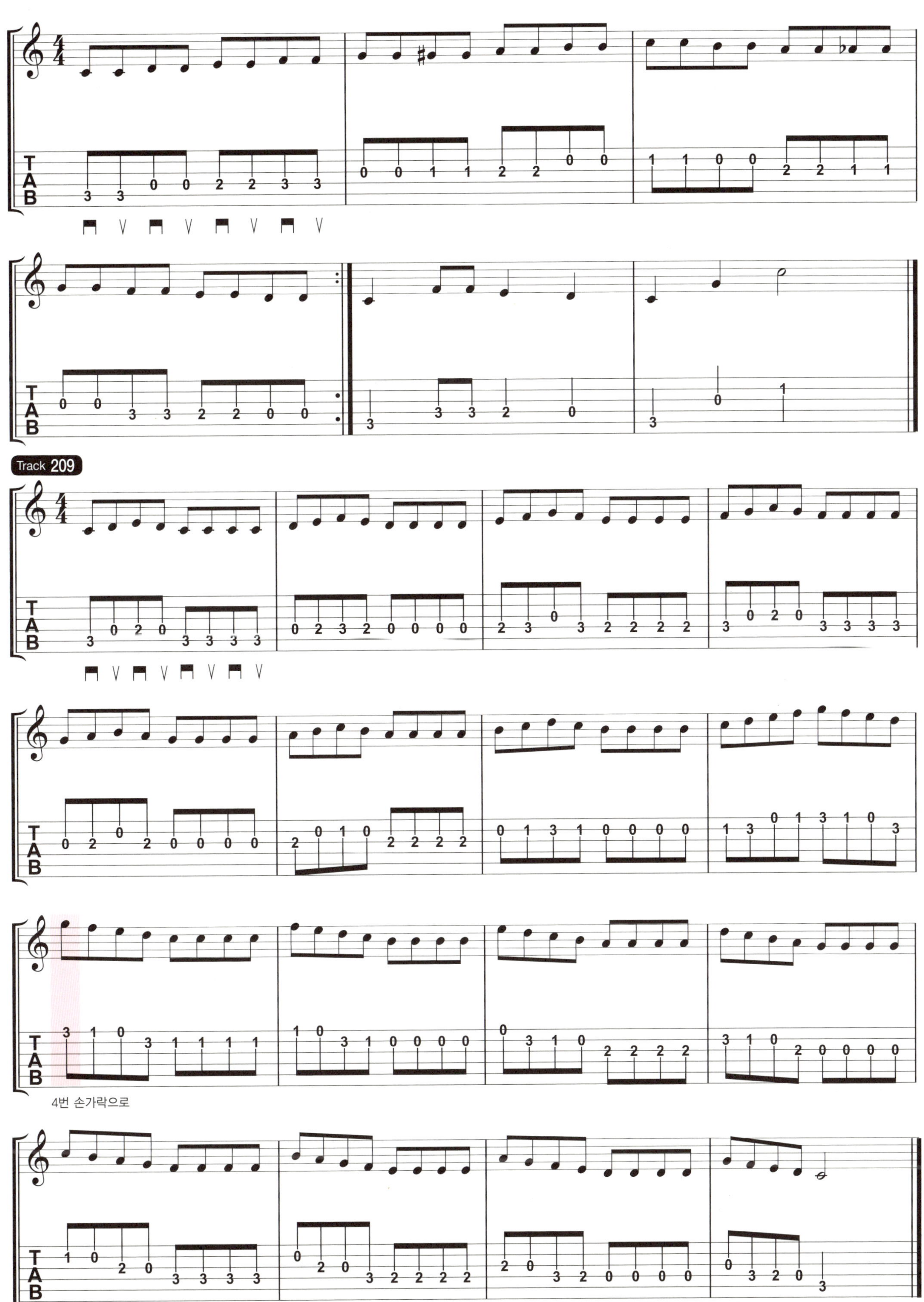

※공피킹: 16분음표를 기본으로 카운트하면서 연주해야 할 때, 다른 음표가 섞여 있다면 공피킹을 활용합시다.

8분음표 사이에 있는 16분음표를 헛 스트로크를 할 때와 마찬가지로
동작은 하되, 줄은 건드리지 않고, 카운트만 하는 방법을 '공피킹'이라고 합니다.

4) 8분음표와 16분음표 연습  Track 210

5) 셋잇단 음표의 연습

기본연습

셋잇단 음표를 다음과 같이 두 가지 피킹 방법으로 연습합시다.

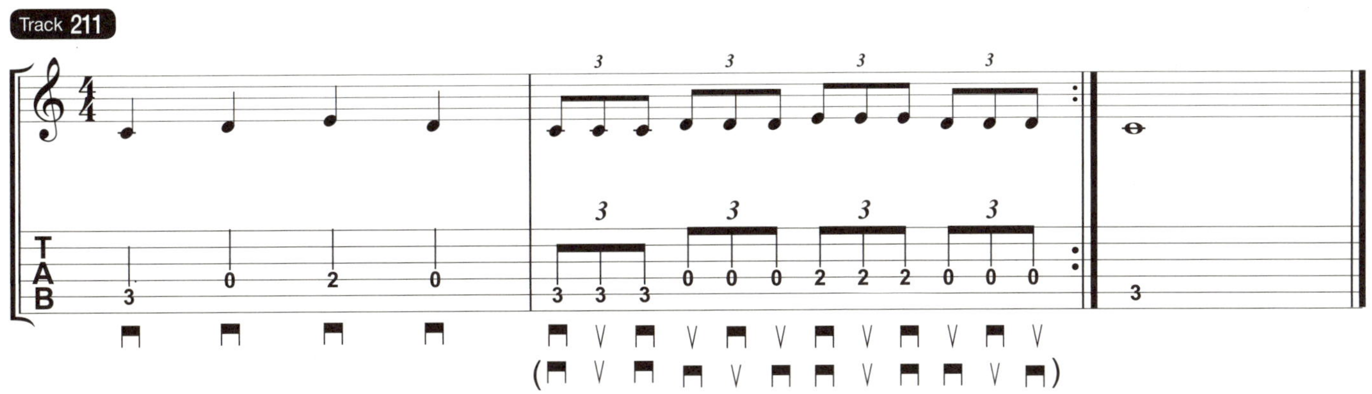

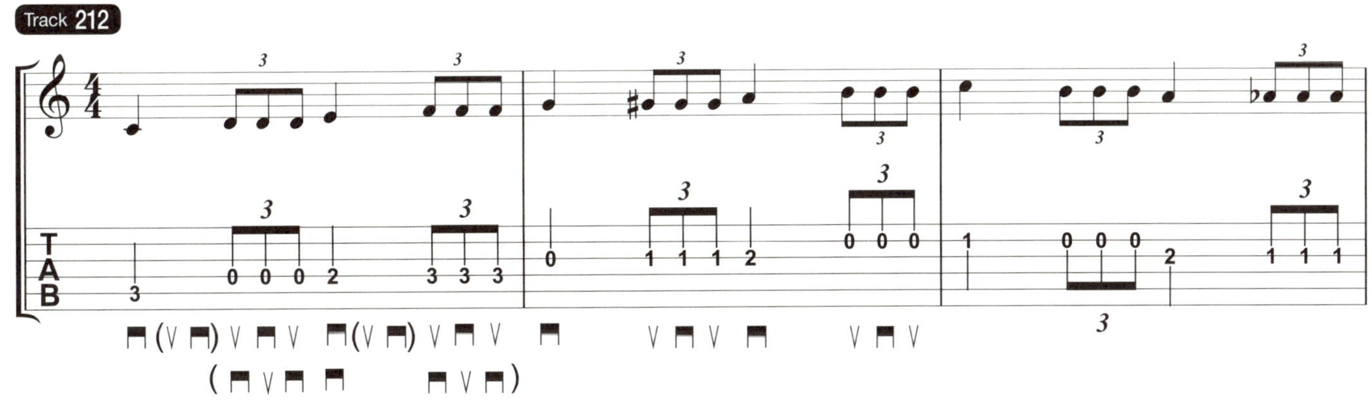

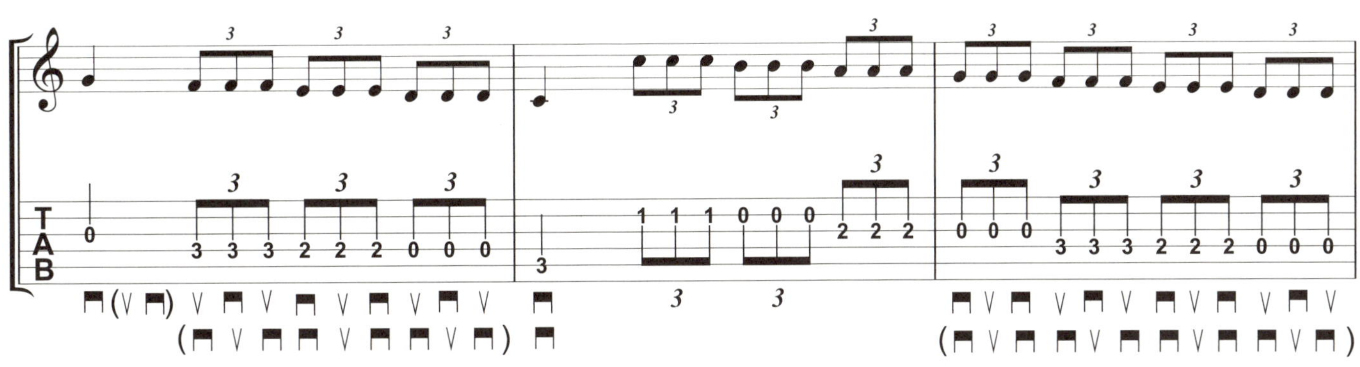

6) 붙임표(타이 : Tie)와 점음표

● 붙임표

싱코페이션 패턴을 연습했던 것이 기억나지요?
붙임줄은 높이가 같은 2개 이상의 음을 연결한 선을 말하며 두 음의 길이를 더해 줍니다.

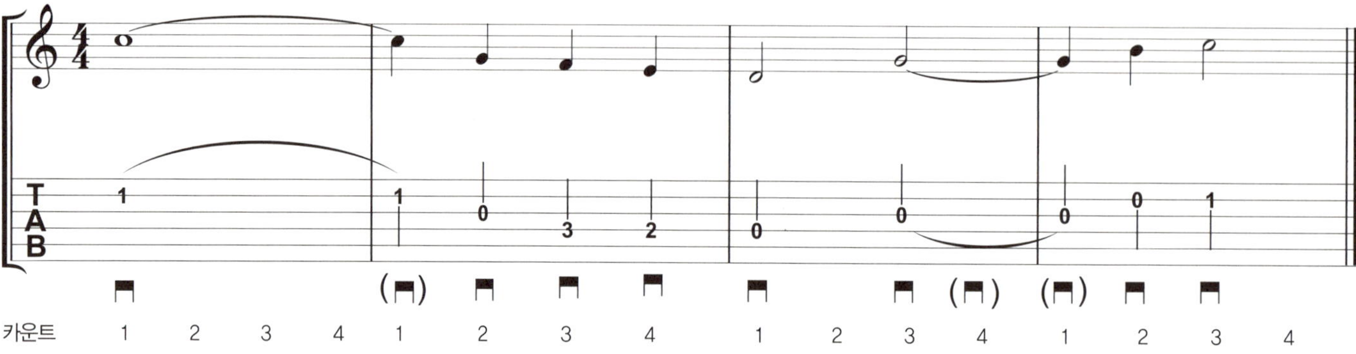

● 점음표

음표에 있어 점이 뜻하는 것은 앞 음표의 절반의 길이를 뜻하며 점 앞의 음표의 길이와 그에 해당하는 점이 가지고 있는 길이를 더해 줍니다.

예) ♩. = ♩ + ♪ = 3박자

한 악보는 점음표로 표시하고 다른 악보는 붙임줄을 이용해 표현 하였습니다만, 두 악보 모두 같은 음 길이로 연주되고 있습니다.

7) 점8분음표와 16분음표의 조합

8) 줄을 뛰어넘는 연습 `Track 216`

얼터네이트 피킹으로 연습합니다.
두 줄 이상 건너뛰는 구간에서 줄 간격에 주의하며 연습합시다.

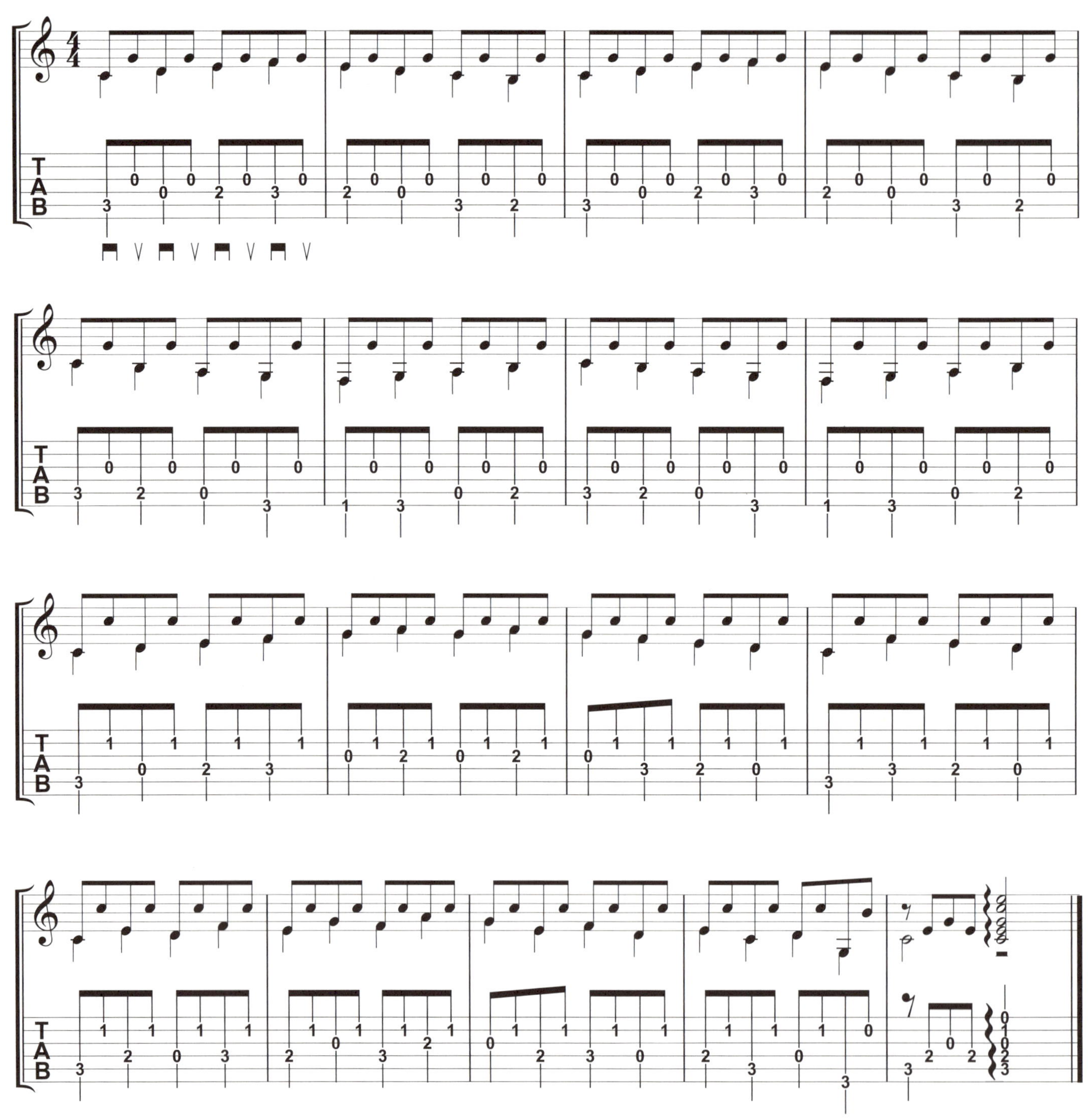

줄을 뛰어넘는 피킹이나 피킹으로 화음을 연주(피킹 아르페지오)할 때는 단음을 연주할 때와는 반대로 줄이 울릴 공간을 남기기 위해 손을 들어 줍니다. 이때 오른손 새끼 손가락을 바디에 살짝 받치는 것도 좋습니다.
단, 손목의 움직임에 방해가 되지 않도록 주의하세요.

한 번에 두 개의 음을 피킹 합니다.

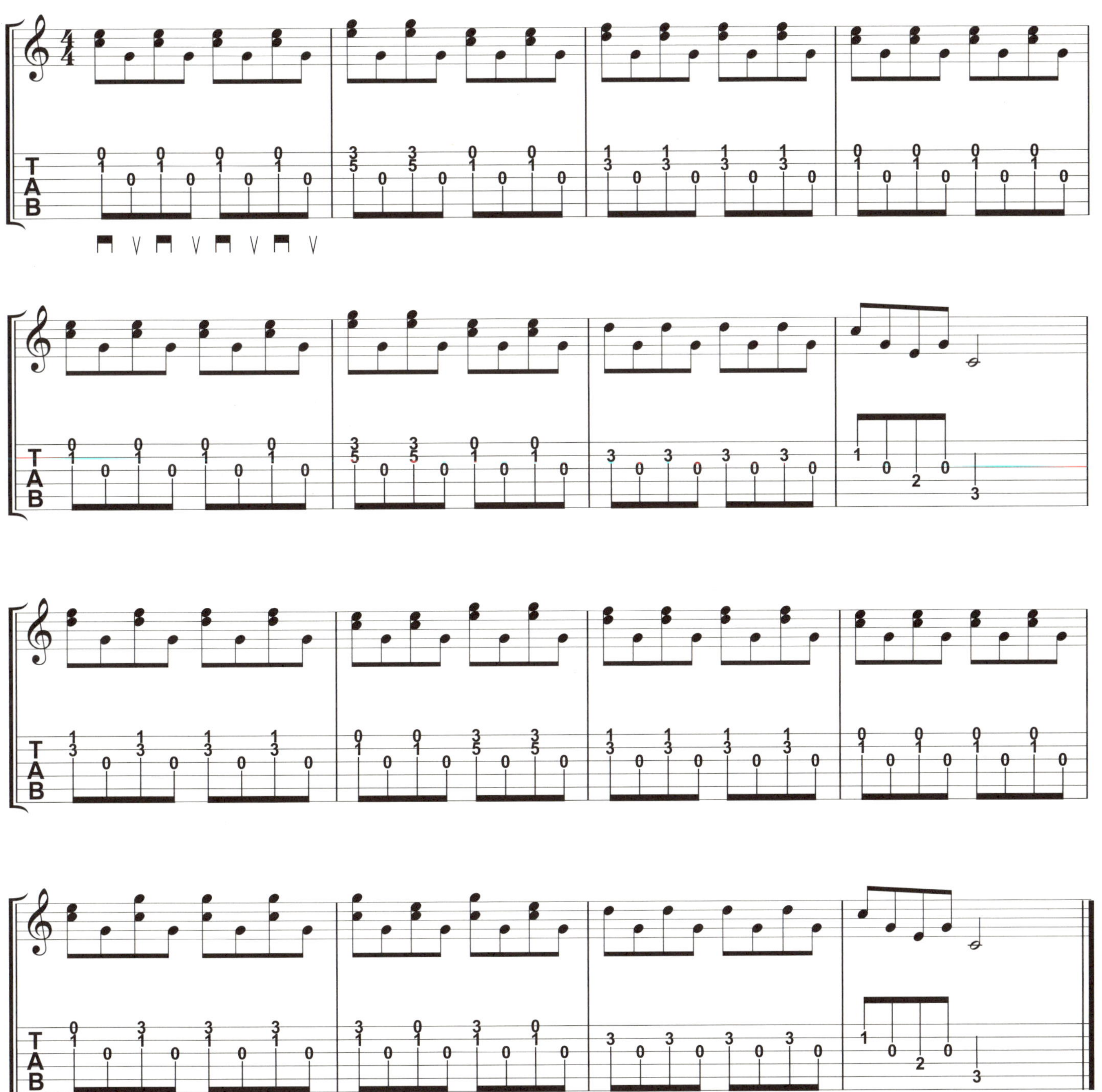

〉〉 기타 코드표

	C	C#(D♭)	D	D#(E♭)	E	F
메이저 코드 (M)						
마이너 코드 (m)						
세븐스 코드 (7)						
메이저 세븐스 코드 (M7)						
마이너 세븐스 코드 (m7)						
서스포 코드 (sus4)						

〉〉 지판표

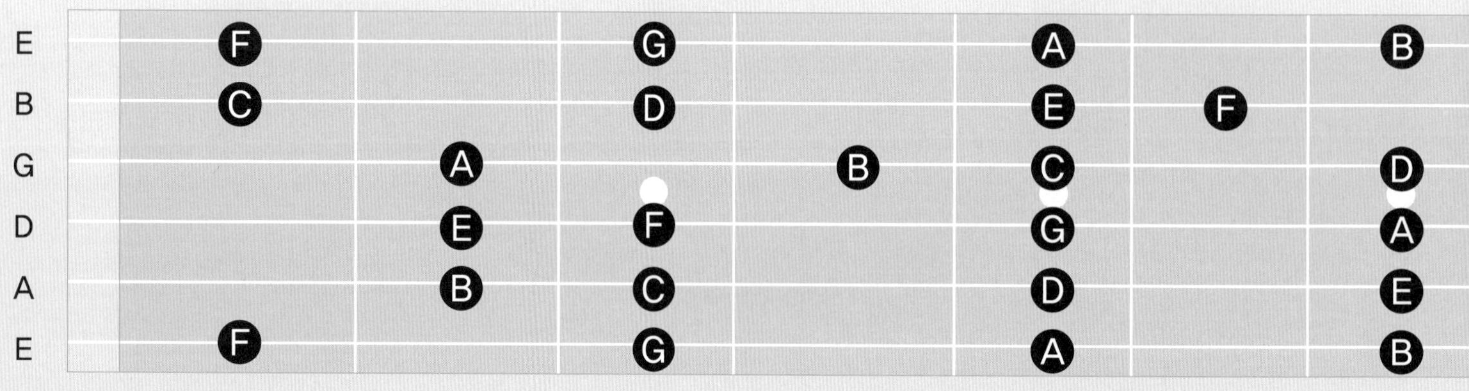

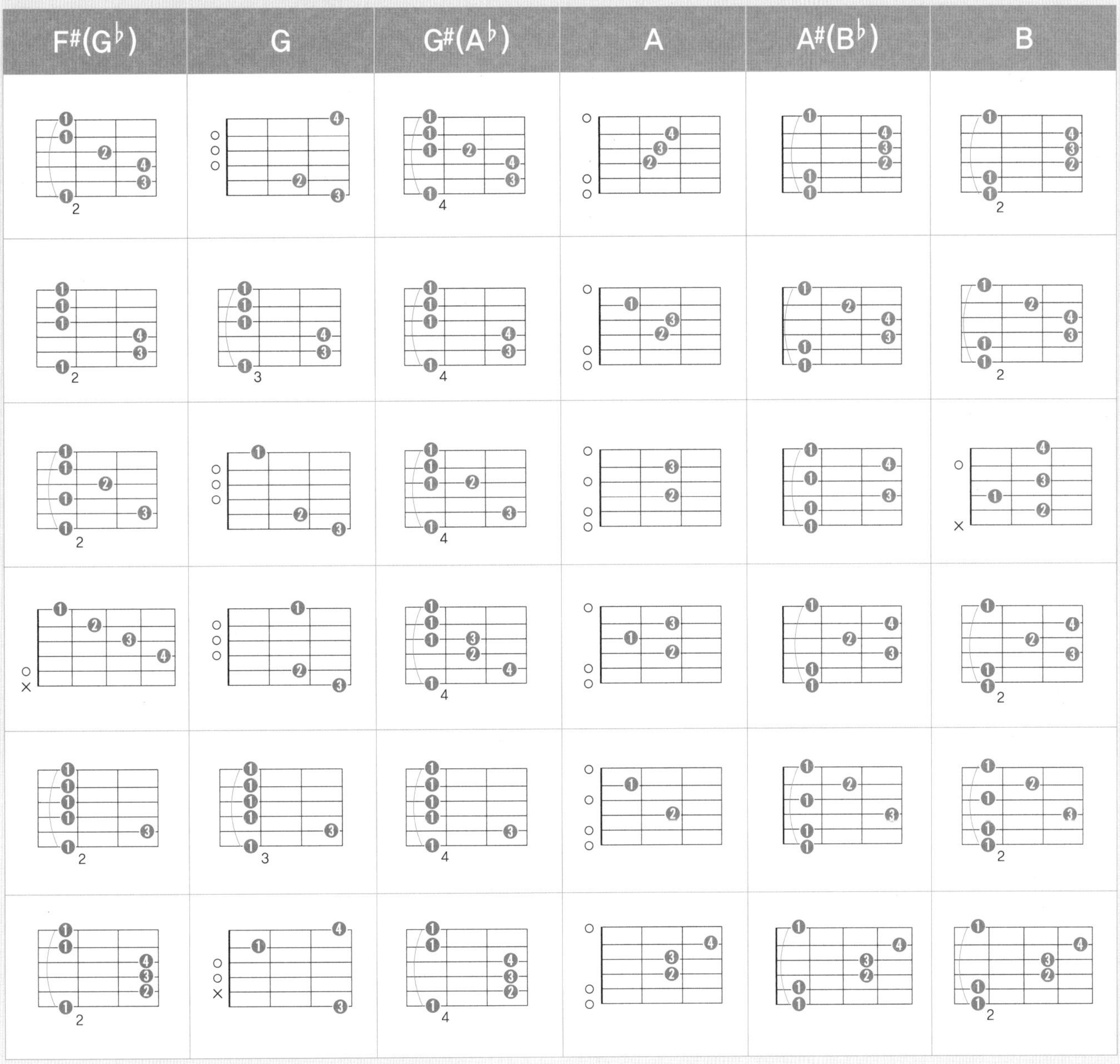
F#(G♭)
G
G#(A♭)
A
A#(B♭)
B

9fr
12fr
15fr

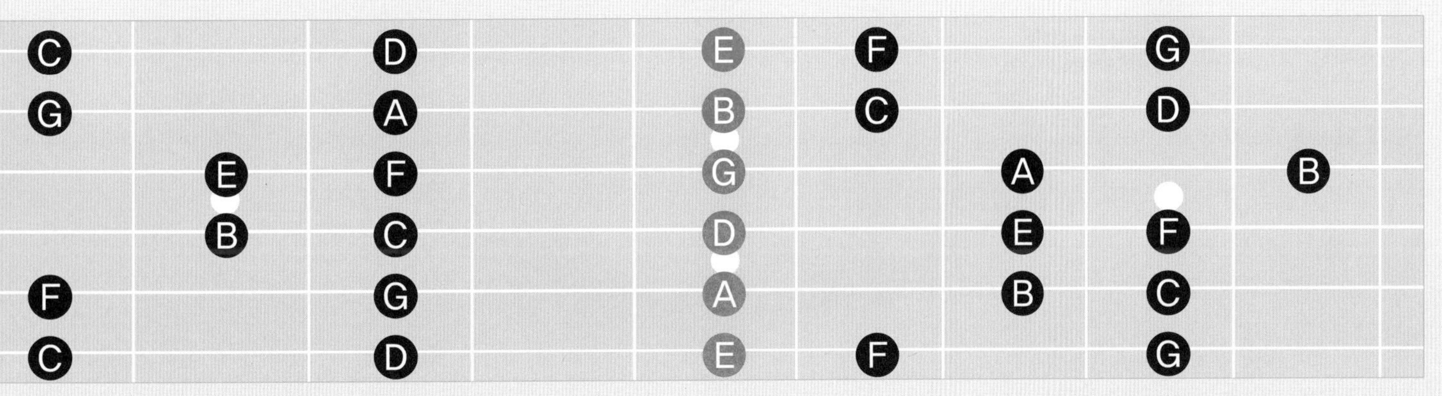

기타 愛 美 치다

발 행 인　최우진
편 저 자　강우석
편　　집　조나단, 윤혜민, 이청은
디 자 인　정민영
영　　업　현석호
관　　리　김정숙
발 행 처　(주)스코어(대표 정상우)
등　　록　2012년 6월 7일 제313-2012-196호
I S B N　978-89-98522-51-3(13670)

주　　소　서울시 마포구 동교로 13길 34(121-896)
전　　화　02)333-3705
팩　　스　02)333-3745
　　　　　www.allmusicscore.com
　　　　　www.openhousebooks.com

판 매 원　오픈하우스